INTERNATIONAL BUSINESS SERIES

21世纪国际商务系列教材

国际贸易理论与实务

（第二版）

主　编／刘丁有　陈长民

副主编／张建昌　王冬英　刘菊芹

中国人民大学出版社

·北京·

前言

鉴于国际商会（ICC）修订通过的 2010 年《国际贸易术语解释通则》2011 年 1 月生效，2012 年 7 月国家外汇管理局、海关总署、国家税务总局公告决定对货物贸易外汇管理制度进行改革，我国对外贸易迅速发展，出现了许多新的情况，促使我们对教材进行修改完善。

《国际贸易理论与实务》出版以来，许多单位采用为教材，许多同行、学者结合教学实践给我们提出了宝贵的修改和完善教材的意见和建议，我们在此表示衷心的感谢!

第二版主要修改和完善的内容有：

（1）在国际贸易惯例部分，增加介绍了《2010 年国际贸易术语解释通则》的部分，并分析了其在 2000 年通则基础上的主要变化情况；

（2）重新编写了第 16 章 16.3 节“信用证”部分；

（3）根据国家外汇管理局、海关总署、国家税务总局公告规定，重新编写了第 18 章 18.6 节“出口收汇管理和出口退税”部分；

（4）更新了 8 个阅读资料、3 个案例，使阅读资料、案例与教材各部分内容密切配合，而且增强了阅读资料和案例的时效性。

（5）结合国际贸易现实和理论界对国际贸易理论探讨的新发展，对一些内容作了修订和补充；

（6）对第一版中存在的个别错误、遗漏、错别字等进行了修改和完善。

参加本次修订工作的主要有刘丁有教授、王冬英副教授、刘菊芹教授。

虽经修订，但限于作者的水平，书中的疏漏和不足之处仍在所难免，望读者提出宝贵意见，以促进我们对本教材内容的进一步充实和完善。

目录

第1篇　国际贸易原理篇

第2篇 国际贸易政策篇

第3篇 国际贸易实务篇

第 1 篇

国际贸易原理篇

第1章

导　论

章首阅读　外报：警惕贸易战将全球经济复苏推入深渊

新加坡《联合早报》刊文指出，一股可能让复苏绿芽胎死腹中的阴影正逐渐形成，美国政府日前宣布，决定对从中国进口的无缝钢管展开反倾销和反补贴的“双反”调查。这已经是华盛顿近日来对从中国进口产品的二度开刀，美国总统奥巴马刚在上个月11日签署法令，宣布对中国出口到美国的轮胎产品采取特殊保障措施，从9月26日起在原有4%关税的基础上，于今后3年分别加征35%，30%及25%的附加关税。

中国的另一个主要贸易伙伴欧盟也在10月6日宣布，对中国输入欧盟的无缝钢管征收17.7%～39.2%的反倾销税。此前，欧盟已经对从中国进口的产品展开了一轮反倾销措施。今年以来，中国出口欧盟受加征反倾销关税影响的产品就包括了钢盘条和葡萄糖酸钠。欧盟对中国鞋类产品长达3年的反倾销税征收也可能延长。

据中国商务部统计，今年1—8月期间，已经有17个国家和地区对中国发起79起贸易救济调查，涉案总额约100.35亿美元，同比分别增长16.2%和121.2%。印度、巴西、阿根廷已经启动针对中国轮胎的反倾销调查，巴西和阿根廷两国联手将调查范围扩大至中国鞋类产品。阿根廷在9月18日对原产于中国的陶瓷餐具及其他家用或卫生用瓷器作出反倾销仲裁，采用最低限价措施，有效期为5年，这对产品物美价廉的中国陶瓷出口企业无疑是个打击。

中国商务部抨击美国的做法是严重的贸易保护主义行为。在向世界贸易组织投诉的同时，中国也发起反击，在9月13日宣布对从美国进口的部分汽车、肉鸡产品同时启动“双反”措施。

刚刚闭幕的G20匹兹堡峰会才主张“反对任何形式贸易保护主义”，欧美等自诩为崇尚自由贸易主义国家便或明或暗地建立贸易壁垒。在全球经济仍然没有摆脱不景气之前，各国都同样面对失业率增加、民众不满情绪高涨的政治压力，这也是主要贸易大国在关税壁垒措施上嘴上一套，实际却是另一套的基本原因。

但无论是成熟且经过印证的自由市场经济理论，还是近代以来的国际历史经验均说明，贸易保护的最终下场只能是两败俱伤。作为世界最大经济体的美国长期推动自由贸易，让全球经济取得了前所未见的增长，让各地千万人脱离贫穷。以号召改变及标榜理想而当选美国总统的奥巴马，选择向现实政治压力低头，势必给各国树立一个坏榜样，损人且不利己。

世界经济之所以能在金融海啸爆发后避免重蹈1929年全球经济大萧条的覆辙，必须依赖自由市场，而自由贸易则是市场发挥作用的必要手段。

资料来源：http：//finance. people. com. cn/GB/10170491. html，2009－10－10.

分析提示：

世界经济一体化发展迅速，国际贸易使世界各个国家之间的利益相互影响、相互制约；各国贸易政策制定的出发点首先是维护本国的经济和社会利益；一个国家的贸易保护政策会给贸易伙伴国带来多方面的利益损失，也会遭到伙伴国的报复，从而可能引发贸易战；推动自由贸易发展是世界各国制定贸易政策的努力方向，自由贸易是有利于世界经济长远发展的大趋势。

世界范围的社会化大生产推动国际分工飞速发展，任何国家都必须参与国际交流和合作。加入世界贸易组织（The World Trade Organization，WTO，简称世贸组织）以后的中国，对外经济贸易取得了举世瞩目的成就，中国经济与世界经济的接轨与融合正发生着质的飞跃，对外贸易在国民经济中发挥着越来越大的作用。面对当前这个机遇与挑战并存、财富与风险同在的世界市场，我们应进一步加强对国际贸易理论与实务的学习和研究，以先进的理论指导对外贸易实践，了解国际贸易理论与实务的研究对象、国际贸易的相关概念以及当前国际贸易发展的最新趋势与特点。

本章主要介绍国际贸易学科的研究对象、基本概念，国际贸易的产生与发展、分类及其地位和作用等基础知识。通过熟悉和掌握有关国际贸易的基本概念与基本分类，引导学生从日常生活中认识国际贸易问题，关心中国的对外开放与经济发展。

1.1 国际贸易理论与实务学科的研究对象

国际贸易理论与实务是一门兼具理论阐述和实务操作说明的综合性应用学科。为了深入领会和掌握国际贸易理论与实务的具体知识，首先应明确本学科的研究对象、范围和内容。

本学科的研究对象、范围和内容分为国际贸易原理、国际贸易政策、国际贸易实务三个部分。

（1）国际贸易原理研究的主要任务是解决“为什么会产生国际贸易”、“国际贸易是否能给参加贸易各方带来利益”、“怎样才能使参加方利益最大”等问题，阐述传统国际贸易理论、国际贸易新理论，探索国际贸易产生与发展的原因、过程、特点及其规律，包括导论部分对国际贸易的历史及现状的阐述。

（2）国际贸易政策部分研究的主要任务是解决“实行怎样的贸易政策对本国最有利”，论述各种不同的国际贸易政策与措施，一国限制进口的关税、非关税壁垒及其经济影响，鼓励出口和出口管制的政策手段，参与经济一体化的战略与政策，探讨国际贸易有关理论在各国对外贸易政策制定过程中的现实应用问题，并介绍世贸组织与发达国家的对外贸易政策等。

对外贸易政策是世界各国政府在一定时期内对本国进出口贸易所实行的政策。它大体包括：对外贸易总政策；对不同国家或不同类别国家所实行的对外贸易政策；对不同商品或不同类别商品所实行的进出口商品政策。各国政府制定的对外贸易政策，往往要根据不同历史时期的世界政治、经济形势的变化，各国的经济发展水平，不同的经济思想和外贸理论而随时调整和改变。但不论如何变化，总不外乎两种基本类型：自由贸易政策和保护贸易政策。

（3）国际贸易实务部分研究的主要任务是解决“如何进行国际商品交换”，以国际商务为视角，总结国际贸易实践的经验，研究国际性商品流通的具体运作过程，包括国际贸易的基本程序，分析国际货物买卖合同的各项交易条件：交易磋商与合同的订立、商品品质、商品包装、商品的数量、贸易术语与商品的价格、国际货物运输与交付、国际货物运输保险、货款的结算方式、国际货物买卖合同履行中的注意事项及解决国际贸易争议的途径和方法。

与国际贸易理论与实务学科的研究对象与内容相适应，本书分为理论篇、政策篇、实务篇三部分，循序渐进地论述有关内容。

中国人民大学出版社经管图书在线（www.rdjg.com.cn）上收录了《联合国国际货物销售合同公约》、《2000年国际贸易术语解释通则》、《跟单信用证统一惯例》、《托收统一规则》等资料，以及国际贸易理论与实务近年来的翔实案例，以便读者学习查阅。

1.2 国际贸易基本概念

1. 国际贸易与对外贸易

国际贸易（international trade）泛指世界各国（或地区，仅限单独关税地区）之间进行的以货币为媒介的商品交换活动。它既包含有形商品（实物商品）交换，也包含无形商品（劳务、技术、货币、咨询等）交换。国际贸易亦可称为世界贸易（world trade）。

对外贸易（foreign trade）指国际贸易活动中的一国（或地区）与他国（或地区）进行的商品（包括有形商品和无形商品如劳务、技术等）的交换活动，是从一个国家或地区的角度去看待它与其他国家或地区的商品与劳务的贸易活动。对外贸易也称为国外贸易（external trade）或进出口贸易，某些岛国则称为海外贸易（oversea trade）。

广义的对外贸易包括货物贸易、技术贸易和服务贸易；狭义的对外贸易则只包括货物贸易。

2. 国际贸易额与对外贸易额

国际贸易额是统计世界各国（地区）对外贸易总额的指标，是按同一种货币单位换算后，把世界各国（地区）的出口额相加得出的数额。如果简单地把世界各国（地区）的出口额与进口额相加，就会出现贸易额的重复计算。

对外贸易额亦称为对外贸易值，是用货币金额表示的一国或地区在一定时间内进出口的数量指标，也是衡量一国或地区对外贸易状况的重要经济指标。它是由一国或地区在一定时期内从境外进口的商品总额加上该国或地区同一时期向境外出口的商品总额构成。在计算时，依国际惯例，出口额以 FOB 价格计算，进口额以 CIF 价格计算。

阅读资料 1—1

海关总署 2012 年 1 月 10 日发布 2011 年我国外贸进出口情况。据海关统计，2011 年，我国外贸进出口总值为 36 420.6 亿美元，比 2010 年同期（下同）增长 22.5%，外贸进出口总值刷新年度历史纪录。其中，出口 18 986 亿美元，增长 20.3%；进口 17 434.6 亿美元，增长 24.9%。贸易顺差为 1 551.4 亿美元，比上年减少 263.7 亿美元，收窄 14.5%。

3. 对外贸易量

对外贸易量是剔除价格变动影响的对外贸易额，该指标能够准确反映一国或地区对外贸易进出口商品实际的数量规模变化。具体计算方法是：用某一固定年份为基期而确定的价格指数去除报告期的出口或进口总额，所得到的相当于按不变价格计算的出口额或进口额，叫做报告期的对外贸易量。

4. 贸易顺差与贸易逆差

一国或地区在一定时期内商品出口总额与进口总额相比而形成的差额，称为对外贸易差额。当出口商品总额超过进口商品总额时，差额部分称为贸易顺差，也可称为贸易出超；反之，则差额部分称为贸易逆差，也可称为贸易入超；如进出口商品总额相等，则叫做贸易平衡。

5. 对外贸易依存度

对外贸易依存度是衡量一国国民经济对进出口贸易的依赖程度和一国对外开放程度的重要指标。它是指一个国家在一定时期内进出口贸易额与该国同时期国民生产总值（GNP）或国内生产总值（GDP）的对比关系。计算公式为：

$$Z=\frac{X+M}{GDP\text{（或 }GNP\text{）}}\times 100\%$$

式中，Z 为对外贸易依存度；X 为出口额；M 为进口额。

出口依存度是指一个国家在一定时期内出口贸易额与该国同时期国民生产总值（GNP）或国内生产总值（GDP）的对比关系，反映一国国民经济活动对世界经济的联系程度和依赖程度。计算公式为：

$$Z=\frac{X}{GDP（或GNP）}\times 100\%$$

进口依存度是指一个国家在一定时期内进口贸易额与该国同时期国民生产总值（GNP）或国内生产总值（GDP）的对比关系，反映一国国民经济活动对世界经济的开放程度，所以也称为市场开放度。计算公式为：

$$Z=\frac{M}{GDP（或GNP）}\times 100\%$$

由于各国经济发展水平不同，对外贸易政策存在差异，国内市场大小不同，各国对外贸易依存度也有较大的差异。

6. 对外贸易条件

贸易条件指一个国家在一定时期内出口商品价格与进口商品价格之间的对比关系，反映了该国当年的对外贸易状况和商品的国际竞争力状况，一般以贸易条件系数表示。其实质含义是衡量随着出口商品价格相对于进口商品价格的变化，出口每单位商品所能换回的进口商品数量的多少。

其计算方法是用以一定时期为基期的出口商品价格指数除以进口商品价格指数，得到贸易条件系数。

$$贸易条件系数=\frac{出口商品价格指数}{进口商品价格指数}$$

如果该系数大于1，则说明该国当年相对于基期的贸易条件得到了改善；如果该系数小于1，则说明该国当年相对于基期的贸易条件恶化了。

7. 国际贸易商品结构与对外贸易商品结构

国际贸易商品结构是指各种类别的商品在整个国际贸易额中所占的比重，通常以它们在世界出口总额或进口总额中的比重来表示。研究国际贸易商品结构，一般是看初级产品和工业制成品两大类分别占世界贸易额的比重。第二次世界大战后，伴随着科学技术的发展，国际贸易的商品结构发生了重大变化，工业制成品所占的比重逐渐上升，初级产品所占的比重日趋下降。

对外贸易商品结构指各种类别的商品在一个国家（地区）对外贸易额中所占的比重，通常以它们在该国（地区）出口总额或进口总额中的比重来表示。一个国家的对外贸易商品结构，主要是由该国的经济发展水平、产业结构状况、自然资源状况和贸易政策决定的。国际上了解一个国家的经济实力、科学技术水平，通常都要看该国的对外贸易出口商品结构。

发达国家的对外贸易商品结构以进口初级产品为主，出口工业制成品为主；发展中国家的对外贸易商品结构则以出口初级产品为主，进口工业制成品为主。

阅读资料 1—2

据海关统计，在出口商品中，2011 年，我国机电产品出口 10 855.9 亿美元，增长 16.3%。其中，电器及电子产品出口 4 457.9 亿美元，增长 14.7%；机械设备出口 3 537.7 亿美元，增长 14.2%。传统大宗商品出口稳定增长，其中，服装出口 1 532.2亿美元，增长 18.3%；纺织品出口 946.7 亿美元，增长 22.9%；鞋类出口

417.2 亿美元，增长 17.1%。

在进口商品中，2011 年，我国进口初级产品 6 043.8 亿美元，增长 39.3%。其中进口铁矿砂 6.9 亿吨，增长 10.9%，进口均价为每吨 163.8 美元，上涨 27.1%。同期，进口大豆 5 264 万吨，下降 3.9%，进口均价为每吨 566.8 美元，上涨 23.7%。此外，进口机电产品 7 532.9 亿美元，增长 14.1%，其中进口汽车 103.6 万辆，增长 27.8%。

8. 国际贸易地理方向与对外贸易地理方向

国际贸易地理方向亦称为国际贸易地理分布，是指一定时期内世界各洲、各国或各个国家经济集团的对外贸易在整个国际贸易中所占的比重。观察和研究不同时期的国际贸易地理方向，对于掌握国际市场行情的发展与变化，认识世界各国的经济交换关系及密切程度，开拓新的国外市场，具有重要的指导意义。

对外贸易地理方向也称为对外贸易的地理分布，是指一定时期内世界上一些国家或地区的商品在某一个国家（地区）对外贸易中所占的地位，一般用这些国家或地区的商品在该国（地区）进出口贸易总额中所占的比重来表示。对外贸易地理方向既标明了一国出口商品的去向，也标明了该国进口商品的来源，从而反映了该国进出口贸易的国别分布与地区分布，表明该国同世界各国或地区经济贸易联系的程度。

阅读资料 1—3

我国贸易伙伴多元化成效明显：对欧美日传统市场增长平稳，对新兴市场国家贸易增长强劲。2011 年，中欧双边贸易总值为 5 672.1 亿美元，增长 18.3%，较同期我国进出口总体增速低 4.2 个百分点。同期，中美双边贸易总值为 4 466.5 亿美元，增长 15.9%，较同期我国进出口总体增速低 6.6 个百分点。2011 年，我国与东盟双边贸易总值为 3 628.5 亿美元，增长 23.9%，高出同期我国进出口总体增速 1.4 个百分点。其中，我国对东盟出口 1 700.8 亿美元，增长 23.1%；自东盟进口 1 927.7亿美元，增长 24.6%；对东盟贸易逆差 226.9 亿美元，扩大 37.1%。中日双边贸易总值为 3 428.9 亿美元，增长 15.1%，较同期我国进出口总体增速低 7.4 个百分点。而对巴西、俄罗斯和南非等国家双边贸易进出口总值分别为 842 亿美元、792.5 亿美元和 454.3 亿美元，分别增长 34.5%，42.7%和 76.7%，均高于同期我国总体进出口增速，表明我国对新兴市场国家贸易增长强劲。

1.3 国际贸易的分类

从不同角度对国际贸易活动进行科学分类，是认识和研究国际贸易的基础。

1.3.1 按商品（含各种劳务）的移动方向划分

1. 出口贸易与复出口贸易

一国的商人将本国所生产或加工的商品（含劳务）输往国外市场进行销售的商品交换活动，称为出口贸易（export trade）或输出贸易。

净出口是专指一国或地区某一时期某类或某种商品的出口量大于进口量的部分。

复出口贸易（re-export trade）也称为再出口贸易，是指一国商人把外国生产或加工的商品买进后，未经加工改制又输出到国外的商品交易活动。

2. 进口贸易与复进口贸易

进口贸易（import trade）是指一国的商人购买外国生产或加工的商品（含劳务）后，将其输入本国市场进行销售的商品交换活动，也称为输入贸易。

净进口是专指一国或地区某一时期某类或某种商品的进口量大于出口量的部分。

复进口贸易（re-import trade）亦称为再进口贸易，是指一国商人把本国生产的商品输出到国外后，在境外未经加工改制又重新输入本国国内市场的交易活动。这种情况对出现此类活动的国家和商人都是不利的。

3. 转口贸易

转口贸易（interpret trade）是指商品生产国与商品消费国通过第三国参与进行的商品交易。第三国对此类商品的买进，是专为销往商品消费国的。第三国参与了这笔交易的商品价值转移活动，但不一定参与商品的实体运动，即这批货物可以运往第三国的口岸，但不能入境，称为间接转口贸易；也可直接运往商品消费国，称为直接转口贸易。

4. 过境贸易

过境贸易（transit trade）是指商品生产国与商品消费国之间进行商品交易活动，其商品实体运输过程必须穿过第三国的国境，第三国要对此批货物进行海关监管，对第三国而言即为过境贸易。过境贸易又分为直接过境贸易和间接过境贸易。

（1）直接过境贸易是指外国商品纯系转运性质经过本国，并不存放在本国海关仓库，在海关监督下，从一个港口通过国内航线或铁路线转运到另一个港口再输出国外；或在同一港口内从这艘船装到另一艘船；或在同一车站从这列火车转装到另一列火车后离开国境。

（2）间接过境贸易是指外国商品运到国境后，先存放在海关保税仓库，以后未经加工改制，又从海关保税仓库提出，再运出国境。根据专门贸易体系，这种商品移动作为过境贸易处理，不计入对外贸易额。

1.3.2 按交易对象的性质划分

1. 有形商品贸易

有形商品贸易（tangible goods trade）是指实物商品的交易，因这些实物商品看得见、摸得着，故称为有形商品贸易，也叫货物贸易。有形商品贸易的进出口都要办理海关手续，并在海关的进出口贸易统计中反映出来，从而构成一个国家一定时期的对外贸易额，海关对进出口的监管和征税措施也是针对这类贸易的。联合国为了便于统计，把有形商品分成 10 类（0～4 类为初级产品；5～8 类为工业制成品；9 类为其他），63 章，233 组，786 个分组和1 924个基本项目，几乎包括国际贸易的所有商品。这个标准已为世界绝大多数国家所采用。

2. 无形商品贸易

无形商品贸易（intangible goods trade）又称服务贸易，是指国际贸易中没有物质形态的商品交易，主要包括劳务、技术、旅游、运输、金融、保险等，这类商品不具有可见和可触摸的外在物理特性。无形商品贸易通常不办理海关手续，不在海关的进出口统计中反映，而在国际收支中反映，是国际收支的重要组成部分。

随着生产力的发展，第三产业在整个经济中的比重不断提高，服务贸易现在已占到国际物品贸易额的 1/4 以上。因此，1995 年世界贸易组织正式成立之后，把国际服务贸易也纳入其管辖范围之内，使得国际贸易的内容更加丰富。根据乌拉圭回合谈判达成的协议，服务贸易分为 12 个大类、140 个具体门类。大致分类为：专业性服务、通信服务、建筑服务、销售服务、教育服务、环境服务、金融服务、健康及社会服务、旅游及相关服务、文化娱乐体育服务、交通运输服务和其他服务。

1.3.3 按国境与关境划分

1. 总贸易

总贸易（general trade）是指以国境为标准划分进口和出口的一种统计方法，可分为总进口和总出口。凡是进入一国国境的商品一律列入总进口，包括进口后供国内消费的部分和进口后成为转口或过境的部分；凡是离开一国国境的商品一律列入总出口，包括本国产品的出口、外国产品的复出口及转口或过境的部分。总进口额加总出口额构成总贸易额。目前，采用总贸易统计方法的国家有美国、英国、日本、加拿大、澳大利亚、独联体各国、东欧及我国等 90 多个国家和地区。

2. 专门贸易

专门贸易（special trade）是指以关境为界统计进口和出口的对外贸易统计方法，可分为专门进口和专门出口。专门进口是指外国商品进入一国关境并向海关缴纳关税，由海关放行后才能称为进口。专门出口是指从国内运出关境的本国产品及进口后未经加工又运出关境的复出口商品。专门进口额加上专门出口额构成一国的专门贸易总额。采用专门贸易统计方法的国家有德国、意大利、瑞士、法国等 80 多个国家和地区。

绝大多数情况下，一国关境与国境完全重合，但设有经济特区的国家，关境小于国境，自由港、出口加工区、保税区等经济特区虽在国境之内，但却在关境之外；而当几个国家结成关税同盟，对内取消一切贸易限制，对外建立统一的关税制度时，则这些国家的关境大于国境。

1.3.4 按贸易关系划分

1. 直接贸易

商品生产国与商品消费国不通过第三国而直接买卖商品的交易行为，称为直接贸易（direct trade)。直接贸易中两国的买卖双方直接谈判、签约、结算，货物直接运输。

2. 间接贸易

商品生产国与消费国通过第三国进行的商品交易行为，称为间接贸易(indirect trade)。因政治原因或信息不畅，出口国与进口国之间不能直接进行洽谈、签约和结算，必须借助于第三国的参加。对于第三国而言，属于转口贸易。

1.3.5 按清偿方式的不同划分

1. 现汇贸易

以现汇结算方式进行的交易，称为现汇贸易（spot exchange trade)。现汇贸易在运用上灵活、广泛，可以自由兑换其他货币，在国际贸易中运用最普遍。其特点是银行逐笔支付货款，结清债权、债务；以信用证结算方式为主，辅以托收和汇付等方式。

2. 记账贸易

记账贸易（clearing account trade）是由两国政府间签订贸易协定或贸易支付协定，按照记账方法进行结算的贸易。其特点是在一定时期（多为一年）内两国间贸易往来不用现汇逐笔结算，而是到期一次性结清。通过记账贸易获得的外汇称为记账外汇，一般仅用于协定国之间，不能用于同第三国的结算。

3. 易货贸易

易货贸易（barter trade）将在第20章第4节论述，此处从略。

1.3.6 按交易方式的性质划分

1. 商品贸易

商品贸易（goods trade）是指以商品买卖为目的的纯商业方式的贸易活动。其交易方法有经销（总经销、独家经销、特约经销、一般经销)、代理（总代理、独家代理、特约代理、一般代理)、寄售、拍卖、招投标及展卖等。

2. 补偿贸易

补偿贸易（compensation trade）是指参与两国间贸易的双方，一方用对方提供的贷款购进机器、设备或技术进行生产和加工活动，待一定时期后，再用该项目下的产品或其他产品或者产品销售后的收入偿还对方的贷款或设备技术款项及利息的一种贸易方式（详见第20章第4节)。

阅读资料1—4

我国贸易方式结构继续改善，一般贸易强势回归。2011年，我国一般贸易进出口 19 245.9 亿美元，增长 29.2%，占同期我国进出口总值的 52.8%，所占比重较 2010 年提升 2.7 个百分点。其中，出口 9 171.2 亿美元，增长 27.3%，高出同期出口总体增速 7 个百分点；进口 10 074.7 亿美元，增长 31%，高出同期进口总体增速 6.1 个百分点。一般贸易项下出现逆差 903.5 亿美元，扩大 85.8%。同期，我国加工贸易进出口 13 052.1 亿美元，增长 12.7%。其中，出口8 354.2亿美元，增长 12.9%；进口 4 697.9 亿美元，增长 12.5%。加工贸易项下的顺差为3 656.3 亿美元，扩大 13.4%。

3. 加工贸易

加工贸易（process trade）是指利用本国的人力、物力或技术优势，从国外输入原材料、半成品、样品或图纸，在本国加工制造或装配成制成品后再向国外输出，从而获得以外汇体现的附加价值的贸易方式（详见第 20 章第 5 节）。

4. 租赁贸易

租赁贸易（renting trade）的本质是出租，它是由租赁公司以租赁方式将商品出租给国外的用户使用，国外租户不交付商品货款而交付商品租金的一种交易方式，因而也称为租赁信贷。这种贸易方式的特点是：出租的商品一般都是价格较为昂贵的设备或交通工具等；租赁公司享有该商品的所有权，并可按期收回稳定的资金；租户支付很少的费用就可得到设备或交通工具的使用权，从而避免占压大量的设备资金，还可及时更新和使用更新的设备和技术。

此种方式在国际贸易活动中逐渐发展至租购结合，即先租，到一定时期后，该商品的所有权即转为租户所有，变成了买卖关系。

1.3.7 按交易手段划分

依交易手段不同，国际贸易可分为单证贸易和无纸贸易。单证贸易（trade with documents）是指以纸面单证为基本手段的贸易。无纸贸易（trade without documents）是指以电子数据交换（electronic data interchange，EDI）为手段的贸易。

1.4 国际贸易的产生和发展

1.4.1 国际贸易的产生

国际贸易属于一定的历史范畴，它在一定的历史条件下产生，也在一定的历史条件下发展。国际贸易的产生必须具备两个基本条件：一是社会生产力的发展产生了可供交换的剩余产品；二是国家的形成。

在原始社会初期，由于社会生产力极为低下，人类劳动所得的产品仅能维持当时的氏族公社成员最基本的生存需要，没有多少剩余产品可以用作交换。到了原始社会末期，由于社会生产力的发展，出现了以畜牧部落从其他部落分离出来为标志的人类社会的第一次大分工。畜牧部落专门从事牲畜的驯养和繁殖，不仅能供养本部落，还有了部分剩余产品，于是产生了部落之间的产品交换，也就是两个或两个以上政治经济实体间的物物交换，人们将此称为初级对外贸易。

人类第二次社会大分工是手工业从农业中分离出来，于是就出现了以交换为目的的生产活动。伴随着这种交换的发展和客观需要，产生了货币，产品交换逐渐变成了以货币为媒介的商品生产和商品流通。

随着商品生产的发展和商品流通规模的扩大，商品生产者力图减少甚至摆脱这种亲自把商品拿到市场上出售的活动，于是，又产生了专门从事商品交换的商人和商业。这就是发生在奴隶社会末期的人类社会的第三次社会大分工。当商品流通规模扩大到奴隶社会初期已形成的国家界限以外时，就产生了国际贸易。由此可见，社会生产力和社会分工发展引起的商品生产规模的扩大，以及伴随商品交换规模的扩大、商人和商业资本的出现与国家的形成，是国际贸易产生的必不可少的条件。

1.4.2 国际贸易的发展

1. 奴隶社会的国际贸易

奴隶社会出现了国际贸易。在地中海地区，古希腊的城邦国家之间经常有贸易往来。随着地中海文明的繁荣，腓尼基、埃及、希腊、罗马先后成为当时的贸易中心。在古代中国的东周时期，各诸侯国之间的贸易往来不断，以一个诸侯国向夏王进贡和夏王回赠诸侯国的方式为主。由于奴隶社会生产力水平低下，交通不便，贸易量不大，交易的商品主要是奴隶和供奴隶主消费的奢侈品，如宝石、装饰品、织物、香料等。

2. 封建社会的国际贸易

到了封建社会，随着社会经济的发展，国际贸易也有所发展，出现了东方和西方两个贸易中心。例如，在唐朝，中国与欧亚各国通过丝绸之路进行贸易活动达到了很高的水平，长安成为当时著名的国际都市和东方贸易中心。在欧洲，尤其在地中海沿岸各国之间贸易往来也比较发达，意大利的热那亚成为地中海地区和西方的贸易中心。这一时期的贸易商品仍然以奢侈品为主，如金银、丝绸、香料、宝石、象牙、瓷器、呢绒等。贸易的地理范围比奴隶社会时有所扩大，中国与西欧、中亚、非洲都有贸易往来。

随着15世纪末16世纪初地理大发现和欧洲到非洲、美洲、亚洲海上航路的开辟，国际贸易进一步发展，当时的非洲、亚洲和欧洲都出现了繁荣的国际贸易港口。当时贸易的商品除了金银、丝绸、香料、宝石、象牙、瓷器、呢绒外，黑奴成为大西洋沿岸国家的重要贸易对象。葡萄牙、西班牙、荷兰、英国先后占据了国际贸易中的垄断地位。这一时期国际贸易的繁荣为资本主义在西欧的产生和发展，积累了资本和劳动力。

3. 资本主义自由竞争时期的国际贸易

资本主义生产方式产生后，特别是产业革命以后，蒸汽机、电报的发明推动生产力水平迅速提高，商品生产规模不断扩大，国际贸易迅速发展，并开始具有世界规模。从17世纪开始到19世纪末，资本主义国家的对外贸易额不断上升。英国由于首先完成产业革命而在国际贸易中处于主导地位，参与国际贸易的商品由最初的黑奴、香料、贵重金属演变为一般生活消费品、工业原料和机器设备，形成了统一的无所不包的世界经济体系和世界市场。国际贸易的方式开始呈现多元化，展览会、商品交易所、期货交易所、大型国际贸易公司开始出现，定期集市的作用开始下降，为国际贸易服务的运输业、保险业和银行业得到了迅速发展。不过，这一时期的国际贸易带有非常明显的暴力色彩，表现出普遍的强国对弱国的经济掠夺性质。

4. 帝国主义时期的国际贸易

19世纪末20世纪初，资本主义从自由竞争过渡到垄断阶段。在这一时期，以内燃机为代表的第二次工业革命以及钢和电的发明与应用，为国际贸易的发展提供了更加便利的条件。北美洲、欧洲、亚洲之间的海上行程大大缩短，轮船的运载能力更大；内燃机车取代了蒸汽机车，陆地运输更加快捷；电话的出现使得国与国之间、大洲与大洲之间的联系更加紧密。

这一时期国际贸易的商品结构与以前相比也发生了变化，矿产品、金属产品占比增加，食品、农产品原料、纺织品占比下降。同时，国际贸易的地理格局也发生了变化，英国在世界贸易中的地位下降，由以前占世界贸易额的20%下降到13.1%，而美国上升到世界第一，出现了美、英、法、德、意、日、俄等多个世界经济中心。各主要资本主义国家为了争夺原材料市场和产品销售市场，矛盾日益加剧。在这一时期，贸易保护主义盛行。在经历了第一次世界大战的冲击和1929—1933年世界经济危机之后，资本主义世界经济遭到很大破坏，世界贸易额锐减并且停滞不前。

5. 当代国际贸易的发展

第二次世界大战后，随着电子学、原子能、半导体、高分子化学、高能物理学及生物工程学的巨大发展，第三次科技革命兴起，通信技术、航空航天技术、生物工程技术、纳米技术、人工合成材料技术等新技术广泛应用，推动国际贸易迅速扩大，生产力迅速发展，新产业、新产品不断涌现，国际贸易空前活跃，交易方式日趋灵活多样。虽然仍以发达国家为主，广大发展中国家在国际贸易中所占份额不大，但与以前相比，发展中国家的对外贸易已经有了很大发展，成为国际贸易中一支不可轻视的力量。

1.4.3 国际贸易的特点

当前的国际贸易呈现出以下几个特点：

1. 贸易活动具有商业和国际政治的双重性，法律环境复杂

国际贸易活动涉及四个主体，即出口商、出口国、进口商和进口国，它既是厂商之间的贸易，又是国家之间的贸易。有时国家为了保持国际收支平衡、保护民族工业发展或者保证正常的社会生活秩序等，往往采取一些政策和措施对国际贸易进行干预，或鼓励出口，或限制进口。国际贸易不仅需要出口商和进口商之间合作的意愿，更为重要的是要符合国家的意志。

阅读资料1—5

法报题目：中国增加稀土出口配额引发外界猜测

中国政府8月22日宣布增加稀土出口配额，这是自2005年建立稀土出口配额以来北京第一次采取放松行动，此举引发了外界的广泛猜测。

据法国《世界报》网站报道，此次中国稀土生产企业只能增加812吨的稀土出口，增幅仅仅只有2.7%。中国拥有全球23%的稀土储量和超过95%的稀土产能，它因为限制稀土出口而受到其贸易伙伴的指责。今年3月，美国、欧盟和日本向WTO提出诉讼，指责中国利用自己的垄断地位减少市场供应以提高稀土价格，同时优先满足国内需求。

由此引出了值得关注的第二条消息，中国稀土领域的多名高官22日宣布，北京准备进口某些种类的稀土，官方理由是中国国内需求不断增加以及保护稀有资源。

资料来源：新华网，http：//www.yanmo.net/zx，2012-08-28。

国际贸易的行为受进出口国家法律的约束，WTO成员方的贸易行为要受WTO规则制约。成员方之间的贸易活动无条件享受最惠国待遇、国民待遇，遵守透明度原则、公平竞争原则，还必须保持各自贸易行为的规范。国内贸易行为虽然也受一定的约束，但是范围要小得多。

2. 国际贸易风险大

国际贸易活动的过程比国内贸易活动要复杂。国际贸易活动要经历办理出口报关、出口商检、海运、进口报关、进口商检、缴纳关税等诸多环节。国际贸易活动的风险大于国内贸易。主要有信用风险、汇率风险、运输风险、政治风险、商业风险、价格风险和不可抗力等，前四种风险更大。

（1）信用风险大。在国际贸易中，从磋商交易到订立合同、买方付款存在着时间差，可能出现交了货收不到款，或者不能按期足额收到款；也可能出现付了款收不到货，或收到的货物不符合合同的要求。为了规避信用风险，国际贸易中一般采用信用证结算，即在双方交货和付款之间引入银行担保，但不能绝对避险。

（2）汇率风险大。汇率风险是指由于币值不稳定，从订立合同到成交期间的汇率变动给交易方带来损失的可能性。在国际贸易中，由于各国货币制度不同，买卖双方至少有一方要用外国货币进行计价、结算和支付，这就产生了两种货币按照怎样的比率进行兑换的问题。从订立合同到支付货款期间的汇率变动，必然会给交易中的某一方带来货物本身以外的汇兑损失。汇率风险不仅直接关系到贸易当事人的盈亏得失，而且会给有关国家的进出口贸易、国际收支、国际储备、物价等带来有利或不利的影响。

（3）运输风险大。运输风险是指货物在运输途中遇到突发性事件造成损失的可能性，如暴风雨袭击、战争、运输工具故障等导致的货物损失或延期到达造成的损失。国际贸易中的运输距离远、环节多，情况复杂，因此其运输风险也大。为规避运输风险，国际贸易中一般都要求投保货物运输险，但是即使投保了货物运输险，有的风险仍然要由交易者自己承担。

（4）政治风险大。政治风险主要是指一国全面的政治形势以及该国偿还债务能力的变化可能会对国际交易双方产生影响的可能性。最典型的例子是战争、内乱和国有化措施等带来的风险。一国政府决策人的构成和高级领导人的决策意向、该国国内的重大事件和社会环境以及对外关系都将影响该国政治风险的变化。政治风险给国际贸易结算活动带来的直接后果就是延迟付款、暂停付款或没收货款。政治风险对国际交易的影响是根本性的，一旦出现，对订约的交易双方往往会造成巨大损失。

3. 竞争激烈

在国际贸易中，产品或服务供应商遇到的竞争对手将更多、更强，特别是发达国家的竞争对手，它们中的很多厂商，无论在资本实力、管理手段还是技术水平上均居于优势；国际贸易中的竞争手段也更多、更复杂，不仅凭借其个体实力竞争，而且有国家的支持，不仅有价格的竞争，而且有非价格的竞争，各种新竞争手段不断出现。

阅读资料 1—6

中国国内的稀土需求一直呈稳定增长之势：2000 年中国的稀土需求只有 1.9 万吨，到 2011 年曾增加到 8.3 万吨，预计 2016 年将达 10 万～12 万吨。

法国国际关系研究所的中国问题专家约翰·希曼说：“稀土配额主要影响的是外国企业，它们购买稀土的价格要比中国企业高出 50%～500%。”希曼接着说：“最后的结果就是配额扼杀了市场。从去年开始，许多国家都开始限制使用稀土并开发替代品。”有数据可以证明这点，中国商务部 2011 年规定的稀土出口配额是 30 184 吨，但最后的实际出口量只有 18 600 吨。

面对中国的垄断地位，世界其他国家不得不开始开采本国的稀土：美国加利福尼亚州一座封闭了 10 年的稀土矿准备重新开工；其他类似的稀土项目也在吉尔吉斯斯坦、南非、加拿大等国展开。

资料来源：新华网，http：//www. yanmo. net/zx，2012 - 08 - 28。

4. 影响因素多，程序繁杂

在国际贸易中，由于交易双方处在不同国家和地区，在洽商交易和履约的过程中，涉及各自不同的制度、政策措施、法律、惯例和习惯做法，情况错综复杂，稍有疏忽，就可能影响经济利益的顺利实现。

（1）风俗习惯、宗教信仰对市场的影响。不同的国家、民族具有不同的风俗习惯和宗教信仰，这体现为不同的市场环境，决定了市场的需求特点，国家之间进行贸易活动首先必须能够克服这些障碍。例如，印度将牛视为神物，在销往印度的商品中就不要以牛肉、牛油或牛的其他制品为原材料，否则不仅商品销售不出去，而且很可能会引起麻烦；又如，熊猫在世界上很受欢迎，但不能把具有熊猫图案、商标的商品输往伊斯兰国家，因为他们认为熊猫的外形像猪，很忌讳。诸如此类，说明在国际贸易中要注意了解贸易对象国的风俗民情、宗教信仰，要注意实地调查。

(2) 文化传统对市场的影响。文化传统对市场的影响主要表现为语言、文字、图案、颜色、数字等对市场的影响。语言障碍必须克服，否则就无法恰当地进行贸易洽谈、签约，解决贸易纠纷，进行市场调研；要注意到不同国家、地区对图案、颜色的不同喜好或忌讳，还要注意到数字的使用。

5. 贸易结构高级化，服务贸易和技术贸易的发展方兴未艾，知识密集型产品成为重要的交易对象

国际贸易结构高级化的趋势有以下两个突出特点：一是随着各国产业结构的升级，全球服务贸易发展迅猛；二是高技术产品、知识密集型产品在制成品贸易中的地位不断提升，其中信息通讯技术类产品的贸易增长最快。随着知识经济的发展，经济重心由工业经济时代的制造业向高新技术、服务业转移。近年来，主要工业化国家高技术产品出口增长均高于全部出口的增长速度，成为国际贸易新的增长点。

阅读资料 1—7

2012 年 3 月 20 日，WTO 和联合国贸发会议首次共同发布的全球服务贸易统计数据显示，2011 年第四季度世界商业服务出口额同比增长 3%，增幅比第三季度的 12%大幅回落。主要经济体中，中国、日本服务贸易出口额分别下降 1%和 3%，规模分别为 476 亿美元和 344 亿美元；美国、欧盟则分别增长 8%和 4%，规模分别达1 880亿美元和 1 495 亿美元。2011 年全年，世界商业服务出口额同比增长 11%。其中，美国、欧盟分别增长 11%和 12%；中国、日本分别增长 7%和 3%；印度、巴西、俄罗斯分别增长 20%，21%和 22%。

6. 跨国公司迅速发展，国际市场高度一体化

信息化加快了经济全球化的进程，企业的跨国经营变得更加容易和有效，跨国公司的发展出现了新的飞跃。跨国公司是新技术的主要开发者，也是技术贸易的主要交易者，它们成为当今拉动世界经济增长的“火车头”。

7. 网络贸易、电子商务成为新的贸易方式

信息产业的飞速发展为当今的国际贸易提供了一个崭新平台。越来越多的国际交易通过互联网实现了磋商、签约、货物交付、货款收付。随着互联网的普及，网络贸易迅猛发展，并将成为 21 世纪国际贸易的主要方式之一。

8. 国际贸易格局仍以发达国家为中心，但中国的崛起成为不可忽视的力量

美、欧、日三大经济体至今仍在国际贸易中居于主导地位，但近年来中国经济的高速发展令世界震惊，中国是世界贸易增长中的一个“亮点”，中国在全球贸易总量中的份额和排名不断前移，2008 年贸易总量居世界第三位，对全球贸易增量的贡献也极为重要。2009 年中国出口占世界的 10%，超过德国成为世界

第一。

9. 多边贸易体制面临新挑战，区域经济合作势头高涨

由于各种区域贸易协定不断出台，其成员组合又变动频繁，其中个别贸易协定的制定已超出传统的降低贸易壁垒的范围，这给原有的多边贸易体系带来了不小的影响。与此同时，以区域贸易安排为主的区域经济合作发展势头良好，并呈现出以下趋势：一是区域贸易安排迅猛发展；二是贸易大国争相追求区域贸易安排的主导权；三是成员间的贸易比重进一步上升；四是国家间的竞争正在向区域经济集团间的竞争转变。

阅读资料 1—8

全球区域合作组织进展

据世界贸易组织统计，至 2006 年 12 月，已有 368 个区域贸易协议（RTAs）向关贸总协定/世界贸易组织（GATT/WTO）作了通报。如果把正在实施而没有通报、已签订协议但没有实施、正在协商或酝酿中的加在一起，在 2010 年已达 400 个以上。在这些区域贸易协议中，自由贸易区超过 90%，关税同盟不到 10%。在众多的区域经济一体化组织中，最有代表性和规模较大的是欧洲联盟、北美自由贸易区和亚太经济合作组织。

10. 贸易自由化和贸易保护主义的斗争层出不穷，各种贸易壁垒花样翻新

当今世界，贸易自由化的趋势已不可逆转，但出于各种各样的利益需求目的，无论是发达国家还是发展中国家都会在特定的条件下，不同程度地采用贸易保护主义政策，使得贸易自由化和贸易保护主义的斗争层出不穷，各种贸易壁垒的花样不断翻新。此外，为摆脱当前的金融危机，各国的贸易保护主义政策措施有所增加。

阅读资料 1—9

中国轮胎企业在美打赢“双反”官司　具突破意义

生意社 9 月 24 日讯　中新社北京九月二十三日电（记者翁阳）　近日，美国国际贸易法院对“中国河北兴茂轮胎有限公司诉美国商务部反倾销反补贴调查案”作出判决，称美国商务部对中国产品采取针对非市场国家的替代国方法计算并征收反倾销税，同时又征收反补贴税的做法不合理，这很可能导致税率的重复计算。

二十三日，中方对判决结果表示欢迎。中国商务部公平贸易局负责人指出，尽管此次判决还需美商务部采取行动加以执行，美商务部亦可能上诉至二审法院，但这无疑标志着中国企业在反对美贸易保护主义，争取公平待遇上取得突破。

据悉，美国国际贸易法院要求美商务部在九十天内对该案重新做出裁决并提交法院审查，法院同时指出商务部应“或者放弃对中国产品征收反补贴税，或者修改针

对非市场经济国家'双反'调查的政策和程序”。

资料来源：中国新闻网，http：//www.texnet.com.cn，2009-09-24。

1.5 国际贸易的地位和作用

1. 开展国际贸易的必要性

首先，各国的生产要素禀赋存在差异导致各国生产的产品有很大差异，有的国家如美国，因为资本和技术丰富而有利于生产资本和技术密集型产品，如汽车和计算机；而劳动力丰富的国家如中国，则有利于生产劳动密集型产品，如鞋类和纺织品等。各国按其所长，分工生产相对优势产品，而后进行贸易，则不仅可以互通有无，调剂余缺，满足生产和生活所需，而且能够促进生产资源有效利用，增加产品总量，提高经济福利和生活水平。

其次，弥补国际生产要素流动性不足。国家间发生商品和劳务的贸易，可以弥补国际生产要素如土地、劳动、资本、技术等流动性的不足。

最后，各国的科学技术差距长期存在，而且在有些方面发达国家和发展中国家的技术差距不是在缩小而是在扩大。技术水平高的国家有利于生产技术密集型产品，而技术水平低的国家凭借其现有技术根本无法生产或必须花费巨大代价才能生产某些产品。通过国际贸易，以彼之长补己之短，可以促进世界经济繁荣，提高各国国民福利水平。

2. 开展国际贸易的重要性

国际贸易的重要性主要表现在它对世界经济发展乃至人类社会进步起到的促进作用。国际贸易的发展能使世界范围的资源实现优化配置，促进世界经济的发展，促进世界范围的生产力水平快速提高。

国际贸易在世界经济发展中的重要性日益提升，可通过国际贸易增长率与世界生产年增长率的相互关系部分反映。据联合国的统计资料，第二次世界大战后世界出口的增长率远远超过世界生产的增长率。1950—1960年，世界出口量的年均增长率比世界工业生产的年均增长率高出8.6个百分点；1960—1970年，前者比后者高出25个百分点；1970—1980年，前者超过后者29个百分点。20世纪80年代至今，世界出口增长率也大大超过世界生产增长率。

当然，世界经济发展与世界贸易发展是相辅相成、互为因果的。当前，波及全球的金融危机已给世界贸易造成了巨大影响，国际货币基金组织和世界银行的报告预测2010年全球经济产出变化为3.1%。

就一个国家而言，对外贸易的重要性体现在：能够满足生产发展的需要；能够满足人民生活需求，提高人民福利水平；能够增加就业，缓解就业压力；能够增加国家的财政收入；能够促进技术进步；从一国国民经济发展全局来看，对外贸易能够刺激、带动一国经济的增长。

美国经济学家埃默里(R. F. Emery)曾就对外贸易与经济增长的相关性作了定量分析，得出发达国家出口增长率与GNP增长率的相关系数为0.86，发展中国家的系数为0.62，通过定量分析说明对外贸易与经济增长成正相关关系，尤其在经济发达国家，两者相关性更高。许多国家的经济发展史都证明了这一点。我国30多年的改革开放实践也充分证明，国民经济的发展与对外贸易的发展是相互促进的；我国沿海地区蓬勃发展的外向型经济，使这些地区成为我国经济发展最快的地区。

本章小结

1. 由于各国要素禀赋与科学技术的差异以及要素在国际的流动性障碍等原因，国家之间才有开展贸易往来的必要和可能。国际贸易对于促进各国以及世界经济增长和人类社会进步具有重要意义。

2. 根据不同的统计口径与使用目的，国际贸易可以分为不同的类别。这些分类有助于全方位认识国际贸易和一国对外贸易。

3. 科技进步和生产力水平的提高使当前的国际贸易发展具有不同于历史上任何一个时期的特点。

核心概念

国际贸易　对外贸易　国际(对外)贸易量　过境贸易　对外贸易依存度　贸易差额　间接贸易　服务贸易　国际(对外)贸易额　国际(对外)贸易商品结构　国际贸易地理方向　转口贸易　贸易条件

复习思考题

1. 简述国际贸易的作用。
2. 试述国际贸易理论与实务课程的主要研究内容。
3. 总贸易体系与专门贸易体系有什么不同?
4. 什么是贸易差额?贸易差额的作用体现在哪些方面?
5. 什么是国际贸易地理方向?如何正确看待一国对外贸易地理方向的变化?
6. 什么是贸易条件?什么是贸易依存度?
7. 试分析国际贸易与对外贸易的区别与联系。
8. 试分析当代国际贸易的新特点。
9. 根据以下数据，分析讨论我国对外贸易2000年以来各年度同比增长速度变化的趋势、特点及原因。

年度	进出口额	同比增长率
2000	4 743	
2001	5 097.7	7.5%
2002	6 207.85	21.8%
2003	8 512.1	37.1%
2004	11 548	35.7%
2005	14 200	23.2%
2006	17 606.9	23.8%
2007	21 738.3	23.5%
2008	25 616.3	17.8%

案例分析

2011年我国服务贸易逆差549.2亿美元

商务部服务贸易和商贸服务业司副司长吕继坚日前表示，“十一五”时期以来，我国服务贸易稳步发展，服务贸易进出口总额从2005年的1 571亿美元增长到2011年的4 191亿美元，服务出口和服务进口分别位居世界第四和第三位。但由于起点低、底子薄，仍处于发展的初级阶段，总体水平与发达国家比差距较大，国际竞争力仍然较弱，主要表现在：

与货物贸易相比，服务贸易发展水平偏低。2011年我国服务进出口与货物和服务进出口总额之比为10.3%，低于同期18%的世界平均水平；从我国服务贸易总额占世界服务贸易总额的比重来看，水平也较低，2011年该比重仅为5.2%。同期，我国货物进出口总额占世界货物进出口总额的比重则为20%。

服务贸易结构不合理，一段时期以来处于逆差状态，2011年逆差额为549.2亿美元。逆差行业主要集中在运输服务、旅游和保险服务以及专有权利使用和特许费等领域，反映了国内经济和货物贸易发展所产生的国际航运、货运保险、先进技术等方面的竞争力不强。服务贸易行业结构不平衡，计算机和信息服务、保险服务、金融服务、咨询服务等高附加值服务贸易在服务进出口总额中的比重仍然偏低，运输、旅游、建筑等传统服务贸易仍占据我国服务贸易的主导地位。

吕继坚表示，借鉴他国和地区的经验，我国高度重视服务贸易促进体系建设，研究出台了一系列促进服务贸易发展的相关政策措施，不断完善体制机制建设。下一步，商务部将会同有关部门，研究制定服务贸易税收、服务贸易便利化等相关政策和措施，进一步推动我国服务贸易又好又快发展。

资料来源：载《人民日报》，2012-06-15。

思考题：

1. 我国服务贸易发展快的原因是什么？
2. 服务贸易发展如何影响国民经济发展？
3. 缩小我国与发达国家服务贸易差距应采取哪些措施？

第2章

西方传统国际贸易理论

章首阅读　中国出口产业已经形成较强的竞争优势

中国出口产业已经形成较强的竞争优势。改革开放以来，中国已经形成了一批有竞争力的产业和企业，综合配套能力和劳动力比较优势仍较明显。特别是近年来企业不断优化出口产品结构，加强自主知识产权产品研发，积极培育和发展自主品牌产品，综合竞争力不断提升。

在国际经济下行的情况下，中国出口的产品仍有明显的竞争优势。国际市场需求减弱，首先将影响高档产品的需求，而中国出口的产品主要属于中低档，大部分产品是日用消费品，在质量、价格、性能等方面优势相当明显。在消费者收入预期不稳的情况下，对中国出口产品的需求可能还会增加，某种程度上可以说还是一个机遇。

资料来源：http：//www.chinavalue.net/Finance/New _ Economy.aspx，2009 - 04 - 03.

国际贸易理论可追溯到15世纪末的重商主义学说。本章在阐述重商主义学说之后，介绍古典国际贸易理论的核心，即亚当·斯密的绝对优势理论和大卫·李嘉图的比较优势理论，接着介绍赫克歇尔—俄林的要素禀赋论，最后探讨作为西方国际贸易发展转折点的里昂惕夫之谜。学习本章的意义在于掌握相关的国际贸易理论的起源与发展，把握研究国际贸易发生和发展的理论基础。

2.1　亚当·斯密之前的国际贸易思想

1. 重商主义简介

传统国际贸易理论分为自由贸易理论和保护贸易理论两大学派，这两大学派均起源于重商主义。

重商主义起源于西欧封建社会逐渐瓦解、资本主义生产方式处于上升阶段的 15 世纪。新大陆的发现以及新航线的开辟，为欧洲的商业资产阶级掠夺美洲和亚洲殖民地创造了便利的条件。商品货币关系迅速发展，社会财富逐渐从土地转移到金银货币上，金银货币成了全社会各阶级追求的目标，拜金主义大行其道，货币被认为是财富的代表形态和国家富强的象征。当时金银货币主要来自商业资产阶级所经营的内外贸易，尤其是对外贸易。因此，对外贸易被认为是财富的源泉，重商主义应运而生。

重商主义又可分为早期重商主义和晚期重商主义。早期的对外贸易学说代表人物为英国的威廉·斯塔福（W. Staffor，1554—1612）；晚期以贸易差额论为中心，成为名副其实的重商主义，其代表人物可推英国的托马斯·孟（Thomas Mun，1571—1641），其主要著作是《英国得自对外贸易的财富》。重商主义是资本原始积累时期代表商业资本利益的经济思想和政策体系，其追求目标就是在国内积累货币财富。

2. 早期重商主义

早期重商主义流行时，圈地运动正处于高潮时期，大量农民失去了赖以生存的土地，同时大批贵金属从“新大陆”流入欧洲，引起商品价格普遍上涨。

早期重商主义者主张禁止货物进口，以防止贵金属外流，认为这是保留货币的有效手段。许多国家采取了严格的行政和法律手段，直接控制货币流动，禁止金银输出，在对外贸易上遵循少买（或不买）多卖的原则，并对奢侈品进口征以高关税加以阻止，认为这样就可以使金银流入国内，达到积累财富的目的。例如，当时的英国为了不使外国人把出售商品得到的货币带出英国，颁布了两条法令，即《消费法》和《侦探法》。第一条法令规定外国人必须把自己在英国收到的汇款，完全用于购买英国的商品；第二条法令规定每个“外来的客人”都必须有一个“侦探”把“外来客人”的交易行为统统记录下来，防止他们把货币运出英国。

早期的重商主义者正如恩格斯所描绘的，“就像守财奴一样，双手抱住他心爱的钱袋，用妒嫉和猜疑的目光打量着自己的邻居。他们不择手段地骗取那些和本国通商的民族的现钱，并把侥幸得来的金钱牢牢地保持在关税线以内。”①

可见，早期重商主义要求在对外贸易中产生顺差，采取各种措施使金银流入国内，并以强制手段控制货币的国家间流动，以达到积累财富的目的，所以其观点称为“货币差额论”。

3. 晚期重商主义

与早期重商主义不同，晚期重商主义者则要求发展对外贸易，出发点是对外贸易引进的货币多于外流的货币，着重奖励出口，扶植手工制造业。其产生的背景是工场手工业产生，货币信贷业初步发展起来，这使得晚期重商主义者开始用资本家而不是守财奴的眼光看待货币，认为只有将货币投入流通，使其成为资本，才能增值。

晚期重商主义的这种思想发展成了“贸易差额论”，该学说认为，对外贸易能使国家富足，但必须谨守进出口贸易总额保持顺差的原则。托马斯·孟说：“对外贸易是增加我们的财富和现金的通常手段，在这一点上我们必须时时谨守这一原

① 《马克思恩格斯全集》，1 卷，596 页，北京，人民出版社，1956。

则：在价值上，每年卖给外国人的货物，必须比我们消费他们的为多。”①

贸易差额论还认为，国内金银过多会造成物价上涨，使消费下降、出口减少，影响贸易差额，如果出现逆差，货币自然外流。因而认为，国家应准许适量货币输出国外，这非但不会使货币流失，而且会像猎鹰叼回肥鸭一样，吸收进更多的货币，使国家更加富裕。贸易差额论者信奉“货币产生贸易，贸易增加货币”。托马斯·孟曾非常透彻地分析了西班牙由富变穷是不能更充分地用金银从事对外贸易的结果。西班牙早期来自美洲的大量金银能够保留住，是因为它垄断了东印度的贸易，赚取了大量金银。垄断丧失后，宫廷和战争的大量耗费，本土又不能供应，全靠输出金银购买，金银流失殆尽，使西班牙变穷。

晚期重商主义建议政府应制定相应的政策，鼓励本国工业的发展，从而在对外贸易中保持顺差。例如，鼓励原料和半成品输入，以发展制造业和加工业；采取低工资政策，以降低工业生产成本；制定工业管理条例，加强质量管理，提高产品质量等。因此，马克思将晚期重商主义称为“重工主义”。②

4. 重商主义对外贸易学说评析

重商主义贸易理论的主要观点可归纳为：第一，财富即金银货币；第二，除金银的开采外，对外贸易是财富的真正源泉；第三，在对外贸易中必须贯彻少买多卖的原则，以保证有更多的金银流回本国。

重商主义对外贸易学说是重商主义的核心，其对外贸易理论和政策在历史上曾起过进步作用，有一定的现实意义，表现在：它考察了资本主义生产方式，促进了资本的原始积累，推动了资本主义生产方式的发展；晚期重商主义第一次用资本家的眼光看待货币，认识到货币的资本职能，只有在流通中才能增值。这些观点代表了资本原始积累时期处于上升阶段的商业资本的利益，具有历史进步意义；在政策上，它主张国家干预对外贸易，实行保护贸易的政策；主张通过贸易顺差，从国外取得货币收入；禁止奢侈品进口和对一般制成品奖出限入；积极发展出口工业，提高产品质量；保持关税措施等。这些对广大发展中国家根据本国国情制定对外贸易政策仍有一定的现实指导意义。

但是，由于商业资产阶级的历史局限性，重商主义对外贸易学说存在许多缺陷。表现在：

第一，重商主义对外贸易学说的理论观点不成熟，没有形成系统的理论，绝大多数重商主义者都只针对某个具体问题一事一议，各种观点之间仅存在并不紧密的联系。

第二，重商主义对外贸易学说把货币与财富混为一谈，错误地认为货币是唯一的财富，是衡量一个国家富强程度的尺度，得出了对外贸易的目的就是从国外取得货币，而货币有限、此得彼失等错误结论，因此对国际贸易问题的研究是不全面、不科学的。它未探讨国际贸易产生的原因以及能否为参加各国带来实际利益，无法

---

① 托马斯·孟：《英国得自对外贸易的财富》，4～5页，北京，商务印书馆，1965。

② 《马克思恩格斯全集》，2版，30卷，45页，北京，人民出版社，1995。

认识到国际贸易有促进各国经济发展的重要意义。

第三，重商主义的理论把经济研究局限于流通领域，认为财富和利润都是流通过程中产生的，没有深入到生产领域，因而无法揭示财富的真正来源。

2.2 亚当·斯密的绝对优势理论

17世纪中期以后，资本主义工场手工业有了长足发展，新兴的产业资本不断壮大，它们为扩大海外市场并获得海外廉价原料，迫切要求摆脱重商主义思想和政策的束缚，建立反映工业资本利益需要的理论和政策体系。在这一历史前提下，资产阶级古典经济学派应运而生。

绝对优势理论（the theory of absolute advantage）于18世纪由英国经济学家亚当·斯密（Adam Smith）提出。斯密在1776年出版的经济学巨著《国民财富的性质和原因的研究》（简称《国富论》）中，从工业资产阶级的立场出发，批判了重商主义，指出对外贸易的最终目的是换取货币以购买商品，而不是简单地获取金银；同时，斯密也反对重商主义主张的贸易顺差，认为如果一国在对外贸易中长期处于顺差地位，会使大量金银流入国内，引起国内商品价格上涨，从而影响本国商品在国际市场上的竞争力，使贸易顺差最终消失。他还认为，重商主义者所主张的国家干预对外贸易活动是完全不必要的，因为自由放任会使每个人在追求自己利益的过程中，自动地使社会获得收益。

2.2.1 绝对优势理论的主要观点

1. 分工可以提高劳动生产率

斯密在《国富论》的开篇就颂扬分工，强调分工的利益，他认为分工可以提高劳动生产率，进而增加社会财富。分工之所以能提高劳动生产率，是因为："第一，劳动者的技巧因业专而日进；第二，从一种工作转到另一种工作，通常需损失不少时间，有了分工，就可以免除这种损失；第三，许多简化和缩减劳动的机械的发明，使一个人能够做许多人的工作。"① 他以制针业为例说明了这一观点。制针共有18道工序，在未分工的情况下，一个粗工每天最多能制造20根针，而在分工之后，平均每人每天能制造出4 800根针，因此在要素资源不变的条件下，分工能极大地提高生产率。

斯密认为，交换出自人类天性，交换是出于利己而进行的活动。人们的交换倾向形成了分工，社会劳动生产力的巨大增进都是分工的结果。

2. 分工的原则是绝对优势

斯密由推论得出结论：既然分工可以极大地提高劳动生产率，那么每个人都应当把所有的精力集中于自己最擅长的产品生产，然后彼此交换。斯密采用了由个人

---

① 斯密：《国民财富的性质与原因研究》，下卷，北京，商务印书馆，1972。

和家庭推及整个国家的方法，论证了绝对优势论或地域分工论的合理性。他说："如果一件东西在购买时所费的代价比家内生产时所费的小，就永远不会想在家里生产，这是每一个精明的家长都知道的格言。"

这种个人之间的分工原则在不同国家之间也同样适用。因此，他主张国际分工，认为每个国家都有其适宜生产某些特定产品的绝对有利的生产条件，如果各国都按照其绝对有利的生产条件去进行专业化生产，然后彼此交换，则对所有交换国家都是有利的。他说，这种"在每一个私人家庭的行为中是精明的事情，在一个大国的行为中就很少是荒唐的了"。衡量一国在生产某种商品上是否具有绝对优势的标准是其生产成本，一国应把本国生产某种商品的成本与外国市场同种商品的成本相比较，以决定是自己生产还是从外国进口，这就是"绝对成本说"。其思想就是各国都倾向于生产其成本绝对低于他国的商品，并用其中的一部分商品交换他国的其他绝对成本低于本国的商品。绝对成本低的商品在国际贸易中有绝对优势，通过国际交换能获得绝对利益，因此该理论又称为绝对优势论。

斯密的绝对优势论可通过以下例子说明。假定有 A，B 两个国家（英国和葡萄牙），均生产 X，Y 两种产品（毛呢和酒），只有一种生产要素（劳动），以劳动量（小时）表示生产成本。表 2—1 是两国分工前的生产状况。

表 2—1　　分工前两国生产状况

产品 / 国别	X 毛呢（1 单位）	Y 酒（1 单位）
A（英国）	70 小时	120 小时
B（葡萄牙）	110 小时	80 小时
产量合计	2	2

可见，A 国可以比 B 国更便宜地生产 X 商品，B 国可以比 A 国更便宜地生产 Y 商品。如果这两个国家进行分工，A 国专门生产 X，B 国专门生产 Y，则两国在两种商品的总产量上都有提高。两国贸易的交换比率应该介于两国国内交换比率之间，为便于讨论问题，假设按照 1∶1 的比率进行交换，则通过贸易，两国的消费量均有所增加（获得了贸易利益）。表 2—2 和表 2—3 是两国分工后的生产状况和贸易与消费的状况。

表 2—2　　分工后两国生产状况

产品 / 国别	X 毛呢（1 单位）	Y 酒（1 单位）
A（英国）	190 小时	
B（葡萄牙）		190 小时
产量合计	2.7	2.375

表 2—3　　分工之后两国的贸易和消费状况

产品 国别	X 毛呢（1 单位）	Y 酒（1 单位）
A（英国）	1.7	1
B（葡萄牙）	1	1.375
产量合计	2.7	2.375

3. 国际分工的基础是有利的自然禀赋或后天的有利条件

斯密认为，各国的自然禀赋（natural endowment）或后天的有利条件（acquired endowment）各不相同，为国际分工创造了条件。各国的地理环境、土地、气候等自然条件决定了哪国最适宜生产什么，这是天赋的优劣差异；人的特殊的技巧和工艺上的优劣，则是通过后天的训练和教育而形成的。一国拥有其中的一种优势，该国的某种商品的劳动生产率就会高于他国，生产成本绝对低于他国，从而处于绝对的有利地位。各国按照自己的有利条件进行分工生产和交换，就能最有效地利用各自的自然资源，提高劳动生产率，增加物质财富并从贸易中获益。这就是绝对优势理论的基本思想。

2.2.2　对绝对优势理论的评析

1. 绝对优势理论的贡献

绝对优势理论批驳了重商主义的贸易保护理论，并建立在劳动价值论的基础上，包含着科学成分，具有开创性意义。斯密对社会经济现象的分析从流通领域转入生产领域，从而对国际贸易采取了新的观点，相比重商主义是一大进步。

绝对优势理论说明了社会分工和国际分工能使资源得到有效利用，并从劳动分工的原理出发，第一次论证了贸易互利原理，认为国际贸易并不像重商主义者所说的那样只能使一方受损，而是参与贸易双方都能获利。这为自由贸易主张奠定了理论基础，成为英国新兴工业资产阶级反对地主贵族和重商主义、发展资本主义的有力理论工具。

斯密关于分工能提高劳动生产率，参与国际分工、开展国际贸易能使双方获利的思想，至今仍是各国扩大对外开放、积极参与国际分工的指导思想，有重大现实意义。

2. 绝对优势理论的缺陷

依照该理论的推论，只有那些在生产某种商品方面具有绝对优势的国家才能参与国际分工和贸易。然而，并非所有国家都拥有一项生产上的绝对优势，按照绝对优势理论，这些国家就没有理由参与国际分工和贸易。但事实上，没有任何绝对优势的国家仍能通过对外贸易获利，而绝对优势理论不能对此做出相应的解释，只能说明国际贸易中的特殊情况，因此不具有普遍意义。斯密正确地说明了分工是国际交换的前提，却没有找出决定国际分工的真正原因。

2.3 大卫·李嘉图的比较优势理论

大卫·李嘉图（David Richard，1772—1823）是英国著名的经济学家，也是资产阶级经济学古典学派的主要奠基人之一。他在亚当·斯密绝对优势理论的基础上，在其代表作《政治经济学与赋税原理》中提出了比较优势理论（the theory of competitive advantage）。

大卫·李嘉图是英国产业革命深入发展时期的经济学家。当时英国机器大工业的建立使生产急剧扩张，经济、技术发展程度不同的国家的技术差距并不太大，往往各有优劣。先进国家与后进国家能否参与国际分工与国际贸易，被提到日程上。斯密的绝对优势理论已不能适应新形势，而要求找到与之相适应的新的国际贸易理论。另外，英国的产业革命蓬勃高涨并接近完成，资本主义不断上升，但地主贵族阶级在政治生活中还起着重要作用。新兴工业资产阶级与地主贵族阶级之间的矛盾是当时英国社会的主要矛盾，并由工业革命而达到异常尖锐的程度。他们的斗争在经济方面主要表现在《谷物法》的存废上。

《谷物法》是1815年英国政府为了维护地主贵族阶级的利益而限制谷物进口的法令，规定必须在国内谷物价格上涨到限额以上时才能准许进口，而且这个价格限额还要不断提高。由此引起了英国粮价上涨、地租猛增，地主贵族阶级获利而工业资产阶级利益却严重受损。这是因为国内居民对工业品的消费因购粮支出的增加而减少，此外，粮价上涨导致工业品的生产成本提高，工业品的竞争力被削弱。该法令的实施还招致了外国以高关税阻止英国工业品的出口。因此，英国工业资产阶级同地主贵族围绕《谷物法》的存废展开了激烈斗争。

在这场斗争中，李嘉图站在了当时新兴工业资产阶级的一边，认为英国不仅要进口粮食，而且要大量进口，因为英国在纺织品中所占的优势比粮食生产要大，因此英国应专门发展纺织品生产，他反对《谷物法》，提倡自由贸易。李嘉图的比较优势理论为工业资产阶级提供了有力的理论武器，对推动国际贸易的发展起到了积极作用，并为科学的国际贸易理论的建立奠定了坚实的基础。

2.3.1 比较优势理论的主要论点

李嘉图认为决定国际分工和国际贸易的基础是比较成本而不是绝对成本，即一国可能在两种产品的生产上都占绝对优势（成本都低于另一国）或处于绝对劣势（成本都高于另一国），分工和贸易仍能进行，各国只要专门生产劳动成本相对较低的产品，便可进行对外贸易，两国都能从中获益并实现社会劳动的节约。

同斯密一样，李嘉图在阐述比较优势理论时，也采用了由个人之间到国家之间的实证方法。首先，他举例说："如果两个人都能制造鞋和帽，其中一个人在两种职业上都比另一个人强，不过制帽时只能强1/5或20%，而制鞋时则强1/3或33%，那么这个较强的人专门制鞋，而那个较差的人专门制帽，岂不是对双方都有利吗?”[①] 由个人推至国家，李嘉图认为国家间也应按“两优取其重，两劣择其轻”的比较优势原则进行分工。如果一国在两种商品的生产上都处于绝对有利的地位但有利的程度不同，另一国在两种产品的生产上都处于绝对劣势但不利的程度也不同，那么前者应该专门生产更为有利的产品，后者生产不利程度最小的产品，这样就能实现社会劳动的节约，且双方都能通过贸易提高消费水平。

李嘉图建立了经济模型以说明比较优势理论，合理地抽象掉了复杂的经济情况，隐含了以下假设条件：

(1) 两国两产品模型。即只有两个国家，生产两种产品，采用了 2×2 模型。

(2) 只有劳动这种要素，且劳动是同质的。

(3) 生产成本不变。单位产品成本不因产量的增加而增加，总与单位产品的劳动量成比例。

(4) 贸易方式是物物交换。目的在于排除货币和汇率的影响。

(5) 世界市场是完全竞争的。生产要素在国内自由流动，在国家间不能自由流动。

(6) 不存在技术进步。这意味着经济是静态的，技术水平是既定不变的。

(7) 运输成本为零。不考虑运输和进入市场的费用。

(8) 充分就业。没有闲置资源，劳动作为唯一的生产要素得到充分应用。

假定有 A，B 两个国家（A 英国，B 葡萄牙）均生产两种产品（X 毛呢，Y 酒），只有一种生产要素（劳动），如表 2—4 所示。

表 2—4　　分工之前两国的生产状况

产品 国别	X 毛呢（1 单位）	Y 酒（1 单位）
A（英国）	100 小时	120 小时
B（葡萄牙）	90 小时	80 小时
产量合计	2 单位	2 单位

可见，B 国在两种产品的生产上都具有生产成本低的优势，可以比 A 国以更少的劳动生产这两种产品。但是，B 国在这两种产品上所具有的优势程度不同。B 国尽管在这两种产品生产上劳动成本都低，但比较而言，生产酒的相对成本更低，更有利一些。如何知道相对优势？可通过比较两国的两种产品的劳动生产率得知。在以 X 商品为价值标准时，A 国 Y 商品的单位生产成本较高，B 国较低，B 国具有成本优势；在以 Y 商品为价值标准时，A 国 X 商品的单位生产成本较低，B 国较高，A 国具有成本优势。

两国可实行完全的专业化分工，即 A 国用其全部的生产要素专门生产 X 商品，B 国用其全部生产要素专门生产 Y 商品，分工之后进行贸易，两种商品的产量都得

① 大卫·李嘉图：《政治经济学与赋税原理》，113 页，北京，商务印书馆，1962。

到了提高，如表 2—5 所示。

表 2—5 分工之后两国的生产状况

产品 国别	X 毛呢（1 单位）	Y 酒（1 单位）
A（英国）	220 小时	
B（葡萄牙）		170 小时
产量合计	2.2 单位	2.125 单位

两国贸易的交换比率应该介于两国国内交换比率之间。两国若按照 1∶1 的比率进行物物交换，通过贸易，两国的消费量均有所增加，即双方均获得了贸易利益，如表 2—6 所示。

表 2—6 分工之后两国的贸易和消费状况

产品 国别	X 毛呢（1 单位）	Y 酒（1 单位）
A（英国）	1.2	1
B（葡萄牙）	1	1.125
产量合计	2.2 单位	2.125 单位

假定两国分工前后消费总量不变，A 国的 0.2 单位 X 和 B 国的 0.125 单位 Y 的生产就是国际分工发挥两国比较优势产生的生产剩余，也表示为可节约 A 国 20 人和 B 国 10 人的劳动。这些增加的产量或者劳动的节约，就是贸易利益。

2.3.2 比较优势理论的贡献

李嘉图的比较优势理论具有一定的科学性和历史进步意义。

首先，该理论证明了国际贸易不仅是由于绝对成本的差异，更是因为比较成本差异产生的。在国际分工和国际贸易中，一国只要按照比较优势原则，专门生产和出口本国具有相对优势的产品，进口本国生产成本相对较高的产品，就可以获得实际利益。比较优势学说为世界各国参与国际分工和国际贸易提供了理论依据。

其次，该理论作为自由贸易理论的重要基础之一，在当时非常有利于英国工业资产阶级争取贸易自由，而自由贸易政策又促进了英国生产力的迅速发展，使英国在当时的世界工业和贸易中居于优势的核心地位。比较优势理论曾在历史上起到积极的推进生产力发展的作用。

2.3.3 比较优势理论的缺陷

比较优势理论也具有一定的局限性和缺陷。

第一，李嘉图的这一理论是建立在一系列简单的假设前提基础上的，把复杂多变的经济世界抽象成静止的均衡世界，因而所揭示的贸易各国获得的利益是静态的短期利益，这种利益是否符合一国经济发展的长远利益不得而知。例如，劳动是同质的，没有熟练与非熟练之分，市场是完全竞争的，这些假设使理论与现实之间产生了相当大的差距。

第二，比较优势理论只提出了国际分工的一个依据，未揭示出国际分工形成和发展的主要原因。它忽视了国际分工中生产关系的作用，离开生产关系去考察社会分工问题，社会分工的产生是社会生产力发展到一定阶段的产物，生产力的发展是在生产关系下发展的，不能把国际分工简单地说成生产率差异的结果，社会生产力的发展是国际分工形成和发展的决定性因素。

第三，比较优势理论认为比较利益相差越大，发生贸易的可能性越大，如果按照这一说法，国际贸易应主要在发达国家和发展中国家之间展开，而事实上国际贸易主要在发达国家之间展开，这与事实不符。

虽然比较优势理论具有一定的局限性和明显的缺陷，但我们不能否认其内涵的科学性，后来出现的大多数理论都是在这一理论基础上发展起来的。

阅读资料 2—1

比较优势的动态性

在微观理论方面体现比较优势动态性的是产品生命周期理论：处于创新期的新产品是知识技术密集型的；进入发展期即变成技术资本密集型；进入成熟期变成资本与熟练劳动密集型；进入衰退期即成为一般劳动密集型。产品的生产地也随着生命周期变化而从技术创新的国家向其他国家转移，决定了国际贸易的走向。

巴拉萨（Balassa）在 1979 年提出外贸优势转移假说，假设各国外贸结构和比较优势会随生产要素积累状况而迅速改变。他把世界分为发达国家、新兴工业国家、中国印度东盟等各个阶梯，比较优势可以逐级替代。他的动态产业升级国际分工模式与东亚地区的“雁形发展模式”相似，强调进出口商品结构变化和某种生产要素快速积累之间的动态联系。

比较利益理论的应用，与国家利益密切相关。自由贸易论者主张以现存比较利益进行国际分工，代表的是发达国家，特别是处于世界经济领导地位的“霸主”的利益，他们有意识地淡化比较优势的动态性；保护主义者代表发展中国家利益，特别是那些具有发展潜力和欲望的、处于赶超发达国家时期的发展中大国的利益，所以强调比较优势的动态性，并且进一步主张国家保护幼稚工业，因为所谓“国际市场经济”，已经被发达国家控制而不利于新的参与者。发展中国家需要依靠国家力量，以关税或进口配额作为工业化起步的暂时措施；而依靠市场力量，则根本无法实现比较优势的升级。

资料来源：《比较优势的动态性与中国入世的政策导向》，www. lunwentianxia. com。

2.4 两国多产品贸易模型

2.4.1 多产品贸易模型的假设

现在，我们维持李嘉图的两国假定，但考虑多产品的情况，即本国和外国都能生产和消费许多种产品，进一步分析比较优势的决定和贸易的进行。

假定共有 N 种不同的产品，给每种产品从 1 到 N 进行编号。设本国和外国某种产品的单位劳动投入分别为 $A_{L1}/A_{L1}^{*}>A_{L2}/A_{L2}^{*}>A_{L3}/A_{L3}^{*}>\cdots>A_{LN}/A_{LN}^{*}$。令 W 和 W^{*} 分别为本国和外国的工资率，则两国的工资率之比为 W/W^{*}。

如此一来，世界生产格局就变得简单了。商品总是在生产成本最低的地方生产。某产品的生产成本等于该单位产品的劳动投入乘以工资率。如果 $WA_{Li}<W^{*}A_{Li}^{*}$，即 $A_{Li}^{*}/A_{Li}>W/W^{*}$，那么在本国生产产品 i 的成本就比较低。另一方面，如果 $WA_{Li}>W^{*}A_{Li}^{*}$，即 $A_{Li}^{*}/A_{Li}<W/W^{*}$，那么在外国生产产品 i 的成本就比较低。

2.4.2 两国多产品的贸易模型

这样就可以得出产品的分布规律：任何符合 $A_{Li}^{*}/A_{Li}>W/W^{*}$ 条件的产品将在本国生产，任何符合条件 $A_{Li}^{*}/A_{Li}<W/W^{*}$ 的产品将在外国生产。将产品按 A_{Li}^{*}/A_{Li} 的大小编号，专业分工的法则就是根据两国的工资率将按编号排序的产品从中断开。断开之后，左边的所有产品由本国来生产，右边的所有产品由外国来生产，如表 2—7 所示。

表 2—7 多产品贸易

衣物		酒		面包		相对工资		奶酪		工具		壶
A_{L1}^{*}/A_{L1}	>	A_{L2}^{*}/A_{L2}	>	A_{L3}^{*}/A_{L3}	>	We/W^{*}	>	A_{L4}^{*}/A_{L4}	>	A_{L5}^{*}/A_{L5}	>	A_{L6}^{*}/A_{L6}
本国出口，外国进口								本国进口，外国出口				

一国出口某种商品 X 在成本方面的必要条件为：

$$P_X=A_{LX}We<A_{LX}^{*}W^{*}=P_X^{*} \quad 或 \quad A_{LX}^{*}/A_{LX}>We/W^{*}$$

式中，P 为价格；e 为本币汇率。

从上表可看出以下特征：

第一，多商品情况下的贸易形式取决于相对劳动需求及相对工资比率。

第二，汇率变动或相对工资变动会对贸易形式产生影响。

第三，货物流动或汇率变动使工资率发生相应变动，贸易流会相等。

假定本国工资率提高或外国工资率降低，或者本币升值，就会使本国的货物变得昂贵，减少本国商品的出口数量。同样，任何贸易流的不平衡都将由于汇率变动导致相对工资变动而达到相等，如表 2—8 所示。

表 2—8　相对工资变化后的多产品贸易

衣物		酒		相对工资		面包		奶酪		工具		壶
A_{L1}^{*}/A_{L1}	$>$	A_{L2}^{*}/A_{L2}	$>$	We/W^{*}	$>$	A_{L3}^{*}/A_{L3}	$>$	A_{L4}^{*}/A_{L4}	$>$	A_{L5}^{*}/A_{L5}	$>$	A_{L6}^{*}/A_{L6}
本国出口，外国进口								本国进口，外国出口				

2.5　赫克歇尔—俄林的要素禀赋理论

英国古典的国际分工和国际贸易理论在西方经济学界占支配地位长达一个世纪之久，直到 20 世纪 30 年代才受到两位瑞典经济学家伊利·赫克歇尔（Eli Filip Heckscher，1879—1952）和伯尔蒂尔·俄林（Beltil Gotthard Ohlin，1899—1979）的挑战。

1919 年赫克歇尔在《对外贸易对收入分配的影响》（The Effect of Foreign Trade on the Distribution of Income）一文中，对相互需求理论的核心思想做出初步分析，提出了两国间若要产生比较成本差异必须具备两个前提条件：两国的要素禀赋不同，不同产品生产过程中适用的要素比例不同。当两个前提均成立时，两国之间才能展开贸易。俄林是赫克歇尔的学生，他接受了老师的观点，在 1933 年出版了其代表作《区际和国际贸易》（Interregional and International Trade），创立了较完整的要素禀赋理论，因此该理论在学术界称为赫—俄理论。赫—俄理论是国际贸易理论从古典向现代理论发展的标志，被誉为国际贸易理论的一大柱石。

2.5.1　赫—俄理论的基本假设

（1）只有两个国家、两种产品、两种生产要素（劳动和资本），即 2×2×2 模型。

（2）资源在两国都得到了充分应用，且两国可利用的生产要素总量不变。

（3）两国消费者的偏好相同，消费无差异曲线一样。

（4）两国在两种产品的生产过程中面临同样的生产函数，但不同产品的生产函数不同。

（5）不存在要素密集度逆转情况，即如果一种产品在一国是资本密集型产品，在另一国也是资本密集型产品。

（6）生产过程中规模经济报酬不变，生产函数是线性齐次的。

（7）生产要素在生产中可以完全替代。

（8）生产要素只在一国内流动，但产品可以在国家之间流动。

（9）没有运输成本，也不存在其他交易成本，没有关税等贸易限制。

（10）两国经济和贸易总量处于均衡状态。

2.5.2 要素禀赋理论的主要内容

俄林认为，国家的划分标准是生产要素禀赋，即生产要素在一个国家中的天然供给情况。俄林所说的生产要素指劳动、资本和土地三大类。俄林将贸易中国际竞争力的差异归于生产要素禀赋的国际差异，故人们又将赫—俄理论称为要素禀赋理论（the theory of factor endowment）。赫—俄理论的基本内容分为两部分：生产要素供给比例理论和要素价格均等化理论。

1. 生产要素供给比例理论

俄林在分析和阐述生产要素供给比例理论时，从商品价格的国际绝对差异开始，层层深入，环环相扣。

（1）商品价格的国际绝对差异是国际贸易产生的直接原因。

商品价格的国际绝对差异是指不同国家的同种商品以本国货币表示的价格，按照一定的汇率折算成以同种货币表示的价格时出现的价格差异。

以美国和日本两国为例，假设两国分别生产 X，Y 两种商品，X 商品的单价若都以美元计价，在美国为 1.5 美元，在日本为 2 美元，其价格差为 0.5 美元；若都以日元计价，在美国为 150 日元，在日本为 200 日元，差价为 50 日元，如表 2—9 所示。

表 2—9　　美、日两国 X，Y 两种商品价格的绝对差异

	以本国货币表示的价格		换算成同种货币表示的价格（按 1 美元＝100 日元）			
			以美元表示		以日元表示	
	美国	日本	美国	日本	美国	日本
X 商品	1.5 美元	200 日元	1.5 美元	2 美元	150 日元	200 日元
Y 商品	2 美元	150 日元	2 美元	1.5 美元	200 日元	150 日元

可以看出，美国 X 商品的价格低于日本；同样，日本 Y 商品的价格低于美国。在没有运输费用的前提下，把商品从价格低的国家出口到价格高的国家，双方都可获得利益。

（2）各国不同的商品价格比例是产生国际贸易的必要条件。

商品价格的国际绝对差异是国际贸易产生的直接原因。同时，应具备一个条件，即交易双方必须符合比较成本的原则。从表 2—9 中可看出，美、日两国 X，Y 商品国内价格的比例分别为 1.5∶2 和 2∶1.5，即两国两种商品的国内价格比例不同，存在比较利益（当然，此例中也存在绝对利益），因此可通过国际贸易获利。

若两国两种商品的国内价格比例相同，则不存在比较利益（仍有绝对利益），国际贸易不会发生或只是暂时的贸易关系。下面以表 2—10 加以说明。

表 2—10　美、日两国 X，Y 两种商品价格的相对差异

	以本国货币表示的价格		换算成同种货币表示的价格（按 1 美元＝100 日元）			
			以美元表示		以日元表示	
	美国	日本	美国	日本	美国	日本
X 商品	1.5 美元	300 日元	1.5 美元	3 美元	150 日元	300 日元
Y 商品	2 美元	400 日元	2 美元	4 美元	200 日元	400 日元

两国的国内价格比例都是 1.5∶2，不存在比较利益，所以虽然两国同种商品的价格存在绝对差异，国际贸易也不会发生或只能是暂时的贸易关系。这是因为在此情况下，只能是美国的 X，Y 商品单方面流向日本，日本需大量购入美元进行补偿，导致美元汇价上升，日元汇价下降，进而抑制美国对日本的出口。当汇率达到一定程度后，两国的均衡汇价就会使按美元或日元计算的美国商品的单位成本完全等于日本商品的单位成本，不再有贸易发生。因此，两国商品价格比例的差异是国际贸易产生的必要条件。

（3）各国不同的商品价格比例是由各国不同的要素价格比例决定的。

不同的商品是由不同的生产要素组合生产出来的。在各国，商品的成本比例反映了它的生产诸要素的价格比例关系，即工资、地租、利息之间的比例关系。各国生产要素的价格比例不同，导致了成本比例的不同。

（4）各国不同的要素价格比例由各国不同的要素供给比例决定。

在各国要素需求一定的情况下，各国的要素禀赋不同，导致要素的价格不同。供给丰富的要素价格便宜，稀缺的要素价格昂贵，因此要素供给比例的不同决定了要素价格比例的差异。

假定美国土地相对丰富，劳动力相对稀缺，因而土地较便宜，劳动力较贵，而英国的情况恰好相反。再假定两国生产小麦和纺织品两种产品，两国的生产要素价格和单位成本如表 2—11 所示。

表 2—11　要素价格和生产单位成本

	单位要素价格（美元）		单位产品成本（美元）	
	土地	劳动	小麦 （土地 5，劳动 1）	纺织品 （土地 1，劳动 10）
美国	2	4	14	42
英国	8	2	42	28

由上表可知，美国生产小麦和纺织品的成本比例是 1∶3，英国是 3∶2。因此，美国可以用相对廉价的土地生产小麦出口到英国，英国则可以利用相对廉价的劳动力生产劳动密集型纺织品出口到美国，贸易双方均能获得比较利益。

由此可见，俄林认为要素供给比例是最重要的环节，但没有一个单一的环节是国际贸易的最终动因，各环节的相互依赖决定了每个国家的价格结构。俄林的逻辑

框架如图 2—1 所示。①

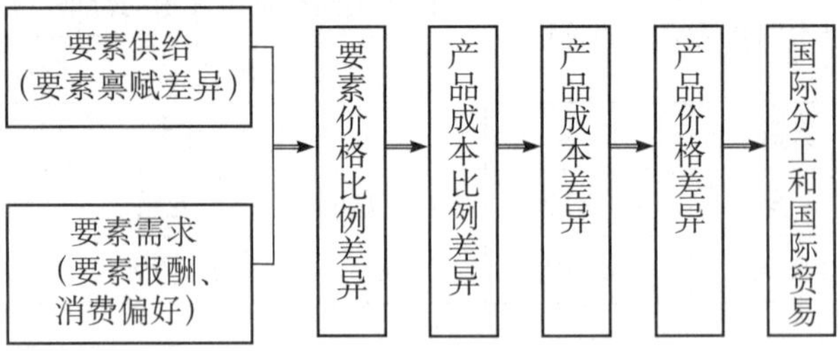

图 2—1 赫克歇尔—俄林理论的逻辑框架

2. 要素价格均等化理论

要素价格均等化理论（factor price equalization theory）论述了贸易发生后，两国的资源价格将会发生怎样的变化。

俄林认为，国际贸易的重要结果是各国都能更有效地利用各种生产要素。只有生产要素在各国间自由转移，才能使各种要素得到充分利用。虽然资源不能自由流动（要素的自由流动往往被政府的限制政策阻碍），但商品可以自由流动，从而弥补了要素的流动性不足。贸易的扩大将会减少两国间要素价格的相对和绝对差异，从而导致两国生产要素的相对价格和绝对价格趋于均等化，这就是要素价格均等化理论的内涵。

但俄林进一步分析认为，要素价格均等化是一种趋势，要素价格不会完全相等。原因在于：

（1）影响市场价格的因素复杂多变，不同地区的市场之间又存在差别，价格水平难以一致。

（2）生产要素在国际不能充分流动，即使在国内，生产要素在部门间的流动也有障碍。

（3）集中的大规模生产必然使有些地区的要素价格相对较高，有些地区的价格相对较低，因此阻碍了生产要素价格均等化。

3. 赫—俄理论的三个主要结论

（1）各国在国际分工和国际贸易体系中应该生产和输出生产过程中密集使用本国相对丰裕要素的商品，输入生产过程中密集使用本国相对稀缺要素的商品。

（2）国际贸易的直接原因是价格差异，即国家间商品价格不同。

（3）商品贸易趋向于消除工资、地租、利润等生产要素收入的国际差异，导致国家间商品价格和要素价格趋于绝对和相对均等化。

2.5.3 对赫克歇尔—俄林理论的评价

1. 积极方面

赫克歇尔—俄林的要素禀赋理论继承了比较成本理论，但又有新的发展，被认

① 卓骏：《国际贸易理论与实务》，26 页，北京，机械工业出版社，2010。

为是现代国际贸易的理论基础。

该理论比较正确地指出了生产要素及其组合在各国进出口贸易中占据的重要地位，对贸易各国如何利用本国的资源优势参与国际分工和国际贸易有现实意义。

该理论把传统的比较优势理论中的一种生产要素的假定扩展到了两种或两种以上，并提出了生产要素的组合比例问题，使国际贸易理论的分析更符合现实。

2. 局限性和缺陷

该理论忽视了技术进步的作用。在当代国际分工中，技术进步、技术革新可以改变成本比例，进而改变比较成本。排除技术进步的因素影响了该理论的广泛实用性。

该理论的一系列假设如自由贸易、完全竞争、两国技术水平相同，与现实有一定差距，削弱了该理论对现实国际贸易现象和问题的解释力。按照该理论，国际贸易大部分应发生在要素禀赋不同和需求格局相异的工业国与初级产品生产国之间，这与当代大量贸易发生在要素禀赋相似、需求格局接近的工业国之间的实际情况不符，影响了该理论对国际贸易实际情况的深入分析。

该理论没有考虑到国际生产关系和国际政治环境对国际贸易分工的影响。例如，根据要素禀赋理论，资源、劳动力丰富的国家也许应该生产资源、劳动密集型产品，但为了国家经济和国防安全，这些国家也应生产一部分关键产品。

贸易前提与贸易结果的矛盾。要素价格均等化学说认为，贸易的结果使要素的价格趋于一致。而要素比例理论所论证的是，国际贸易产生的原因是各国商品价格的差异，而要素价格的差异才导致了商品价格的差异。那么，贸易的结果却导致了贸易前提条件的消失，无法自圆其说。

2.6 里昂惕夫之谜

2.6.1 里昂惕夫之谜的产生背景及内容

第二次世界大战后，在第三次科技革命的推动下，世界经济迅速发展，国际分工和国际贸易随之迅猛发展，贸易商品结构和地区分布发生了很大变化，传统的国际贸易理论显得越来越脱离实际，这引起经济学家对包括要素禀赋理论在内的已有学说的怀疑，并促成他们对一些理论进行检验。

对赫克歇尔—俄林模型的第一次检验是 1953 年由瓦西里·里昂惕夫（Wassily W. Leontief）利用 1947 年的美国数据进行的。该检验的结果与赫克歇尔—俄林理论的推演结论正好相反，人们把这一结果与赫克歇尔—俄林理论之间的矛盾称为里昂惕夫之谜（Leontief paradox）。

阅读资料 2—2

人物简介：瓦西里·里昂惕夫

瓦西里·里昂惕夫是美国当代著名经济学家，1972 年诺贝尔经济学奖获得者。

里昂惕夫1906年出生于俄国圣彼得堡，1921年进入列宁格勒大学学习社会学、哲学、经济学，继而到德国柏林大学攻读经济学，1928年获得博士学位。1927—1930年在德国基尔大学世界经济研究所工作，其间曾应邀来我国任国民党政府铁道部经济顾问。1931年移民美国，在哈佛大学经济系任教，1974年转入纽约大学。里昂惕夫先后在美国劳工部、商务部任职，担任过联合国及其他多个国家的政府顾问等职。其主要著作有：《美国经济的结构1919—1929》、《美国经济结构的研究》、《投入产出经济学》、《经济学论文集》、《世界经济未来》。里昂惕夫最主要的贡献是创立了投入产出分析法，并由于这一贡献受到了全球学术界的尊敬。1973年瑞典皇家科学院向他颁发了诺贝尔经济学奖，以表彰其在经济学领域的成就。

1953年，里昂惕夫利用其投入产出分析法对美国的对外贸易商品结构进行具体计算。他把生产要素分为资本和劳动两种，对200种商品的统计数据进行了分析，并对1947年美国生产每百万美元的出口商品所包含的资本和劳动数量进行了计算。因为进口商品是在国外生产的，所以他只有美国出口商品的投入—产出表，而没有进口商品的投入—产出表。为此，他采用从美国生产的产品数据中计算进口替代品的要素密集度的方法，来估算进口商品的要素密集度。1956年，里昂惕夫利用1951年的统计资料进行了第二次验证。两次的验证结果如表2—12所示。

表2—12　　每百万美元的美国出口品和进口替代品对国内资本和劳动的需求额

	1947年		1951年	
	出口	进口替代	出口	进口替代
资本（美元）	2 550 780	3 091 339	2 256 800	2 303 400
劳动（人/年）	182.313	170.004	173.91	167.81
人均年资本量（美元）	13 991	18 184	12 997	13 726

按照赫—俄的要素禀赋理论，一国应出口密集使用本国丰裕要素生产的产品，进口密集使用本国稀缺要素生产的产品。美国是一个资本要素丰裕而劳动要素稀缺的国家，因此美国应该出口资本密集型产品，进口劳动密集型产品。而上述检验的结果却显示，美国1947年进口替代品人均资本使用量与出口品生产人均资本使用量的比率为1.30∶1；进口替代品中平均单位产品使用的资本量在1947年高于单位出口品约30%，而在1951年高出6%。尽管两年的比率有所不同，但都得到了相同的结论：美国出口的商品具有相对劳动密集型特征，进口的商品具有相对资本密集型特征。正如里昂惕夫所说，“美国之所以参与国际分工是建立在劳动密集型生产专业化的基础之上，而不是建立在资本密集型生产专业化基础上。”① 这个验证结果与赫—俄理论相反，也完全出乎里昂惕夫本人的预料，而且有悖常理，因此被人

① 里昂惕夫：《国内生产与对外贸易：美国地位的再审查》，转引自姚曾荫：《国际贸易概论》，604页，北京，人民出版社，1987。

们称为里昂惕夫之谜。

里昂惕夫之谜激发了其他经济学家对其他国家的贸易格局的类似研究，以检验要素禀赋理论。例如，日本的两位经济学家建元正弘（M. Tatemoto）和市村真一（S. Ichimura）1959年使用了与里昂惕夫相类似的研究方法对日本的贸易结构进行分析，发现从整体上看，日本这个劳动力丰裕的国家，输出的主要是资本密集型产品，输入的则是劳动密集型产品。但从双边贸易看，日本向美国出口的是劳动密集型产品，从美国进口的是资本密集型产品；日本出口到不发达国家的则是资本密集型产品。之所以出现这种情况，建元和市村认为，是因为日本的资本和劳动的供给比例介于发达国家与不发达国家之间，日本与前者的贸易在劳动密集型产品上占有相对优势，而与后者的贸易则在资本密集型产品上占有相对优势。因此，就日本的全部对外贸易而言，建元和市村的结论支持里昂惕夫之谜，但在双边贸易上，他们的结论则支持要素禀赋理论。

民主德国的两位经济学家斯托尔珀（W. Stolper）和劳斯坎普（K. Roskamp）对本国的贸易研究表明，该国出口品相对于进口品是资本密集型的。由于民主德国大约3/4的贸易是与东欧其他国家进行的，而这些国家相对于民主德国而言是资本贫乏的国家，所以斯托尔珀和劳斯坎普的结论与要素禀赋理论是一致的。

1961年，加拿大经济学家沃尔（D. F. Wahl）分析了加拿大与美国的贸易，发现加拿大出口商品为相对资本密集型，因为加拿大的大部分贸易是与美国进行的，而美国是个相对于加拿大而言资本丰富的国家，所得结论与里昂惕夫之谜一致，而与要素禀赋理论相悖。

1962年，印度经济学家巴哈德瓦奇（R. Bharadwai）对印度的贸易结构分析表明，印度在与美国的贸易中，向美国出口的是资本密集型产品，而进口的是劳动密集型产品，"谜"再次出现，而且是在一个发展中国家。但印度与其他国家的贸易，又是出口劳动密集型产品，进口资本密集型产品，与要素禀赋理论一致，"谜"并不存在。

许许多多的检验结果，既未肯定地证实要素禀赋理论，亦未否定要素禀赋理论。

2.6.2 对里昂惕夫之谜的解释

1. 需求偏好差异说

该理论强调需求因素对进出口贸易结构的影响。赫克歇尔—俄林理论的假设之一是贸易国双方的需求偏好相似，消费结构相同，忽略了两国需求偏好差异对贸易方式的影响。事实上，需求偏好会强烈影响国际贸易方式。因为美国人资本密集型产品的偏好大于对劳动密集型产品的需求，因此美国进口资本密集型产品超过出口这类产品，这种需求刚好颠倒了资本密集型产品方面的比较成本优势。

2. 人力资本说

人力资本说由美国经济学家凯南等人提出，以此解释"谜"的产生。该学说认为，赫克歇尔—俄林理论将劳动视为同质的生产要素的假设是不现实的，一国的人力要素禀赋相对于其他国家都具有异质性，在构成和数量上都不同于其他国家。这种差异主要是由劳动熟练程度决定的，即决定智力开发的投资。因此，高熟练程度是资本支出的投资结果。

凯南认为，国际贸易商品生产所需的资本既包括有形资本（物质资本），也包括无形资本（人力资本），即用于职业教育、技术培训等方面的资本，人力资本投入可促进劳动生产率的提高。美国正是因为投入了较多的人力资本而拥有了更多的熟练技术劳动力。因此，美国出口商品含有较多的熟练技术劳动，从而出口商品相对于进口商品而言为资本密集型。

3. 自然资源学说

该学说指出，里昂惕夫之谜的根源在于：里昂惕夫只考虑了资本和劳动两种生产要素，忽略了自然资源。比如，美国的进口商品中初级产品占60%～70%，而且大部分是木材和矿产品，这些产品的自然资源密集度很高，把这类产品按照美国的生产条件计算，无形中加大了美国进口商品的资本—劳动比例；同时，美国出口的产品消耗了大量的自然资源，其开采、提炼与加工均有大量资本投入，如果在出口产品中计算这部分资本投入，“谜”就不存在了。里昂惕夫在后来对美国的贸易结构进行检验时，在投入产出分析中剔除了19种自然资源密集型产品，结果成功解开了“谜”，得到了与要素禀赋论一致的结果，这也可以用来解释加拿大、日本、印度等国家贸易结构中“谜”的存在。

4. 贸易保护说

美国经济学家鲍德温（R. E. Baldwin）认为，要素禀赋论的前提是自由贸易，事实上，这种假设是不存在的。里昂惕夫使用的资料是美国进出口数据，在列入统计的年份里，美国事实上有很高程度的贸易保护，美国政府为解决国内失业，对雇用大量不熟练工人的劳动密集型产品实施了保护政策，导致外国的劳动密集型产品难以进入美国市场，美国必须大量生产这类产品替代进口。如果实行自由贸易，美国进口商品的劳动密集度就会提高。但鲍德温的研究结果表明，排除贸易壁垒只能减轻但无法完全消除里昂惕夫之谜。

5. 要素密集度逆转

要素密集度逆转（factor intensity reversal）指的是同种商品在劳动丰裕的国家属于劳动密集型产品，而在资本丰裕的国家属于资本密集型产品的情况。

例如，美国是世界上最大的粮食出口国之一，但与泰国相比，美国的粮食生产显然属于资本密集型。根据这种解释，美国进口的商品在出口国可能是用劳动密集型技术生产的，但在美国却是用资本密集型技术生产的。由于里昂惕夫采用从美国生产的产品数据中计算进口替代品的要素密集度的方法，来估算进口商品的要素密集度，也就是说将进口产品按照美国的生产条件计算分析，提高了进口产品中的资本相对密集度，从而使表2—12中的“人均年资本量”数据18 184大于13 991，13 726大于12 997，产生了美国进口资本密集型产品的错觉。这是从要素密集度逆转方面对“谜”的解释。现实中，根据里昂惕夫的定量分析，发现研究资料中只有1%的商品发生了要素密集度逆转，因此并不能有力地解释里昂惕夫之谜，但为后来的研究提供了研究思路：同种产品的要素密集度因在要素禀赋不同的国家生产而不同。

2.6.3　对里昂惕夫之谜及其解释的简要评价

里昂惕夫首次运用投入产出法，结合经济理论、数学方法和统计方法，对美国贸易结构进行了定量分析，开辟了用统计数据检验贸易理论的道路，有一定的科学意义。

里昂惕夫之谜是对赫克歇尔—俄林理论应用于实际的挑战，引起了经济学家的关注和对“谜”的各种研究与解释。“谜”与要素禀赋理论的矛盾是理论到实践的矛盾，对“谜”的解释正是结合实际对要素禀赋理论假设前提中劳动同质性和完全竞争假设的修正。对“谜”的探索拓宽了人们的思路，引发了人们从国际贸易理论到实践领域的研究热潮，推动了国际贸易理论的发展，产生了新的理论。

本章小结

1. 重商主义是资本主义发展最初阶段反映商业资本利益和要求的经济理论。重商主义的内容是：财富即货币，货币即财富；财富的直接源泉是流通领域，对外贸易必须保持顺差。重商主义的贸易政策主张是“奖出限入”。

2. 绝对优势是一国生产一单位的某种商品所使用的资源少于另一国同类产品的生产。各国可根据本国绝对有利的生产条件（生产成本绝对低）进行专业化生产，然后彼此交换，则对所有国家都有利。

3. 比较优势是指一国生产成本相对低的优势。比较优势理论的基本思想在于，不同国家生产不同产品会存在劳动生产率或成本上的差异，各国应分工生产各自具有相对优势，即劳动生产率相对较高或成本相对较低的产品，通过国际贸易获得利益。

4. 赫克歇尔—俄林的要素禀赋理论的主要思想是各国应在国际贸易体系中生产和输出本国丰裕要素密集的商品，输入本国稀缺要素密集的商品。商品贸易趋向于导致国际商品价格和要素价格的均等化。

5. 里昂惕夫之谜是对赫克歇尔—俄林理论应用于实际的挑战，引发了人们从国际贸易理论到实践领域的研究热潮，推动了国际贸易理论的发展。

核心概念

绝对优势　比较优势　要素禀赋　要素密集度逆转　里昂惕夫之谜　要素价格均等化

复习思考题

1. 重商主义的基本论点是什么？

2. 绝对优势理论中的贸易基础和贸易模式分别是什么?

3. 简要评述比较优势理论的基本内容。

4. 赫—俄理论的基本思想是什么?该理论认为产生比较优势和国际贸易的根本原因是什么?

5. 什么是里昂惕夫之谜?西方经济学家对此做了哪些解释?

6. 何为要素密集度逆转?在哪种情况下才会发生这种现象?

7. 试分别评价绝对优势理论和比较优势理论。

8. 试解释比较优势理论对当代国际分工格局形成的意义。

案例分析

比较利益陷阱

所谓"比较利益陷阱",也有人称为"李嘉图陷阱"。从广义上说,比较利益陷阱是指一国根据比较成本进行资本配置时可能出现的结构性缺陷。比如,工业化进程中可能导致资源从农业等经济部门过量地流出,以致会损害到社会经济的正常运行。就国际分工方面而言,比较利益陷阱则主要是指后进国家在开放过程中出现的产业结构滞后。在这里,"陷阱"一词的确是相当形象的比喻,对于广大发展中国家来说,比较利益陷阱并不只是一种理论上的可能性,而是一种相当现实的风险。

美国成为一个世界领先地位的工业化国家是一个证明。工业化首先在英国开始,到了19世纪初英国的工业发展遥遥领先,美国与德国都远远落在后面。根据李嘉图的理论,美国或是德国都不应该自己搞工业化。因为美国在农业生产上有比较利益,因此它应该出口食物和其他农产品到英国,并且由英国进口所需要的工业产品。如果美国真的实行这样的自由贸易政策,英国可以取得它所需要的原料和食物,而美国则没有可能变成一个工业化的国家。

资料来源:洪银兴:《从比较优势到竞争优势》,载《经济研究》,1997(6)。

思考题:

发展中国家如何防止比较利益陷阱的出现?

第3章

当代国际贸易理论

章首阅读　美国为什么能成为科研资源最充裕的国家

工业革命使美国成为世界头号工业强国，而美国工业革命的完成在很大程度上则是得益于科学技术的发展。美国在发展科学技术上不因循欧洲的现成技术，而是致力于科学创新。许多重要的现代科技发明都来自美国，包括电话、汽车、电视机、互联网等。在19世纪初到20世纪初的100年间，美国在各个领域完成了许多技术发明。进入20世纪，美国继续保持科学技术飞速发展的势头。1953—1973年的20年间，在世界总共500种技术革新项目中，265种即半数以上是由美国完成的。

1940年以后世界主要的技术革新项目的大部分出自美国人之手。例如，20世纪40年代的黑白电视机、半导体收音机、电子计算机，50年代的磁带录像机、数控机床、电子复印机，60年代的激光、集成电路、太阳能电池、通讯卫星和70年代的微处理机等，都是由美国科学家和工程技术人员首先开发出来的。直到今天，美国仍是世界科学技术最先进的国家。

在基础科学的研究中，美国也是名列第一。在全世界最著名的大学中，美国占了大多数。在2001年9位诺贝尔奖获得者中，就有5位是美国人或美国籍的科学家，占总数的56%。美国无疑是科研资源最充裕的国家。

美国科研能力之所以如此强大，与美国的教育科研制度、移民政策，以及政府与企业对科研的重视程度有密切关系。

第一，从美国的教育科研制度看美国对创新的重视。美国的高等教育主要分三个层次。第一个层次是社区大学，主要是普及知识，提高国民素质。第二个层次是公立和私立的本科大学，包括硕士教育，主要是培养技术工人和白领阶层。第三个层次是研究型大学，授予博士学位的大学多为研究型大学，主要目标是知识创新。这些著名大学的主要任务不是普及教育，哈佛大学的办学目标明确指出，哈佛就是要努力创造知识，启发学生发现知识的心智，使学生可以最大限度地利用他们的教育机会。

美国教育制度对创新的重视还表现在入学招生制度方面。美国在本科招生中比较重视考试成绩，学校也公布入学标准，也以新生入学前各项考试的高平均分为自豪。美国教育制度对研究和创新的重视还表现在教授的聘用制度上。虽然美国有终身教授制度，但从助教到终身教授一般都要六七年的时间。只有经过考验的最优秀的学者才能留在学校，在哈佛大学、麻省理工学院等一流大学能最终获得终身教授的比例很低。这种制度迫使每个教授都不得不竭尽全力去从事研究和创新。

第二，美国的移民政策也反映了美国对科技的重视。美国有一个重要政策是允许外国公民通过自己的知识与技术移民美国。这类移民又分成两类，一类是一般技术移民，最低条件是大学本科毕业；另一类是特殊技术移民，美国对于这类移民是最优惠的，没有名额限制。因此，各国的优秀学生愿意到美国留学，学成后可以继续留下来工作也是一个极其重要的因素。

第三，美国企业与政府对科研的重视。作为世界上最大的经济国，美国用于研究开发(R&D) 的经费不仅在数量上为世界第一，在占 GDP 的比例上也是名列前茅的。用 1997 年前后的数据相比，日本占第一，2.92%（1996 年）；美国第二，2.60%；德国第三，2.31%。20 世纪 90 年代以来，尤其是 1997 年以后，美国 R&D 费用占 GDP 的比重还在上升，1999 年达到 2.79%。

总之，美国之所以有充裕的科技资源，除了强大的经济实力外，制度和政策也起了不可低估的作用。

资料来源：Steven Payson，1999，“R&D as a Percentage of GDP Continues Upward Climb”，*National Science Foundation*，99～357，October 4.

针对传统国际贸易理论的不足，当代国际贸易理论在模型的构建上不再继承传统贸易理论中的规模报酬不变和完全竞争的假设，把产业组织理论引入到国际贸易理论研究中，认为市场中完全竞争是特例，不完全竞争才是普遍现象，而且产业领域并不是规模经济报酬不变，也存在规模经济报酬递增的现象。以规模经济和不完全竞争为前提，当代国际贸易理论认为比较利益的来源除了各国资源禀赋上的差异之外，还来源于一国企业的垄断优势和规模经济等。

3.1 规模经济与国际贸易

3.1.1 规模经济理论

规模经济理论是美国经济学家、2008 年诺贝尔经济学奖获得者克鲁格曼（Paul Krugman）在与艾瀚南（Helpman Elhanan）合著的《市场结构与对外贸易》(1985）一书中提出的。

规模经济是指在一个特定的时期内，企业通过扩大经营规模降低平均成本，提高利润水平，即单位产品成本随着产品数量增加而降低从而取得成本优势。规模经济可以分为规模内部经济和规模外部经济两种类型。

规模内部经济主要来源于企业本身生产规模的扩大。由于生产规模扩大和产量增加，分摊到每个产品上的固定成本（管理成本、信息成本、设计成本、科研与发展成本等）会越来越少，从而使产品的平均成本下降。具有规模内部经济的一般都是大企业、大公司，多集中于设计、管理、销售成本较高的制造业和信息产业，如汽车、飞机、钢铁、电脑软件行业等。

规模外部经济主要来源于行业内企业数量的增加所引起的产业规模的扩大，常常由于聚集效应而产生。由于同行业内企业的增加和相对集中，在信息收集、产品销售、交通运输等方面的成本会降低。规模外部经济一般出现在竞争性很强的同质产品行业中。例如，在美国的“硅谷”有成百上千家电脑公司，每家都不是很大，但集中在一起，形成了规模外部经济。北京的“中关村电脑城”，浙江的“纽扣城”、“电器城”等，也都具有规模外部经济的性质。

3.1.2 规模经济与国际贸易

规模内部经济和规模外部经济都会引起国际贸易的产生，下面分别介绍。

1. 规模内部经济与国际贸易

在存在规模内部经济的行业中，大规模生产的经济性刺激了有关部门和企业对规模经济的追求，导致企业不断扩大生产规模。随着生产规模的不断扩大，产品的生产成本不断降低，产品的竞争能力不断提高，从而使其他企业难以进入该行业，这样就会逐渐导致此类商品生产的垄断，削弱企业或行业内部竞争，最终的结果就会形成不完全竞争的市场结构。

垄断或获得对市场定价权的控制是所有企业的追求，但当企业的规模还不足以影响全行业或同类产品的价格时，企业要想获得某种价格控制权就要生产差异化产品。

差异化产品指的是同一产业或产品集团内的众多企业生产的有差别的产品。不仅厂商追求差异化产品，消费者也追求差异化产品。规模生产的经济性要求生产批量大，标准化程度高，以降低生产成本；差异化则要求小批量、多品种、个性化，价格对消费的影响作用反而较小，但是这种小批量、多品种意味着单位产品的成本比较高，难以达到规模经济效果。如果一国既希望获得规模经济效果，又希望满足生产者和消费者对差异化产品的追求，最后的解决办法是进行国际贸易，这就为差异化产品的生产者提供了操纵价格的余地。

2. 规模外部经济与国际贸易

同厂商的规模内部经济一样，规模外部经济在国际贸易中也发挥着巨大作用。一般情况下，如果一国在某个行业的发展上具有较大规模，该行业就有一个可供共同使用的劳动力队伍，它可以调剂企业间的余缺；同时，行业规模较大，有助于技术的进步和技术成果的迅速普及或采用。总之，一定的行业规模有利于生产同类商品的企业进行资源或生产要素的共享，从而在企业自身规模不变的前提下，相应地形成一个行业的规模优势。

因此，当存在规模外部经济且其他条件相同时，大规模生产某一产品的国家往往具有较低的生产成本，在国际市场上会形成很强的竞争优势，企业就有动力出口该产品，从而产生国际贸易。即某国率先进入某一具有规模外部经济的行业后，强烈的规模外部经济会巩固其作为最大生产者的地位，并垄断国际市场上该商品的生产和销售，从而控制该商品的国际市场，该国企业就可从中获得巨大经济利益。

在存在规模外部经济的行业中，大规模的市场需求促使厂商生产更多的商品，厂商为了满足需求，就会改进技术和雇用更多的劳动力生产出更多的商品，这将会进一步推动全国市场规模的扩大，从而导致专业化供应商的形成和厂商专业化分工。

阅读资料 3—1

人物介绍：保罗·克鲁格曼

保罗·克鲁格曼（Paul Krugman）出生于美国的一个中产阶级家庭，1974 年毕业于耶鲁大学。在大学期间主修经济，但他只上了经济学必修课，选修的更多的是历史课。大学毕业后，在诺德豪斯的推荐下，克鲁格曼进入麻省理工学院攻读博士学位。1977 年取得经济学博士学位后，便直接去耶鲁任教，从此开始了他作为专业经济学家的研究生涯。

克鲁格曼的成名是在 1978 年。他当时写了一篇关于国际贸易的论文（即《规模报酬递增、垄断竞争和国际贸易》，在 1979 年发表于《国际经济学杂志》），并于当年 7 月在美国国民经济研究局（NBER）的研讨会上宣读。参加这个会议的都是当时国际上最有影响的经济学家。当他刚开始宣读论文时，人们并没有加以注意。然而，随着克鲁格曼一步一步地展开他的分析，大厅渐渐地安静下来，人们开始专心地倾听克鲁格曼的演讲。他的这篇论文奠定了国际贸易理论新的分析框架，也使克鲁格曼一夜成名。克鲁格曼回忆道："那是我生命中最美好的 90 分钟。"

克鲁格曼对于国际经济学的贡献主要包括：第一，突破了传统的国际贸易理论，对战后大量出现的工业国家之间和同行业之间的贸易作出了解释。通过引进微观经济学中的产品差异、垄断竞争、规模经济等原理，克鲁格曼不仅为国际贸易理论建立了一个新的分析框架，而且将经济学基本原理与国际贸易中的新思路有机地结合起来，从而为当代国际贸易理论的发展作出了开创性的贡献。第二，分析了国际贸易中的寡头竞争行为，为战略性贸易政策的研究奠定了基础。与传统的贸易政策不同，战略性贸易政策有时不仅可以保护国内市场，而且可以促进出口。政府对某些产业的有限保护有助于该产业获得规模经济，降低成本，提高竞争力。但是，作为负责任的经济学家，克鲁格曼还对战略性贸易政策做了许多实证研究，结果表明这种政策所获得的总体收益是很有限的。他认为，相比之下，自由贸易仍是最好的政策选择。第三，在汇率和发展中国家债务等问题上独有建树，其中最主要的贡献是关于汇率的"目标区域"理论，主张汇率的有限浮动等。

克鲁格曼由于在国际经济学领域中的杰出贡献和国际贸易新理论中的杰出贡献，获得了 2008 年诺贝尔经济学奖。

资料来源：克鲁格曼的个人网页，http：//www. mit. edu/people/krugman/index. htm。

3.2　需求偏好与国际贸易

商品价格的差异是产生贸易的重要原因。至此，贸易理论都是从生产或供给方面来分析这种差异的。由于商品的价格是由供求两方面决定的，在同样的生产条件下，商品的相对价格会由于需求的不同而不同。这一节我们从需求的角度来看产生贸易的可能性。

3.2.1　需求偏好相似理论

需求偏好相似理论是瑞典经济学家斯戴芬·伯伦斯坦·林德（Staffan Burenstam Linder）于 1961 年在其《论贸易和转变》一文中提出的。林德从消费需求的角度探讨了国际工业品贸易发生的原因。该理论的核心思想是：两国之间贸易关系的密切程度是由两国的收入水平和需求结构决定的，两国的收入水平越接近，消费结构就越相似，则两国之间进行工业品贸易的机会就越大；而收入水平差距较大的国家之间进行产业内贸易的机会就越小。

林德认为国内贸易是国际贸易的延伸，一国产品的出口结构、商品流向及贸易量的大小取决于本国的需求偏好，而一国的需求偏好又取决于该国的平均收入水平。因此，两国人均收入越接近，两国的需求偏好就越相似，则两国间贸易范围就越广，但如果两国人均收入相差较大，需求偏好就存在很多差别，两国贸易就会存在障碍。

3.2.2　决定需求的因素

在以前的分析中，我们都假定需求是给定的，而没有探讨各国的需求有什么差别，以及这种差别是怎样决定的。事实上，各国对各种商品的需求是大不相同的。亚洲人喜欢吃大米，欧美人主要吃面包；中国人过年要放鞭炮，美国人过圣诞节要点彩灯，装饰圣诞树；俄罗斯人一年中有近一半的时间戴皮帽、穿大衣，越南人却整年一件无领衫。因此，各国对大米、面包、鞭炮、圣诞树、皮帽子和无领衫的需求肯定不会相同。即在同样的价格下，各国消费者愿意并且有能力购买的数量会不同。

那么，造成各国对同一商品的不同需求的原因是什么呢？决定需求的因素主要包括：

（1）实际需求。所谓实际需求，指的是地理气候等环境的差别造成的不同需求。越南人当然不会有对皮衣、皮帽的需求,因为他们那里一年四季不冷;蒙古人大概不会需要很多船,因为他们那里基本上没有江河湖海;而皮毛衣服对位于寒冷地区的国家而言,船对于沿海或有江河的国家而言,则是必不可少的商品。

(2) 喜爱偏好。对商品的不同喜爱偏好主要是由不同的历史文化、宗教信仰和风俗习惯造成的。日本人爱吃生鱼片,别的国家大概不太会习惯那个味道。欧美人过圣诞节要买圣诞树,而中国人恐怕暂时还不会有大的需求。可见,各国消费者喜爱偏好的差异会造成对同一商品需求的不同。不过与实际需要不同,偏好改变的可能性比较大。随着各国经济文化的交流,喜爱偏好也会互相影响。现实中,美国人喜欢吃中餐的越来越多,中国人穿西装的越来越普遍,日本、中国台湾的欧美化倾向则更加浓厚。随着喜爱偏好的转移,对商品的需求也会发生变化。

(3) 收入水平。实际上,各国对同一商品的需求不同很大程度上是因为收入水平不同。一些发展中国家对汽车的需求量不如美国和日本,不是因为这些人不能开汽车,也不是不爱开汽车,而是在这些国家的收入水平上许多人还买不起汽车。同样,对耐用消费品、医疗保健、旅游度假、高档住宅等商品的需求,发达国家都远远高于发展中国家,而对粮食尤其是基本谷物的需求,发展中国家则相对比较高。这种需求上的差别是由收入水平不同造成的。

3.2.3 需求的收入弹性和恩格尔法则

在分析以需求不同为基础的贸易之前,我们将进一步说明收入水平对需求的影响。这一关系在微观经济学中已有很多研究。一般来说,当消费者的收入增加或减少时,其对具体商品的需求量也会发生某些变动。经济学家将价格不变时人们对收入变动所作出的需求反应称为"需求的收入弹性",用需求变动的百分率与收入变动的百分率的比来衡量。例如,商品A的需求收入弹性可以表示为:

$$\eta=\frac{\text{对商品 A 需求变动的百分率}}{\text{收入变动的百分率}}$$

如果人们的收入增加1%,而对商品A需求量的增加大于1%,收入弹性即大于1;如果两者变动的百分率相同,收入弹性就等于1。收入弹性也可能小于1,甚至小于0。如果收入弹性小于0则表示收入增加时,消费者对商品A的需求量反而减少。

经济学家根据商品的需求收入弹性值,即根据需求量对收入变动的反应程度将商品分为奢侈品($\eta>1$)、必需品($1>\eta>0$)和劣等品($\eta<0$)。奢侈品主要包括大多数高级耐用消费品,如手机、彩电、汽车、旅游等。一般来说,奢侈品在生活中是可有可无的,所以对收入的反应比较敏感。必需品包括大部分日常生活用品,其中食品是主要的必需品。劣等品则是一些不断被淘汰的低质消费品,如简易房屋、杂粮、粗布等。随着经济的不断发展,奢侈品、必需品和劣等品的具体内容也是不断变化的。有些曾经是奢侈品的商品,如照相机、手机,现在已经变成了必需品。有些曾是必需品的东西,如塑料凉鞋,现在变成了劣等品。

在对各种商品的需求收入弹性作出估值之后,人们便可根据收入的差别来说明需求的不同，根据收入的增加情况来预测需求的变动。

在说明和预测收入与需求变动的关系上，德国经济学家厄恩斯特·恩格尔(Ernst Engel）作出了重要贡献。恩格尔指出，随着人均收入的增长，人们花费在食品上的支出占收入的比重会越来越低。他的这一结论已被许多事实证明，经济学中他的这一论断被称为“恩格尔法则”。

3.2.4 收入变动产生的贸易

我们再来看收入变动引起需求变动下的贸易，说明这一贸易模式的主要是瑞典经济学家斯戴芬·伯伦斯坦·林德。

林德假设一国的需求由其“代表性消费者”的需求倾向决定。这一倾向会随着该国人均收入的提高逐渐转向奢侈品并造成社会需求的转移。当人们收入提高，对工业消费品特别是奢侈品的需求增加时，本国的工业品和奢侈品生产也会增加。为了满足市场需求，生产者不断地扩大生产，改进技术。结果是，产量增加的速度超过需求增长的速度，从而使该国有能力向别国出口。对于该国出口的工业产品，只有与之收入相近的国家才会有需求。因此，进口工业产品的主要国家也是收入较高的国家。

根据林德的理论，工业制成品在发达国家之间的贸易会随着收入的不断提高占越来越重要的地位。

与克鲁格曼不同，林德实际上是从需求的角度来分析说明当代工业国家之间的贸易和同一工业行业的双向贸易的。根据林德的理论，需求变动是引起生产变动和产生贸易的基础，收入变动又是引起需求变动的主要因素。收入增加的结果是使工业制成品的贸易在人均收入较高的国家之间得到较大发展。

阅读资料 3—2

为什么高科技产品总是首先出现在发达国家

纵观历史可以发现，世界上高科技产品首先出现在发达国家，从而使新产品在其生命周期中总是从发达国家走向发展中国家：1901 年英国和加拿大之间出现第一次横贯大西洋的无线电通信；1929 年应用于公共电视播放；1940 年最早的手机——手持双向对讲机在美国由摩托罗拉公司研制成功；1941 年美国研制成功远程无线电导航系统，将电子技术与航空器结合起来；1942 年德国研制成功 V—2 火箭；1962 年美国和苏联同时发射宇宙飞船；第一台随身听在日本问世，等等。从经济学角度来看，这种现象应从高科技产品的供给和需求两方面来解释。

从供给角度来看，充足的资本当然是高科技发展的必要条件。高科技产业是风险极大且初期投入大、固定成本高的行业，需要有足够的风险资本支撑。发达国家对高科技的投入超过或接近其国内生产总值的 2%，而在大多数发展中国家，对科技的投资尚不足其国内生产总值的 0.5%。

从需求角度来看，任何高科技产业的形成都需要一个有足够需求支撑的市场。

由于高科技产品多属于“奢侈品”，因此价格较高，产品的收入弹性大。发达国家的人均收入高，高科技产品一旦被消费者接受就容易形成一个足够维持它走完整个生命周期的市场，从而使高科技产品的生产形成规模经济。而这一点恰恰是发展中国家难以做到的。许多高科技产品可以在发展中国家开发出来，但难以通过市场形成产业，其主要原因就是没有足够的消费者来购买。

资料来源：武尚贵：《发达国家科技战略及对我国的思考》，见新浪网，1999-07-24。

3.3 产品生命周期与国际贸易模式的变动

3.3.1 产品生命周期理论对国际贸易的解释

1966年，美国经济学家雷蒙德·弗农（Raymand Vernon）在《产品周期中的国际投资与国际贸易》一文中，提出了用产品生命周期假说解释工业制成品贸易流向的产品生产周期理论。

由于每个国家的技术水平不一样，一种产品的生命周期在各国的发生时间和过程也是不同的，各国之间存在一个较大的时差。正是这一时差，表现为不同国家在技术上的差距，从而决定了国际贸易、国际投资的变化和不同国家在国际市场上的竞争地位。为了便于区分，弗农把这些国家依次分成技术创新国、一般发达国家和发展中国家。

由于各国技术发展水平不同，技术领先的国家可能率先开发出某种新产品并出口到其他国家；经过一段时间后，一般发达国家即技术较先进的国家掌握了这种生产技术，开始从事新产品生产，并凭借较低的要素成本优势占领国际市场，成为新的出口国，甚至占领创新国的国内市场；发展中国家即技术落后的国家在较长时间内才能掌握这种技术，最后，发展中国家依靠低廉的成本和丰富的资源优势成为该产品的出口国。可见，产品生命周期概念从国内市场扩展到了国际市场，就可以用产品生命周期理论来解释国际产业转移现象。

3.3.2 基于产品生命周期理论的国际贸易

弗农还把产品生命周期分为三个阶段，即新产品阶段、成熟产品阶段和标准化产品阶段，以此来解释国际贸易的发生。

1. 新产品阶段

新产品阶段又称产品创新阶段或引进阶段。由于消费者不是特别了解新产品的特性、用途、使用效果以及优点，故需求量少。而且，需求主要来自本国，生产也主要针对本国需要，基本上没有出口。对投入的技术要求比较高，对劳动者技术水平的要求也比较高。由于技术投入大，可以说这一时期的产品是技术密集型产品。

在新产品阶段，技术创新国在国际生产上具有完全的技术垄断优势和国际竞争力，有条件向其他发达国家市场出口这种产品。

2. 成熟产品阶段

在成熟产品阶段，生产技术已经成熟，产品被消费者广泛接受，产品市场饱和，国内产品销售量的增长率开始下降。与此同时，国外的需求已产生，创新国开始向其他国家出口，成熟的技术也随之转移出去，产品进口国能够迅速地模仿并掌握技术，进而开始在本国生产。该阶段技术开始标准化，市场迅速扩张，生产规模急剧扩大，从而要求投入资本比较多，因此这一时期的产品可以说是资本密集型产品。

在该阶段，由于创新国技术垄断和市场垄断地位受到模仿国的冲击，竞争者不断增加，市场竞争变得激烈，市场上替代产品开始增多，产品的附加值也在不断降低。为了获得利润，企业越来越重视产品成本的降低。同时，在创新国和一般发达国家市场上产品开始出现饱和。为降低成本，提高经济效益，抑制国内外竞争者，企业逐步放弃国内生产，纷纷到生产成本较低的发展中国家建立生产基地。

3. 标准化产品阶段

标准化产品阶段又称产品衰退阶段，产品生产技术不再是新颖和秘密的了，甚至开始老化，技术本身的重要性逐渐消失，技术垄断优势已经全部丧失。这时发展中国家已成为世界上最理想的低成本生产区，发达国家通过技术转让或跨国投资把产品生产设立在落后的发展中国家，使发展中国家成为世界市场的主要生产和出口基地。随后，开始向发达国家市场大量出口返销这种工业品，发达国家的这种新型工业品产业开始衰退，新产品的生命周期结束。

将产品生命周期理论的基本思想与国际营销理论相结合，用来解释国际投资和技术转让的原因，可以使企业看清形势，通过把自己的产品销往国外市场来延长其产品寿命。

阅读资料3—3

个人计算机与国际产品生命周期

近年来，有多种产品通过国际产品生命周期的前两个阶段走到了标准化产品阶段。个人计算机（PC）是一个很好的例子：1984—1987年间上市的早期个人计算机已于1991年进入标准化产品阶段，并主要以基础价格出售；于1988—1991年进入市场的个人计算机于1991年处于成熟产品阶段；1991年尚处于新产品阶段的具有高存储能力的个人计算机快速走向成熟，并于1993年被更好的机器取代。在1994—1996年这一时期很可能出现的情况是：台式机将会被更轻、更快、更高级和更便宜的膝上电脑取代；而膝上电脑又于1997—1999年被笔记本电脑取代。这种计算机装有先进的奔腾芯片、彩色监视器、高容量电池和能存储1 000M字节的硬盘，它还很可能会装有电话设备，进而成为一个完全的通信中心，经理们可以通过它在全球各处进行联络。这种机器将首先在国内生产，之后再到外国生产，各种个人计算机连续不断、周而复始地经过国际产品生命周期。

资料来源：艾伦·M·鲁格曼、理查德·M·霍杰茨：《国际商务》，北京，经济科学出版社，1999。

3.4 人力资本说

人力资本说（human capital theory）是美国经济学家舒尔茨（T. W. Schultz）创立的。该学说用人力资本的差异来解释国际贸易产生的原因和一国对外贸易的类型。

舒尔茨和其他许多西方经济学家认为，在国际贸易商品生产中使用的资本既包括物质资本，也包括人力资本。物质资本指厂房、机器设备、原材料等有形资本，它是对生产资料投资的结果。人力资本指寓于人体中的人的智能，表现为人的文化水平、生产技巧、熟练程度、管理才能及健康状况，它是对人力投资的结果，即政府、企业和个人投资于教育和培训的结果。各国人民的天赋是相近的，而人的智能差别是后天人力投资的结果。人力资本丰富的国家，如美国、日本在知识、技术密集型产品生产和出口上具有比较优势，而人力资本比较缺乏的发展中国家在知识、技术密集型产品生产上则处于劣势地位。

人的智能之所以成为资本，是因为通过教育和培训所获得的智能可持续使用很长时间，并大大提高劳动生产率，从而取得大于投资的收益。人力资本在比较优势决定中所起的重要作用，则是由于不同产品生产需要的人力智能高低、多寡不同。初级产品的生产需要较少、较低的人力智能，因而人力资本缺乏，但自然资源和劳动力丰富的发展中国家具有生产和出口优势；而战后信息、生物、空间、新材料及新能源等新兴产业的产品需要较高的人力智能，因此，人力资本丰富的发达国家具有比较优势。

3.5 熟练劳动说

1953年，里昂惕夫在解释“谜”产生的原因时，认为美国工人的劳动效率是其他国家工人的三倍，这实际上是熟练劳动说（skilled labor theory）的雏形。但真正研究并提出这一学说的是美国经济学家基辛（D. B. Keesing），他于1965年发表论文《劳动技能与国际贸易：用单一方法评价多种贸易》，又于1966年发表论文《劳动技能与比较利益》，着重讨论熟练劳动问题。

基辛按劳动的复杂程度把企业人员分为八个等级和两大类。第一至第七级分别为科学家和工程师、技术员和制图员、其他专业人员、厂长和经理、机械工人和电工、熟练的手工操作工人及办事员和销售员，属熟练劳动；第八级是不熟练和半熟练工人，属非熟练劳动。根据这一分类，基辛对 14 个国家 1962 年进出口商品构成进行分析认为，劳动熟练程度不同是国际贸易产生的重要原因之一，资本较丰富的国家倾向于出口熟练劳动密集型商品，而资本较缺乏的国家则倾向于出口非熟练劳动密集型产品。

表 3—1 是基辛所研究的 14 国中美国、瑞典、德国、意大利、印度等 5 个国家进出口商品生产所需的熟练劳动和非熟练劳动的比重。在出口商品中，美国的熟练劳动比重最高，非熟练劳动比重最低；印度的熟练劳动比重最低，非熟练劳动比重最高。在进口商品中，情况恰恰相反，美国的熟练劳动比重最低，非熟练劳动比重最高；印度的熟练劳动比重最高，非熟练劳动比重最低。这表明发达国家在生产含有较多熟练劳动的商品上具有比较优势，欠发达国家在含有较少熟练劳动的商品上具有比较优势。

表 3—1　　1962 年 5 个国家进出口商品所需熟练劳动和非熟练劳动的比重（%）

国家	出口		进口	
	熟练劳动	非熟练劳动	熟练劳动	非熟练劳动
美国	54.6	45.4	42.6	57.4
瑞典	54.0	46.0	47.9	52.1
德国	52.2	47.8	44.8	55.2
意大利	41.1	58.9	52.3	47.7
印度	27.9	72.1	53.3	46.7

资料来源：范家：《国际贸易理论》，89 页，北京，人民出版社，1985。

熟练劳动程度之所以会成为国际贸易产生的重要因素之一，基辛认为原因有三：其一，劳动的熟练程度是不易达到和不能迅速达到的，而发达国家和欠发达国家所拥有的熟练劳动和非熟练劳动的比重又极不相同，前者熟练劳动所占比重较大，后者非熟练劳动所占比重较大；其二，劳动的熟练程度在经济发展中起着重要作用，而国际贸易又与经济发展程度密切相关；其三，资本能够在低成本下进行国际移动，劳动力却只能在高成本下进行国际移动，而且这种差别会导致国际资本边际生产力均等化和国际劳动边际生产力非均等化，所以，那些主要靠资本和劳动生产出来的工业品的比较优势就主要取决于劳动的熟练程度。

3.6　研究开发要素说

研究开发要素说（theory of factors research and development）是基辛、格鲁伯（W. H. Gruber）、弗农和梅达（W. D. Mehta）等人提出的。

1965 年，基辛在《劳动技能与国际贸易：用单一方法评价多种贸易》一文中，用美国在 10 个发达工业国家各部门出口总额中所占比重表示美国的竞争力，以美国研发（R & D）费用占美国各部门销售额百分比、美国科学家和工程师占美国各部门就业人数百分比表示研发指标。计算分析结果表明，美国产品竞争力强、出口占10国出口总额比重大的部门，投入的R&D经费占美国销售额的百分比也大，科学家和工程师的人数占美国该部门全部就业人员的比重也大，即研究开发要素比重大小是影响产品国际竞争力的重要因素。

1967年，格鲁伯、弗农和梅达发表了一篇题为“美国工业中的国际贸易研究开发要素与国际投资”的论文。他们根据1962年美国19个产业部门的有关资料，统计分析了R&D费用、科学家和工程师人数与出口的关系，得出了与基辛基本相同的结论，即研究开发要素与产品的国际竞争力密切相关，研究开发要素比重大的产品，其国际竞争力也强，而研究开发要素比重小的产品，其国际竞争力也较弱。

3.7 原料周期说

第二次世界大战后，合成代用品不断涌现，原料贸易的流向受到了经济学家的关注。1978年，经济学家梅吉（S. P. Majee）和罗宾（N. I. Robin）提出了原料周期说。他们根据一些初级原料发展的历史，将初级原料产品周期划分为三个阶段，如表3—2所示。

表3—2　初级原料产品周期三阶段

阶段	特点	以橡胶为例
第一阶段：派生需求繁荣	工业生产的发展使对原料的派生需求急剧增加，价格急剧上涨	第一阶段（1885—1910年），汽车工业发展使天然橡胶价格在1900—1910年间上升了78%，巴西和一些非洲国家供应的橡胶占世界市场的61%
第二阶段：供应和需求来源替代	由于初级原料供应来源的增多和使用相对便宜的产品，初级原料价格上升势头减弱，甚或价格下降	第二阶段（1910—1940年），传统的供应者逐渐丧失控制世界橡胶市场的能力，到1930年，后起的马来西亚、斯里兰卡和印度尼西亚控制了世界橡胶市场的92%，期间天然橡胶消费量增加了10倍，价格却逐渐下降
第三阶段：合成代用品和/或研发的介入	研发的介入，新的合成代用品的形成或节约使用原料的科学方法的发现，将初级原料推向生命末期	第三阶段（1940年至今），人工合成橡胶出现并很快替代天然橡胶，1940年合成橡胶仅占世界橡胶消费量的20%，1962年达50%，1970年已超过70%

在原料产品周期的不同阶段，各类国家在原料的国际贸易中所处的地位是不同的。在原料周期的早期，发展中国家凭借其自然资源优势，在原料的国际贸易中占据十分重要的地位，是原料产品的主要出口国。但随着发达国家以先进技术生产合成代用品，使该项初级原料进入后期阶段，发展中国家在该原料贸易中的优势丧失，而发达国家在该原料的合成原料贸易中占据优势，它们不仅减少了初级原料的进口，而且开始出口合成原料。近百年来，世界主要原料贸易的发展基本上都经历了上述演变过程。

3.8　产业内贸易理论

产业内贸易理论（intra-industry trade theory）又称差异化产品理论（differentiated product theory），是当前国际贸易理论最热门的课题之一。该理论博采第二次世界大战后国际贸易新理论的研究成果，着重产业内贸易的探讨，即一国同时出口和进口同一产业的产品，国家间进行相同产业的产品异样化竞争，并认为这是更符合现实情况的国际贸易。

3.8.1　产业内贸易理论的发展

产业内贸易理论的发展经历了 20 世纪 70 年代中期以前的经验性研究和随后的理论性研究两个阶段。

20 世纪 70 年代中期以前，西方经济学家佛丹恩（Vordoorn）、迈凯利（MIchaely）、巴拉萨（Bela Balassa）和考基玛（Kojlma）对产业内贸易作了大量的经验性研究。佛丹恩对比荷卢经济同盟的集团内贸易格局变化的统计分析表明，和集团内贸易相关的生产专业化形成于同种贸易类型之内，而不是在异种贸易类型之间，而且交易的产品具有较大的异质性。迈凯利对 36 个国家五大类商品的进出口差异指数的计算结果说明，高收入国家的进出口商品的结构呈现明显的相似性，而大多数发展中国家则相反。巴拉萨对原欧共体贸易商品结构的研究结果表明，欧共体制成品贸易的增长大部分是产业内贸易。考基玛对发达国家间的贸易格局的研究发现，高度发达的、类似的工业国之间横向制成品贸易增长迅速，因而认为产业内贸易现象背后必然包含着一种新的原理，对这一新原理的揭示可以在传统比较利益理论的基础上形成一种理论创新。

20 世纪 70 年代中期，格鲁贝尔（Herbert G. Grubel）和劳尔德（P. J. Loyld）对产业内贸易现象作了开创性的系统研究，使产业内贸易理论发展步入第二阶段——理论性研究阶段。继格鲁贝尔和劳尔德之后，格雷（Gray）、戴维斯（Devies）、克鲁格曼和兰卡斯特（Lancaster）等对产业内贸易进行了大量的理论性研究，使产业内贸易理论日趋丰富、成熟。格鲁贝尔和劳尔德合著的《产业内贸易》一书认为，技术差距、研发、产品的异质性和产品生命周期的结合以及人力资本密集度的差异与收入分配差异（或偏好的差异）相结合均可能导致产业内贸易。

戴维斯以进入市场的障碍解释产业内贸易，并从规模经济的角度揭示产业内贸易的成因，指出规模经济可以在产业内形成具有竞争力的价格，从而导致产业内贸易的发生。

20 世纪 70 年代中期以后，在对产业内贸易的理论性研究不断深化的同时，对产业内贸易的经验性研究也步步深入。这一阶段的经验性研究已从此前主要研究地区经济集团形成而导致专业化格局变化，转向主要致力于研究产业内贸易的程度和趋势，以及在不同类型国家、不同产业中的发展状况及原因。

3.8.2 产业内贸易的理论解释

产业内贸易（intra-industry trade）指的是同一产业部门内部的差异化产品（differentiated products）及其中间产品的交换。产业内贸易是相对于产业间贸易（inter-industry trade，不同产业之间完全不同产品的交换）而言的。

国家间要素禀赋差异是产业间贸易发生的基础和原因。国家间的要素禀赋差异越大，产业间贸易量就越大。这是传统的贸易理论对产业间贸易的解释。国际贸易中的产业内贸易现象显然不能用传统的贸易理论来解释，因为传统贸易理论有两个重要的假定：一是假定生产各种产品需要不同密集度的要素，而各国所具有的生产要素禀赋是不同的，因此贸易结构、流向和比较优势是由各国不同的要素禀赋决定的；二是假定市场竞争是完全的，在一个特定产业内的企业，生产同样的产品，拥有相似的生产条件。而产业内贸易理论则表明，产品差异、规模经济或规模报酬递增及偏好相似可以解释产业内贸易现象。

1. 产品差异

在每一个产业部门内部，由于产品的质量、性能、规格、牌号、设计及装潢等的不同，甚至每种产品在其中每一方面都有细微差别而形成由无数产品组成的差别化系列产品。各国由于财力、物力、人力的约束和科学技术的差距，不可能在具有比较利益的部门生产所有的差别化产品，而必须有所取舍，着眼于某些差别化产品的专业化生产，以获取规模经济利益。因此，每一产业内部的系列产品常产自不同的国家。而消费多样化造成的市场需求多样化，使各国对同种产品产生相互需求，从而产生贸易。例如，欧共体（现欧盟）建立以后，随着关税的下降及最后取消，以及共同体内部贸易的扩大，各厂商得以专业化生产少数几种差异化产品，使单位成本比过去生产许多种差异产品时大大下降，成员国之间的差异产品交换亦大大增加。

与产业内差异化产品贸易有关的是产品零部件贸易的增长。为了降低成本，一种产品的不同部分往往通过国际经济合作形式在不同国家生产，追求多国籍化的比较优势。例如，波音 777 飞机的 32 个构成部分，波音公司承担了 22%，美国制造商承担了 15%，日本供应商承担了 22%，其他国际供应商承担了 41%。飞机的总体设计在美国进行，美国公司承担发动机等主要部件的生产设计和制造。其他外国承包商在本国进行生产设计和制造有关部件，然后运到美国装配。显然，波音 777 飞机是多国籍化的产物。类似的跨国公司间的国际联盟、协作生产和零部件贸易正促进各国经济的相互依赖和产业内贸易的扩大与发展。

2. 规模经济或规模报酬递增

规模报酬递增与不完全竞争是最普遍用来解释产业内贸易的理论。如前所述，规模经济或规模报酬递增是指厂商进行大规模生产，使成本降低，报酬递增。国际贸易开展后，厂商面对更大的市场，生产规模可以扩大，规模经济使扩大生产规模厂商的生产成本、产品价格下降，生产相同产品而规模不变的其他国内外厂商因此被淘汰。因此，在存在规模经济的某一产业部门内，各国将专于该产业部门的某些差异化产品的发展，再相互交换（即开展产业内贸易）以满足彼此的多样化需求。

国家间的要素禀赋越相似，越可能生产更多相同类型的产品，因而它们之间的产业内贸易量将越大。例如，发达国家之间的要素禀赋和技术越来越相似，它们之间的产业内贸易相对于产业间贸易日益重要。

3. 偏好相似

瑞典经济学家林德从需求方面探讨国际贸易产生的原因，提出了偏好相似说。林德认为，发达国家间产业结构相似，它们之间的分工大多是部门内、产业内分工。它们收入水平相近，消费结构大体相同，对对方的产品形成广泛的相互需求。因重合需求大，所以发达国家间产业内贸易量大。

3.8.3　产业内贸易程度的测定

产业内贸易程度可通过产业内贸易指数（B）来测量。

$$B=1-\frac{|X-M|}{X+M}$$

式中，X 与 M 分别代表一个国家属于同一产业的产品的出口值和进口值。B 的最大值为 1，最小值为 0。当某一产业产品的进口、出口相等，即 $X-M=0$时，B 为最大值 1；当某一产业只有进口、没有出口或只有出口、没有进口，即没有产业内贸易时，B 为最小值 0。工业国之间的产业内贸易程度较高，而且随着经济的发展，工业国之间的产业内贸易越来越普遍。据新加坡国立大学朱刚体博士对 1990 年 10 个发达国家和 5 个非经合组织（OECD）成员的 181 组商品的产业内贸易程度的调查计算，10 个发达国家的 B 值平均达 0.60，其中以原欧共体国家的 B 值为最高；5 个非经合组织成员的 B 值平均为 0.43，其中以新加坡的 B 值最高。他的测定还发现，化工产品、按材料分类的工业制成品，以及未分类的其他商品的产业内贸易程度最高，表明产业内贸易主要是工业国的制成品行业内贸易，发展中国家间以及农产品的这种贸易不甚普遍。

应该注意的是，界定一个产业的范围大小不同，会得出极不相同的 B 值。界定的范围越大，B 值也越大。

3.9　国家竞争优势说

国家竞争优势说（the theory of competitive advantage of nations）是美国经济学家迈克尔·波特（Michael Porter）1990 年在《国家竞争优势》一书中提出的。

国家竞争优势说的核心是“创新是竞争力的源泉”。波特认为，一国的竞争优势，就是企业、行业的竞争优势。国家的繁荣不是固有的，而是创造出来的。一国的竞争力高低取决于其产业发展和创新的能力高低。企业因为压力和挑战才能战胜世界强手而获得竞争优势，它们得益于拥有国内实力雄厚的对手、勇于进取的供应商和要求苛刻的顾客。在全球竞争日益加剧的当今世界，国家越来越重要。国家的作用随着竞争的基础越来越转向创造和对知识的吸收而不断增强，国家竞争优势通过高度地方化过程得以产生和保持，国民价值、文化、经济结构、制度及历史等方面的差异均有助于竞争的成功。然而，各国的竞争格局存在明显的区别，没有任何一个国家能或将能在所有产业或绝大多数产业上有竞争力，各国至多能在一些特定的产业竞争中获胜，这些产业的国内环境往往最有动力和最富挑战性。

波特将竞争优势的各个方面归为四类：要素状况、需求状况、相关和支撑产业以及企业战略、结构与竞争等，并以此为基础构建了“国家竞争优势的钻石模型”，如图 3—1 所示。

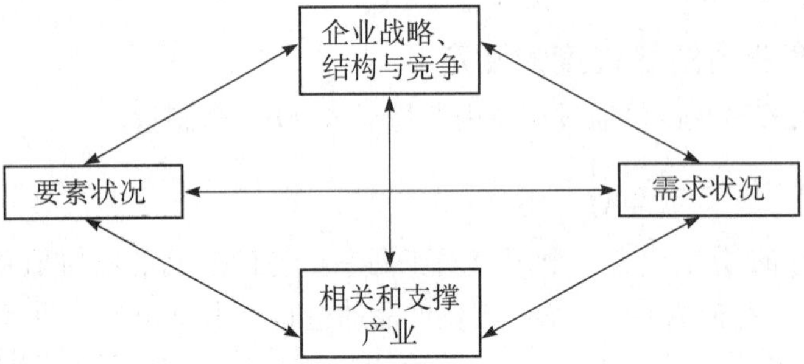

图 3—1 国家竞争优势的钻石模型

1. 要素状况

它是指适于一国在某一产业竞争中获胜的生产要素状况。波特指出，虽然要素状况在贸易类型的决定中十分重要，但并不是竞争力的唯一源泉，最为重要的是一国不断创造、改进和调动其生产要素的能力，而不是要素的初始禀赋。在波特看来，高级要素比基本要素更有价值。

2. 需求状况

它是指企业在国内市场上面临的竞争及其健康程度。能在激烈竞争中生存并发展壮大的企业更可能获得竞争优势。波特指出，在促进企业提高竞争力方面，最重要的是市场的特征，而不是市场的大小。若国内消费者爱挑剔，品位较高，则有助于企业提高产品质量和服务水平，从而取得竞争优势。

3. 相关和支撑产业

它是指企业所有相关产业及供应商的竞争能力。那些拥有发达且完善的相关产业和支撑产业的企业在运作过程中，通过密切的工作关系、与供应商的接近、及时的产品供应和灵通的信息获得来保持优势。

4. 企业战略、结构与竞争

它是指资助或妨碍企业创造和保持竞争力的国内环境。波特指出，没有任何战略是普遍适用的，战略的适用性取决于某时某地某企业有关工作的适应性和弹性。政府应为社会创造一种公平的竞争环境，激烈的竞争会迫使企业不断提高生产效率，以取得竞争优势。

在动态层面上，波特认为一国竞争优势的发展可分为四个阶段，如表 3—3 所示。

表 3—3　国家竞争优势发展四阶段

阶　段	竞争优势与发展动力
1. 要素推动阶段	竞争优势主要取决于一国的要素禀赋优势，即拥有廉价的劳动力和丰富的资源
2. 投资推动阶段	竞争优势主要取决于资本优势，大量投资可更新设备，扩大规模，增强产品竞争力
3. 创新推动阶段	竞争优势主要来源于研发
4. 财富推动阶段	创新竞争意识明显下降，经济发展缺乏强劲的推动力

波特提出的国家竞争优势说对于解释第二次世界大战以后的国际贸易新格局、新现象具有很大说服力，对于一国提高国际竞争力、取得和保持竞争优势有重大的借鉴意义。根据这一理论，一国要提高经济实力和竞争力，就必须创造公平竞争的环境，重视国内市场的需求，重视企业的创新机制和创新能力。

本章小结

1. 第二次世界大战以后，国际贸易产生了许多新的倾向，于是出现了规模经济理论、产品生命周期理论、人力资本说、熟练劳动说、研究开发要素说、原料周期说、偏好相似说、产业内贸易理论和国家竞争优势说等多种国际贸易新理论。

2. 当代国际贸易理论用规模经济和产品差异性来解释资源禀赋相似国家之间和同类工业产品之间的双向贸易。这种双向贸易的基础是由企业生产规模不同而产生的成本差异。林德从需求和收入的变化来解释发达国家之间工业制成品贸易的发展。

3. 弗农用产品生产技术的周期变化来解释各国比较优势的变化。产品生产技术发展的不同阶段对生产要素的需求不同，生产该产品的比较优势会逐渐从技术发达国家转移到劳动力充裕的国家。

核心概念

人力资本　原料周期　偏好相似　规模内部经济　规模外部经济　产业间贸易　产业内贸易　产业内贸易指数　钻石模型

复习思考题

1. 试述规模经济理论的主要内容。规模内部经济对国际贸易有何影响？

2. 试述产品生命周期理论的主要内容。

3. 试述人力资本说的主要内容。

4. 试从理论上对产业内贸易进行解释。

5. 试述国家竞争优势说的主要内容。

6. 查阅相关资料，分析海尔是如何走向国际化生产的，试用产品生命周期理论给予解释。

案例分析

1964年以前，加拿大汽车工业基本上自给自足，规模较小，是分散的生产体系。1964年，美国与加拿大达成协议建立一个汽车自由贸易区。这一举措使美国和加拿大的汽车厂商得以重组生产。美国在加拿大的各子公司大力减少生产品种。加拿大一方面从美国进口自己不再生产的汽车型号，另一方面向美国出口加拿大仍在生产的型号，这使得加拿大汽车的进口与出口都大幅上升，但加拿大总体生产及就业水平并没有改变。

思考题：

美国和加拿大为什么放弃了各自为战的生产模式，而转向互相分工、各自进行更专业化的生产？

第4章

贸易保护理论

章首阅读　拉米：金融危机下应防范贸易保护主义

2008年9月24日，世贸组织总干事拉米表示，在当前全球金融危机和经济动荡的形势下，决策者应该避免采取贸易保护主义和经济孤立主义的政策。

9月24日，拉米在世贸组织主办的一次论坛上发表讲话称，不少人担心目前的金融危机会演变成类似20世纪二三十年代的经济大萧条。面对这种危机形势，各国决策者倾向于保护本国制造商并采取严厉措施限制进口。但大萧条时期给人留下的一个深刻教训是：贸易保护主义和经济孤立主义无助于解决危机。

拉米认为，保护主义和孤立主义是过时的政策，这些政策不应再有存在的空间。例如，20世纪30年代，美国政府试图以高关税壁垒保护美国市场，结果导致一场使所有人受损的贸易战。这再一次证明，贸易保护主义政策和以邻为壑的损人利己政策是行不通的。

拉米称，在当前金融危机和经济动荡的形势下，消费者迫切需要提高购买力，而不是降低购买力，而贸易保护主义政策只能带来完全相反的结局。毫无疑问，国际社会只有继续推动经济一体化和经济开放进程才能找到出路。

资料来源：中国贸易救济信息网，http：//www.cacs.gov.cn/news/newshow.aspx，2008-09-26。

思考：

在当前国际金融危机治理中，贸易保护主义政策会带来怎样的影响？

从前面各章的分析中可以看出，自由贸易对各国都是有利的。然而，各国在提高经济开放度、参与国际分工的同时，又在不断寻求对本国经济与市场的贸易保护。为更好地认识当代各国保护性贸易政策及贸易行为，本章介绍有关贸易保护理论。

4.1 汉密尔顿的关税保护说

4.1.1 汉密尔顿关税保护说的产生

1776年，美国宣告独立，面临两条道路的选择：一是实行保护关税政策，减少对外国工业品的依赖，独立自主地发展自己的工业，这代表了工业资产阶级的要求；一是实行自由贸易政策，继续向英、法等国出口小麦、棉花、烟草、木材等农林产品，换回它们的工业品以满足国内市场对工业品的需求，这种贸易格局有利于并成为美国南方种植园主的意愿。在当时美国产业革命进行较晚、工业基础薄弱、产品难以与英国竞争的现实背景下，新兴的工业资产阶级要求实行保护贸易政策。亚历山大·汉密尔顿（Alexander Hamilton，1757—1804）代表工业资产阶级的利益，于1791年向国会提交了《关于制造业的报告》，在报告中明确表达了保护贸易的理论观点。

4.1.2 汉密尔顿关税保护说的主要内容

汉密尔顿认为，自由贸易不适用于美国，因为美国工业基础薄弱，技术落后，生产成本高，无法在平等的基础上与英国等国家进行贸易竞争。若实行自由贸易政策，只会使美国的产业被限制在农业范畴，制造业难以发展，国民经济陷入困境。因此，在一国工业化的早期阶段，应当排除外来竞争，保护国内市场，从而保护与促使本国新的幼稚工业的成长。

汉密尔顿在递交给国会的报告中极力主张实行保护关税政策来鼓励幼稚工业发展，提出了以加强国家干预为主要内容的一系列措施。主要有：向私营工业发放政府贷款，为其提供发展资金；实行保护关税制度，保护国内新兴工业免遭外国企业的冲击；对重要原料出口加以限制，对国内必需的原料进口实行免税；给各类工业发放津贴和奖励金；限制革新机器的出口；建立联邦检查制度，保证和提高产品质量；吸收国外资金，满足国内工业发展需要；鼓励生产要素（特别是国外的熟练劳动者和外国资本）流入等。

汉密尔顿认为保护和发展制造业有许多作用：促进机器的使用和社会分工的发展，提高整个国家的机械化水平；增加社会就业，吸引外国移民，加速美国国土开发；提供更多开创各种事业的机会，使个人才能得到充分发挥；保证农产品销路和价格稳定，从而刺激农业发展。

汉密尔顿阐述了保护和发展制造业的必要性和有利条件，但他并不主张对一切进口商品征收高关税或禁止进口，而只是对本国能生产但竞争力弱的进口商品实施严厉的限制进口政策。

4.1.3 汉密尔顿关税保护说的意义

汉密尔顿的关税保护理论体系比较零碎，保护贸易的观点不是全面的。尽管如此，这一观点标志着从重商主义分离出来的资产阶级国际贸易学说的两大体系已经基本形成，为落后国家进行经济自卫，与先进国家相抗衡提供了理论依据。

汉密尔顿的关税保护说反映了美国建国初期亟须发展本国工业，走工业化强国道路的愿望与要求，对美国工业制造业的发展产生了较大的推动作用。美国于 1789 年通过的第一项关税法案，税率只有 5%～15%，不足以保护本国的工业。从 19 世纪初期，美国开始不断提高关税，1816 年关税税率为 7.5%～30%，1824 年平均税率提高到 40%，1828 年又提高到 45%。保护关税使美国工业得以避免外国竞争而顺利发展，并很快赶上了英国。至 19 世纪 80 年代，美国的工业产值已跃居世界首位。

4.2　李斯特的保护幼稚工业论

4.2.1　保护幼稚工业理论提出的历史背景

19 世纪初期的德国是一个落后的封建农业国。在政治上，1848 年才结束封建割据局面，完成政治上的统一。在经济上，工业发展水平远比工业革命已经完成的英、法两国落后，直到 1848 年还没有建立起自己的机器制造业。在对外贸易方面，主要出口原料和食品，进口半制成品和制成品。此时的德国受到英、法等国自由贸易政策的冲击，大量廉价商品涌入德国的市场。因而，怎样摆脱外国自由竞争的威胁，保护和促进德国工业的发展，成为德国工业资产阶级的迫切要求。

为了发展德国经济，德国国内围绕对外贸易政策的选择展开了激烈的论战。一派主张实行自由贸易政策，以相应的理论为依据，影响较大；另一派主张实行保护关税制度，以 1819 年成立的德国工商业协会为核心，势力较弱，并缺乏理论基础。在这样的时代背景下，作为德国工商业协会顾问和保护贸易学派旗手的李斯特（Freidrich List，1789—1846）从民族利益出发，以生产力理论为基础，以意大利、汉撒同盟、荷兰、英国、法国、美国等经济兴衰史为佐证，猛烈抨击了古典学派的自由贸易学说，提出了保护幼稚工业理论。该理论在李斯特 1841 年出版的主要代表著作《政治经济学的国民体系》中得到了系统阐述。

4.2.2　保护幼稚工业理论的主要内容

李斯特的保护幼稚工业理论以生产力理论为基础，以经济发展阶段理论为依据，以保护关税为核心，以幼稚工业为保护对象，有如下主要内容。

1. 生产力理论

李斯特认为，一国在经济发展的过程中，比较优势是动态且可培养的。落后的国家在面临发达国家强有力的竞争时，为了促进生产力的成长，有理由采取产业保护措施。李斯特所谓的生产力是指一切创造财富的能力，其发展是一国财富力量的根本源泉。发展生产力是推动一个国家强盛兴旺的根本途径。他认为，财富的生产力可以使已经消失的财富获得补偿，主张在农工业时期的国家（如德国）必须采取保护贸易的政策。

2. 历史发展阶段论

李斯特从历史学的观点，把一国经济发展的历程划分为五个阶段：原始未开化阶段、畜牧阶段、农业阶段、农工业阶段、农工商业阶段。他认为，自由贸易并不适用于每个经济发展阶段，在不同的经济发展阶段应采用不同的贸易政策。在经济发展的前三个阶段必须实行自由贸易。当处于农工业时期时，必须将贸易政策转变为保护主义，原因是此时本国工业虽有所发展，但发展程度低，国际竞争力差，不足以与来自处于农工商业阶段国家的产品相竞争。如果采用自由贸易政策，不但享受不到贸易利益，还会使经济遭受巨大冲击。而经济进入发展的最高阶段，即农工商业时期时，则应再次实行自由贸易政策。

3. 主张国家干预经济

李斯特认为，经济落后的国家如果不推行保护贸易制度，非但不能发展国内工业，促进经济发展，还会危及自己的独立地位；要想发展生产力，必须借助国家力量，而不能听任经济自发地实现转变和增长。

4. 保护关税制度

李斯特认为，经济落后的国家应依靠保护关税制度，以保护贸易，保护本国幼稚工业的发展，促进生产力的进步，加入先进国家行列，最终目的仍然是进行自由贸易。

李斯特认为保护关税制度的设计，一是要体现差别关税率。以对幼稚产业的保护为出发点，对不同的产业征收不同的关税。二是有选择性的保护，并适时调整。他提出的保护对象有几个条件：幼稚工业才需保护；在被保护的工业得到发展，其产品价格低于进口同类产品并能与外国竞争时，就无须再保护，或者被保护工业在适当时期（如30年）内还不能扶植起来时，也就不需再保护；一国工业虽然幼稚，但如果没有强有力的竞争者，也不需要保护；农业不需要保护。

4.2.3 保护幼稚工业理论简评

李斯特的保护幼稚工业理论具有十分重要的意义。首先，李斯特的国际贸易学说体系的建立，标志着从重商主义分离出来的资产阶级国际贸易学说的两大学派——自由贸易学派和保护贸易学派的形成。其次，李斯特的保护贸易理论不仅对德国工业资本主义的发展起了很大的促进作用，而且对落后国家制定对外贸易政策有一定的借鉴意义。其生产力理论中关于“财富的生产力比之财富本身，不晓得重要多少倍”的思想是深刻的；其关于经济发展的不同阶段应采取不同的对外贸易政策的观点是科学的，为落后国家实行保护贸易政策提供了理论依据；其关于以保护贸易为过渡和仅以幼稚工业为保护对象的主张是积极的，说明了他同时承认国际分工和自由贸易的利益。

李斯特的保护幼稚工业理论也存在许多缺陷。首先，它不能揭示生产力和经济发展的根本原因，也不能揭示物质生产本身是社会经济生活的决定性基础这一根本原理。其次，他的经济发展阶段论以经济部门为划分经济发展阶段的基础，这实际上是错误地把社会历史的发展归结为国民经济部门的变迁，而撇开了生产关系这个根本原因。此外，李斯特片面夸大了国家对于经济发展的决定性作用，在保护对象的选择上缺乏客观、具体的标准。

4.3　凯恩斯主义的对外贸易乘数理论

4.3.1　对外贸易乘数理论的产生

约翰·梅纳德·凯恩斯（John Maynard Keynes，1883—1946）是当代最著名的英国经济学家，凯恩斯主义的创始人。在凯恩斯生活的时代，资本主义经济从自由竞争走向垄断，尤其是 1929—1933 年空前严重的经济危机爆发，世界市场问题进一步尖锐，各国相继放弃自由贸易政策，转向奉行保护贸易政策，强化了国家政权对经济的干预作用。1936 年，凯恩斯出版了他的代表作《就业、利息和货币通论》，在书中，他对自由贸易理论展开了批评，对重商主义的一些政策重新进行评价，并以有效需求不足为基础，以边际消费倾向、边际资本效率和灵活偏好三个所谓心理规律为核心，以国家干预为政策基点，创立了保护国内就业的新学说。在凯恩斯的经济理论中及其追随者对其理论发展中提出了一系列保护贸易的理论主张，其中核心是对外贸易乘数理论。

4.3.2　对外贸易乘数理论的主要内容

对外贸易乘数理论是凯恩斯的主要追随者马克卢普（Fritz Marchlup，1902—1983）和哈罗德（Roy F. Harrod，1900—1976）等人在凯恩斯的投资乘数原理基础上引申提出的。

凯恩斯认为投资的增加对国民收入的影响有乘数作用，即增加投资所导致的国民收入的增加是投资增加的若干倍 。若用 ΔY 表示国民收入的增加，K 表示乘数，ΔI 表示投资的增加，则

$$\Delta Y = K \cdot \Delta I \tag{4—1}$$

国民收入的增加之所以是投资增加的倍数，是因为新增投资引起对生产资料的需求增加，从而引起从事生产资料生产的生产者收入增加。他们的收入增加又引起消费品需求的增加，从而导致从事消费品生产的生产者收入的增加。如此推演下去，结果国民收入的增加等于投资增加的若干倍。现假定新增加的投资 ΔI 为 100 美元，它用于购买投资品便成了投资品生产者（雇主和工人）增加的收入；如果投资品生产者只消费其新增收入的 90%，于是向他们出售商品的人便得到 90 美元的收入；如果这些人又消费其收入的 90%，即 81 美元，这又成为向他们出售商品的人增加的收入……如此继续下去，国民收入也随之增加。收入增加的总和为：

$$\Delta Y = \Delta I \cdot (1 + C + C^2 + C^3 + \cdots) = \Delta I \cdot \frac{1}{1-C} \tag{4—2}$$

式中，C 为增加的收入中用于消费的比例$\frac{\Delta C}{\Delta Y}$，称为边际消费倾向；$\frac{1}{1-C}$为乘数，若用 K 表示，即为式（4—1）。

上例中，边际消费倾向 C 为 0.9，所以乘数 $K=\frac{1}{1-0.9}=10$，因此，投资增加 100 美元，可使国民收入增加1 000美元（即 100 美元的 10 倍）；如果 C 为 0.5，则 $K=\frac{1}{1-0.5}=2$，即投资增加 100 美元，可使国民收入增加 200 美元（即 100 美元的 2 倍）；如果 C 为 0，即人们将增加的收入全部用于储蓄，则 $K=\frac{1}{1-0}=1$，即国民收入增加为投资增加的 1 倍，也为 100 美元；如果 C 为 1，即人们把增加的收入全部用于消费，则 $K=\frac{1}{1-1}=\infty$，即国民收入增加的倍数为无穷大。可见，乘数的大小是由边际消费倾向决定的，两者呈正比例关系；从另一个角度说，影响乘数大小的因素是新增收入中用于储蓄的比例$\frac{\Delta S}{\Delta Y}$，即边际储蓄倾向，用 S 表示，则$K=\frac{1}{S}$，即乘数大小与边际储蓄倾向呈反比。

马克卢普和哈罗德等人把投资乘数原理引入对外贸易领域，分析了对外贸易与增加就业、提高国民收入的倍数关系。他们认为，一国的出口和国内投资一样，属于“注入”，对就业和国民收入有倍增作用；而一国的进口则与国内储蓄一样，属于“漏出”，对就业和国民收入有倍减效应。当输出商品和劳务时，从国外获得货币收入，会使出口产业部门收入增加，消费也随之增加，从而引起其他产业部门生产增加、就业增多、收入增加。如此反复下去，收入增加将为出口增加的若干倍。当输入商品和劳务时，向国外支付货币，使收入减少，消费随之下降，国内生产缩减，收入减少。因此，只有当对外贸易为顺差时，才能增加一国就业量，提高国民收入。此时，国民收入增加将为投资增加和贸易顺差的若干倍。这就是对外贸易乘数理论的含义。用公式表示为：

$$\Delta Y=[\Delta I+(\Delta X-\Delta M)]\cdot K \tag{4—3}$$

式中，ΔI 为投资增量；ΔX 为出口增量；ΔM 为进口增量；K 为乘数。

根据对外贸易乘数理论，凯恩斯主义积极主张国家干预经济，实行贸易保护政策。

4.3.3 对外贸易乘数理论简评

凯恩斯主义的对外贸易乘数理论在一定程度上揭示了对外贸易与国民经济发展之间的内在规律性，因而具有重要的现实意义，对于制定切实有效的宏观经济政策也有一定的理论指导意义。

对外贸易乘数理论存在明显的局限性。其一，对外贸易乘数理论把贸易顺差视为与国内投资一样，是对国民经济体系的一种“注入”，能对国民收入产生乘数效应。其实，贸易顺差与国内投资是不同的：投资增加会形成新的生产能力，使供给增加，而贸易顺差增加实际上是出口相对增加，它本身并不能形成生产能力。因此，投资增加和贸易顺差增加对国民收入增加的乘数作用并不等同。其二，对外贸易乘数在实践上是很模糊的，它常会受一国闲置资源和其他因素的影响，资源稀缺会限制该国国民收入的下一轮增长。其三，这一理论忽视了对外贸易发挥乘数作用的条件：只有在世界总进口值增加的条件下，一国才能继续扩大出口，从而增加国民收入和就业。

4.4　普雷维什的中心—外围论

4.4.1　中心—外围论产生的背景

中心—外围论的创始者普雷维什（Raul Prebisch，1901—1986）是当代著名的阿根廷经济学家，曾经担任联合国拉丁美洲经济委员会执行书记。第二次世界大战后，随着殖民体系的瓦解，原帝国主义的殖民地半殖民地纷纷取得了政治上的独立。为了巩固这种独立地位，它们迫切要求大力发展民族经济，实行经济自主。普雷维什根据他的工作实践和对发展中国家问题的深入研究，站在发展中国家的立场上，提出了中心—外围论。

4.4.2　中心—外围论的基本观点

1. 国际经济体系分为中心和外围两部分

普雷维什认为，国际经济体系在结构上分两部分：一部分是由发达工业国构成的中心；另一部分是由广大发展中国家组成的外围。中心和外围在经济上是不平等的：中心是技术的创新者和贸易利益的获得者，外围则是技术的模仿者和接受者，受中心控制而处于依附地位，也很难分享中心国家的先进技术成果，在生产和出口上主要以原料、燃料和农产品等初级产品为主。两者是社会经济结构、技术结构极其不同的体系，在经济发展过程中处于不平等地位。随着世界经济的不断发展，贸易条件越来越有利于中心国家，而不利于外围国家。

2. 外围国家贸易条件不断恶化

普雷维什用英国60多年（1876—1938年）的进出口价格统计资料推算了初级产品和制成品的价格指数之比，以说明主要出口初级产品的外围国家和主要出口工业品的中心国家的贸易条件的变化情况。推算结果表明，外围国家的贸易条件出现长期恶化的趋势，此即著名的“普雷维什命题”。

若以1876—1880年间外围国家的贸易条件为100，到1936—1938年外围国家的贸易条件已降到64.1，说明20世纪30年代与19世纪70年代相比，外围国家的贸易条件恶化了35.9。

外围国家贸易条件恶化的原因主要有：第一，技术进步所带来的经济利益分配不均衡。中心国家高价垄断制成品市场，独占技术发明与进步的成果。外围国家由于自身工业技术基础等条件的限制和中心国家的限制措施而几乎享受不到世界科技进步的利益，只能充当长期向中心国家提供价廉利薄的初级产品的角色。第二，工业制成品和初级产品需求的收入弹性不同。一般工业制成品需求的收入弹性比初级产品需求的收入弹性大。随着人们收入的增加，对工业品的需求会增加，价格就会上涨；相反，随着人们收入的增加，对初级产品的需求增加较少，使初级产品价格上涨很少甚至下降。以出口初级产品为主的外围国家的贸易条件存在长期恶化趋势。第三，中心和外围国家工会的作用不同。中心国家的工人有强大的工会组织，可以迫使雇主不降或少降工资，从而使工业品价格维持在较高水平上。外围国家工会组织不健全，力量薄弱，没有能力控制或影响工资。此外，还有跨国公司的兴起和发展以及经济周期的影响等。

3. 外围国家必须实行工业化，独立自主地发展民族经济

普雷维什认为外围发展中国家必须实行工业化，独立自主地发展民族经济，以改变在国际分工中的地位，摆脱对中心国家的依附，从而避免长期受到不等价交换的掠夺，改变在贸易中的不利地位。

他认为，外围国家应该改变过去把全部资源用于初级产品的生产和出口的做法，充分利用本国资源，努力发展本国的工业部门，逐步实现工业化。对于实行工业化的进程，普雷维什认为应分阶段、分步骤实施。首先，应立足于本国的资源和人力，一方面积极发展过去传统的出口商品，以换取外汇，进行资本积累；另一方面实行进口替代的发展战略。其次，当进口替代工业发展到一定规模以后，应实行出口替代的发展战略，以最终摆脱贸易条件恶化的处境。

4. 外围国家实行保护贸易政策

普雷维什主张外围国家必须实行保护贸易政策，以保护本国幼稚工业的成长，其目的是纠正国际贸易中的不平等，发展工业化。在出口替代阶段，为了鼓励制成品出口，除了实行保护关税政策外，还应有选择地实行出口补贴措施，以增强发展中国家的制成品在世界市场上的竞争力。他呼吁中心国家对外围国家放宽贸易限制，使外围国家的工业品以平等的机会参与世界市场的竞争。

5. 鼓励外围国家建立区域性共同市场

普雷维什主张发展中外围国家建立区域性共同市场，开展区域性经济合作，以便相互提供市场，促进发展中国家间的经济发展。

4.4.3 中心—外围论简评

普雷维什的中心—外围论把发展中国家作为研究对象，在国际贸易研究领域具有开拓性。第一次在理论和实践上揭示了发达国家与不发达国家之间贸易关系的不平等本质，对于发展中国家维护民族利益和实现工业化起到了积极的作用。该理论的局限性在于没有揭示传统贸易理论如何造成利益分配的不平等，进而导致不发达国家经济贸易状况不断恶化。

4.5 主张贸易保护的其他论点

4.5.1 国际收支论

国际收支论（balance-of-payment argument）主张以关税、配额等贸易保护手段，促使进口限制，减少外汇支出，以达到迅速、有效地改善国际收支的目的。

国际收支顺差给国家带来外汇净收入，外汇储备增加。国际收支论认为，实行贸易保护可以减少进口，从而减少外汇支出，增加外汇储备。

一般来说，仅从国际收支的角度讲，贸易顺差好于逆差，贸易顺差表明一国在对外贸易收支中处于有利地位。尤其是在国内需求不足、生产能力过剩的情况下，贸易顺差有利于扩大国内生产规模，增加社会就业。若一国的国际收支严重失衡，会严重影响国民经济的平稳、持续发展。

以国际收支方面的理由作为贸易保护的依据，在发展中国家很普遍。从 1979 年东京回合到 20 世纪 80 年代末发展中国家在向关贸总协定通报进口限制，85%以上都以平衡国际收支为理由。①

国际收支论主张对进口实施关税或配额限制，使本国的国际收支逆差迅速、有效地获得改善。但实际上情况可能并非如此，一国的贸易收支还要受更多因素的影响：如果贸易伙伴采取同样的关税保护，则会抵消本国政府关税产生的贸易收支改善效果；外国的国民收入下降，会减少对该国产品的购买，即进出口都减少；关税可能阻止了用于出口产业的投入品的进口，出口也会受到影响；如果本币升值，将减少出口，有利进口，贸易收支未必改善；如果本国有通货膨胀压力，出口成本上升，出口减少，进口相对增加。从优化经济结构、提高生产效率入手来增强本国产品的国际竞争力，使出口增加，吸引外资流入，是比限制进口更为有效的改善国际收支的手段。

4.5.2 贸易条件论

贸易条件论（terms-of-trade argument）认为，用增加关税等贸易保护的手段限制进口、减少需求，可以降低进口商品的价格，达到改善贸易条件、提高福利水平的目的。

由于贸易条件是出口商品国际价格与进口商品国际价格的比率，降低进口商品的国际价格可以使贸易条件得到改善，即同样数量的出口商品可以换回更多的进口商品，从而使整个国家获利。

通过贸易保护来改善贸易条件的有效性有一定的前提条件。其一，能否成功地通过贸易保护降低产品的进口价格，首先取决于该国对国际市场的影响力。只有贸易大国才会对市场价格有影响力，才能通过限制进口来降低进口价格。如果是一个贸易小国，本身在国际市场上的地位无足轻重，即使完全不进口，进口产品的国际价格也不会下降。其二，即使是贸易大国也未必能通过降低进口价格来获益，因为贸易是互相的，一国贸易条件的改善同时意味着另一国贸易条件的恶化，如果为了改善贸易条件而实行保护，很容易引起别国相应的报复措施。最终结果是，贸易条件没有得到改善，贸易量却因此下降。进口商品的消费者受到损失，出口商品的生产者也遭池鱼之殃。从现实来看，为改善贸易条件所进行的贸易保护会造成国际市

---

① 玛格丽特·凯利、纳希德·克马尼、米兰达·夏发等编著：《国际贸易政策问题与发展情况》（国际货币基金组织《不定期刊物》选编），北京，中国金融出版社，1990。

场价格的扭曲，不利于资源的有效利用。

4.5.3 政府收入论

政府收入论（government revenue argument）认为，发展中国家或新独立国家因其他税源缺乏或无法获得足够的税收，以征收关税作为政府收入的主要来源，可部分解决政府在基本公共服务（卫生、教育、治安、水利、国防等）方面的开支。

对于落后的发展中国家来说，政府既没有自己拥有的企业，本国工业生产能力有限，国内人民生活水平低，又没有多少收入税可征，关税就成了政府收入的重要来源。另外，征收关税比增加国内其他税收要容易得多，关税在外国商品进入本国市场前就征收了，由此产生的商品价格上涨似乎并不是政府的原因。从理论上说，进口大国通过关税减少进口，会压低国际市场价格，结果相当于外国生产者为此承担了部分税收负担，如果税率恰当，进口国的总福利水平还会得到提高。

通过关税来增加政府收入必须具备一定的条件：征税的进口商品必须国内不能生产或无代用品；必须是举足轻重的进口大国，征税的进口商品在国内有大量消费；关税税率不能偏高，以免阻碍进口，达不到增加财政收入的目的。

从长期来看，以关税作为增加政府收入的主要来源，是一种“近视”的做法，因为过分依赖关税增加财政收入往往会导致资源配置严重扭曲，经济成长受阻，进出口能力递减，关税收入终将减少。因此，从根本上来讲，一国的财政收入只能依靠国内经济的发展来获得。

4.5.4 市场扭曲论

市场扭曲论（market distortion argument）认为，在市场不完善形成扭曲（生产扭曲、消费扭曲或要素扭曲）的情况下，应采取征收关税或非关税措施等干预和消除市场扭曲，以增加福利。

传统贸易理论假设市场处于完全竞争状态，因而资源分配可达到最优化。然而，现实的商品市场存在垄断现象，生产要素市场各种人为的举措使要素不能完全移动，造成生产要素价格刚性，从而产生产业界的工资差异；加上外部经济等因素，使价格机制无法促使资源配置，造成市场扭曲。

市场扭曲是指阻碍市场机制达到帕累托最优状况的一切制度上的原因，包括不完全竞争与市场机制失败两种情况。市场扭曲可能来自国内市场，也可能来自国外市场，无论来自何处，最佳政策就是直接干预产生扭曲的市场。这种干预政策便是对国外市场扭曲征收关税；对国内市场扭曲采取非关税措施。

4.5.5 保护就业论

保护就业论（employment-protection argument）认为，保护关税或配额的实施，可减少进口，增加国内有效需求，从而使生产扩张，本国就业和收入水平得到提高。不仅如此，贸易顺差犹如增加政府支出和投资一样，对生产和就业会产生刺激作用，并通过对外贸易乘数的作用使这一结果进一步扩大。

从微观上说，保护就业论可解释为某个行业得到了保护，生产增加，工人就业也就增加。从宏观上说，保护就业论建立在凯恩斯主义经济学说的基础之上。

凯恩斯在1929—1933年的西方大萧条中看到了古典经济学完全依赖市场机制和只重视供给方面的不足，认为一国的生产和就业主要取决于对本国产品的有效需求。如果有效需求增加，就会带动生产和就业的增加。要达到充足就业，就要对商品有足够的有效需求。

有效需求由消费、投资、政府开支和净出口四部分组成。出口会增加有效需求，进口则减少有效需求。因此，贸易对整个社会就业水平的影响过程可以表述为：

增加出口，减少进口⇒增加有效需求⇒增加国民生产和就业

反之，如果进口太多，出口太少，则会减少有效需求并降低本国生产和就业水平。保护就业论者就是根据凯恩斯的宏观经济理论提出贸易保护的，他们相信，通过限制进口、扩大出口的贸易保护政策，可以提高整个国家的就业水平。

从理论上说，保护就业论对增加就业有积极作用，但保护并非解决失业问题的最佳途径。这一理论忽视了一个现实问题，即怎样才能做到限制进口同时不伤害出口。希望通过扩大出口减少进口来保护就业的做法在现实中会遇到困难。首先，一国限制进口，别国为保护自己的利益，也会以限制进口作为回应，那么该国的出口也不得不减少。其次，长期的大量贸易逆差必然影响别国的经济发展和国际支付能力，别国经济实力的下降则反过来影响本国出口商品的购买力，其结果也影响到实行贸易保护国家的出口。因此，从总体均衡或长期均衡的角度来看，要想限制进口而不伤害出口或扩大出口而不增加进口都是不大可能的。实际上，从长期看，一个国家必须有进口才能维持出口的扩张，真正增加就业。

4.5.6　保护公平竞争论

保护公平竞争论（protect fair competition theory）是以一种受害者的姿态出现来进行贸易保护的。这种保护似乎是迫不得已的，保护的目的也似乎是更好地保证国际上的公平竞争，以推动真正的自由贸易。

关于“不公平竞争”的含义，各国界定不一。一般来说，凡是由政府通过某些政策直接或间接地帮助企业在国外市场上竞争，并造成对国外同类企业的伤害，即被看成是不公平竞争。具体来说，出口补贴、低价倾销等均为不公平竞争。通过不同的汇率制度人为地降低出口成本，对外国知识产权不加保护等，也包括在不公平竞争的范围之内。

当代国际贸易中，不公平竞争的含义扩大到不对等开放市场。许多西方国家指责发展中国家的市场开放不够，一些国家甚至把自己的贸易逆差都归咎于对方市场开放上的不平等。

以公平竞争为理由进行贸易保护的主要手段包括反补贴税、反倾销税或其他惩罚性关税、进口限额、贸易制裁等。

保护公平竞争的政策在理论上说可能有助于限制不公平竞争，促进自由贸易，

但在实施中可能被国内厂商用作反对进口的借口，带来面对国际竞争不求改进的负效应，同时也会遭到对方的反指控、反报复等，往往难以达到预期的效果。

4.5.7 收入再分配论

收入再分配论（income redistribution argument）主张，通过贸易限制对一国的收入进行重新分配，以保护国内生产，缩小贫富差距，达到一定的社会公平。这是因为自由贸易给整个国家带来好处时，并不会自动将利益分配给全体社会成员，从而引起本国国民经济结构的调整，进而导致社会收入格局的变化，并由此衍生一系列的社会震荡，不利于国民经济的发展。

收入再分配论者认为，要通过关税、配额等限制措施，使生产者剩余增加，消费者剩余减少，即部分社会收入由消费者转移到生产者，从而保护特定产业的国内生产。

收入再分配论者主张社会各阶层或各种生产要素在收入上的相对平衡性。不少国家利用贸易保护来调节国内各阶层的收入水平，以减少社会矛盾和冲突。其中最典型的例子是发达国家对农产品的保护。在发达国家工业化的进程中，资本的加速积累和土地的相对稀缺，使工业产品的生产成本下降，农产品生产的成本相对上升。发达国家逐渐失去了用相对成本来衡量的农产品的比较优势，如果仍然坚持自由贸易，农民势必竞争不过其他生产成本较低的国家，农民收入即使不下降，也跟不上其他行业收入的增加。为此，不少国家（主要是发达国家和新兴工业化地区）就通过限制进口、价格支持、出口补贴等各种保护手段，将社会其他行业的一部分收入转移到农民和地主手中，以缩小农民与社会其他阶层的收入差距。

4.5.8 国家安全论

国家安全论（national security argument）以国家安全为依据，主张限制进口，以保持经济的独立自主。国家安全论认为，对于关系国计民生的产业和有关军用国防的产业，国家应以关税、补贴等手段加以保护，使其达到自给自足的目标，以摆脱对外国的依赖，加强国防力量，维护国家安全。

国家安全论认为有关国家安全的重要战略物资（粮食、石油等重要原料、燃料）必须以自己生产为主，不能依靠进口。在这些行业面临国际市场竞争时，政府应加以保护。对某些不友好国家的出口也要控制，任何有可能加强敌方实力、威胁自身安全的商品都要严加控制。第二次世界大战后，西方国家针对社会主义阵营而设立的输出管制统筹委员会就是以国家安全为目标控制贸易的。

4.6 贸易保护新理论

20世纪70年代以后，世界贸易格局发生了新的变化。一些发展中国家在世界贸易中崛起，并在制鞋、纺织、钢铁等原来发达国家垄断的行业中呈现出比较优势。石油输出国组织起来控制供给并提高价格，主宰了国际石油市场。传统的发达国家向发展中国家出口工业制成品、发展中国家出口初级产品的情况逐渐改变，取而代之的是工业国家之间的双向贸易和制成品之间的贸易成为世界贸易中的主要部分。在新的形势下，贸易保护主义在理论与政策上都有了新发展，出现了战略性贸易政策和管理贸易论等贸易保护新理论。

从理论上说，新贸易保护主义是建立在规模经济贸易学说的基础上的。与传统贸易理论相比，规模经济贸易学说有两点新的认识：第一，工业产品的世界市场不是完全竞争的，产品的差异性使得各国企业都有可能在某些工业产品上有一定的垄断或垄断性竞争力量，占领部分市场，获得利润；第二，许多工业产品的生产具有规模经济，生产越多，产品的单位成本越低。与这两点新认识相对应，贸易保护政策有了新的依据。第一，怎样利用关税来分享外国企业的垄断性利润，增加国民福利；第二，怎样通过贸易保护帮助本国企业取得一定的市场份额，从而达到一定的生产规模，使企业成本下降，在国际竞争中获胜。

4.6.1　战略性贸易理论

1. 战略性贸易理论的含义

战略性贸易理论（strategic trade policy）认为，一国政府在不完全竞争和规模经济条件下，应凭借生产补贴、出口补贴或保护国内市场等措施和手段，扶持本国战略性产业的成长，增强其在国际市场上的竞争能力，夺取他国的市场份额，获取规模报酬和垄断利润。

2. 战略性贸易理论的主张

(1) 主张实行不完全竞争市场（主要是寡头市场）方面的战略性政策干预。在许多情况下，商品的国际市场是由少数几家大企业控制的寡头市场，对每个具体国家来说，某些进口商品更是只来自于少数公司。这些公司在进口国的市场上拥有一定的垄断地位。在非完全竞争的市场上，垄断企业或寡头企业的商品价格不是市场给定的，而是这些企业根据市场需求制定的。垄断企业或寡头企业能够利用它们在市场上的地位，将产品价格定在高于其边际成本的水平上，并获得超过平均水平的利润。当然，这种利润是通过提高价格从消费者身上赚取的。在国际贸易中，则是由进口国的消费者支付的。战略性贸易理论认为，政府应该通过关税保护措施来分享这些外国垄断或寡头企业的利润，弥补国民利益的损失。

在非完全竞争的市场上，进口国是有可能通过征收关税分享利润，提高国民福利水平的。由于进口产品主要由少数几家外国企业提供，这些外国企业在进口国的产品市场上就有一定的垄断力量。在追求最大利润的目标下，这些寡头或垄断企业在进口国的销售量会确定在其产品的边际收益等于边际成本的水平上（图 4—1 中的 M_0），而价格则根据进口国的需要定在高于边际成本的水平（P_0）。如果进口国政府征收关税（假设为 1 元），外国企业的边际成本提高（$MC+1$）。在新的边际成本与边际收益相等的企业均衡点上，外国企业的销售量会下降到 M_1，价格则会上升到 P_1。但由于进口国的需求不是完全没有弹性的垂直曲线，因此，商品价格上升的幅度会小于边际成本提高的幅度（$P_1 - P_0 < t$）。如果原来价格 P_0 为 10 元，征收了 1 元的关税后，进口商品的价格上涨不会超过 1 元。也就是说，外国企业通过提高销售价格从进口国消费者身上得到的额外收益会小于对关税的支付。换个角度来说，进口国政府所得的关税收益（C 部分）有可能大于其消费者所受的损失（A 和 B 部分），从而使整个国家受益。

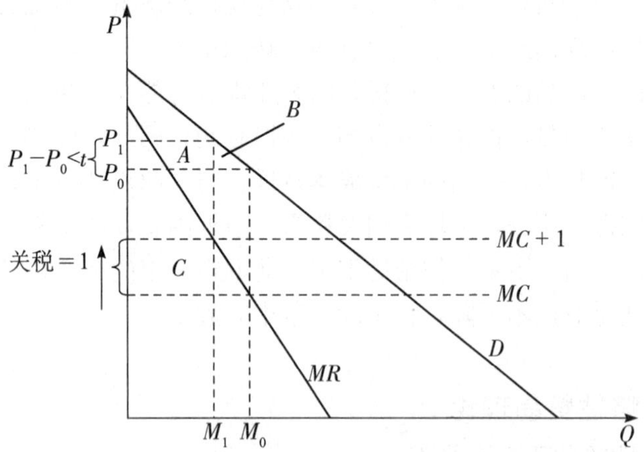

图 4—1 通过关税分享外国企业利润

进口国通过关税来分享外国寡头或垄断企业的利润并增加整个国民收益是有可能如愿以偿的。但是，关税使本来已经很高的垄断或寡头价格变得更高。本国的消费者会由于关税承担更多支付和损失。因此，关税税率的确定和对消费者的补偿成为问题的关键。

（2）主张实行外部经济效应方面的战略性政策干预。由于国际市场上的不完全竞争性质和规模经济的存在，市场份额对各国企业变得更加重要。市场竞争变成一场少数几家企业之间的“博弈”（game），谁能占领市场，谁就能获得超额利润。战略性贸易政策主张通过政府补贴等来帮助本国企业在国际竞争中获胜，而企业获胜之后所得的利润会大大超过政府所支付的补贴。人们通常以美国波音公司与欧洲空中客车公司之间的竞争性博弈为例说明这一论点。

假定这两家公司在生产大客机方面具有相近的生产技术和能力，而生产这种客机又具有规模经济，生产量越大成本越低，生产量越小成本越高，而且会有亏损。在市场需求有限的情况下，如果两家公司都生产，两家公司都会亏本。如果两家公司都不生产，虽然谁也不会亏本，但谁也没有利润。只有在一家生产而另一家不生产的情况下，生产的那家才会有足够的生产量而获得利润。

图 4—2（单位：万美元）列出了波音和空中客车公司在各种情况下假设的收益（用正数表示利润，用负数表示亏损）。每对数字中，左边数字表示波音公司的利润或亏损，右边数字表示空中客车的利润或亏损。纳什均衡的结果是，谁先进入谁会生产，另一家公司就不再进入。因此，有两种博弈均衡：如果波音先进入，对于空中客车来说，只有亏损生产和不生产不亏损两种选择，理性的选择当然是不生产（右上框）；另一方面，如果是空中客车率先进入市场，对波音来说也是同样的两个

选择，结果也是放弃市场（左下框）。

		空中客车公司	
		生产	不生产
波音公司	生产	（−5，−5）	（100，0）
	不生产	（0，100）	（0，0）

图 4—2　波音公司和空中客车公司相同情况下的利润/亏损

现假设欧洲政府采取战略性贸易政策，补贴空中客车公司 10 万美元生产这种新型飞机，这种补贴使这两家的利润/亏损情况发生了变化。如果只是空中客车生产，总利润达到 110 万美元。即使两家都生产，空中客车公司在减去亏损后，仍能有 5 万美元的盈利。而波音公司没有补贴，其利润与亏损没有变化。图 4—3（单位：万美元）是新情况下的收益矩阵。

		空中客车公司	
		生产	不生产
波音公司	生产	（−5，5）	（100，0）
	不生产	（0，110）	（0，0）

图 4—3　欧洲政府进行补贴后的利润/亏损情况

在新的情况下，空中客车只要生产，就有利润，而不管波音是否生产。对空中客车来说，不生产的选择已经被排除。而波音公司也只剩下两种可能：一种是不生产，让空中客车生产，没有利润也不亏损；另一种选择是硬挤进去生产，而空中客车不会退出，其结果是两家都生产，波音承担 5 万美元的亏损。在这种情况下，波音公司已无获得利润的可能，其理性选择自然是退出竞争。结果是，空中客车独占市场，获得 110 万美元的利润（博弈的均衡为左下框）。无论对空中客车公司还是对欧洲政府来说，这种结果自然是很有吸引力的：政府只支付了 10 万美元的补助，却换来了 110 万美元的收益，净得利 100 万美元。

从上述例子可以看出，政府的保护政策可以使本国企业在国际竞争中获得占领市场的战略性优势，并使整个国家受益。其实，战略性贸易保护政策在实践中仍有诸多困难。

3. 对战略性贸易理论的评价

战略性贸易理论建立在不完全竞争理论和规模经济理论的基础上，认为不完全竞争和规模经济存在的条件下，政府的直接干预可以转移他国利润以提高本国的福利水平，从而为国家进一步干预对外贸易活动提供了依据。

战略性贸易理论的实践需要具备一定的前提条件，如不完全竞争和规模经济的存在，政府必须拥有充分的信息，获得战略支持产业的垄断地位和外部经济的存在，国内相应市场的潜力，贸易对手国不采取报复措施等。

战略性贸易理论具有一定的合理性和说服力，但它又有着难以克服的弊端。例如，难以准确选择战略性产业，很可能因战略性产业选择错误而造成资源浪费；可能导致企业对政府的依赖，不利于企业和所属产业的成长；战略性贸易政策是一种以邻为壑的贸易政策，在实施中是以牺牲他国利益为代价的，因而势必导致其他国家的报复，抵消战略性产业扶持发展的效果。

4.6.2 管理贸易论

管理贸易论（managed trade theory）是以协调国家经济利益为中心，以政府干预贸易环境为主导，以磋商谈判为轴心，对本国进出口贸易和全球贸易关系进行全面干预、协调和管理的一种贸易制度，也就是政府控制和约束的贸易，属于有组织的自由贸易。它不仅盛行于发达国家，也为发展中国家所采用，并运用于区域性贸易集团。

管理贸易既不同于自由贸易，也不同于保护贸易。它在一定程度上限制了自由竞争，使国家之间的贸易活动包含许多人为干预因素；它还是在寻求整体利益平衡的前提下，在兼顾贸易伙伴经济利益的同时，追求本国利益的最大化，而不是只关注本国的经济利益。

管理贸易论通过各种巧妙的办法限制进口。其主要特点是：通过立法形式使管理贸易法制化、制度化；采用单边、双边和多边协调管理等方式解决有关国际贸易问题；通过区域性经济组织对地区贸易进行管理；管理贸易措施以非关税壁垒为主。

本章小结

1. 汉密尔顿关税保护说的提出，为落后国家进行经济自卫和与先进国家相抗衡提供了理论依据。保护幼稚工业论考虑一国的长期利益，认为保护是短期的，短期保护的代价可以在长期得到弥补。对外贸易乘数理论主张，一国应尽可能保持顺差，把贸易顺差视为与国内投资一样，是对国民经济体系的一种“注入”，能对国民收入产生乘数效应。

2. 中心—外围论认为，发展中国家的比较优势只能在农产品和初级产品，长期受到不等价交换的掠夺，贸易条件不断恶化。发展中国家必须实行工业化，以改变在国际分工中的地位。

3. 国际收支论着眼于国际收支平衡。贸易条件论认为增加关税等贸易保护手段限制进口、减少需求，可以降低进口商品的价格。政府收入论认为征收关税又比增加国内其他税收要容易，同时还可能将一部分税负转嫁到外国生产者或出口商身上。保护就业论考虑一国的就业水平，但保护的结果不一定能使本国就业总水平上升，而只是就业机会在不同行业的再分配，并要为此付出效率损失的代价。

4. 保护贸易新理论强调了政府干预国际贸易的重要性，并强化了政府干预的理论依据，对发达国家和发展中国家的贸易政策都产生了较大的影响。

核心概念

幼稚工业保护理论　对外贸易乘数论　中心—外围论　国际收支论　贸易条件论　保护公平竞争论　收入再分配论　战略性贸易理论　管理贸易论

复习思考题

1. 简述李斯特保护幼稚工业理论的基本论点。
2. 简述对外贸易乘数理论的基本思想。
3. 中心—外围论的主要论点是什么?
4. 举例说明哪些产品可以从国家安全论的观点出发而加以保护。
5. 如何正确认识和评价战略性贸易理论?
6. 我国在加入 WTO 时，称汽车产业是“幼稚工业”要求保护。请对此作出分析评价。

案例分析

发达国家常以保护公平竞争、保护就业、保护社会公平为由对贸易进行干预。20 世纪 70 年代以来兴起的第三次保护贸易主义高潮，主要是通过非关税限制的行政法律措施和对不盈利的工农业部门给予补贴，以达到限制进口、鼓励出口、保护其已有市场的目的。在这种政策兴起之后，非关税壁垒已经取代关税壁垒成为贸易保护主义的主要形式。从性质上讲，它是一种短视政策，对国际贸易和世界经济危害甚大，最终也将损害实行这些政策的国家的自身经济发展。本杰明·富兰克林说过一句名言：“从来没有一个国家是被贸易所摧毁的。”

思考题：

发达国家为什么要经常对贸易进行干预?

M 第2篇

国际贸易政策篇

第5章

国际贸易政策概述

章首阅读　调整贸易政策，应对国际金融危机

2009年以来，在扩内需、稳外需政策作用下，尽管进出口还在下降，但我国主要出口市场份额有所上升。据海关统计，2009年上半年，我国进出口9 461.2亿美元，同比下降23.5%，其中，出口5 215.3亿美元、进口4 246亿美元，分别下降21.8%和25.4%。主要呈现以下特点：

一是进出口持续8个月低位运行。上半年，月度进出口持续呈两位数负增长，但6月当月出口和进口降幅均较上月有所减小，其中出口减少5个百分点，进口减少12个百分点，进口起步的态势有所显现。

二是我国企业竞争力和国际市场份额总体稳定。在出口退税率上调等政策支持下，我国劳动密集型商品的国际竞争力显现，出口降幅小于总体出口降幅，服装、箱包、鞋类和家具出口额只有总体降幅的1/3～1/2。在美、日市场份额有所上升，前5个月同比分别提高4.1和3.6个百分点。

三是顺差下降，贸易平衡有所改善。上半年累计贸易顺差969.3亿美元，同比下降0.5%，虽然仍保持一定顺差，但与2007年和2008年同期比较已呈减少趋势；上半年对欧盟、美国等主要贸易伙伴的顺差分别减少34.7%和17.6%。进一步改善贸易平衡状况，也是近几年我国宏观经济政策追求的重要目标之一，保持进出口贸易的平衡就会改善我国国际收支总体状况，促进货币政策更好地实施，也有利于平衡稳健贸易政策的实施。

四是进出口商品价格出现下跌。价格因素对进出口的影响日益明显，6月出口价格降幅已经扩大到8.4%，进口价格降幅有所收窄，但仍达15%，累计下跌17.2%，是导致进出口额下降的主要原因。

为稳定外需、扩大出口，各部门采取了一系列政策措施：推进贸易便利化，提高货物通关和检验检疫效率，减免农产品出入境检验检疫费和纺织服装出口检验费，调整了出口收结汇联网核查制度。加大财税支持力度，连续7次提高部分产品出口退税率，出台了短

期出口信用保险的支持政策，降低费率，扩大覆盖面，上半年短期出口信用的保险规模已经增长了31%。支持中小企业开拓国际市场，培育出口品牌，建立自主营销网络。改善对进出口的金融服务，鼓励和支持信贷担保机构为中小企业贸易融资提供担保，落实扩大信贷担保覆盖面，降低保险费率政策。营造良好的国际经贸环境，加快自由贸易区建设，积极推动多哈回合谈判，坚决反对贸易保护主义，成功应对多起贸易摩擦大案。

资料来源：根据《利用外资和对外投资出现向好痕迹——商务部发言人姚坚答记者问》等资料整理。

思考：

各种贸易政策影响贸易平衡和贸易发展的机制是什么？

国际贸易政策是研究国际贸易问题的重要内容之一。前几章所述的各种国际贸易理论都是为各国制定和实施具体国际贸易政策和贸易措施服务的，是不同国际贸易政策的基本理论渊源。

国际贸易政策是一国政府在一定时期内，在其发展战略的总目标下，运用经济、法律和行政手段对进口和出口贸易所实行的政策，是各国政府为了某种目的而制定的对国际贸易和对外贸易活动进行管理的方针和原则。

一国对外贸易政策会随着世界政治经济与国际关系的变化、本国在国际分工体系中地位的变化以及本国产品在国际市场竞争能力的变化而变化。自由贸易政策和保护贸易政策是两种最基本的国际贸易政策类型；根据各国贸易政策对外销生产和内销生产的保护程度，将其分为外向型贸易政策和内向型贸易政策。

在当今世界经济中，国际贸易政策在各国经济增长和经济发展中起着重要的作用，它已成为国际贸易环境的重要组成部分。国际贸易政策是世界各国在一定时期内对进口贸易和出口贸易所实施的政策。而对外贸易政策是一个国家在一定时期内对进口贸易和出口贸易所实行的政策。前者是从全球角度的表述，后者是从一个国家的立场上制定的本国总体经济政策的一部分。

通常情况下，一国制定的国际贸易政策是为了达到以下目的：一是保护国内市场，发展民族工业；二是扩大产品出口，占领国际市场和积累资金，缩小和弥补经济发展中的资金缺口；三是促进产品结构的调整，增强产品国际竞争力；四是服务于本国的对外政治经济政策。

5.1 国际贸易政策的类型及其构成

5.1.1 国际贸易政策的类型

国际贸易政策由一个结构复杂的体系所构成，一般可以根据不同的需要从不同角度对国际贸易政策进行分类。最常见的国际贸易政策类型包括自由贸易政策、保护贸易政策和协调贸易政策。

1. 自由贸易政策

它是指一般情况下国家对进出口贸易不加任何干预，允许商品自由流通，在国内外市场上自由竞争的一种贸易政策。在这种贸易政策下，国家在商品进口方面不加限制、不设障碍，对商品出口也不给予任何特权和优待，使商品自由进出口，在国内外市场自由竞争。

自由贸易政策强调的是全面的贸易自由，反对以任何政策或措施阻碍商品的自由流通，是经济自由主义思想的集中体现，产生于 18 世纪初的资本主义自由竞争时期，其理论依据是西方的自由贸易理论。但由于各国的经济利益不一致，历史表明完全意义上的自由贸易政策是不存在的。

现代的所谓“贸易自由化”（trade liberalization）与“自由贸易”（free trade）在概念和内容上是完全不同的。在第二次世界大战后开始发展的贸易自由化，是在发达国家主导下进行的，有其自身的利益驱使，是一种有保留、有选择的自由贸易。在贸易自由化的外衣下，隐含着大量有利于发达国家的贸易保护内容。这种自由贸易政策的实施会随着发达国家不同时期利益、需求的变化而变化，具有极大的不平衡性、不稳定性。

2. 保护贸易政策

保护贸易政策是指国家广泛利用各种限制进出口的措施保护本国市场免受外国商品的竞争，并对本国出口商品给予优待和补贴，以鼓励商品出口的一种贸易政策。

保护贸易政策产生于 15—16 世纪重商主义学派，其理论依据是西方的保护贸易理论。

保护贸易政策是各国经济、政治发展不均衡、不稳定所导致的必然结果。只要有国家存在，有国家和民族利益的差别和矛盾，贸易保护就不会消失。目前，贸易自由化只是一种发展倾向，而贸易保护也并不会消失，因为贸易自由化与贸易保护主义从来都是如影随形的。

从某种意义上说，自由贸易仿佛成为一种理论思想，贸易保护反而是一种事实常态。理论上看，贸易自由化可以促进要素在全球范围内更为有效地配置，有利于贸易各国发挥各自的比较优势，提高经济增长效率和福利水平，增加收入。但是，由于现实中发达国家传统的贸易壁垒和国内支持保护依然存在，而新的贸易壁垒（技术和环境壁垒）更加强化，发展中国家实际上在国际贸易中处于十分不利的地位，自由贸易和公平贸易遂成为在推动贸易自由化过程中争论十分激烈的问题之一。

3. 协调贸易政策

协调贸易政策也称为管理贸易政策，它介于自由贸易政策和保护贸易政策之间，强调在国际贸易活动中以各国政府之间的协调为中心、干预为主导、磋商为手段，由国际贸易组织和各国政府对贸易活动进行干预、协调和管理的贸易政策和贸易管理制度。

5.1.2　国际贸易政策的构成

一国的对外贸易政策是该国在一定时期内对进口贸易和出口贸易所实行的原

则、方针和措施。各国对外贸易政策因各自的经济体制、经济发展水平及其产品在国际市场上的竞争能力而有所不同，并且随其经济实力的变化而不断变换。一个国家的国际贸易政策主要由以下三方面的内容构成。

1. 各国对外贸易总政策

它是各国从整个国民经济出发，根据本国国民经济的整体状况及发展战略，结合本国在世界经济格局中所处的地位而制定的，在较长时期内实行的政策。例如，实施保护贸易政策抑或比较开放的自由贸易政策。它是各国发展对外经济关系的基本政策，是整个对外贸易政策的立足点。

2. 进出口商品政策

它是各国在本国对外贸易总政策的基础上，根据经济结构和国内外市场的供求状况而制定的政策，其基本原则是对不同的进出口商品实行不同的待遇。主要体现在关税的税率、计税价格和课税手续等方面的差异。

3. 国别政策

它是各国根据对外贸易总政策，依据对外政治经济关系的需要而制定的针对不同国家和地区的贸易政策。在不违反国际规范的前提下，对不同国家和地区采取不同的外贸策略和措施，对不同国家规定差别关税税率和差别优惠待遇是各国国别政策的基本做法。

从一国对外贸易政策的具体内容来看，一般而言，它主要包括一国的关税制度和政策、非关税壁垒的种类和做法、鼓励出口体制和手段、管制出口的政策和手段以及一国参与国际经济一体化的战略和政策等。这些范围内的有关体制、政策和基本做法，构成了国际贸易政策的基本内容。

5.2 国际贸易政策的演变

分析国际贸易政策的演变，其目的是通过对不同历史时期各国贸易政策发展历史的回顾，把握当代国际贸易政策的趋势。

5.2.1 资本主义原始积累时期重商主义的保护贸易政策

资本主义原始积累时期（16 世纪初至 17 世纪末），西欧各国普遍采用以英国最为典型的重商主义的保护贸易政策。该政策旨在增加国民财富，提倡政府务必采取限制或禁止金银货币外流、鼓励商品出口的办法，以扩大国际贸易顺差，最终积累货币。

1. 重商主义及其主要理论观点

重商主义贸易理论的主要观点可归纳为：第一，财富即金银货币；第二，除金银的开采外，对外贸易是财富的真正源泉；第三，在对外贸易中必须贯彻少买多卖的原则，以保证有更多的金银流回本国（详见第 2 章第 1 节）。

2. 早期重商主义的对外贸易政策措施

早期重商主义政策集中体现为管制金银进出口的贸易保护政策，实施目标是追求绝对的贸易顺差，所实施的保护贸易的行政和立法措施有：

（1）由国家管制对外贸易的政策。

● 管制金银货币的输出：禁止货币出口，由国家垄断全部货币交易。

● 实行对外贸易的垄断：规定本国出口商每次对外交易后所得货币中，必须包括一部分外国金银，以运回本国；规定来本国贸易的外国商人必须把携带的外国货币换成本国货币，并把在本国销售所得货币全部用于购买本国货物。

● 制定发展本国航运业的法律，禁止外国商船从事本国沿海航运和本土与殖民地之间的航运。

（2）管制本国工业，鼓励和扶持新兴的弱小工业。

（3）奖出限入的政策。

3. 晚期重商主义对外贸易的政策措施

晚期重商主义对外贸易政策集中体现为管制货物进出口方面的贸易保护政策，实施目标是发展加工业，追求总体上的贸易顺差。

晚期重商主义贸易保护政策推行的行政与立法措施有：

（1）限制进口的政策措施。

● 禁止若干外国商品，特别是奢侈品进口。

● 对外国商品征收高额进口税。

（2）促进进口的政策措施。

● 对本国商品的出口给予补贴。

● 对本国商品的出口实施出口退税。

● 降低或免除出口关税。

● 允许从国外进口原料，加工后再出口。

● 实行独占性的殖民地贸易政策。

● 颁布促进出口的谷物法、职工法、行会法、航海法等。

5.2.2　资本主义生产方式建立时期的自由贸易政策

18 世纪 70 年代，英国爆发了第一次工业革命，生产力得以飞速发展，资本主义生产方式开始建立。由于重商主义的保护贸易政策阻碍了新兴工业资产阶级开拓世界市场销售其工业产品，阻碍了资本的自由竞争，因此，这些工业资产阶级强烈要求实行自由贸易政策。

1. 以英国为代表的自由贸易政策的理论依据和主要观点

自由贸易理论的形成起始于法国的重农主义，完成于古典政治经济学。其理论代表人物主要有弗朗西斯科·奎奈、大卫·休谟、斯密、李嘉图等。自由贸易政策的理论依据和主要观点如下：

第一，自由贸易可以形成互相有利的国际分工；

第二，可以增加国民财富；

第三，自由贸易可以促进竞争，提高经济效率；

第四，自由贸易有利于提高利润率，促进资本积累；

第五，自由贸易可以减少国民消费开支。

英国实行自由贸易的原因包括：

第一，产业革命的发展要求从国外取得廉价工业原料和粮食；

第二，产业革命的发展要求工业制成品能自由输往国外；

第三，产业革命使英国产品具有无可匹敌的竞争力。

2. 英国资本主义自由竞争时期的贸易主要采取的政策和措施

第一，废除谷物法；

第二，关税税率逐步降低，纳税商品数目减少；

第三，废除航海法；

第四，取消特权公司；

第五，对殖民地贸易逐步采取自由经济政策；

第六，与其他国家逐步签订一些促进贸易发展、降低关税的贸易条约。

5.2.3 资本主义自由竞争时期的对外贸易政策

在资本主义自由竞争时期（18 世纪中叶至 19 世纪 70 年代），由于工业发展水平各不相同，工业革命率先在英国、法国等国家深入发展，而欧洲其他国家及美洲一些经济不发达、资本主义仍处于萌芽阶段的国家的工业资产阶级要求保护本国的幼稚工业，减少外国货物进口以保护本国成长中的工业，所以欧美各国实行了两种不同的贸易政策，工业发达国家实行自由贸易政策，而工业欠发达的德国、美国实行保护贸易政策。

资本主义自由竞争时期美国和德国的保护贸易政策如下：

1. 美国的保护贸易政策

美国保护贸易政策的实践源于汉密尔顿的保护贸易理论。根据汉密尔顿的保护贸易理论，对外国商品征收高额保护关税，能够增加国家税收收入，加强联邦政府的地位，保护本国的新兴工业。

2. 德国的保护贸易政策

德国保护贸易政策的实践是根据李斯特的幼稚工业保护论，采用禁止输入或征收高关税的手段来保护幼稚工业，以免税或征收轻微进口税的方式鼓励复杂机器的进口。

5.2.4 资本主义垄断时期的超保护贸易政策

19 世纪 70 年代至第二次世界大战期间，国际经济制度发生了很大变化，自由竞争的资本主义开始向垄断资本主义过渡，垄断资本占统治地位。由于垄断资本不仅要求垄断国内市场，还要求垄断国外市场，因此，欧美各国推行有垄断性质的超保护贸易政策。

1. 超保护贸易政策的主要内容

政府通过贸易壁垒限制外国商品进口，以维持垄断资本获取高额利润；通过各种奖励出口的政策鼓励垄断资本抢占国际市场，扩大对外贸易。

2. 超保护贸易政策和一般保护贸易政策的区别

第一，保护的对象不同。超保护贸易政策保护垄断工业，一般保护贸易政策保护幼稚工业。

第二，保护的目的不同。超保护贸易政策是为了维护垄断资本的垄断地位，一般保护贸易政策是为了培养幼稚工业的自由竞争能力。

第三，保护的利益集团不同。超保护贸易政策维护的是垄断资产阶级的利益，一般保护贸易政策维护的是一般工业资产阶级的利益。

第四，保护的政策措施不同。超保护贸易政策采取关税、非关税和鼓励出口等措施，一般保护贸易政策主要采取关税措施。

3. 超保护贸易政策的理论根据

(1) 凯恩斯主义的对外贸易乘数理论。

(2) 哈诺德的对外贸易乘数理论。其含义是：只有当贸易顺差时，对外贸易才能增加就业量，提高国民收入。此时国民收入的增加量将为贸易顺差的若干倍。公式如下：

$$\Delta Y = [\Delta I + (\Delta X - \Delta M)] \cdot K$$

式中，ΔI 为投资增量；ΔX 为出口增量；ΔM 为进口增量；K 为乘数。

例如，某国当年增加投资 500 亿元，增加出口 250 亿元，增加进口 200 亿元，在边际消费倾向为 0.5 时，求该国当年国民收入的变化。

$$\Delta Y = [500 + (250 - 200)] \times \frac{1}{1-0.5} = 1\,100\ (\text{亿元})$$

(3) 其他支持保护贸易的观点。包括贸易条件论、国内就业论、国际收支论、国家安全论等。

5.2.5　第二次世界大战后的贸易自由化

第二次世界大战后到 20 世纪 70 年代中期，西方经济的高速增长、突飞猛进的科技发展、国家对经济宏观调控作用的加强和国际经济组织的建立，促进了生产和资本的国际化，这就要求进一步扩大国际商品和资本的流动，因此这一时期出现了世界范围的贸易自由化趋势。

1. 战后贸易自由化的主要标志

贸易自由化的主要标志是：

(1) 大幅降低关税。关税大幅削减的途径主要有：第一，关贸总协定缔约方范围内；第二，欧共体范围；第三，普惠制的实施。

(2) 减少或取消非关税壁垒。

第二次世界大战前后贸易自由化的区别：

第一，形成的政治经济背景不同。战后贸易自由化反映美国对外经济扩张的需要、经济生活国际化的要求、西欧国家以及日本经济恢复和发展的推动；战前自由贸易化主要反映英国工业资本扩张的要求。

第二，代表的资本利益不同。战后贸易自由化是为了实现垄断资本的利益；战前自由贸易是为了实现一般工业资产阶级的利益。

第三，实施的途径不同。战后贸易自由化主要通过国际经济协调途径来进行；战前自由贸易只是根据本国的利益，由一国单独来实施。

第四，贸易自由的程度不同。战后的贸易自由化与保护贸易措施相结合，是有选择的贸易自由；战前的自由贸易，自由的程度比较高。

2. 战后贸易自由化的主要特点

与战前相比，战后贸易自由化的主要特点如下：

(1) 发达国家之间贸易自由化超过发达国家对发展中国家和社会主义国家的贸易自由化；

(2) 区域性经济集团内部的贸易自由化超过集团对外的贸易自由化；

(3) 工业制成品的贸易自由化超过了农产品的贸易自由化；

(4) 机器设备的贸易自由化超过了工业消费品的贸易自由化。

5.2.6 20世纪70年代中期以来的新贸易保护主义发展

20世纪70年代以后，由于石油危机的冲击等原因，资本主义经济进入低速增长的滞涨时期，争夺世界市场的斗争更加激烈，出现了新贸易保护主义，阻碍了贸易自由化的发展。但由于国际分工的日益加强，出口对发达国家起着重要作用等原因，各国又要求贸易自由化。为了推进贸易自由化，限制贸易保护主义，形成了“管理贸易”，贸易政策也开始转向新贸易保护主义。

1. 新贸易保护主义兴起的原因

新贸易保护主义兴起的原因包括：第一，主要发达国家经济陷入危机；第二，主要发达国家对外贸易发展不平衡的刺激；第三，国际货币关系失调的推动；第四，政治上的需要。

2. 新贸易保护主义的特点

20世纪70年代中期以来的新贸易保护主义主要有如下几个特点：

(1) 限制进口措施的重点从关税壁垒转向非关税壁垒。战后的贸易自由化倾向使关税水平大幅下降，关贸总协定的“约束性关税”又限制了运用关税的范围。为此，主要资本主义国家竞相设置非关税措施限制进口，以抵消关税造成的不利影响。

(2) 从国家贸易壁垒转向区域性贸易壁垒。经济区域化和集团化导致了20世纪90年代以来区域贸易壁垒的强化，通过组成排他性的经济贸易集团，把非成员国的产品排斥在外，以集团内、区域内的自由化对抗集团外、区域外国家产品的竞争。

(3) 奖出限入措施的重点从限制进口转向鼓励出口。从保护国内市场和传统产业转变为积极开拓国际市场，发挥新兴产业的竞争优势和潜在的规模经济效益。

(4) 贸易保护主义由非定型化转变为制度化。

3. 新贸易保护主义的消极影响

(1) 贸易保护推动物价上涨；

(2) 新贸易保护主义使发达国家付出了巨大代价；

(3) 新贸易保护主义损害了发展中国家的利益。

5.3 发展中国家的发展战略与贸易政策

发展中国家由于发展水平的不同而有着多种多样的发展战略和贸易政策，但从总体上看，可以分为两大类型，即进口替代型发展战略和出口导向型发展战略。

5.3.1 进口替代型发展战略与保护贸易政策

1. 进口替代型发展战略的含义

进口替代型发展战略也称为内向型发展战略，是指通过建立和发展本国的制造业，实现对进口制成品的替代，以加快工业化进程和减少对国外经济的依附。

2. 政策措施

第一，执行贸易保护政策，提高进口关税，强化进口限制；

第二，实行比较严格的外汇管理政策（包括私人和企业不能持有外汇，以及实行币值高估的汇率制度等）；

第三，对进口替代产业的发展实行优惠的投资政策和税收政策；

第四，严格限制外资企业的进入。

第二次世界大战后一些国家和地区采用进口替代型发展战略，缓解和抑制了自身经济发展中的高通货膨胀率与失业率，增强了自身的经济实力，实现了快速发展。中国台湾、韩国、新加坡、巴西、墨西哥、阿根廷等国家和地区都是采用这种发展战略取得了快速经济发展。

3. 进口替代型贸易政策的效应

（1）积极作用。

第一，促进本国民族工业和幼稚工业的迅速发展。进口替代型战略采用的贸易保护政策为本国幼稚产业提供了一个有保护的、有利可图的市场，使其得以迅速成长，将潜在的比较优势转化为现实优势，有利于发展中国家建立独立的工业体系和国民经济体系。

第二，促进了国民经济结构的完善，获得工业化带来的动态效应。一国在建立国民经济体系和实现工业化的同时，可以培养大批管理人才和技术人才，带动发明、创新的增加，提高人们的收入水平等，从而不断为国家带来动态发展的收益。

第三，提高了经济自立程度，改善了贸易条件。经济自立性的提高有利于缓解国际风险对本国的冲击，减少对外依赖，缓和外国经济危机与世界市场价格波动对发展中国家经济的影响。同时，进口替代型战略的实施可以从节约进口外汇支出、改善贸易条件等方面，影响国际收支及其相关的经济活动。

（2）消极影响。

战后很多发展中国家相继实施了进口替代型战略，随着工业化进程的进一步发展，进口替代型战略在实施中也面临一系列严重问题和消极影响，表现为：

第一，进口替代工业发展乏力，缺乏国际竞争力。产业竞争力是在国际市场的竞争中产生的，而建立在进口替代型战略基础上的产业是在贸易保护政策的庇护下发展起来的，产品主要面向国内市场，企业家满足于国内市场的丰厚利润，缺乏进一步创新和提高效率的刺激，竞争力难以提高。同时由于缺乏国外竞争环境的考验，效率低下、成本高，出口很难实现，无法利用规模经济优势。

第二，农业和基础设施落后，二元经济结构进一步强化。实施进口替代型战略的发展中国家着眼于进口替代工业的发展，造成资源配置不合理，非进口替代部门和农业基础设施的发展被忽略，使农业生产下降，农业更加落后，二元经济结构不断强化，扩大了贫富收入差距，阻碍了整体经济发展和工业化进程。

第三，国际收支困难。进口替代型战略虽然在进口制成品方面节省了外汇，但是建立进口替代工业必须进口大量的机器设备、原材料和中间产品，这种政策只是改变了进口商品结构，并没有减少进口外汇支出。同时，进口替代过程中的进口限制、外汇高估和向进口替代部门的政策倾斜，都具有反出口倾向，使得外汇短缺加剧，形成国际收支困难。

此外，进口替代型政策还产生了国内消费者利益受到巨大损害、国内经济效益低下等问题。

5.3.2 出口导向型发展战略与扶持贸易政策

1. 出口导向型发展战略的含义

以商品出口为导向，经济活动的重心以国际市场为主，使本国工业生产面向世界市场，并以工业制成品的出口取代以往的初级产品出口，推动本国整个经济的发展，也称为外向型经济发展战略。

2. 出口导向型发展战略的贸易政策措施

第一，放松贸易保护，大力鼓励出口；

第二，实行比较宽松的外汇管理政策，包括实行外汇留存和本币贬值的办法等；

第三，对面向出口的工业企业发展实行优惠的投资政策和税收政策；

第四，实行吸引和鼓励外国投资的政策。

3. 出口导向型贸易政策的效应

与进口替代型战略相比，出口导向型战略具有许多优势。

(1) 积极作用。

第一，国内工业化程度提高，制造业在GDP中的比重显著上升。由于出口导向的工业面向国际市场，必然会给企业带来竞争的压力和提高效率的刺激。由于进口限制的放松，国内企业面临进口商品的激烈竞争，有助于企业改进技术，提高管理水平，促进资源的优化配置，从整体上提高工业经济的效率。

第二，对外贸易增长速度较快，出口结构中制成品比重上升。

第三，加速国内资金的积累，刺激经济效率的提高。

(2) 存在的问题。

第一，对世界市场的依赖程度严重，因而容易受世界市场波动的冲击；

第二，建立的工业自主性差；

第三，债务负担加重。

5.4 中国的对外贸易政策

1. 国家统制下保护贸易政策的两个阶段

第一阶段是新中国成立后到1978年，这个阶段我国实行的是国家统制下的内向型保护贸易政策。依据苏联的经验与我国的具体情况，建立了集外贸经营与管理为一体的政企不分、统负盈亏的外贸管理体制，中央的指令性计划直接管理到少数专业贸易公司的进出口经营活动，对当时我国的经济建设与生产力发展起了一定的促进作用，但不利于外贸和整个国民经济的长远发展。

第二阶段为1978—1991年，实行的是有计划的商品经济条件下的部分贸易开放。国家放松了外汇管制，实行出口退税政策，原外经贸部下放部分权力，为外贸企业利用市场机制、自主经营创造了外部环境，我国的外贸政策转向国家统制下的开放型的保护贸易政策。

2. 符合国际规范的贸易政策体系改革阶段

1992—2001年，国家外贸政策改革的方向是统一政策、平等竞争、自负盈亏、工贸结合、推行代理制，以建立适应国际通行规则的外贸运行机制。在进出口管理方面，取消了进口调节税和进出口指令性计划，多次降低关税，减少进口配额和非关税措施；同时外贸经营权管理由“审批制”改革为“登记制”，加快授予具备外贸经营条件的企业外贸经营权。

3. 有管理的贸易自由化阶段

我国从2001年12月加入世贸组织开始，在市场准入、国内措施、外资待遇、服务贸易等领域较好地履行了“入世”承诺和义务，积极推动贸易自由化发展。我国的对外贸易政策体系已经与国际贸易体制接轨，推行的是有管理的自由贸易政策。管理对外贸易的手段主要有保护关税、进出口商品检验、进出口许可证、外汇管制和海关管理等。

本章小结

1. 国际贸易政策是一国政府在其发展战略的总目标指导下，运用经济、法律和行政手段对进出口活动进行有组织的协调和管理的行为。

2. 自由贸易政策和保护贸易政策是贯穿在国际贸易政策演变发展历史中的两大类型。进口替代型战略和出口导向型战略是发展中国家在战后实施的主要贸易政策类型。我国现在推行的是有管理的自由贸易政策。

核心概念

国际贸易政策　自由贸易　贸易自由化　贸易保护　出口导向型战略

复习思考题

1. 国际贸易政策的含义。
2. 国际贸易政策的类型与含义。
3. 进口替代政策的含义与优缺点。
4. 出口导向贸易政策的含义与优缺点。

案例分析

企业遇“外贸冬天”欧债危机是主因

2012年以来，受欧债危机的影响，国际市场需求不振，我国进出口贸易增速放缓。面对不利形势，国内企业应把市场立足点转向新兴经济体国家和发展中国家，积极开拓新市场，避免贸易摩擦和战争及动乱风险等。

2012年以来，受欧债危机的影响，国际市场需求不振，我国进出口贸易增速放缓。根据海关8月10日公布的数据，2012年1—7月，我国进出口3 287.3亿美元，与2011年同期相比增长2.7%。其中出口1 769.4亿美元，同比增长1%；进口1 517.9亿美元，同比增长4.7%；贸易顺差251.5亿美元，收窄16.8%。实际上，在连续恢复性增长22个月后，2011年11月起我国外贸增速开始放缓趋势，至今月度增速持续走低。

主要受欧债危机拖累

从出口目标市场来分析，出口增速放缓的主要原因是受欧债危机的拖累。由于经济不景气，市场需求萎缩，进口需求减少。我国一些出口市场进口需求都较上年疲软，不仅是欧美发达国家，也包括一些发展中国家，而其中问题最严重的是欧盟、印度和中国台湾。2012年1—7月我国对欧盟、印度和中国台湾出口同比分别下降3.6%，3.3%和5.7%。在欧盟国家中，我国对德国、法国、意大利、希腊、葡萄牙和西班牙出口都有不同程度的下降。此外，受中东地区政治动乱影响，我国对中东一些国家和地区如伊朗和叙利亚出口都有较大幅度的下降。

从贸易方式来分析，根据海关统计，2012年1—7月我国一般贸易进出口5 498亿美元，同比增长7.7%；加工贸易进出口7 532亿美元，同比增长3.1%，低于同期外贸进出口增速4个百分点。其中来料加工进出口同比分别下降11.0%和11.6%，进料加工进出口同比分别增长6.4%和4.0%。出口增速放缓，一方面是由于国际市场需求不振，国外订单减少，或者是来了订单因为利润太低企业不愿接；另一方面是由于2012年以来，国内物价、劳动成本和国际运费成本上升，在国内进行加工的利润大幅下降，国外委托方将一些加工业务转移到其他国家。

从出口产品结构来分析，根据海关统计，2012年1—6月我国初级产品出口244亿美元，同比增长0.2%；工业制成品出口9 055.87亿美元，同比增长9.7%。初级产品出口中，非食用原料和矿物燃料、润滑油及有关原料出口同比分别下降了4%和5%。按具体产品分类，出口下降幅度最大的产品是生橡胶、纸浆及废纸、纺织纤维及废料、金属矿砂及金属废料。工业制成品出口中，化学品及有关产品出口同比下降0.3%，按原料分类的制成品、机械及运输设备和杂项制品出口分别增长7.9%，8.9%和15.7%。

从出口产品结构来看，经济危机冲击最大的是加工程度较低的原料性产品和与环境污染有关的化学产品，这部分产品有的出口附加值低、资源密集和技术含量低，有的高污染，不属于国家鼓励出口的范围。而由于我国产业体系日益完备，具有较强的产业配套能力，基础设施明显改善，劳动力素质不断提高，科技创新日益深化，工业制成品出口受冲击较小，抗风险能力较强。

从进口产品结构来分析，根据海关统计，2012年1—6月初级产品进口增长14.9%，工业制成品进口增长2.4%。初级产品进口中，食品及活动物，饮料及烟类，矿物燃料、润滑油及有关原料进口同比增长38.4%，19.1%和26.3%，非食用原料进口大幅放缓，同比仅增1.7%；工业制成品中，化学品及有关产品、按原料分类的制成品、机械及运输设备和杂项制品进口增幅大幅放缓，同比分别增长0.2%，0.8%，0.4%和2.6%。初级产品进口增长较快是由于国际初级产品市场价格跌宕起伏，而国内消费市场需求旺盛所致，工业制成品进口放缓是由于国内经济调整，国外市场需求不振，生产企业开工率不足，导致生产资料市场需求不振。应该指出的是，从这次危机对外贸的影响来看，要素成本过高，环境压力过大，资源短缺，贸易促进政策不完善，是制约外贸发展的重要因素。

资料来源：韩秀申：《企业遇“外贸冬天”欧债危机是主因》，载《国际商报》，2012-08-29。

思考题：

1. 欧债危机如何影响我国进出口贸易？

2. 面对欧债危机造成的不利形势，我国政府和外贸企业应该采取哪些措施保持进出口贸易的稳定增长？

第6章

进口保护政策:关税

章首阅读　墨西哥对外贸易和国外投资的法律法规

根据1982年开始实行的海关法，凡从事外贸业务的所有自然人和法人，都必须缴纳外贸税。海关法还规定了各种外贸业务“不论其来源地或输往地”，必须缴纳不同的税款。普通税根据《进口普通税分类表》征收从价税。《进口普通税分类表》的分类依据是布鲁塞尔关税理事会制定的《统一关税商品分类》。

根据墨西哥政府的规定，进口商除了要缴纳进口税外，还需在完税金额的基础上再缴纳15%的增值税和0.8%的海关手续费。

墨西哥国内不生产的商品，可免税从拉美一体化协会（ALADI）成员国进口。

1985年以前，墨西哥的最高进口税为100%，平均关税为75%，同时所有进口商品都需申请许可证。1985年以后，由于加入了关贸总协定，墨西哥最高关税和平均关税分别降为50%和42%，进口许可证的商品占海关税则号总数的比例则降至7%。1987年12月，墨政府把最高关税大幅降至20% 。1995年墨西哥爆发金融危机后，塞迪略政府从1996年起又把最高关税提升至35%（服装类），同时把关税税率分为5个档次，即0.5%，10%，15%，20%和35%。

资料来源：中国贸易促进网，http：//www. tdb. org. cn。

思考：

为什么墨西哥有时降低关税，有时又提高关税?

在国际贸易原理部分，我们分析了国际贸易产生的原因及贸易利得，知道自由贸易给贸易各方都会带来贸易收益，使各国国民福利水平提高。但从历史发展来看，实际上所有国家都会对国际贸易的自由流动增设一些附加条件，设置贸易壁垒。贸易壁垒从国家福利的角度被合理固定下来，在现实生活中，受益于贸易壁垒的贸易集团都会极力赞赏贸易限制措施，而且越是经济困难时期，贸易壁垒越受重

视。最主要、最普遍使用的贸易壁垒就是关税。

理解关税政策的影响仍是理解其他贸易政策的重要基础。在这一章我们讨论关税壁垒。政府为什么要对进出口商品征收关税？征收关税又能达到怎样的结果？这是本章要解决的问题。

6.1　关税概述

6.1.1　关税的概念

关税（customs duty；tariff）就是一国海关在商品进出关境时对进出口商所课征的一种税收。

由于征收高额关税可以提高进出口商品的价格，削弱其市场竞争力，客观上对进出口商品数量起到一种限制作用，所以，关税又称为关税壁垒。

关税是最悠久的国际贸易政策工具。尽管第二次世界大战以来，世界各国的关税水平都已大幅降低，但同其他贸易政策工具相比，关税仍然是一种最普遍的政策工具。

6.1.2　关税的特点

与其他税种相比，关税的特点主要有：

（1）它是间接税。也就是进出口商先将关税交给国家，并将关税转嫁到商品价格中，最后承担的仍然是消费者。现在我国的税收管理主要有两种，一种是直接税，主要是指企业所得税和个人所得税；另一种是间接税，是除直接税之外的税收。我国实行的价内税即间接税，也就是说我们的每一次消费行为都在向国家纳税。

（2）它是一个国家执行对外经济贸易政策的手段。国家征收关税不仅仅是为了满足政府财政的需要，更重要的是利用关税来贯彻执行统一的对外经济贸易政策，实现国家的政治经济目的。在我国现阶段，关税被用来争取实现平等互利的对外贸易，保护并促进国内工农业生产发展，为社会主义市场经济服务。如果我国想让某种产品进入国内，关税一定很低，反之关税就比较高。

（3）关税水平反映一国的经济发展水平。目前美国的进口关税税率平均是2%，发展中国家平均是11%，我国已经降到了发展中国家平均税率水平以下。2009年1月1日，我国将进口关税水平降到了9.8%，其中，工业品是8.95%，农产品是15.2%。农产品还必须有一个比较充分的保护期，所以税率偏高。

（4）关税具有涉外统一性。一个国家进出口关税水平高低直接影响到贸易伙伴国的进出口、就业、生产发展甚至更深的经济层面。

6.1.3　关税的作用

关税的作用主要有：

（1）筹集国家财政资金。一些发展中国家，特别是那些对进出口依赖性较强的发展中国家，征收进出口关税仍然是它们取得财政收入的重要途径之一。

(2) 调节产业结构和进出口贸易。关税是国家调整产业结构和进出口贸易的重要经济杠杆，国家通过设置高低不同的税率和减免关税，可以影响国内产业结构和进出口规模。对某些出口货物有选择征税，可以保护本国稀缺资源，满足国内需要。

(3) 维护国家权益，促进对外经济贸易的发展。课税权本身就是一国行政权力的组成部分，对进出口货物征收关税直接关系到国与国之间的主权和经济利益。

6.2 关税的主要种类

由于征收进出口税的目的和作用不同，所以关税种类繁多，按不同的标准可以进行不同的分类。

6.2.1 按照征收的对象或商品流向分类

按照征收的对象或商品流向，关税可分为进口税、出口税、过境税。

1. 进口税

进口税（import duty）是指进口商品进入一国关境或从自由港、自由贸易区或保税仓库进入进口国的国内市场销售时，由该国海关对本国进口商所征收的一种关税。进口税又称正常关税（normal tariff）或进口正税。

由于世界各国所征收的关税大多采用这种税，所以国际上通常所称的关税或国际关税协定、国际关税谈判所指的关税，一般均指进口税。

征收进口税，可以增加进口货物成本，削弱其在进口国市场的竞争能力，保护进口国商品的生产和经济的发展。因而，在国际贸易竞争中，进口税一方面具有调节本国市场需求、调节市场价格和增加国家财政收入等作用；另一方面也能成为关税壁垒，阻碍国际贸易的发展，以及使本国被保护的企业产品产生依赖性，缺乏在国际市场上的开拓和竞争能力。

各国进口税税率的制定是基于多方面因素的考虑，从有效保护和经济发展出发，对不同商品制定不同的税率。出于各国政治经济关系的需要，会对来自不同国家的同一种商品实行不同的税率。

一般来说，进口税税率有普通税率、最惠国税率。

(1) 普通税率。它适用于未签订任何关税互惠贸易条约国家之间的贸易。普通税率是最高税率，一般比优惠税率高 1～5 倍，少数商品甚至更高。目前仅有个别国家对极少数（一般是非建交）国家的出口商品实行这种税率，大多数国家只是将其作为其他优惠税率减税的基础。因此，普通税率并不是被普遍实施的税率。

(2) 最惠国税率。这是适用于签有最惠国待遇条款的贸易协定国家之间的商品贸易的税率。所谓最惠国待遇（most-favored-nation treatment，MFNT）又称无歧视待遇，是指缔约国一方现在和将来给予任何第三方的一切特权、优惠和豁免，也同样给予对方。

最惠国税率比普通税率要低，税率差幅往往很大。例如，美国对绸缎进口，最惠国税率为11%，普通税率为60%。世贸组织成员之间均相互提供最惠国待遇，享受最惠国税，因此，正常进口税通常就是指最惠国税。但最惠国税率并不是最低税率。在最惠国待遇中往往规定有例外条款，如在缔结关税同盟、自由贸易区或有特殊关系的国家之间规定更优惠的关税待遇时，最惠国待遇并不适用。

2. 出口税

出口税（export duty/export tax）是出口国海关根据关税税则在出口商品经过关境时，对出口商所课征的关税。

征收出口税的目的主要是：（1）增加财政收入。（2）限制重要的原材料大量输出，保证国内供应。（3）提高以使用该国原材料为主的国外加工产品的生产成本，削弱其竞争能力。（4）控制和调节某些商品的出口流量，防止盲目出口，以保持在国外市场上的有利价格。（5）为了防止跨国公司利用转移定价逃避或减少在所在国的纳税，向跨国公司出口产品征收高额出口税，维护本国的经济利益；反对跨国公司在发展中国家低价收购初级产品。例如，1975年1月几内亚对铝矾土及其副产品征收特别出口税。

我国历来采用鼓励出口的政策，但为了控制一些商品的出口流量，采用了对极少数商品征出口税的办法。被征出口税的商品主要有生丝、有色金属、铁合金、绸缎等，出口税率从10%～100%不等。

3. 过境税

过境税（transit duty）又称通过税或转口税，是一国海关对通过其关境再转运第三国的外国货物所征收的关税。其目的主要是增加国家财政收入。

过境税在重商主义时期盛行于欧洲各国。随着资本主义的发展、交通运输事业的发达，各国在货运方面竞争激烈，到19世纪后半期，各国相继废除了过境税。第二次世界大战后，关贸总协定规定了“自由过境”的原则。目前，大多数国家对过境货物只征收少量的签证费、印花费、登记费及统计费等。

6.2.2 按照差别待遇和特定的实施情况分类

按差别待遇和特定的实施情况，关税可分为进口附加税、差价税、特惠税和普遍优惠制。

1. 进口附加税

进口附加税（import surtax）是指进口国海关对进口的外国商品在征收进口正税之外，出于某种特定目的而额外加征的关税。

征收进口附加税的目的主要包括：应对国际收支逆差，维持进出口平衡；防止外国商品的低价倾销；对某个国家实行歧视或报复等。例如，乌克兰政府为了保护国内汽车生产商的利益，于2009年3月初对汽车和冰箱征收13%的进口附加税。同时，国内汽车销售商自3月6日起已停止从国外进口汽车。因此，进口附加税又称特别关税。进口附加税不同于进口税，在一国海关税则中并不能找到，也不像进口税那样受到世界贸易组织的严格约束而只能降不能升，其税率的高低往往视征收的具体目的而定。

进口附加税主要有反倾销税、反补贴税、紧急关税、惩罚关税和报复关税。

(1) 反倾销税。反倾销税 (anti-dumping duty) 是对实行倾销的进口货物所征收的一种临时性进口附加税。征收反倾销税的目的在于抵制商品倾销，保护本国产品的国内市场。因此，反倾销税税额一般按倾销幅度征收，由此抵消低价倾销商品价格与其正常价格之间的差额。

阅读资料 6—1

倾销与反倾销

根据关贸总协定《反倾销守则》的规定，倾销是指进口商品以低于正常价值的价格向另一国销售的行为。

确定正常价格有三种方法：(1) 采用国内价格，即相同产品在出口国用于国内消费时在正常情况下的可比价格；(2) 采用第三国价格，即相同产品在正常贸易情况下向第三国出口的最高可比价格；(3) 采用构成价格，即该产品在原产国的生产成本加合理的推销费用和利润。这三种确定正常价格的方法是依次采用的，即若能确定国内价格就不使用第三国价格或构成价格，依此类推。另外，这三种正常价格的确定方法仅适用于来自市场经济国家的产品。对于来自非市场经济国家的产品，由于其价格并不由竞争状态下的供求关系决定，因此，西方国家选用替代国价格，即以一个属于市场经济的第三国所生产的相似产品的成本或出售的价格为基础，来确定其正常价格。

按《反倾销守则》的规定，对某进口商品征收反倾销税有三个必要条件：(1) 倾销存在。(2) 倾销对进口国国内已建立的某项工业造成重大损害或产生重大威胁，或者对某一国内工业的新建产生严重阻碍。(3) 倾销进口商品与所称损害之间存在因果关系。进口国只有经充分调查，确定某进口商品符合上述征收反倾销税的条件，方可征收反倾销税。反倾销税的纳税人为倾销进口产品的进口经营者。

确定倾销对进口国国内工业的损害要从三方面来认定：(1) 产品在进口国数量的相对和绝对增长。(2) 产品价格对国内相似产品价格的影响。(3) 对产业的潜在威胁和对建立新产业的阻碍。此外，还要确定上述损害是不是倾销所致。若由于其他因素（如需求萎缩或消费格局改变等）造成的损害，则不应归咎于倾销性进口。如果某进口商品最终确证符合被征反倾销税的条件，则所征的税额不得超过经调查确认的倾销差额，即正常价格与出口价格的差额。征收反倾销税的期限也不得超过为抵消倾销所造成的损害必需的期限。一旦损害得到弥补，进口国应立即停止征收反倾销税。另外，若被指控倾销其产品的出口商愿作出“价格承诺”(price undertaking)，即愿意修改其产品的出口价格或停止低价出口倾销的做法，进口国有关部门在认为这种方法足以消除其倾销行为所造成的损害时，可以暂停或终止对该产品的反倾销调查，不采取临时反倾销措施或者不予以征收反倾销税。

虽然关贸总协定制定了《反倾销守则》，但其执行主要依赖各签字国的国内立法规定，因而具有很大的随意性。随着关税壁垒作用的削弱，各国越来越趋向于利用反倾销手段，对进口产品进行旷日持久的倾销调查及征收高额反倾销税来限制商品进口。

资料来源：http：//wenku. baidu. com，1979-04-12.

(2) 反补贴税。反补贴税（countervailing duty）又称反津贴税、抵消税或补偿税，是指进口国为了抵消某种进口商品在生产、制造、加工、买卖及输出过程中接受的直接或间接奖金或补贴而征收的一种进口附加税。征收反补贴税的目的在于提高进口商品的价格，抵消其所享受的贴补金额，削弱其竞争能力，使其不能在进口国的国内市场上进行低价竞争或倾销。

关贸总协定《补贴与反补贴税守则》规定，征收反补贴税必须证明补贴的存在及这种补贴与损害之间的因果关系。如果出口国对某种出口产品实施补贴的行为对进口国国内某项已建的工业造成重大损害或产生重大威胁，或严重阻碍国内某一工业的新建时，进口国可以对该种产品征收反补贴税。

反补贴税税额一般按奖金或补贴的数额征收，不得超过该产品接受补贴的净额，且征税期限不得超过5年。对于接受补贴的倾销商品，不能同时既征反倾销税又征反补贴税。

(3) 紧急关税。紧急关税（emergency tariff）是指当某种外国商品在短期大量涌入进口国市场，对进口国国内同类产品生产造成了重大损害或产生重大损害威胁时，进口国为保护国内生产和市场而对该商品征收的一种进口附加税。

由于紧急关税是在紧急情况下征收的，是一种临时性关税，因此，当紧急情况缓解后，紧急关税必须撤除，否则会受到别国的关税报复。《关税与贸易总协定》第19条规定了“对某些产品进口的紧急措施”（emergency action on imports of particular product），以规范各成员国紧急关税措施的采用；根据世界贸易组织《保障措施协议》的规定，当一缔约方因为履行贸易自由化承诺，导致来自其他成员方的某一产品进口量激增，并对国内同类或相似产品造成严重损害或严重损害威胁时，进口国可以采取限制进口数量或征收临时性进口关税的手段，缓解进口对国内同类产品的竞争压力。可见，紧急关税是保障措施（safeguard measure）的主要救济手段之一。

(4) 惩罚关税。惩罚关税（penalty tariff）是指出口国某商品违反了与进口国之间的协议，或者未按进口国海关规定办理进口手续时，由进口国海关向该进口商品征收的一种临时性的进口附加税。这种特别关税具有惩罚或罚款性质。例如，美国在与别国进行贸易谈判时，就经常扬言若谈判破裂就要向对方课征高额惩罚关税，以此逼迫对方让步。这一手段在美国政治经济实力鼎盛时期非常有效，但易招致别国的报复。

(5) 报复关税。报复关税（retaliatory tariff）是指一国为报复他国对本国商品、船舶、企业、投资或知识产权等方面的不公正待遇，对从该国进口的商品所课征的进口附加税。通常在对方取消不公正待遇时，报复关税也会相应取消。例如，2003年1月，世贸组织裁定美国《伯德修正案》非法，并限期美国予以废除。然而，美国国会却一直置之不理。世贸组织认定《伯德修正案》使日本减少对美出口收入 5 210 万美元，并认可日本在这一范围内通过实施报复关税减少美国对日出口。于是日本从 2005 年 9 月 1 日起，对从美国进口的钢产品在征收一般关税的基础上再追加 15%的报复关税。这是日本首次对美征收报复关税。同期，欧盟和加拿大从 2005 年 5 月也对纤维、农产品等美国产品实施追加 15%的报复关税。

我国在合理、适当地应用进口附加税的手段方面，于 1997 年 3 月 25 日颁布了《中华人民共和国反倾销和反补贴条例》，利用反倾销税和反贴补税来抵制外国商品对我国低价倾销，以保护我国同类产品的生产和市场，使我国的反倾销、反补贴走向了制度化、法制化、规范化。

2. 差价税

差价税（variable levy）又称差额税，是按国内市场和国际市场的价格差额对进口商品征收的关税。当某种本国商品的国内价格高于同类进口商品的价格时，为了削弱进口商品的竞争能力，保护国内生产和国内市场，按国内价格和进口价格间的差额征收关税，这种关税就叫差价税。它是一种滑动关税。

典型的例子是欧共体国家对农产品进口征收的关税。欧共体成立后为促进本地区农业的发展和保护农场主的利益，实施共同农业政策（CPA），制定了农产品的目标价格（target price），作为干预农产品市场标准。目标价格高于世界市场价格。为了免受外来低价农产品的冲击，欧共体对农产品实行差价税。具体做法是，用目标价格减去从内地中心市场到主要进口港的运费，确定可接受的最低进口价格，称为门槛价格（threshold price）。然后计算农产品从世界主要市场运至欧共体主要进口港的成本加运费加保费价（CIF），通过比较确定差价税的征收幅度。

差价税＝门槛价格－CIF

3. 特惠税

特惠税（preferential duty）又称优惠税，是对来自特定国家或地区的进口商品给予特别优惠的低关税或免税待遇。使用特惠税是为了增进与受惠国之间的友好贸易往来。特惠税有的是互惠的，有的是非互惠的。

最有影响的是洛美协定国家之间的特惠税，是目前世界上免税程度最大的一种特别优惠的关税，它是欧共体（现欧盟）向参加协定的非洲、加勒比海和太平洋地区的发展中国家单方面提供的特惠关税。按照洛美协定，欧共体在免税、不限量的条件下，接受受惠国的全部工业品和 96%的农产品，而不要求受惠国给予反向优惠。

4. 普遍优惠制

普遍优惠制（generalized system of preferences，GSP）简称普惠制，是发达国家给予发展中国家出口的制成品和半制成品（包括某些初级产品）普遍的、非歧视的、非互惠的一种关税优惠制度。普遍性、非歧视性和非互惠性是普惠制的三项基本原则。普遍性是指发达国家对发展中国家出口的所有制成品和半制成品给予普遍的关税优惠待遇；非歧视性是指应使所有发展中国家都无歧视、无例外地享受普惠制待遇；非互惠性是指发达国家单方面给予发展中国家特殊关税减让而不要求发展中国家给予对等待遇。

普惠制的目的是通过给惠国对受惠国的受惠商品给予减免关税优惠待遇，使发展中的受惠国增加出口收益，促进其工业化水平的提高，加速国民经济的增长。普惠制是发展中国家在联合国贸易与发展会议上长期斗争的成果。从 1968 年联合国第二届贸发会议通过普惠制决议至今，普惠制已实施了 40 多年。至今世界上共有 38 个给惠国：欧盟 25 个成员国、挪威、瑞士、日本、加拿大、美国、澳大利亚、新西兰、俄罗斯、白俄罗斯、乌克兰、哈萨克斯坦、保加利亚、土耳其。希腊、西班牙、葡萄牙、保加利亚、波兰、匈牙利既是给惠国，又是受惠国。值得一提的是，美国虽然给予我国最惠国待遇，但是在普惠制上，始终不肯对中国让步，美国和保加利亚是 38 个给惠的发达国家中不对中国给惠的两个国家。因此，至今世界上 38 个给惠国中有 36 个给予我国普惠制关税减免优惠待遇。普惠制实施 40 多年来，确实对发展中国家的出口起了一定的积极作用。但由于各给惠国在提供关税优惠的同时，又制定了种种烦琐的规定和严厉的限制措施，使得建立普惠制的预期目标还没有真正达到，广大发展中国家尚需为此继续斗争。

阅读资料 6—2

普惠制方案

普惠制方案是各给惠国为实施普惠制而制定的具体执行办法。各发达国家（即给惠国）分别制定了各自的普惠制实施方案，而欧盟作为一个国家集团给出共同的普惠制方案，因此，目前全世界共有 15 个普惠制方案。从具体内容看，各方案不尽一致，但大多包括给惠产品范围、受惠国家和地区、关税削减幅度、保护措施、原产地规则及给惠方案有效期等六个方面。

1. 给惠产品范围

一般农产品的给惠商品较少，工业制成品或半制成品只有列入普惠制方案的给惠商品清单，才能享受普惠制待遇。一些敏感性商品如纺织品、服装、鞋类以及某些皮制品、石油制品等常被排除在给惠商品之外或受到一定限额的限制。例如，欧盟 1994 年 12 月 31 日颁布的对工业产品的新普惠制法规（该法规于 1995 年 1 月 1 日开始执行），将工业品按敏感程度分为五类，并分别给予不同的优惠关税。具体来说，对第一类最敏感产品，即所有的纺织品，普惠制关税为正常关税的 85%；对第二类敏感产品，征正常关税的 70%；对第三类半敏感产品，征正常关税的 35%；对第四类不敏感产品，关税全免；而对第五类部分初级工业产品，将不给优惠税率，照征正常关税。又如美国的普惠制方案规定，纺织品协议项下的纺织品和服装、手表、敏感性电子产品、敏感性钢铁产品、敏感性玻璃制品或半制成品及鞋类不能享受普惠制待遇。

2. 受惠国家和地区

发展中国家能否成为普惠制方案的受惠国是由给惠国单方面确定的。因此，各普惠制方案大多有违普惠制的三项基本原则。各给惠国从各自的政治、经济利益出发，制定了不同的标准要求，限制受惠国家和地区的范围。例如，美国认为中国不是关贸总协定成员，不符合其受惠国标准，没有把普惠制待遇给予中国的出口产品。

3. 给惠商品的关税削减幅度

给惠商品的减税幅度取决于最惠国税率与普惠制汇率之间的差额，即普惠制减税幅度=最惠国税率一普惠制税率，并且减税幅度大，甚至免税。例如，日本对给惠的农产品实行优惠关税，而对给惠的工业品除其中的“选择性产品”给予最惠国税率的50%优惠外，其余全部免税。

4. 保护措施

各给惠国为了保护本国生产和国内市场，从自身利益出发，均在各自的普惠制方案中制定了程度不同的保护措施。保护措施主要表现在例外条款、预定限额及毕业条款三个方面。

所谓例外条款（escape clause），是指当给惠国认为从受惠国优惠进口的某项产品的数量增加到对其本国同类产品或有竞争关系的商品的生产者造成或将造成严重损害时，给惠国保留对该产品完全取消或部分取消关税优惠待遇的权力。很明显，例外条款表明，发达国家给予发展中国家普惠待遇的前提条件是其国内市场不会因给惠而受到干扰。例如，加拿大曾对橡胶鞋及彩电的进口引用例外条款，对来自受惠国的这两种商品停止使用普惠制税率，而恢复按最惠国税率征收进口税。给惠国常常引用例外条款对农产品进行保护。

所谓预定限额（prior limitation），是指给惠国根据本国和受惠国的经济发展水平及贸易状况，预先规定一定时期（通常为一年）内某项产品的关税优惠进口限额，达到这个额度后，就停止或取消给予的关税优惠待遇，而按最惠国税率征税。给惠国通常引用预定限额对工业产品的进口进行控制。

所谓毕业条款（graduation clause），是指给惠国以某些发展中国家或地区由于经济发展，其产品已能适应国际竞争而不再需要给予优惠待遇和帮助为由，单方面取消这些国家或产品的普惠制待遇。毕业标准可分为国家毕业和产品毕业两种，由各给惠国自行具体确定。例如，美国规定，一国人均收入超过8 850美元或某项产品出口占美国进口的50%即为毕业。美国自1981年4月1日开始启用毕业条款，至1988年年底，终止了16个国家的受惠国地位，免除了来自141个发展中国家和地区约3 000种进口商品的普惠制待遇。

毕业条款是一项最敏感、最严格的保护措施，其实施会对相关国家的出口贸易产生很大的影响。具体地说，“已毕业”的国家和产品因为不能再享受优惠待遇，一方面不得不在进口国市场上与发达国家同类产品竞争，另一方面又面临其他发展中国家乘势取而代之打入进口国市场的严峻挑战。以亚洲“四小龙”为例，1987年它们享受美国普惠制的受惠额占美国所给全部受惠额的60%，达到美国规定的毕业标准。于是美国政府1988年1月29日宣布，亚洲“四小龙”已从不发达国家和地区中毕业，从1989年起取消其向美国出口商品所享受的普惠制待遇。这样，亚洲“四小龙”被迫在不享受普惠待遇的情况下同美国市场上的德国、日本等发达国家同类产品竞争。

毕业条款同样也困扰着中国产品的出口。在欧盟新的普惠制方案中，被取消普惠制待遇的中国产品，涉及《协调制度》37个章节，共七大类商品，占近41%。欧盟新普惠制方案的毕业条款对中国向欧出口产生很大的消极影响。

5. 原产地规则

为了确保普惠制待遇只给予发展中国家和地区生产和制造的产品，各给惠国制定了详细和严格的原产地规则。原产地规则是衡量受惠国出口产品能否享受给惠国给予减免关税待遇的标准。

原产地规则一般包括三个部分：原产地标准、直接运输规则和书面证明书。所谓原产地标准（original criteria），是指只有完全由受惠国生产或制造的产品，或者进口原料或部件在受惠国经过实质性改变而成为另一种不同性质的商品，才能作为受惠国的原产品享受普惠制待遇。所谓直接运输规则（rule of direct consignment），是指受惠国原产品必须从出口受惠国直接运至进口给惠国。制定这项规则的主要目的是避免在运输途中可能进行的再加工或换包。但由于地理或运输等原因确实不可能直接运输时，允许货物经过他国领土转运，条件是货物必须始终处于过境国海关的监管下，未投入当地市场销售或再加工。所谓书面证明书（documentary evidence），是指受惠国必须向给惠国提供由出口受惠国政府授权的签证机构签发的普惠制原产地证书，作为享受普惠制减免关税优惠待遇的有效凭证。

6. 普惠制的有效期

普惠制的实施期限为10年，经联合国贸易发展会议全面审议后可延长。

资料来源：http：//wenku. baidu. com.

6.3　关税的征收方法和海关税则

关税征收最基本的两种方法是从量税和从价税。在这两种税收的基础上，又有混合税和选择税。

6.3.1　关税的征收方法

关税的征收方法又称征收标准，一般可分为从量税、从价税、混合税和选择税四种。

1. 从量税

从量税（specific duty）是以进口货物的重量、数量、长度、容量和面积等计量单位为标准计征的关税。其中，重量是最常用的从量税计量单位。从量税的计算公式为：

从量税税额＝货物计量单位数×从量税税率

以重量为单位征收从量税应注意，在实际应用中各国计算重量的标准各不相同，一般采用毛重、半毛重和净重。毛重（gross weight）指商品本身的重量加内外包装材料在内的总重量。半毛重（semi-gross weight）指商品总重量扣除外包装后的重量。净重（net weight）则指商品本身的重量，不包括内包装材料的重量。

从量税不受征税对象价格变动的影响，只与征税对象的数量有直接的关系。对于体积大、数量多、价值低的商品而言，从量税具有手续简便的优点，但在同类征税对象价格差别较大和同一征税对象价格波动较大的情况下，从量税容易导致税负失衡。

第二次世界大战后，随着通货膨胀的严重和工业制成品贸易比重的加大，征收从量税起不到关税保护作用，各国纷纷放弃了完全按从量税计征关税的做法。目前，完全采用从量税的发达国家仅有瑞士一国。我国对原油、啤酒、胶卷等少量商品征收从量税。

2. 从价税

从价税（ad-valorem duty）是以货物价格作为征收标准的关税。从价税的税率表现为货物价格的百分值。从价税的计算公式为：

从价税税额＝进口货物总值×从价税税率

征收从价税的一个重要问题是确定进口商品的完税价格（dutiable value）。所谓完税价格，是指经海关审定的作为计征关税依据的货物价格，货物按此价格照章征税。各国规定了不同的海关估价确定完税价格，目前大致有以下三种：FOB 价、CIF 价和进口国的官方价格。美国、加拿大等国采用 FOB 价格来估价，而西欧等国采用 CIF 价格作为完税价格，不少国家甚至故意抬高进口商品完税价格，以此增加进口商品成本，把海关估价变成一种阻碍进口的非关税壁垒措施。

为了弥补各国确定完税价格的差异且减少其作为非关税壁垒的消极作用，关贸总协定东京回合达成了《海关估价协议》，规定了六种应依次使用的海关估价方法。其中采用进口商品或相同商品的实际价格（actual value）作为估价的主要依据，即以进口国立法确定的某一时间或地点，在正常贸易过程中于充分竞争的条件下，某一商品或相同商品出售或兜售的价格为依据，而不能以臆断或虚构的价格为依据。当实际价格不能确定时，应以可确定的最接近实际价格的相当价格作为确定完税价格的依据。

由于从价税具有税负公平、易于实施、征收简单、税负明确等优点，因此成为目前使用最为广泛的关税税种。我国对绝大多数进口商品均征收从价税。

3. 混合税

混合税（mixed or compound duties）是指对于同一种商品同时制定从价和从量两种税率，对某种进口商品采用从量税和从价税同时征收的方法。它可以是以从量税为主加征从价税，也可以从价税为主加征从量税。但在实践中，货物的从价税和从量税难以同时确定，而且手续繁杂。我国对录像机、放像机、摄像机和摄录一体机等商品实行复合税。

4. 选择税

选择税（alternative duties）是指对一种进口商品同时规定有从价税和从量税两种税收，在征收时选择其中一种税额较高的征收。但有时为了鼓励进口，也可选择其中税额较低的一种征收。

除以上几种方法，还有滑准税（sliding duties），是一种对进口税则中的同一种商品按其市场价格标准分别制定不同价格的税率而征收的进口关税。例如，自 2005

年5月1日至2005年12月31日，对关税配额外报关进口的棉花按“有数量限制的暂定关税生产率”征收进口关税。按照规定，增发配额部分进口棉税前价格高于10 029元/吨的暂定关税率为5%；低于10 029元/吨的，按照一定公式征收5%～40%的滑准关税。

6.3.2 关税的征收依据

各国征收关税的依据是海关税则。海关税则（customs tariff），又称关税税则，是一国对进出口商品计征关税的规章和对进出口应税与免税商品加以系统分类的一览表。海关税则是关税制度的重要内容，是国家关税政策的具体体现。

海关税则一般包括两个部分：一部分是海关课征关税的规章条例及说明；另一部分是关税税率表。其中，关税税率表主要包括税则号列（tariff no. 或 heading no. 或 tariff item）、商品分类目录（description of goods）及税率（rate of duty）三部分。商品分类目录将种类繁多的商品或按加工程度，或按自然属性、功能和用途等分类。

随着经济的发展，各国海关税则的商品分类越来越细，这不仅是由于商品日益增多而产生技术上的需要，更主要的是各国开始利用海关税则更有针对性地限制有关商品进口和更有效地进行贸易谈判，将其作为实行贸易歧视的手段。

为了减少各国海关在商品分类上的矛盾，统一税则目录开始出现并不断完善。相继有《海关合作理事会税则商品分类目录》、《国际贸易标准分类》、《商品名称及编码协调制度》等。

海关税则中的同一商品，可以一种税率征税，也可以两种或两种以上税率征税。按照税率表的栏数，可将海关税则分为单式税则和复式税则两类。

1. 单式税则

单式税则（single tariff）是只有一栏税率的海关税则。每个税目只制定一个税率，故又称一栏税则。即对来自任何国家的商品均以同一税率征税，没有差别待遇。只有少数发展中国家如委内瑞拉、巴拿马、冈比亚等仍实行单式税则。

2. 复式税则

复式税则（complex tariff）又称多栏税则，是指同一税目下设有两个或两个以上的税率，即对来自不同国家的进口商品按不同的税率征税，实行差别待遇，体现贸易政策的差别。世界上大多数国家都相继实行了复式税则。其中，普通税率是最高税率，特惠税率是最低税率，在两者之间还有最惠国税率、协定税率、普惠制税率等。目前大多数国家都采用复式税则。这种税则有二栏、三栏、四栏不等。我国目前采用二栏税则，美国、加拿大等国实行三栏税则，而欧盟等国实行四栏税则。

在单式税则或复式税则中，依据制定税则的权限又可分为自主税则或国定税则和协定税则。前者是指一国立法机构根据关税自主原则单独制定而不受对外签订的贸易条约或协定约束的一种税率。后者则指一国与其他国家或地区通过贸易与关税谈判，以贸易条约或协定的方式确定的关税税率。协定税则是在本国原有的国定税则外，通过与他国进行关税减让谈判而另行规定的一种税率，因此要比国定税率低。

此外，在单式税则或复式税则中，依据进出口商品流向的不同，还可分为进口货物税则和出口货物税则。

阅读资料 6—3

国际贸易商品分类标准：CCCN，SITC 和 HS

为了减少各国海关在商品分类上的矛盾，1950 年，有关国家签署了《海关税则商品分类目录公约》，使用《海关合作理事会税则商品分类目录》(Customs Cooperation Council Nomenclature，CCCN)，原称《布鲁塞尔税则目录》(Brussels Tariff Nomenclature，BTN)。该目录的分类原则是按商品的原料组成为主，结合商品的加工程度、制造阶段和商品的最终用途来划分。它把全部商品分为 21 类（section)、99 章（chapter)、1 015 项税目号（heading no.），前 4 类（第 1～24 章）为农畜产品，其余 17 类（第 25～99 章）为工业制成品。《海关合作理事会税则商品分类目录》在世界各国海关税则中得到了普遍使用。与此同时，出于贸易统计和研究的需要，联合国经社理事会下设的统计委员会于 1950 年编制并公布了《国际贸易标准分类》(Standard International Trade Classification，SITC)。两种商品分类目录在国际上同时并存，虽然制定了相互对照表，但仍给很多工作带来不便。

为了进一步协调和统一这两种国际贸易分类体系，1970 年，海关合作理事会决定成立协调制度委员会和各国代表团组成的工作团来研究探讨是否可能建立一个同时满足海关税则、进出口统计、运输和生产等各部门需要的商品列名和编码的"协调制度"目录。60 个国家和 20 多个国际组织包括关贸总协定、联合国贸易与发展会议、国际标准化组织、国际商会、国际航运协会、国际航空协会、铁路国际运输组织等参加了研究工作。经过 10 多年的努力，终于完成制定了一套新型的、系统的、多用途的国际贸易商品分类体系《商品名称及编码协调制度》(The Harmonized System ，HS)（简称《协调制度》)，并于 1988 年 1 月 1 日正式生效实施。截至 1991 年 10 月，已有 88 个国家在其税则中正式采用了《协调制度》目录。关贸总协定也是按《协调制度》目录统计的数据作为关税减让谈判的基础。我国自 1992 年 1 月 1 日起也正式实施了以《协调制度》为基础编制的新的《海关进出口税则》和《海关统计商品目录》。

《协调制度》基本上按商品的生产部类、自然属性、成分、用途、加工程度及制造阶段进行编制，共有 21 类（section)、97 章（chapter)，其中第 1～24 章为农副产品，第 25～97 章为加工制成品，第 77 章金属材料为空缺，是为新型材料的出现而留空。在章下设有用四位数编码的项目（heading）1 241 个，其中有 311 个没有细分目录，其余 930 个项目被分为 3 246 个一级子目（one-dash subheading)，这些子目中又有 796 个被进一步分出 2 258 个二级子目（two-dash subheading)，因此，在《协调制度》中共有 5 019 个税目。在 1996 年的修订版中，六位数字级子目增至 5 113 个。

《协调制度》的基础目录都用六位数字编码。六位数中的前四位数是协调制度的项目号（即税目号），其中，前两位数表示商品所在的章，后两位表示该商品在章中所处的位置。项目以下，第五位数字为一级子目，表示该商品在项目中的位置，第六位数为二级子目，是一级子目的进一步细分。前四位与后两位之间用实点隔开。各国可以在子目之下增设分目（additional subheading）。例如，我国的海关税则在《协调制度》目录六位数编码的基础上，加列了1 832个七位数子目和282个八位数子目，共有6 250个税目。此外，为了使《协调制度》执行起来清楚、明确，《协调制度》有类、章的注释及项目和子目的注释，并在目录之首列有6条归类总规则，作为商品归类的指导。四位数字级的税目编号主要用于计税，五位数字及六位数字级子目号主要用于海关统计。

资料来源：http：//wenku. baidu. com.

6.3.3 关税的征收程序

征收关税的程序即通关手续，又称报关手续，通常包括申报（declaration）、查验（inspection）、纳税、放行（release）四个基本环节。具体来说，是指进出口商在进出口商品时要向海关申报出口或进口，提交进出口货物的报关单以及有关证明，接受海关的监督与检查，履行海关规定的手续；然后，海关按照有关法令和规定，查验审核有关单证和货物，计算进出口税额；最后，进出口商结清应征税额和其他费用，海关在有关单证上签印，以示货物可以通关放行。

通常，进口商在货物到达后所规定的工作日内办理通关手续。如果进口商对于某些特定的商品，如水果、蔬菜、鲜鱼等易腐商品，要求货到时立即从海关提出，可在货到前先办理提货手续，并预付一笔进口税，至次日再正式结算进口税。如果进口商想延期提货，在办理存栈报关手续后，可将货物存入保税仓库，暂时不缴纳进口税。在存仓期间，货物若再行出口，就不必付进口税，如打算运往进口国国内市场销售，在提货前必须办理通关手续。货物到达后，进口商如在规定日期内未办理通关手续，海关有权将货物存入候领货物仓库，期间一切责任和费用均由进口商负责。如果存仓货物在规定期间内仍未办理通关手续，海关有权处理该批货物。

阅读资料6—4

2009年1月1日起中国调整海关税则

中国从2009年1月1日起进一步调整进出口关税税则，主要涉及最惠国税率、年度暂定税率、协定税率、特惠税率及税则税目等方面。

调整后，中国2009年版进出口税则税目总数由2008年的7 758个增至7 868个。经过此次降税，除鲜草莓等5种商品还有1年的降税实施期外，中国已经基本履行完毕加入世贸组织的降税承诺，关税总水平由加入世贸组织时的15.3%降至目前的9.8%，其中农产品平均税率为15.2%，工业品平均税率为8.9%。

2009年中国继续履行加入世界贸易组织的关税减让承诺，进一步降低鲜草莓等5种商品的进口关税；继续对小麦、玉米、稻谷和大米、糖、羊毛、毛条、棉花等7种农产品及尿素、复合肥、磷酸氢二铵等3种化肥实施关税配额管理，其中，对关税配额外进口一定数量的棉花继续实施滑准税，税率维持不变；对尿素、复合肥、磷酸氢二铵继续实施1%的暂定配额税率；继续对冻鸡等55种商品实施从量税或复合税，并调低11种胶卷的从量税税率。

为有效发挥关税政策的经济杠杆作用，进一步扩大先进技术、设备、关键零部件进口，2010年对670多种商品实施较低的进口暂定税率，主要包括煤炭、燃料油、石料等资源能源类产品，氨水、环氧树脂、液晶显示板用偏振片、空调用无级变速压缩机、大型清障车底盘等重要原材料和关键零部件，喷气织机、自动络筒机、大马力拖拉机、大型收割机等先进工农业设备，疫苗、无障碍升降机、陶瓷等与公共卫生相关的产品及部分家居生活用品等。继续对进口天然橡胶实施选择税。

为扩大双边、多边经贸合作，促进区域经济发展，中国依据中国—东盟、中国—智利、中国—巴基斯坦、中国—新西兰、中国—新加坡等自由贸易协定以及《亚太贸易协定》，对原产于东盟十国、智利、巴基斯坦、新西兰、新加坡、韩国、印度、斯里兰卡、孟加拉等国家的部分进口商品实施比最惠国税率更优惠的协定税率。在内地与香港、澳门更紧密经贸关系安排框架下，继续对原产于港澳地区且已制定原产地优惠标准的产品实施零关税。继续对原产于老挝等东南亚4国、苏丹等非洲31国、也门等6国，共41个最不发达国家的部分商品实施特惠税率。

资料来源：中国新闻网，http：//www.chinanews.com.cn。

6.4 关税的局部均衡分析

关税的经济效应是指一国征收关税对其国内价格、贸易条件、生产、消费、贸易、税收、再分配及福利等方面所产生的影响。关税的经济效应可以从整个经济的角度来分析，也可以从单个商品市场的角度来考察。前者属于一般均衡分析，后者为局部均衡分析。为便于分析和理解，本节仅从局部均衡的角度分别讨论小国和大国征收关税所产生的经济效应。

6.4.1 小国征收关税的经济效应

设某国为小国，其对某商品X的供给、需求、贸易状况如图6—1所示。图中，横坐标轴表示商品X的数量，纵坐标轴表示商品X的价格，S_X和D_X分别代表商品X的供给曲线和需求曲线，两线之交点E为隔离均衡点，P_e为隔离均衡价格。在自由贸易条件下，当不计运费时，国内价格等于国际价格，为P_{X1}。在此价格下，该国对商品X的需求量为AB，本国自行生产的数量为AC，需进口的数量为CB。

S_F 为该国进口所面对的出口供给曲线，平行于横坐标轴，弹性无穷大。若该国对商品 X 的进口征收额度为 T 的关税（税率为 T/OP_{X1}），则其进口面对的是包括关税在内的新的出口供给曲线 S_F+T，征收关税对国内经济产生了以下影响。

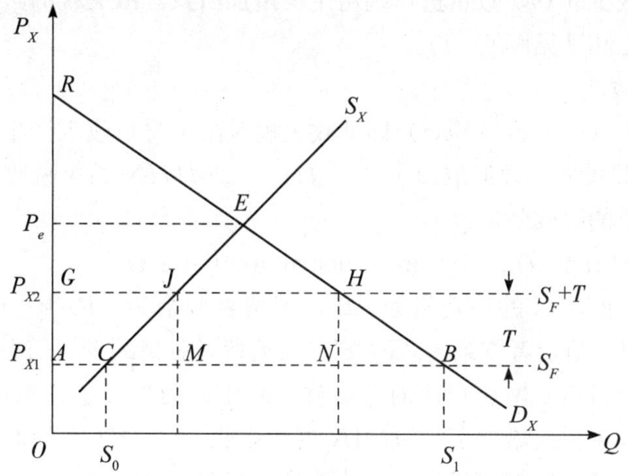

图 6—1 小国征收关税的经济效应

1. 价格效应

价格效应（price effect）是指征收关税对进口国价格的影响。由于小国对商品的国际价格没有影响力，因此课征关税后，商品 X 的国际价格仍为 P_{X1}，但其国内价格却升至 P_{X2}，且 $P_{X2}=P_{X1}+T$，即小国征收关税使进口品及其进口替代品的国内价格提高了与所征税额相当的幅度。

2. 贸易条件效应

贸易条件效应（terms-of-trade effect）是指征收关税对进口国贸易条件的影响。小国对进口商品征收关税使该商品的国内价格上升，从而使其国内生产扩张，消费减少，进口缩减。但小国进口量的减少并不会对国际市场的供求关系产生显著影响，因而不能影响该商品的国际价格，故小国关税的贸易条件效应并不存在。

3. 消费效应

消费效应（consumption effect）即征收关税对进口品消费的影响。在图 6—1 中，小国征收进口关税后，对进口商品 X 的需求量因价格提高而由 AB 减至 GH，即减少 BN 数量的 X 商品消费。

4. 生产效应

生产效应（production effect）即征收关税对进口国进口替代品生产的影响。如图 6—1 所示，小国征收进口关税后，由于进口品价格提高了等同于关税额的水平，因而刺激进口替代品的生产扩张，直至生产者价格达到（$P_{X1}+T$）的水平，即进口替代品的产量由 AC 增至 GJ。所增加的 CM 数量的进口替代品生产是关税的生产效应，又称替代效应（substitution effect）或保护效应（protection effect）。关税越高，保护程度就越高。当关税提高为 $P_{X1}P_e$ 或更高时，实为禁止性关税，关税的保护效应发挥得最完全。

5. 贸易效应

贸易效应（trade effect）即征税引起的进口量变化。征收关税后，由于生产增加、消费减少，进口数量由 CB 减为 JH 。其中，所减少的 BN 数量的进口乃消费减少所致；减少的 CM 数量进口则由生产增加所致。故关税的贸易效应为消费效应与生产效应之和（见图 6—1）。

6. 财政效应

财政效应（revenue effect）即征收关税对国家财政收入产生的影响。小国征收额度为 T 的关税后，政府取得了 $T \times JH = \square MJHN$ 的关税收入，使财政收入增加，即为关税的财政效应。

7. 收入再分配效应（income-redistribution effect）

征税前，商品 X 的消费量为 AB ，消费者剩余为$\triangle RAB$；征税后，商品 X 的消费量为 GH，消费者剩余为$\triangle RGH$，故消费者剩余减少了$\square AGHB$。然而，征收关税后，生产者由于增加 CM 的进口替代品生产而增加了$\square AGJC$ 的生产者剩余，政府由于征收关税而增加了$\square MJHN$ 的财政收入。$\square AGJC$ 和$\square MJHN$ 实际上是社会收入由消费者增加消费负担而转移给生产者和政府的部分。

8. 福利效应（welfare effect）

如上所述，征税后，消费者剩余减少$\square AGHB$，其中$\square AGJC$ 转移为生产者剩余增加的部分，$\square MJHN$ 成为政府的关税收入，余下的$\triangle JMC$ 和$\triangle HNB$ 是征税所导致的福利净损失（net welfare loss）或无谓的损失（deadweight loss），即关税的社会成本。$\triangle JMC$ 代表生产的净损失，是增加 CM 数量的进口替代品生产使资源使用效率下降所致；$\triangle HNB$ 代表消费的净损失，是关税人为地抬高了进口品价格进而扭曲消费所产生的消费效用的净损失。

以上所讨论的各种效应的大小，取决于征税商品的供给与需求弹性及关税税率高低。对于相同的关税税率，需求曲线越富有弹性，消费效应越大；同样，供给曲线越富有弹性，生产效应越大。因此，一国对某商品的供给与需求越富有弹性，关税的贸易效应越大，而财政效应越小。

关税的负担取决于进口需求与出口供给的弹性大小，弹性越大者，关税的负担越轻；弹性越小者，关税的负担越重。由于小国进口所面对的出口供给弹性无限大，因此小国课征进口关税，关税完全由其本国消费者负担，而关税收入全部由小国的政府获得。

6.4.2 大国征收关税的经济效应

大国与小国征收关税最主要的差异在于，大国征收关税可以影响贸易条件，小国则不然。现用图 6—2 对大国征收关税进行局部均衡分析。图中，S_H 表示某大国商品 X 的国内供给曲线，S_{H+F} 表示商品 X 的总供给曲线（由国内供给曲线和国外供给曲线合计而得），D_H 表示商品 X 的国内需求曲线。在自由贸易条件下，该国的国内需求曲线 D_H 与总供给曲线 S_{H+F} 相交于 B 点，价格为 P_h ，该国对 X 商品的需求量为 AB ，其中，AC 数量由国内生产者提供，CB 数量靠进口弥补。若该国对商品

X 征收额度为 T 的关税（税率为 T/OP_w），则对国内经济将产生以下效果。

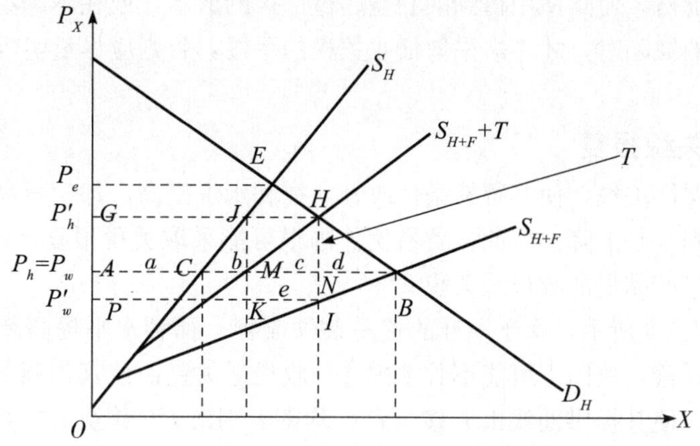

图 6—2　大国征收关税的经济效应

征税后，总供给曲线将上移为 $S_{H+F}+T$，D_H 与 $S_{H+F}+T$ 相交于 H 点，故国内价格上升为 P'_h，该国对 X 商品的需求量为 GH，其中 GJ 数量由本国提供，JH 数量通过进口来满足。征税所导致的消费者剩余损失为 $(a+b+c+d)$ 部分，其中 a 为生产者剩余增加部分，c 为政府向国内消费者征收的关税收入，其余的 $(b+d)$ 部分为保护的成本或无谓的损失。但由于该国是大国，征收关税提高了国内价格，减少了消费和进口，使国际价格下降（由 P_w 降至 P'_w），从而改善其贸易条件并从中获益，即政府从外国出口商间接获得了□$MNIK$，即 e 部分的关税收入。因此，征收关税引起的福利净变动是［$e-(b+d)$］。如果贸易条件改善带来的利益大于保护的成本，即大于 $(b+d)$，则该国从征收关税中获益，福利增加；如果小于 $(b+d)$，则该国发生福利净损失；如果等于 $(b+d)$，则该国既未从征收关税中获利，也未因征税而发生净损失。

大国征收关税与小国相似，其所产生的各种效应的大小也取决于课税商品的供给和需求弹性及所征关税税率的高低。

能使一个进口大国福利水平达到最大化的进口关税水平称为最适关税。在一定的供给和需求条件下，进口大国政府可通过征收最适关税使其福利最大化。

大国征收关税后，其国内价格提高，并使国际价格下降，表示关税由进出口国共同负担。如图 6—2 所示，进口国消费者负担 P'_hP_w 的关税，出口商负担 $P_wP'_w$ 的关税，关税额为 $T=P'_hP_w+P_wP'_w=P'_hP'_w$。而关税负担的大小取决于进出口国进口需求与出口供给弹性的大小。进口需求弹性越小，国内价格上涨幅度越大，则进口国的关税负担越重，出口国负担越轻；出口供给弹性越大，国际价格下跌幅度越小，则出口国的关税负担越轻，进口国的负担越重。反之则相反。

通过以上对小国和大国征收关税的局部均衡分析可见，征收关税虽然使本国供应商受益并对政府有利，但极大地损害了消费者福利，最终使社会遭受无谓的损失。降低关税则会增进国民福利和消费者利益，而仅对相关的部分生产者及国库收入不利。在关税保护下的国内生产是低效率的生产，不利于资源的合理配置，因而也不应该长期对其提供保护。因此，除了在少数情况下，如进口大国能用关税影响进口国的价格，使其从中得到的利益超过保护的成本，或在本国经济存在其他办法不能纠正的缺陷时，才考虑采取征收关税的手段，否则应尽量实行自由贸易政策。

6.4.3 关税报复

大国课征关税，使其贸易条件改善，福利水平提高，却使贸易伙伴国贸易条件恶化，福利水平下降。因此，贸易伙伴国很可能采取关税报复（tariff retaliation），即对其进口产品也征收最适关税。

如图 6—3 所示，由于国Ⅱ的贸易条件改善、福利水平提高是以国Ⅰ的福利下降换取的利益，故国Ⅰ可能不甘于国Ⅱ征收最适关税而使其福利下降，而采取最适关税报复，使其提供曲线由 I 移至 I^*，均衡点则由 E^* 移至 E^{**}，国Ⅰ的贸易条件因而优于自由贸易时的情形，而国Ⅱ的贸易条件则低于自由贸易时的情形，两国的贸易量进一步减少。此时，国Ⅱ也许不甘示弱，再度提高关税予以报复，这样，一场关税战就难以避免。关税战的结果是贸易量下降，双方的福利水平均比自由贸易时低。在极端情况下，两国竞相采取报复关税的结果，贸易量为零，两国回到闭关自守的状态。

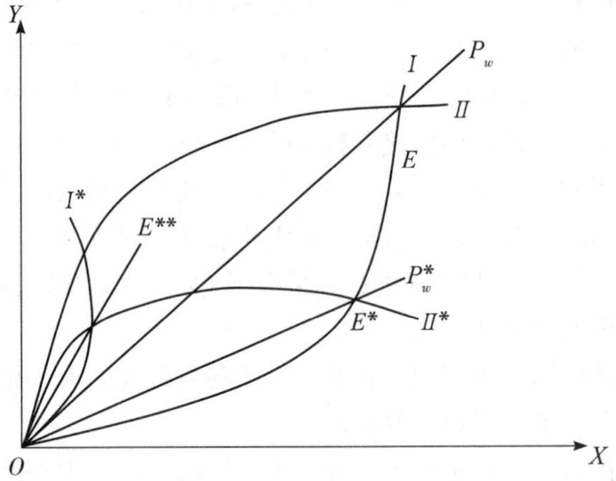

图 6—3 最适关税与关税报复

6.5 关税结构理论

6.5.1 关税水平

关税水平（tariff level）是指一个国家的平均进口税率。用关税水平可以大体衡量或比较一个国家进口税的保护程度，也是一国参加国际贸易协定进行关税谈判时必须解决的问题。关税水平的计算主要有简单平均法和加权平均法。

(1) 简单平均法是根据一国税则中的税率（法定税率）计算的，即不管每个税目实际的进口数量，只按税则中的税目数求其税率的算术平均值。这种计算方法将贸易中的重要税目和次要税目均以同样的分量计算，显然不合理。简单平均法不能如实反映一国关税水平，因此很少使用。

(2) 加权平均法是用进口商品的数量或价格作为权数进行平均。按照统计口径或比较范围的不同，又可分为全额加权平均法和取样加权平均法两种。

1）全额加权平均法即按一个时期内所征收的进口关税总金额占所有进口商品价值总额的百分比计算。计算公式为：

$$关税水平=\frac{进口税款总额}{进口总值}\times 100\%$$

在这种计算方法中，如果一国税则中免税的项目较多，计算出来的数值就偏低，不易看出有税商品税率的高低。因此，另一种方法是按进口税额占有税商品进口总值的百分比计算，这种方法计算出的数值比上述方法高一些。计算公式为：

$$关税水平=\frac{进口税款总额}{有税商品进口总值}\times 100\%$$

由于各国的税则并不相同，税则下的商品数目众多，也不尽相同，因而这种方法使各国关税水平的可比性相对下降。

取样加权平均法即选取若干种有代表性的商品，按一定时期内这些商品的进口税总额占这些代表性商品进口总额的百分比计算。计算公式为：

$$关税水平=\frac{若干种代表性商品的进口税款总额}{若干种代表性商品的进口总值}\times 100\%$$

例如，假定选取 A，B，C 三种代表性商品计算。结果如表 6—1 所示。

表 6—1

	A	B	C
进口值（万元）	100	40	60
税率（%）	10	20	30
关税水平	$\frac{100\times 10\%+40\times 20\%+60\times 30\%}{100+40+60}\times 100\%=18\%$		

若各国选取同样的代表性商品进行加权平均，对各国的关税水平比较则成为可能。这种方法比全额加权平均更为简单和实用。在关贸总协定肯尼迪回合就关税减让谈判时，各国就使用联合国贸易与发展会议选取的 504 种有代表性的商品来计算和比较各国的关税水平。关税水平的数字虽然能比较各国关税的高低，但还不能完全表示保护的程度。

中国的名义关税水平自 1992 年以来大幅下降，算术平均关税税率（简单平均法计算）和加权平均税率分别由 1992 年“复关”谈判时的 43.2%和 32.7%降至加入世贸组织时的 15.3%和 10.44%，降幅达到 64.6%和 68.1%。2005 年 1 月 1 日，我国绝大多数“入世”承诺的关税减让已执行完毕。到 2009 年，算术平均税率再降到 9.8%，其中，工业品平均税率由 14.7%降至 8.95%，农产品平均关税由 23.2%降至 15.2%。

6.5.2 名义保护率

根据世界银行的定义，对某一商品的名义保护率（nominal rate of protection，NRP）是指由于实行保护而引起的国内市场价格超过国际市场价格的部分占国际市场价格的百分比。用公式表示为：

$$名义保护率=\frac{进口货物国内市价-自国外进口价}{国外进口价}\times 100\%$$

或

$$名义保护率=\frac{进口货物国内市价-国际市场价格}{国际市场价格}\times 100\%$$

与关税水平衡量一国关税保护程度不同，名义保护率衡量的是一国对某一类商品的保护程度。由于在理论上，国内外差价与国外价格之比等于关税税率，因而在不考虑汇率的情况下，名义保护率在数值上和关税税率相同。名义保护率的计算一般是把国内外价格都折成本国货币价格进行比较，因此受外汇兑换率的影响较大。

6.5.3 有效保护率

有效保护率（effective rate of protection，ERP）又称实际保护率，是指各种保护措施对某类产品在生产过程中的净增值所产生的影响，即由于整个关税制度而引起的国内增值的提高部分与自由贸易条件下增值部分相比的百分比。由此，有效保护率被定义为：征收关税所引起的国内加工增加值同国外加工增加值的差额占国外加工增加值的百分比。用公式表示为：

$$有效保护率=\frac{国内加工增加值-国外加工增加值}{国外加工增加值}\times 100\%$$

或

$$ERP=\frac{V'-V}{V}\times 100\%$$

式中，ERP 为有效保护率；V'为保护贸易条件下被保护产品生产过程的增加值；V 为自由贸易条件下该生产过程的增加值。

因此，有效保护主要是关税制度对加工工业的保护。有效保护率计算的是某项加工工业中受全部关税制度影响而产生的增加值比。

有效保护率也可用下列公式计算：

$$ERP=\frac{t-a_i t_i}{1-a_i}$$

式中，t 为进口最终产品的名义关税税率；a_i 为进口投入系数，即进口投入物在最终产品中所占的比重；t_i 为进口投入物的名义关税税率。

名义保护与有效保护的区别在于：名义保护只考虑关税对某种产成品的国内市场价格的影响；有效保护则着眼于生产过程的增值，考察整个关税制度对被保护产品在生产过程中的增加值所产生的影响，它不但注意了关税对产成品的价格影响，也注意了投入品（原材料或中间产品）由于征收关税而增加的价格。有效保护理论认为，对生产被保护产品所消耗的投入品课征关税，会提高产出品的成本，减少产出品生产过程的增值，从而降低对产出品的保护。因此，一个与进口商品相竞争的行业中的企业，不仅要受到对进口商品征收关税的影响，而且要受到对所使用的原材料和中间产品征税的影响。

当最终产品的名义税率小于原材料的名义税率时，最终产品的有效保护率小于对其征收的名义税率，甚至会出现负保护。负保护的含义是由于关税制度的作用，对原料征收的名义税率过高，使原料价格上涨的幅度超过最终产品征税后附加价值增加的部分，从而使国内加工增值低于国外加工增值。这意味着生产者虽然创造了价值，但由于不加区别地对进口成品和原材料征收关税，使这种价值降低，生产者无利可图，而鼓励了产成品的进口。

6.5.4　关税结构

关税结构又称为关税税率结构，是指一国关税税则中各类商品关税税率之间高低的相互关系。世界各国因其国内经济和进出口商品的差异，关税结构也各不相同。但一般表现为：资本品税率较低，消费品税率较高；生活必需品税率较低，奢侈品税率较高；本国不能生产的商品税率较低，本国能够生产的税率较高。

一般来说，进口税税率随着进口商品加工程度的提高而提高。工业制成品税率最高，半制成品次之，中间产品的关税税率高于初级产品的关税税率，原料等初级产品税率最低甚至免税；对于国内紧缺而又急需的生活必需品和机器设备予以低关税或免税，而对国内能大量生产的商品或奢侈品则征收高关税。这种关税结构现象称为关税升级或阶梯式关税结构（cascading tariff structure）。

有效保护理论说明，原料和中间产品的进口税率与其制成品的进口税率相比越低，对有关的加工制造业最终产品的有效保护率就越高。关税升级使得一国可对制成品征收比其所用的中间投入品更高的关税，这样，对该制成品的关税有效保护率将大于该国税则中所列该制成品的名义保护率。

以发达国家为例，20世纪60年代，发达国家平均名义保护税率在第一加工阶段为4.5%，在第二加工阶段为7.9%，在第三加工阶段为16.2%，在第四加工阶段为22.2%，而有效保护税率分别为4.6%，22.2%，28.7%，3.4%。可见，尽管发达国家的平均关税水平较低，但是由于关税呈现升级现象，关税的有效保护程度一般都大于名义保护程度，且对制成品的实际保护最强。在关税减让谈判中，发达国家对发展中国家初级产品提供的优惠远大于对制成品提供的优惠，缘由就在于此。

因此，考察一国对某商品的保护程度或制定进口税率，不仅要考虑该商品的关税税率，还要考察对其各种投入品的关税税率，即考察整个关税结构。

本章小结

1. 关税是一国对外贸易政策的重要手段。关税根据不同的标准可以分为不同的种类。关税的征收方法有从量税、从价税、选择税和混合税。一国的海关税则和国际统一税则目录是征收关税的基本依据。

2. 小国征收关税，可以达到保护本国工业的目的，并给政府带来可观的关税收入，但同时带来的是消费者利益和社会效率的损失，从而造成社会经济净损失。大国征收最适关税有可能提高国民收益。

3. 有效保护率的概念考虑了某一行业的生产结构及对其制成品和中间投入产品的保护程度等多个因素，更为合理地反映了一个合理的实际保护程度。

4. 关税结构各国不同，但关税结构的一般表现和关税升级是相同的。

核心概念

关税　进口税　从量税　从价税　最惠国税　普遍优惠制　进口附加税　反倾销税　惩罚性关税　关税效应　关税有效保护率　海关税则

复习思考题

1. 关税的主要种类有哪些?

2. 从价税、从量税和混合税的区别是什么? 在工业化国家，最常见的是进口关税还是出口关税? 发展中国家的情况如何?

3. 名义关税和有效关税的区别是什么? 有效保护关税是如何测度的?

4. 用局部均衡分析法分析小国征收关税后的经济效应。

5. 什么是最适关税? 当一个国家征收最适关税（或其他进口关税）时，对进出口国会产生什么影响?

案例分析

2009 年 4 月 20 日，美国钢铁工人联合会以中国对美轮胎出口扰乱美国市场为由，向美国国际贸易委员会提出申请，对中国产乘用车轮胎发起特保调查。6 月 29 日，美国国际贸易委员会建议在现行进口关税税率（3.4%~4.0%）的基础上，对中国输美乘用车与轻型卡车轮胎连续 3 年分别加征 55%，45%和 35%的特别从价关税。目前，我国轮胎年出口量占总产量的 40%以上，如果削减输美轮胎半数产量，就意味着我国会出现 12%的剩余轮胎产能。此外，根据 WTO 规则，如果奥巴马批准了对中国的特保制裁，相关国家可以直接援引美国的制裁方案。美国总统奥巴马 2009 年 9 月 11 日决定，对从中国进口的所有小轿车和轻型卡车轮胎实施为期 3 年的惩罚性关税。惩罚性关税税率第一年为 35%，第二年为30%，第三年为25%。

资料来源：根据相关新闻整理。

思考题：

美国采取的措施会对中国和世界相关市场产生哪些方面的影响？如果中国实行贸易报复，可能会出现怎样的结果？

第 7 章

进口保护政策：非关税措施

章首阅读 **乌干达《新景报》：非关税壁垒严重阻碍东非贸易**

乌干达《新景报》21 日援引一份商业调查报告说，非关税壁垒目前仍是影响东非共同体国家间贸易的主要障碍。

这份题为"2006—2007 年度东非商业环境指数"的报告说，通关、移民程序繁杂、路障以及各成员国内部的各种规定、转运程序、货物进出口登记、许可证等非关税壁垒是东非国家间贸易不畅的主要绊脚石；在包括肯尼亚、坦桑尼亚和乌干达在内的东非三国中，肯尼亚是实施非关税壁垒情况最严重的国家。

东非共同体关税和贸易部门负责人彼得·基古塔说，尽管东非共同体条约和关税同盟草案要求消除非关税壁垒，但这仍是目前影响地区贸易的主要障碍。

资料来源：新华网，http：//news. qq. com/a/20070722/001503. htm，2007 - 07 - 22。

分析提示：

非关税壁垒对国际贸易的影响和作用越来越大。

---

20 世纪 70 年代以来，随着关税与贸易总协定缔约方（现世界贸易组织各成员国）进口关税税率的下降，贸易壁垒的重点从关税壁垒转向非关税壁垒。目前，非关税壁垒措施已经成为贸易保护的主要手段。本章主要阐述非关税措施的特点、种类和影响，以及非关税措施不断加强的新趋势。

7.1 非关税措施概述

7.1.1 非关税措施的概念

非关税措施（non-tariff measures，NTM）也称做非关税壁垒（non-tariff barriers)，从广义上讲，非关税措施包括除关税以外各种形式的贸易限制和减少贸易的措施，也包括为其他目的而采取的产生刺激进口减少效应的措施。从狭义上讲，非关税措施是指除关税以外的一切旨在限制进口的措施。在WTO规则体系中，主要包括进口配额制、自动出口配额制、技术性贸易壁垒、反倾销、反补贴和保障措施等。

7.1.2 非关税措施的特点

非关税措施与关税措施都有限制进口的作用，但与关税措施比较有其特点。

1. 灵活性和针对性

一般来说，关税是一种相对长期的制度性措施。关税制定须经过立法程序，关税一经确定就具有一种稳定性和连续性。要调整和更改关税税率，需要经过烦琐的法律程序和手续。关税还受到最惠国待遇条款的约束，从有协定的国家进口同种商品适用同样的税率，因此关税对经济条件的变化反应比较迟缓，缺乏弹性。

而实行非关税措施时，通常都采用行政程序，手续简捷，制定程序简单，调整弹性大。可以根据经济条件变化采取相应措施，较快地达到限制进口的目的。

2. 有效性

关税实际上是一种进口限制的间接手段，只是通过价格机制来影响进口。在税率一定时，并不能确定进口将会是多少，而受到进口国进口需求弹性和出口国出口供给弹性的影响，所以关税的保护作用也是不确定的。由于关税措施是通过关税税率达到限制进口的目的，如果出口国以出口补贴、商品倾销等办法降低出口商品价格，则关税往往难以起到限制商品进口的作用。而一些非关税措施如进口配额等预先规定进口的数量和金额，超过限额就直接禁止进口，消除价格机制作用，在限制进口方面更直接、更严厉，因而更有效。

3. 隐蔽性和歧视性

一般说来，关税一经制定，通常都以法律形式公之于众，进出口商比较容易获得有关信息。而一些非关税措施往往不公开，或者规定极为复杂的标准和手续，使进出口商难以应对和适应。非关税措施涉及的多是各种产品标准、技术标准、环境标准等，而且经常处于变化中，具有很大的隐蔽性。一些国家对某些商品的质量、规格、性能和安全等规定了极为严格和特殊的标准，检验手续烦琐、复杂、多变，往往由于某一个规定不符商品便不能进入市场。非关税措施又往往以国际、国内公开立法为基础，具有形式上的合法性。如WTO的有关协议允许各成员国采取反倾销措施。例如，在国内立法方面，美国除了《反倾销法》外，还有《购买美国产品法》、《综合贸易法》、“超级301条款”等。同时，一些国家还常常针对某个国家采取相应的限制性的非关税措施，更加强了非关税措施的差别性和歧视性。

7.1.3 非关税措施的发展

随着关税与贸易总协定缔约方进口关税税率的下降，贸易壁垒的重点从关税壁垒转向非关税壁垒。从数量上看，非关税壁垒措施从20世纪60年代末的850多项增加到20世纪70年代末的900多项，目前已达到1 000多项；从受影响的商品范围来看，已从农产品蔓延到工业品，从劳动密集型产品延伸到技术密集型产品；从受限制的国家来看，受到限制的不仅有发展中国家，还有发达国家。

20世纪90年代以来，在世界贸易组织不懈的努力下及各个国家通过双边和多边贸易谈判，传统的非关税壁垒如配额、进口许可证等已大为减少，但与此同时，非关税壁垒领域呈现出新的发展趋势，这突出表现在：

(1) 反倾销措施不断增强，并带上了浓重的贸易保护色彩。从其发展趋势看，将成为21世纪国际贸易壁垒的主导。

(2) 贸易技术壁垒（TBT）迅速发展。发达国家制定了多种技术法规、技术标准、质量认证等手段来限制其他国家的出口。一些WTO发达成员国运用TBT的水平也逐渐提高，对进口产品的标准规定得越来越细，要求也越来越高。例如，日本对中国大米的农药残留量从原来的65项检测指标增加到104项；欧盟对中国茶叶的检测指标从原来的72项增加到现在的134项。此外，从涉及领域看，TBT从生产领域逐渐扩大至贸易领域，从有形商品扩展到金融、信息、投资、知识产权等各个领域。

(3) 数量保障措施使用频繁。数量保障措施的形式主要有进口配额、自愿出口限额和进口禁止。数量保障措施对出口限制的作用具有直接、迅速的特点，因此，许多西方国家针对发展中国家对外贸易迅速发展的特点，将之作为攻击他国出口商品数量激增的手段。比如欧盟、美国针对中国等制定的“特保条款”等。

(4) 绿色壁垒名目激增。发达国家利用绿色浪潮席卷全球与世界绿色经济兴起的趋势，以保护自然资源、保护环境和人类健康为名，制定一系列复杂苛刻的环保制度和标准，对来自别国或地区的产品及其服务设置屏障。如北欧四国的“白天鹅制度”、欧盟的“EU制度”、日本的“生态标志制度”等。

此外，还有劳工标准、动物福利的兴起、灰色区域措施的使用等。

7.1.4 非关税措施的影响

非关税措施名目繁多，对国际贸易和有关进出口国家的影响较难估计。

1. 对国际贸易的影响

(1) 对国际贸易发展的影响。非关税措施对国际贸易发展起着很大的阻碍作用。在其他条件不变的情况下，世界性的非关税壁垒措施加强的程度与国际贸易增长的速度成反比。在20世纪70年代中期以后，特别是1973—1979年，由于许多国家采取非关税壁垒措施，世界贸易量年均增长仅为4.5%，1980—1985年更降为3%左右。

(2) 对商品结构和地理方向的影响。第二次世界大战以来，受非关税措施影响的总体情况如下：农产品贸易受影响的程度超过工业品，劳动密集型产品贸易受影响的程度超过技术密集型产品，发展中国家受影响的程度比发达国家更严重。这些现象都影响着国际贸易商品结构与地理方向的变化，发展中国家对外贸易深受其害。

2. 对进口国的影响

非关税措施对进口国来说，可以限制进口，保护本国的市场和生产，但也会引起进口国国内市场价格上涨。例如，如果进口国采取直接的进口数量限制措施，则不论国外的价格上升还是下降，也不论国内的需求多大，都不增加进口，就会引起国内外价格之间的差异拉大，使进口国国内价格上涨，从而保护了进口国同类产品的生产，这在一定条件下可以起到保护和促进本国有关产品的生产和发展的作用，但会使进口国消费者付出巨大的代价去购买所需的商品，国内出口商品的成本与出口价格也会由于价格的上涨而提高，出口商品的竞争能力削弱。

3. 对出口国的影响

进口国加强非关税措施，特别是实行直接的进口数量限制，将造成出口商品增长率下降或出口数量减少和出口价格下跌。一般来说，如果出口国出口商品的供给弹性较大，则这些商品的价格受进口国非关税措施影响而引起的价格下跌幅度将较小；反之，如果出口国出口商品的供给弹性较小，则这些商品的价格受进口国非关税措施影响而引起的价格下跌幅度将较大。由于大部分发展中国家的出口产品供给弹性较小，世界性非关税措施使发展中国家受到严重的损害。

7.2　传统非关税措施

7.2.1　进口配额制

1. 进口配额制的含义

进口配额制（import quota system）又称进口限额制，是指一国政府在一定时期（如一季度、半年或一年）内，对于某些商品的进口数量或金额加以直接限制；在规定的期限内，配额以内的货物准予进口，超过配额的货物则不准进口，或加征较高的关税甚至罚款以后才准许进口。

2. 进口配额的分类

进口配额按其实施方式的不同，可以分为绝对配额和关税配额两大类。

（1）绝对配额。绝对配额（absolute quotas）指在一定时期内，对某些商品的进口数量或金额规定一个最高额度，达到这个额度后，便不准进口。绝对配额按其实施方式不同，可分为全球配额、国别配额和进口商配额三种形式。

全球配额（global quotas）是适用世界范围的配额，它对来自任何国家或地区的同一商品一律适用。主管当局通常按进口商的申请先后顺序或过去某一时期的进口实际额批给一定的额度，直到总配额发放完毕为止，超过总配额就不准进口。全球配额在实施贸易限制过程中，基本贯彻了非歧视原则。

国别配额（country quotas）即在总配额内按国别和地区分配给固定的配额，超过规定的配额便不准进口。实行国别配额可以使进口国根据其与有关国家或地区的政治经济关系分配不同的配额。国别配额的分配方式有自主配额和协议配额两种：自主配额（autonomous quotas）或称片面配额（unilateral import quotas），即由进口国单方自主规定从某国进口某种商品的数量，而不必征求出口国的同意；协议配额（agreement quotas）即进口国和出口国通过协议确定的配额。协议配额包括双边配额和多边协议配额。

进口商配额（importer quotas）即进口国政府把某些商品的配额直接分配到进口商。进口商按政府机构分配的额度组织进口。

（2）关税配额。关税配额（tariff quotas）是指在配额额度内进口，可以享受优惠关税税率或免税，超过限额后所进口的货物则适用较高或一般的税率。有的国家对超额进口加征附加税甚至罚款。

7.2.2 自动出口限制

1. 自动出口限制的含义

自动出口限制（voluntary restriction of export）又称自动出口配额制（voluntary export quotas）或自愿出口配额制，是指出口国家或地区在进口国的要求或压力下，“自动”规定某一时期（一般为3～5年）内，某些商品对该国出口的数量或金额的限制，在限定的配额内自行控制出口，超过配额即禁止出口。其目的在于避免因这些商品出口过多而严重损害进口国生产者的利益，导致进口国采取严厉的措施限制从该国的进口。

自动出口限制最早出现于20世纪30年代的美日纺织品贸易中。到了六七十年代，自动出口限制被广泛采用，范围从纺织、钢铁、小汽车扩大到彩电、电子元件和船舶等，甚至涉及奶酪、苹果、肉类等农产品。

自动出口限制属于关贸总协定的“灰色区域”。所谓“灰色区域措施”（gray area measures），是指关贸总协定中无明确适用条款，其法律地位不清楚，既不是合法的也不是非法的贸易限制措施。

2. 自动出口限制的种类

自动出口限制一般采取两种形式：非协定的自动出口限制和协定的自动出口限制。

（1）非协定的自动出口限制。即由出口国单方面自行规定出口到某国的限额，以限制商品的出口。主要包括：1）政府规定配额并予以公布，出口商必须向有关机构申请配额，领取出口授权或出口许可证才能输出；2）出口国的出口厂商和同业公会根据政府的意图规定额度控制出口。

（2）协定的自动出口限制。即由出口国与进口国通过谈判的方式签订自限协定（self-restriction agreement）或有秩序的销售协定（orderly marketing agreement），在协定的有效期内规定某些商品的出口配额，出口国根据此配额实行出口许可证制或出口配额签证制（export visa），自行限制出口，进口国则根据海关统计进行监督检查。

3. 自动出口限制协定的内容

自动出口限制协定的内容日趋复杂，各种协定内容不尽相同，一般包括以下几个方面。

（1）配额水平（quota level）。即规定有效期内各年度自动出口的限额。通常以签约前一年的实际出口量为基础，商定协定第一年限额，并确定其他各年度的增长率。

（2）自动限制出口的商品分类和细目。早期自动限制商品的品种较少，分类较笼统。20世纪70年代以来，品种增多，分类也日趋复杂。例如，1974—1977年的日美纺织品协定中，将日输美的棉、化纤、毛三大类纺织品共分成6组243项，按组分别规定各自限额，对组内“特别项目”又规定个别限额。

（3）限额的融通。即各种受限商品的限额相互之间适用的权限与数额问题，主要有两种融通做法：

1）水平融通。它是指同一年度内组与组、项与项之间在一定百分率内的融通使用。

2）垂直融通。它是指同组同项水平在上下年度间的融通，即在协定中规定留用额（carry-over）和预用额（carry-in）。留用额指当年未用完的配额拨入下年度使用的额度和权限；预用额是指当年配额不足而预先使用下年度额度的权限。留用额和预用额的规定一般都有一些限制条件。例如，留用额不得超过实际余额，某些项目的留用额只限于同类项目使用，某些特定商品规定较低的留用额，甚至禁止使用留用额；预用额必须在下年度配额中扣除。预用额不得超过5%。

（4）保护条款。指协定规定进口国方面有权通过一定的程序，限制或停止进口某些造成市场混乱或使进口国厂商受损害的商品。

阅读资料7—1

日美汽车贸易中的自动出口配额

日本汽车自20世纪60年代开始进入美国市场，到80年代初，对美国汽车产业造成了严重的冲击。1979—1980年美国汽车业失业率的上升和利润的下降，使福特汽车公司和美国汽车工人联合工会（United Automobile Workers，UAW）向美国国际贸易委员会申请使用201条款的保护。几位来自美国中西部各州的参议员提出了一个把1981—1983年出口到美国的日本汽车总数限制在160万辆的议案。这个议案原定在1981年5月12日的参议院金融委员会上进行讨论和修改，但日本政府在知道这一消息后，主动于5月1日宣布它会“自愿”限制在美国市场上销售的汽车。1981年4月至1982年3月，限制总额为183万辆，包括出口到美国的168万辆小汽车和8.25万辆公共交通工具以及出口到波多黎各的7万辆其他交通工具。在1984年3月之前，这个限额一直保持不变，后来开始逐步增加，1984年配额升至202万辆，1985年又升至每年251万辆，1992年3月限额开始下降。

最初几年里，自愿限制总额几乎都用完了。在1987年前，自愿限制对日本的汽车出口一直是有约束力的。1987年之后，日本公司开始在美国境内生产汽车，美国从日本的进口自然下降，实际进口逐渐低于限制总额。到1994年3月，美国对日本汽车的自愿出口限制就取消了。

有意思的是，1981年，即实行限制后的第一年，销往美国的日本汽车的单位价格上升了20%，而1982年在前一年的基础上又上升了10%。当然，价格的上升可能反映的是一般性价格水平的上升，也可能反映了日本销美汽车质量的提高。

资料来源：海闻、P. 林德特、王新奎：《国际贸易》，上海，上海人民出版社，2003。

7.2.3 进口许可证制

1. 进口许可证制的含义及其作用

进口许可证制（import licence system）是一国规定某些商品的进口必须申领许可证，没有许可证海关不予进口的制度，是国际贸易中一项应用较为广泛的非关税措施。许可证制与进口配额制一样，也是一种进口数量限制，是运用行政管理措施直接干预贸易行为的手段。

大多数国家将配额制和进口许可证制结合起来使用，即受配额限制进口的商品，进口商必须向有关部门申请进口许可证，政府发放进口配额许可证，进口商凭证进口。

实行进口许可证制，不仅可以在数量和金额以及商品性质上进行限制，而且可以控制来源国国别和地区。有的国家将进口许可证的发放与出口联系起来，以达到促进出口的目的。如法国，那些经营出口业务的商人或企业就较容易获得进口绸缎及绸缎服装的许可证。获得进口许可证的商人可以将其转给服装的专业进口商，获取5%～15%的佣金。

2. 进口许可证的分类

(1) 按进口许可证与进口配额的关系分类，进口许可证可以分为：

1) 有定额的进口许可证。即进口国预先规定有关商品的进口配额，然后在配额的限度内，根据进口商的申请，对每笔进口货物发给一定数量或金额的进口许可证，配额用完即停止发放。此类进口许可证一般由进口国当局颁发给本国提出申请的进口商，也有将此权限交给出口国自行分配使用（通常是国别配额情况），又转化为出口国依据配额发放的出口许可证。

2) 无定额的进口许可证。即进口国预先不公布有关商品的进口配额，只是在个别考虑的基础上发放有关商品的进口许可证。因为它是个别考虑的，没有公开的标准，发放权完全由进口国主管部门掌握，因此更具有隐蔽性，起到更大的限制进口的作用。

(2) 按进口商品的许可程度分类，进口许可证一般可分为公开一般进口许可证和特种许可证。

1) 公开一般进口许可证（open general licence，OGL），又称公开进口许可证、一般进口许可证或自动进口许可证，是指对国别或地区没有限制的许可证。凡属公开一般进口许可证项下所列商品，进口商只要填写此许可证即可获准进口。此类商品实际上是自由进口的商品，填写许可证只是履行报关手续，供海关统计和监督需要。

2) 特种许可证（special licence，SL）又称非自动进口许可证，即进口商必须向有关当局提出申请，获准后才能进口。这种许可证适用于特殊商品以及特定的目的申请，如烟、酒、麻醉物品、军火武器或某些禁止进口物品。进口许可直接受管理当局控制，往往都是规定商品的进口国别或地区以贯彻国别地区政策。

进口许可证制是与WTO的基本原则相违背的，如果这种做法运用不当，不仅会妨碍贸易的公平竞争，还容易导致对出口国实行歧视性待遇。而且，特种许可证的发放如果没有法律保障，就很容易成为进口国有关机构腐败的温床。所以WTO要求，如果有关成员国因特殊情况需采用进口许可证制，也要使用公开一般许可证，并且发放程序应透明。

7.2.4　进出口的国家垄断

进出口的国家垄断（state monopoly），也称国营贸易，是指对外贸易中某些商品的进出口由国家直接经营，或者把这些商品的经营权给予某些垄断组织。经营这些受国家专控或垄断的商品的企业，称为国营贸易企业。总体上讲，进出口国家垄断的目的在于，保证国内的供应和生产，防止国内市场的混乱；通过国家垄断贯彻政府的经济政治意图。

发达国家的进出口国家垄断主要集中在四类商品上。第一类是烟和酒，这些国家的政府机构从烟和酒的进出口垄断中，可以获得巨大的财政收入。第二类是农产品，这些国家把农产品的对外垄断销售作为国内农业政策的一部分。美国的农产品信贷公司就是发达国家最大的农产品贸易企业。第三类是武器，西方国家的武器贸易多数由国家垄断。第四类是石油。它是一国的经济命脉，主要的石油进出口国家都对石油贸易进行垄断经营。

7.2.5　外汇管制

外汇管制（foreign exchange control）是一国政府通过法令对外汇的收支、结算、买卖和使用所采取的限制措施。其目的是控制外汇的使用，限制外汇资本流动，稳定汇率，改善或平衡国际收支。

在外汇管制下，进口商必须向外汇管制机构指定的银行购买外汇；本国货币出入国境的携带也受到严格的限制等。政府通过控制外汇的供应数量来掌握进口商品的种类、数量和来源国别，从而起到限制进口的作用。

外汇管制的方式较为复杂，一般可分为以下几种：

（1）数量性外汇管制。指国家外汇管理机构对外汇买卖的数量直接进行限制和分配。一些国家实行数量性外汇管制时，往往与进口许可证相结合。

（2）成本性外汇管制。指国家外汇管理机构对外汇买卖实行复汇率制，利用外汇买卖成本的差异，间接影响不同商品的出口。实行外汇管制的国家对于国内需要而又供应不足或不生产的重要原料、机器设备和生活必需品，采用较为优惠的汇率；对于国内可大量供应和非重要的原料和机器设备采用一般的汇率；对于奢侈品和非必需品使用最不利的汇率。

（3）混合性外汇管制。指同时使用数量性和成本性的外汇管制，对外汇实行更为严格的控制，以控制商品的进出口。

外汇管制从第一次世界大战期间开始出现，20 世纪 30 年代大多数资本主义国家采用这种手段管理国际收支。50 年代以来，随着资本主义国家经济的恢复和发展，国际收支状况改善，特别是国际货币基金组织发挥作用，大多数发达国家都不同程度地放宽了外汇管制。90 年代以来，一些发展中国家也逐渐放宽了外汇管制。

7.2.6 歧视性的政府采购政策

歧视性的政府采购政策（discriminatory government procurement policy），是指国家通过法令和政策明文规定政府机构在采购商品时必须优先购买本国产品，从而形成对外国产品的歧视，限制外国商品的进口。

歧视性的政府采购做法包括：

(1) 优先购买本国产品与服务。不少国家通过制定法令规定，政府机构必须优先购买本国产品。例如，美国 1933 年通过的《购买美国货法案》（Buy American Act）中规定，联邦政府必须购买美国产品，除非该商品的价格超过国际市场同类商品的 6%以上，对于国防部的采购，这一标准达到 12%，甚至一度达到 50%。许多国家规定公务员必须乘坐本国航班，有些国家虽然没有法令规定，但政府在财务或外汇制度上作了限制。

(2) 强调产品与服务中的国产化程度。在一些政府不得不使用的外国产品和服务中，有时会提出其他一些要求，如零部件国产化程度、当地产品含量或本国提供服务的比例等。

(3) 偏向国内企业的招标。在政府出资的工程招标中采用偏向国内企业的标准或程序。一些国家虽然没有明文规定外国企业不能投标，但通过一些苛刻的歧视性标准和不透明的程序使得外国企业实际上不可能中标。

(4) 直接授标。有的政府工程不通过招标而直接将标授予一家特定企业（一般都是本国企业）。

政府的歧视性采购如果小于自由贸易情况下本国的供给量，对进口量和国内生产都不会产生影响。本国的生产量满足政府的购买量，政府采购对生产也不会产生任何扭曲，只是将一部分消费者从购买本国商品挤到了购买进口产品的行列。

但是，如果政府的采购量超过自由贸易情况下本国的供给量，歧视性采购政策就会影响国内生产和贸易。

7.2.7 最低限价和禁止进口

1. 最低限价

最低限价（minimum price）指一国政府规定某种进口商品的最低价格，若进口商品的价格低于最低价格，则禁止进口或征收进口附加税。附加税税额即进口价格和最低价格之间的差额。进口国有时把最低限价定得很高，进口商若以最低限价进口，则无利可图。例如，1985 年智利对绸坯布进口规定每公斤的最低限价为 52

美元，低于此限价，将征收进口附加税。

2. 禁止进口

禁止进口（prohibitive import）是指一些国家感到实行进口数量限制已不能走出经济与贸易困境时，往往颁布法令，公布禁止进口的货单，禁止这些商品的进口。

7.2.8 国内税

国内税（internal taxes）是指在一国境内对生产、销售、使用或消费的商品所应支付的捐税。一些国家往往采用国内税制度直接或间接地限制某些商品的进口。对进口产品征收高于国内产品的税费，则构成对进口产品的不公平限制，与WTO的国民待遇相违背。但是，由于国内税的制定和执行通常不受贸易条约和多边协定的限制，而且有些国家或地方政府亦有设税的权限，所以更能起到限制进口的目的。例如，美国和日本进口酒精饮料的消费税都高于本国同类产品。

7.2.9 进口押金制度

进口押金制（advanced deposit）又称进口存款制，是指为防止投机、限制进口、维持国际收支平衡而采取的一种经济措施，即进口商在进口货物运达以前，必须预先按进口金额的一定比例和规定的时间，在指定的银行无息存放一笔现金，方能获准报关进口，存款须经一定时期后才发还给进口商。其作用是政府可以从进口商获得一笔无息贷款，进口商则因周转资金减少并损失利息收入而减少进口，从而起到限制进口的作用。例如，意大利政府从1974年5月7日到1975年3月24日，曾对400多种进口商品实行进口押金制度，规定这些商品进口，无论来自哪一个国家，进口商必须先向中央银行缴纳相当于进口货值半数的现款押金，无息冻结6个月。据估计，这项措施相当于征收5%以上的进口附加税。

7.2.10 海关估价制度

海关估价（customs valuation）是指一国在实施从价征收关税时，由海关根据国家的规定，确定进口商品完税价格，并以海关估定的完税价格作为计征关税基础的一种制度。但是，海关估价若被滥用，违背《海关估价协议》，人为高估进口商品的价格，无疑就增加了进口商的税收负担，对商品进口形成障碍。

《海关估价协议》规定，海关估价应以货物的成交价格为标准。成交价格是指货物出口到进口方时实付或应付的价格（如发票价格），并视情况进行调整，包括由买方支付的某些费用，如包装费和集装箱费、辅助费用、专利费和许可证费。只有在海关认定第一种标准无法使用的情况下，方可按顺序根据下述标准进行海关估价：（1）相同货物的成交价格。（2）相似货物的成交价格。上述两种方法中，所选择的交易必须是向进口方输出的进口货物，货物出口的时间应大致相同。（3）扣除价格。指应税的进口商品在其国内市场的单位销售价格，或其相同或类似商品在其国内市场的单位销售价格，扣除相关的利润、关税和国内税、运输费和保险费，以及在进口时产生的其他费用。(4) 推算价格。即被估价货物的生产成本加上“利润和相当于反映在由该出口国生产者向进口方出口与被估价货物同等级和同品种货物的销售环节中的大致费用”。(5) 合理确定。如果上述四种方法均不能确定价格，那么，在符合 1994 年《关贸总协定》第七条的情况下，可以灵活使用上述任何一种方法来确定价格。但是，价格无论如何也不得依据下述方法加以确定：出口到第三国市场的货物价格；海关最低限价；武断或虚假的价格。

在各国专断的海关估价制度中，以“美国售价制”最为典型。美国售价制的特殊估价标准使焦油产品、胶底鞋类、蛤肉罐头和毛手套等商品的国内售价很高，从而使这些商品的进口税收负担大大增加。

7.3 非关税措施的新发展

乌拉圭回合谈判的结果是关税壁垒进一步削弱，传统的非关税壁垒也受到诸多有关协议的约束。各国在保护环境、维持生物多样性和本国人民生命安全的名义下，实施或加强了一系列新的非关税壁垒措施，其中主要包括技术性贸易壁垒和绿色壁垒措施等。

7.3.1 技术性贸易壁垒

1. 技术性贸易壁垒的含义及类别

(1) 技术性贸易壁垒的含义。技术性贸易壁垒（technical barriers to trade，TBT）是非关税壁垒中发展最为广泛的一种形式，是指一国或地区以维护国家或地区安全，保护人类、动植物生命及健康，阻止欺诈，保护环境，保证质量为理由，或以贸易保护为目的所采取的技术性措施。

技术性壁垒标准既包括决定一种商品特性的规格，如质地、纯度、营养价值、尺寸、用途等，也包括设计和说明、证书、标记、商标及检验程序等。这些标准不仅日益复杂，而且经常变化，手续繁杂，标准也不透明，使外国商品难以适应，增加进口难度，最终达到限制外国商品进入、保护市场的目的。

(2) 技术性贸易壁垒的类别。WTO《技术贸易壁垒协议》将技术贸易壁垒分为技术法规、技术标准和合格评定程序。按照该协议的定义，技术法规是规定产品特性或与其有关的加工生产方法，包括使用的管理条款并强制执行的文件；技术标准是经公认机构批准的、自愿的、非强制性的产品标准；合格评定程序是指任何用于直接或间接确定产品是否符合技术法规和标准有关要求的程序。

2. 技术性贸易壁垒的主要措施

各国技术性贸易壁垒措施主要有以下几种：

(1) 严格、繁杂的技术法规和技术标准。目前，工业发达国家颁布的技术法规种类繁多。随着竞争的加剧，工业发达国家对于许多产品规定了极为严格的技术标准，有意识地利用标准作为竞争的手段，把标准中的技术差异作为贸易保护主义的措施。有些标准的规定甚至是经过精心策划，专门针对某个国家的出口产品的。技术标准不仅在条文上可以对外国产品规定许多限制，而且在标准的实施上也可以设置重重障碍，以限制进口和销售。具体表现如下：

1）充分利用各国技术标准、法规的差异性设置障碍。例如，当外国产品进入日本市场时，不仅要求符合国际标准，还要求与日本的标准相吻合。如化妆品，要与日本的化妆品成分标准（JSCL）、添加剂标准（JSFA）和药理标准（JP）的要求一致。只要其中一项指标不合格，日方就可以拒之门外。

2）技术标准要求严格，让发展中国家很难达到。发达国家凭借其经济、技术优势，制定严格苛刻的标准，使发展中国家难以适从。以欧盟进口的肉类食品为例，不但要求检验农药的残留量，还要求检验出口国生产厂家的卫生条件；此外，欧盟理事会 92－5EEC 指令还对工作间温度、肉制品配方及容器、包装等作出了严格的规定。

3）有些标准经过精心设计和研究，是专门针对进口国家或商品制定的，可以专门用来对某些国家的产品形成技术壁垒。例如，美国为了阻止墨西哥的土豆输入，对土豆的标准规定有成熟性、个头大小等指标，这就给墨西哥种植的土豆销往美国造成了困难，因为要销往美国的土豆不等太成熟就得收获，否则易烂，这样又难以符合成熟性的要求。我国是打火机的生产和出口大国，产品出口包括欧盟、美国在内的 30 多个国家和地区。2001 年，仅浙江省出口打火机就达 9.13 亿只，出口金额 1.29 亿美元，占全国打火机出口的 49.9%。1994 年以来，欧美各国逐步通过了规定进口廉价打火机，特别是出口价在 2 欧元以下的打火机必须有防止儿童开启的安全保险装置的 CR 法案，给我国的打火机出口造成了巨大的障碍。

（2）严格的卫生检疫措施。卫生检疫措施是指为保护人类、动植物的生命或健康而采取的措施。包括保护人类和动物的生命免受食品和饮料的添加剂、污染物、毒素及外来病虫害传入危害；保护植物的生命免受外来病虫传入的危害。但由于各国文化背景、生活习惯、维护人生健康、安全及生活环境，特别是收入水平的差异，发展中国家的产品往往难以达到发达国家近乎苛刻的要求。

例如，日本对于入境农产品，首先由农林水产省下属的动物检疫所和植物防疫所从动植物病虫害角度进行检疫。同时，由于农产品中很大部分用作食品，在接受动植物检疫之后，还要由日本厚生劳动省下属的检疫所对具有食品性质的农产品从食品角度进行卫生防疫检查等。2002 年 1—7 月日本厚生省对我国蔬菜共检验 7 001 批次，其中仅有 36 件农药残留超标，只占总检验量的 0.5%。质优价廉的中国蔬菜对日本本土蔬菜市场形成了强大的冲击，于是，日方采取分批检验的办法，导致进口通关放慢。由于蔬菜保鲜期短，烦琐的检验手续使菜质下降，而且检验费从原来的每批次 5 万日元抬升至 80 万日元，高额费用迫使日本进口商陆续取消对华订单，从而达到了利用技术壁垒实现贸易保护的目的。

根据 WTO《实施卫生与植物卫生措施协议》(以下简称 SPS 协议)的有关规定，WTO 成员有权采取如下措施，保护人类、动植物的生命和健康：保护 WTO 成员领土内的动物或植物的生命或健康免受虫害或病害、带病有机体或致病有机体的传入以及繁殖或传播所产生的风险；保护 WTO 成员领土内的人类或动物的生命或健康免受食品、饮料或饲料中添加剂、污染物、毒素或致病有机体所产生的风险；保护 WTO 成员领土内的动物或植物的生命或健康免受动物、植物或动植物携带的病害或虫害的传入、繁殖或传播所产生的风险；防止或控制 WTO 成员领土内有害生物的传入、繁殖或传播所产生的其他损害。上述措施总称为 SPS 措施，具体包括：所有相关的法律、法令、法规、要求和程序，特别是最终产品标准；工序和生产方法；检验、检疫、检查、出证和批准程序；各种检疫处理，包括与动物或植物运输有关的或与在运输过程中为维持动植物所需物质有关的要求；有关统计方法、抽样程序和风险评估方法的规定；与食品安全直接有关的包装和标签要求等。

根据 SPS 协议，WTO 成员制定和实施 SPS 措施必须遵循科学性、等效性、与国际标准协调一致、透明度、SPS 措施的一致性、对贸易影响最小和动植物疫情区域化等原则。缺乏科学依据，不符合上述原则的 SPS 措施均构成贸易壁垒。

(3) 商品标签的规定。许多国家对商品包装和标签规定了苛刻的要求和烦琐的内容，使出口商增加商品成本，削弱了商品的竞争能力。例如，美国联邦贸易委员会(FTC)要求纺织品标有成分和保护标签；美国食品与药品管理局(FDA)负责对进口食品、药品、保健品、化妆品、洗涤用品、医疗设备的管理和监测，对商品的纯度和标签等要求严格，在商品入境时会作抽检。1987 年以来，我国每年被美国海关扣留的食品中约有 25%是由于不符合《美国食品标签法》的规定。

3. 技术性贸易壁垒的影响和作用

据国家知识产权局统计，当前国际贸易壁垒的 80%来源于技术性贸易壁垒。技术性贸易壁垒对国际贸易和世界经济发展的影响和作用越来越大。

(1) 技术性贸易壁垒对国际贸易的消极影响。

1) 技术性贸易壁垒加大了进口商品的成本，不利于世界资源的自由流通和优化配置，并且与经济全球化、贸易自由化的社会发展潮流相背离。

2) 使国际贸易利益的分配进一步向发达国家倾斜。在现行的国际标准体系中，标准的制定者基本上都是发达国家，发展中国家大多是标准的被动接受者。发达国家经常利用技术标准设置贸易壁垒甚至发动技术贸易战，以控制发展中国家和占据国际贸易的主导地位。

(2) 技术性贸易壁垒的积极作用。

1) 在一定程度上也会促使世界经济的发展和世界环境的保护趋向协调和平衡，有利于在发展世界经济的同时保护整个地球的生态环境。

2) 促使各国不断提高本国产品的质量和卫生及安全性能，对人类的生命安全和身体健康具有积极意义。

阅读资料7—2

日本农产品的技术性贸易壁垒

日本于2006年5月29日实施食品中农业化学品（农药、兽药及饲料添加剂等）残留“肯定列表制度”，执行新的残留限量标准。对农药残留检验项目最少有200项，有的农产品则高达500多项，如对香菇的农残检验项目有285项。日本从2006年7月1日开始实施严格的监控检查制度。先在大型超市、商场等场所对某种中国农产品实施10%的抽查，如果查有一项农残超标，将对中国出口的该农产品监控检查项目的检查频度提高到50%，如果抽查再有不合格，实行100%检查。南汇区有三家食品企业出口受到日本苛刻的农残标准和市场抽检制度的严格限制。2006年7月，日本检疫所抽检中国香菇的甲氰菊酯含量超标，立即对我出口香菇实施加严抽检。为了规避风险和损失，上述公司暂停了香菇的出口，也减少了其他农产品的出口。

资料来源：徐小龙：《非关税壁垒的应对问题与措施建议——基于上海市南汇区出口企业遭遇非关税壁垒的调查》，载《国际经贸探索》，2007（4）。

7.3.2　绿色壁垒措施

1. 绿色壁垒措施的含义

绿色贸易壁垒是指进口国政府以保护生态环境、自然资源以及人类和动植物的健康为由，以限制进口、保护贸易为根本目的，通过颁布复杂多样的环保法规、条例，建立严格的环境技术标准，制定烦琐的检验、审批程序等方式对进口产品设置贸易障碍。例如，为了保护本国市场，以保护环境和国民健康为由，对进口商品提出带有歧视性、针对性的技术、安全和卫生标准，如不达标准，进口国有权扣留、退回、销毁和索赔等。一些发达国家通过国内立法实施种种环保贸易壁垒措施，诸如征收环保进口附加税，颁布保护特定物种的法律规章，限制或禁止与之有关的进口贸易，为进口产品确定硬性环保指标，对达不到该标准者限制或禁止进口；部分国家实行绿色标志、再生标志（即“绿色通行证”）认证的市场准入制度等，如ISO 14000标准。

由于发达国家的环境标准普遍高于发展中国家，特别是少数发达国家对进口产品和本国产品采取不同的标准，使发展中国家更难进入发达国家市场。绿色壁垒措施是近年来出现的一种全新的非关税壁垒措施。

2. 绿色壁垒的主要形式

（1）环境许可证制度。环境许可证制度要求在取得许可证的基础上才能进口或出口，即需取得“预先通知同意”。这种做法源于《濒危野生动植物物种国际公约》等国际绿色规范。

(2) 禁止进口与环境贸易制裁。禁止进口与环境贸易制裁是绿色壁垒中最为严厉的措施，如1991年，美国宣布禁止从墨西哥进口金枪鱼，理由是墨西哥使用超过美国标准的大型渔网，在捕获金枪鱼时，也捕杀了应受保护的海豚。

(3) 绿色补贴制度。绿色补贴制度主要是针对治理污染费用高昂，企业难以承受投资于新的环保技术、设备或无力开发清洁技术产品等情况，政府给予一定的环境补贴的制度。

7.3.3 社会责任标准

20世纪90年代以来欧美等发达国家又实行所谓社会责任标准，如美国经济优先准入权认证机构理事会制定的社会责任认证标准，(Social Accountability 8000，SA 8000)，用于向各国消费者标明生产商和经销商的生产和销售行为符合国际社会对其的社会责任要求，其所提供的相关产品需符合国际公认的最低劳工权利标准。其标准包括：不使用或不支持使用童工；为劳工提供安全、健康的工作环境；尊重劳工的集体谈判权；遵守工作时间的规定；保证达到最低工资标准等。这项标准的实施无疑会增加广大发展中国家出口产品的成本。

SA 8000是继ISO 9000，ISO 14000之后出现的又一个重要的国际性标准。虽然目前它只涉及人身权益以及与健康、安全、机会平等等核心要素有关的初始审核，但随着对其不断的修订和完善，该标准最终可能发展为一个覆盖道德、社会和环境等范围很广的国际性标准。

近年来欧美越来越重视社会责任标准的实施。2004年5月1日开始，部分欧美国家将开始对进口产品强制实行SA 8000的认证，俨然成为一种新的贸易壁垒，而且看起来更合理合法。由于发展中国家和发达国家在社会发展上的巨大差异，广大发展中国家认为发达国家强制推行社会责任标准的主要目的，不在于真正关心发展中国家的劳工待遇，而在于通过实施SA 8000提高进口产品成本，进而达到限制对劳动密集型产品的进口。

本章小结

1. 与关税措施相比，非关税措施具有更强的灵活性、有效性、隐蔽性和歧视性特点。

2. 进口配额在其发展过程中出现了绝对配额与关税配额两种形式。与关税相比，配额的经济效应更具有管制性。

3. 自动出口配额制是进口国威迫出口国“自动”限制本国产品出口的一种非关税壁垒。若成功实施这项措施，其经济影响与等价的进口配额相同。

4. 各国在保护环境、维持生物多样性和国民生命安全的名义下，实施或加强了一系列新的非关税壁垒措施，如技术性贸易壁垒等，对国际贸易和世界经济发展的影响和作用越来越大。

核心概念

非关税壁垒　进口配额　进口许可证制　进口押金制　外汇管制　最低限价　歧视性政府采购　海关估价制度　技术性贸易壁垒　绿色壁垒

复习思考题

1. 什么是非关税壁垒？相对于关税壁垒，非关税壁垒有何特点？
2. 非关税壁垒有哪些主要种类？
3. 什么是进口配额制？绝对进口配额与关税配额、自动出口配额的主要区别是什么？
4. 进口许可证主要有哪些分类？
5. 试述歧视性政府采购政策的福利影响。
6. 试述技术性贸易壁垒的影响和作用。
7. 我国商务部2003年6月做过的一次大型调查表明，2002年我国机电企业受技术性贸易壁垒限制的比例为67.4%，遭受损失的比例为10%。在我国家电企业越来越强大，反倾销已无法阻挡我国产品前进的步伐时，外国政府和企业选择了具有“合法外衣”的技术性贸易壁垒。其主要表现为：强制的安全认证、国际标准要求和产品质量及其管理体系的认证要求；日趋严格的节能要求、环保要求，特别是电磁波污染和废旧家电的回收等要求，正在对家电产品出口产生巨大影响。中国家电企业应如何应对这一挑战？
8. 据商务部统计，我国每年有近240亿美元的出口商品因达不到包装要求而受影响，其中相当一部分是因包装不符合绿色要求造成的。我国商品应如何跨越绿色壁垒走出国门？

案例分析

汽车绿色壁垒案

最近，在美国、西欧主要国家以及日本之间，又展开了建立汽车贸易壁垒的新较量，这标志着世界汽车三大市场之间的贸易摩擦又将升级。由于日本轿车在美国和欧洲市场上长期受到顾客的欢迎，日本轿车在美欧市场的份额是美欧企业在日本市场份额的几倍。

欧盟试图通过制定和实施新的汽车排放标准来限制日本汽车在欧洲市场的增长。新的环境保护标准要求，到2008年，欧洲市场销售的所有轿车的二氧化碳排放量要比1995年下降25%，这无疑是冲着日本和韩国企业而来的。对此，韩国的汽车企业认为“在技术上难以达到”而反对；日本汽车工业协会则表示“与欧洲企业共同努力”，但是不明确表示保证届时达标。欧盟首先强制要求日韩企业先达标，否则不能向欧洲市场出口。据分析，由于在欧洲市场上，从日本进口的轿车以高级休闲车和大型轿车为主，其平均的二氧化碳排放水平比欧洲当地生产的车要高出近10%。若要达标，日本车就要平均减少31%以上的二氧化碳排放量。

日本政府也不示弱。1999 年 3 月 19 日，日本政府与欧盟就汽车废气排放标准谈判破裂后，日本立即实施歧视性的《节能修正法》新法案。1999 年 4 月 1 日实施的该法案规定，到 2010 年，在日本市场上销售的不同质量和用途的汽车，必须达到相应的节能标准，以减少汽车的废气排放。具体规定是：两人（按 110 千克计）乘坐时总质量在 1 000 千克以下的汽油轿车，到 2010 年要比 1995 年的相当车型节能 17.7%；同期 1 000 千克～1 249 千克的轿车，要节能 25.7%；1 250 千克～1 499 千克的轿车要实现 30%以上的节能；1 500千克～1 749 千克以上的轿车，到 2010 年要比 1995 年分别实现节能 24%和 9.7%。

由于美国和欧洲生产的轿车在日本市场有近 90%属于 1 250 千克以上的范围，即几乎所有的美欧轿车都要在日本市场上受到更加严格的节能要求；而日本车在国内市场由于主要是轻型和微型车，因此受此修正法案的影响就没有外国企业那么大。美国政府 3 月向世贸组织提交了一份意见书，该意见书指出，日本单方面提高汽车节能标准是直接阻碍国外汽车进口的不正当行为，要求世贸组织正式调查。

资料来源：吉林省质量信息网，http：//www.jlqi.gov.cn/wto/anli/lusebilei.htm。

思考题：

1. 美、欧、日互设贸易壁垒的出发点是什么？
2. 美、欧、日互设贸易壁垒对中国汽车业的发展有何影响？

第8章

鼓励出口与出口管制措施

章首阅读　美国对中国铜版纸反补贴反倾销案

2006年11月27日，美国商务部对原产于中国、韩国和印度尼西亚的铜版纸启动反倾销和反补贴立案调查。这是自1991年以来，美国首次对中国产品启动反补贴调查程序。

2006年12月1日，美国商务部选择两家中国国内最大的铜版纸生产/出口企业金东纸业（江苏）有限公司和山东晨鸣纸业集团股份有限公司作为本次调查的强制应诉方，并向中国政府和上述两家中国企业发放了调查问卷。

2006年12月至2007年2月，中国政府、金东纸业（江苏）有限公司和山东晨鸣纸业集团股份有限公司分别向美国商务部提交了调查问卷的答卷。

2006年12月15日，美国国际贸易委员会裁定，有合理的证据表明原产于中国、印度尼西亚和韩国的铜版纸存在补贴和倾销行为，给美国国内产业造成了实质性损害和损害威胁。2006年12月29日，美国国际贸易委员会对原产于中国的铜版纸反补贴案做出肯定性初裁，认定中国铜版纸的补贴行为给美国国内产业造成了实质性损害。

2007年3月30日，美国商务部公布对中国出口的铜版纸产品反补贴调查初裁结果，认定中国企业的净补贴率为10.9%～20.35%。决定对中国适用反补贴法，并开始对中国出口的铜版纸产品征收临时反补贴税。

资料来源：法律快车网，http：//www.lawtime.cn/china，2007-04-11。

思考：

查阅相关资料，美方对中国等国家铜版纸实施反补贴措施是否违反世贸组织相关规则？此举对中国相关产业会有哪些影响？

出口贸易可以带动一国的经济发展，增加就业，提高国民的福利水平，但是有些商品的出口或在特定条件下某种商品出口的扩大则会损害出口国的利益。各国为了更好地发展经济，在制定和实施贸易政策时，除了利用关税措施限制外国商品进

口外，还通过政府指令在经济、行政、组织等方面采取各种鼓励或限制商品出口的措施。

8.1 鼓励出口措施

8.1.1 出口补贴

出口补贴（export subsidy）又称出口津贴，是一国政府为了降低出口商品的价格，增强其在国际市场上的竞争能力，在出口某种商品时给予出口厂商的现金补贴或财政上的优惠待遇。

出口补贴分为直接补贴和间接补贴两种基本方式。

1. 直接补贴

直接补贴（direct subsidy），是指政府在出口某商品时，直接付给出口商的现金补贴，主要来自财政拨款。直接补贴的目的在于弥补出口商品因为国际市场价格过低所造成的亏损，或者补偿出口商出口商品获得的利润低于国内利润所造成的损失。有时补贴金额还可能大大超过实际的差价或利差，这就含有出口奖励的意味。美国和一些欧洲国家对农产品出口普遍采取直接补贴方式，且有时补贴金额超过实际差价，极大地刺激了该类产品的出口。

阅读资料 8—1

美国农产品贸易政策的实施情况

美国是世界农产品最大的出口国，43.5%的小麦、53.3%的大米、43.1%的大豆、20.1%的玉米和45.3%的棉花用于出口。美国25%的农业总收入来自出口，农产品出口给美国提供了91万个工作岗位。

2004年，美国政府对农业生产者支付了133亿美元，几乎占农业净收入的16%。美国农业部估计，2005年直接支付为214亿美元。而美国在WTO做出的削减“综合支持总量”的承诺规定，美国每年支持的上限可达到191亿美元。按《2002年农业法案》的规定，美国国内支持的主要手段是直接支付、反周期支付和贷款计划。这三项占政府对农业生产者支付的62%。

资料来源：朱颖、李艳洁：《美国农产品贸易政策的全面审视》，载《国际贸易问题》，2007(10)。

2. 间接补贴

间接补贴（indirect subsidy），是指政府对某些商品的出口给予财政上的优惠。如退还或减免出口商所缴纳的销售税、消费税、增值税、所得税等国内税，对进口原料或半成品再加工出口给予暂免或退还已缴纳的进口关税，免征出口税，提供比在国内销售货物更优惠的运费等。其目的在于降低商品价格，以更有效地打进国际市场。

从经济效应上看，一般来说，出口补贴的结果会使出口国生产增加，国内消费减少，出口量增加，国内价格上涨。由于出口补贴使得出口比在国内销售更加有利可图，而且政府没有限制出口数量，企业当然要扩大生产，尽量出口，除非在国内市场销售也能获得同样的收入。又由于补贴只给予出口的商品，要想在国内市场获得同样的收入，除了提价别无他法。在涨价之后，消费自然减少。从另一个角度说，国内消费者也必须支付与生产者出口所能得到的一样的价格，才能确保一部分商品留在国内市场而不是全部出口。

如图 8—1 所示，出口产品的国际价格为 P_w，在没有补贴时，生产量为 Q_3，国内需求量是 Q_2，出口量 Q_2Q_3。现在假设政府对每单位商品的出口补贴为 S，单位商品出口的实际所得变成（P_w+S）元。在这一价格下，生产者愿意扩大生产增加出口，新的生产量为 OQ_4，国内的需求量则因为国内市场价格的上升而减至 OQ_1，供给在满足了国内需求之后的剩余 Q_1Q_4 即为出口。由于国内价格上涨，消费者剩余减少面积（$a+b$），生产者剩余增加面积（$a+b+c$）。因政府又提供了面积（$b+c+d$）的补贴，所以，政府补贴与消费者损失之和减去生产者盈余后，整个社会仍发生净损失（$b+d$）。

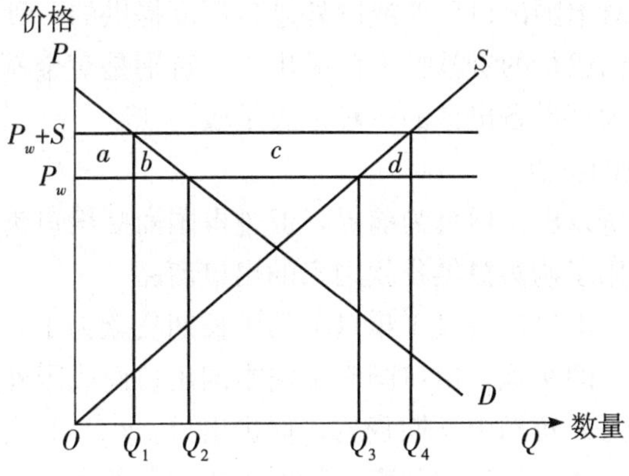

图 8—1　出口补贴的经济效应分析

但如果受补贴方是个大国，出口补贴对其国内价格、生产、消费及社会利益虽然具有相同的经济效应，但程度是不同的。因为出口大国增加出口的结果会造成国际市场价格下降，出口商品生产者就不能得到全额出口补贴效应，生产和出口的增长也会小于小国，国内价格的涨幅和消费量的下降也会小于小国，但整个社会的净损失却比小国实行补贴时要大。因此在出口已占世界市场很大份额时，还用补贴来刺激出口未必是明智之举。

应当看到，出口补贴行为会扭曲商品在国际市场上的价格，易于在价格竞争中获取一定优势，甚至会对进口国的商品或同类商品的生产造成损害，显然是国际贸易中的不公平行为。然而，对于发展中国家来说，给予某些出口工业制成品适度的补贴，仍是减少其国际收支逆差的重要一环。鉴于此，世界贸易组织在原则上反对出口补贴行为的同时，还是允许某些发展中国家在特殊情况下可以适度运用这种做法。因此，我们应该正确对待和运用这种手段，既充分遵循国际规则，又不放弃可以增强本国出口制成品竞争力的时机。

长期以来，各国普遍采用这些措施促进本国商品出口，在国际贸易中也多因此发生纠纷。为此乌拉圭回合达成的《补贴与反补贴协议》中将除农产品之外的其他补贴分为禁止性补贴、可申诉补贴和不可申诉补贴三类。

禁止性补贴指不允许成员方政府实施的补贴，一旦实施，任何受其影响的其他成员方可以直接采取反补贴措施；可申诉补贴指成员方根据自己的政治、经济发展需要，在一定范围内可以对生产者或销售者进行补贴，若这种补贴造成对其他成员方利益的损害，其他成员方可以采取反补贴措施并诉诸争端解决机制；不可申诉补贴指成员方采取的对国际贸易影响不大的补贴，其他成员方不应采取反补贴措施，并不可诉诸争端解决机制。协议中还比较明确地规定了上述三类出口补贴的涵盖内容、损害的判定、争端解决的具体规定。这为有关国际贸易纠纷的解决提供了依据，并在一定程度上规范了市场。

8.1.2 出口信贷

出口信贷（export credit）是一个国家为了鼓励商品出口，增强商品的国际竞争力，通过银行对本国出口厂商或国外进口厂商提供的一种优惠性贷款。它是一国出口厂商利用本国银行的贷款扩大商品出口，特别是对金额较大、期限较长，如成套设备、船舶等大型设备出口的一种重要手段。

1. 出口信贷的特点

（1）出口信贷以出口项目为前提，促进本国商品出口为目的。所以，贷款的全部或大部分必须用于购买提供贷款国家的出口商品。

（2）期限长。出口信贷以 1 年以上的中长期贷款为主，为配合周转期长、成交金额大的出口项目的实施，出口国常常向本国出口商或国外进口商提供期限在 3～5 年或 5 年以上的对外贸易中长期贷款，促进出口。

（3）利率低。出口信贷的利率一般低于相同条件资金贷款的市场利率，利差由出口国政府补贴。

（4）金额大。出口信贷的贷款金额通常占买卖合同的 80%左右，其余由进口厂商支付现金。

（5）出口信贷发放往往与出口信贷担保结合。各国为了鼓励出口，避免或减少信贷风险一般都设立专门的银行办理此项业务，如美国的进出口银行、日本的输入输出银行、法国的对外贸易银行、加拿大的出口开发银行等。此外，这些机构同时向商业银行提供低利贷款补贴，支持它们的出口信贷业务。我国在 1994 年 7 月 1 日正式成立了中国进出口银行以支持国内的商品出口。

2. 出口信贷的主要类型

（1）卖方信贷。卖方信贷（supplier's credit）是指出口方银行向本国出口厂商（即卖方）提供的贷款。其贷款合同一般由出口商与银行签订。卖方信贷通常用于那些金额大、期限长的项目，因为这类商品的购进需要很多资金，进口商一般要求延期付款，而出口商为了加速资金周转，往往需要取得银行的贷款。卖方信贷正是银行直接资助出口商向外国进口商提供延期付款，以促进商品出口的方式。

(2) 买方信贷。买方信贷（buyer's credit）是指出口方银行直接向外国进口商（买方）或进口方银行提供的贷款，其附加条件是这种贷款必须用于购买债权国的商品，以起到促进商品出口的作用，也称为约束性贷款。在具体操作中有两种形式：

一是买方商业信贷，即出口方银行向进口厂商提供的买方信贷。在这种信贷方式中，进口商除自筹资金缴纳15%左右的订金外，其余货款将由银行提供的贷款以即期付款方式一次性支付给进口厂商，然后按贷款协议所规定的条件向银行还本付息。

二是买方银行信贷，即出口方银行向进口方银行提供的买方信贷。在具体业务中，进口厂商首先支付15%左右的订金，再由出口方银行贷款给进口方银行，然后由进口方银行以即期付款的方式代进口厂商支付其余货款，并按贷款协议规定的条件向出口方供款银行还贷付息。进口厂商则与银行在国内按商定的方式结算清偿。对于出口方银行来说，贷款给国外的买方银行，还款风险大大降低。因此，这种方式较为流行。

阅读资料 8—2

出口信贷君子协定

出口信贷君子协定（gentlemen's agreement on export financing）是美国、英国、法国、联邦德国、日本、意大利等六国于1975年在巴黎召开政府首脑会议，就出口信贷问题达成的一项协定。由于该协定只是各国之间的一项约定，不具备法律约束力，故称君子协定。协定于1976年7月1日正式生效，1977年年底，经济合作与发展组织（简称经合组织）也把该协定作为协调会员国的出口信贷条件，于1978年2月对官方支持的出口信贷制定了一个指导原则，对贷款的商品种类、利率、还款期、每个合同的支付现款金额及其他信贷条件作了规定。

协定最重要的内容是确定最低利率。经合组织按人均国民生产总值将借款国家分为富裕国家、中等收入国家和贫穷国家三类，借款国的类别随一国经济条件变化不定期调整。根据不同国家类别，该组织对官方支持的出口信贷确定最低利率，通常称“经合组织君子协定利率”。1983年10月15日对最低利率作了新规定：(1) 最低利率水平应与市场利率相联系，每半年调整一次（每年1月15日和7月15日）；(2) 对使用低利率贷款的发展中国家，如果其贷款期限低于2年半，则利率与商业贷款利率相近；(3) 对国内商业利率低于最低利率的国家，规定了出口信贷最低利率的水准基点，通常以商业参考利率为准，各国货币的商业参考利率通常是由该国政府5年期债券的收益率再加1%构成。

1. 人均国民生产总值在 3 000 美元以上的富国，还款期 2～5 年的借款最低利率为 7.75%，5～8 年的为 8%；

2. 人均国民生产总值在 1 000～3 000 美元的中等收入国家，还款期 2～5 年的利率为 7.25%，5～8 年的为 7.75%；

3. 人均国民生产总值 1 000 美元以下的国家，还款期 2～5 年的利率为 7.25%，5～8 年及 8～10 年的均为 7.5%。

1983 年 10 月，对君子协定再次作了修订，以后每年 1 月和 7 月自动进行调整。

资料来源：http：//www.caijingjx.com/putongjiaoyu/jingjimingci，2009-10-24.

8.1.3 出口信贷国家担保制

出口信贷国家担保制（export credit guarantee system）是指一国为了扩大出口，对于本国出口商或商业银行向国外进口商或银行提供的信贷，由国家设立的专门机构出面担保。当外国债务人因政治原因（如进口国发生政变、革命、暴乱、战争以及政府实行禁运、冻结资产或限制外汇支付等）或经济原因（如进口商或借款银行破产倒闭无力偿还、货币贬值、通货膨胀等）拒绝付款时，这个国家的机构即按照承保的数额给予补偿。出口信贷国家担保制是国家替代出口商承担商业保险公司所不能承担的出口风险，支持出口商争夺国外市场，扩大出口的措施之一。

1. 担保对象

出口信贷国家担保制的担保对象主要有两种：

（1）对出口厂商的担保。出口厂商因出口商品提供的短期或中长期信贷均可向国家担保机构申请担保。有些国家的担保机构本身不向出口厂商提供出口信贷，但它可以为出口厂商取得出口信贷提供有利条件。例如，有的国家采用保险金额的抵押方式允许出口厂商获得承保权，以授权书方式转移给供款银行而取得出口信贷。这种方式使银行提供的贷款得到安全保障，一旦债务人不能按期还本付息，银行即可从担保机构得到补偿。

（2）对银行的直接担保。银行所提供的出口信贷均可得到国家担保机构的直接担保，而且可以得到更为优厚的补偿待遇。例如，英国出口信贷担保署对商业银行向出口厂商提供的某些信贷，一旦出现过期未能清偿付款时，该署可以给予 100% 的偿付，而不问未清偿的原因，但保留对出口厂商的追索权。

2. 担保的项目与金额

通常商业保险不承保的项目，都可向担保机构进行投保。

（1）政治风险。例如，进口国发生革命、暴乱、战争、政治禁运、冻结所造成的损失。一般补偿合同金额的 85%～95%。

（2）经济风险。例如，对进口厂商或贷款银行破产、倒闭、无力偿付、货币贬值或通货膨胀等原因造成的损失给予补偿。承保金额为合同的 70%～80%。

3. 担保的期限和费用

出口信贷国家担保的期限通常依贷款期限的不同分为短期与中长期两种。短期信贷担保一般为 6 个月，最长不超过一年。为了简化手续，有的国家对短期信贷采用综合担保的方式，出口厂商一年只需办理一次投保，就可承担在这一年中对海外的一切短期信贷交易。一旦外国债务人拒付，出口厂商就可以从担保机构得到补偿。中长期信贷担保时间通常为 2～15 年，最长可达 20 年。由于这种信贷金额大、时间长，一般采用逐笔审批的特殊担保方式。

出口信贷国家担保是各国鼓励出口的措施之一，所以收费低廉，保险费率根据出口担保的项目内容、金额、期限长短和输往国别或地区而有所不同。各国保险费率不同，如英国为 0.25%～0.75%，德国为 1%～1.5%。

8.1.4 商品倾销

商品倾销（products dumping）是指商品以低于国内市场价格，甚至低于生产成本的价格，在国外市场大量抛售，打击竞争对手，占领和垄断市场。

按商品倾销的目的不同可以分为三种。

1. 偶然性倾销

偶然性倾销（sporadic dumping）通常是指因为本国市场销售旺季已过，或因公司改营其他业务，在国内市场上很难售出的积压库存，以倾销的方式在国外市场抛售。由于这种倾销持续时间短、销售量小，对进口国同类产业影响不大，进口国通常较少采用反倾销措施。

2. 间歇性或掠夺性倾销

间歇性或掠夺性倾销（intermittent/predatory dumping）是以低于国内价格甚至低于成本的价格在国外市场销售，其目的是打击竞争对手，垄断市场，从而获得高额垄断利润。这种倾销严重损害了进口国利益，违背了公平竞争原则，因而许多国家都采取反倾销措施予以制裁。

3. 持续性倾销

持续性倾销（persistent dumping）是指长期、持续以低于国内市场价格在国外市场销售商品。这种倾销因具有长期性，所以采用规模经济，扩大生产，降低成本，或依靠本国政府的出口补贴来进行。

商品倾销由于实行低价策略，必然会导致出口商利润减少甚至亏损。这一损失一般可以通过以下途径得到补偿：(1) 采用关税壁垒和非关税壁垒措施控制外国商品进口，防止对外倾销商品回流，以维持国内市场上的垄断高价。(2) 出口国政府对倾销商品的出口商予以补贴，以补偿其在对外倾销商品中的经济损失，保证外汇收入。(3) 出口国政府设立专门的机构，对内高价收购，对外低价倾销，由政府负担亏损。例如，美国政府设立的农产品信贷公司，在国内高价收购农产品，而以低于国内价格一半的价格长期向国外倾销，由此引发的农产品信贷公司的亏损则由政府财政给予差额补贴。(4) 出口商在以倾销手段挤垮竞争对手，垄断国外市场后，再抬高价格，以获得的垄断利润来弥补以前倾销商品的亏损。实际上，采用上述措施往往不仅能够弥补损失，而且能带来较高利润。

商品倾销成为当今世界各国争夺市场、扩大出口的重要措施之一，这也加剧了各国在世界市场上的矛盾，各种形式、各种程度的贸易战频频发生，反倾销也成为各国贸易保护的有力武器，其中，发展中国家成为最大的受害者。发达国家并不遵循世界贸易组织对此的规定。事实上，反倾销已成为一些国家特别是发达国家实行贸易保护主义的一种工具。

8.1.5 外汇倾销

外汇倾销（exchange dumping）是出口企业利用本国货币对外贬值的机会，争夺国外市场的特殊手段。当一国货币贬值后，出口商品以外国货币表示的价格降低，提高了该商品的竞争能力，从而扩大了出口。与此同时，进口商品的价格由于本国货币贬值而上升，从而削弱了进口商品的竞争力，达到限制进口的作用。

当然，外汇倾销不能无限制、无条件进行，只有满足以下三个必备条件才能起到促进出口、限制进口的双重作用。

一是货币贬值的程度大于国内物价上涨的程度。货币贬值必然引起一国国内物价上涨。当国内物价上涨幅度赶上或超过货币贬值的幅度时，内外贬值差距消失，也就不存在外汇倾销了。但一般来讲，国内物价上涨滞后于货币贬值。因此，外汇倾销可以在一段时间内进行，促进货币贬值国的商品出口。

二是其他国家不同时实行同等程度的货币贬值和其他报复性措施。

三是不宜在国内通货膨胀严重的背景下贸然采用。

8.1.6 促进贸易发展的组织措施

第二次世界大战后，西方国家为了促进出口贸易的扩大，在制定一系列鼓励出口政策的同时，还不断加强出口组织措施。这些措施主要有：

（1）成立专门组织，研究与制定出口战略。

（2）建立商业情报网，加强国外市场情报工作，及时向出口商提供商业信息和资料。

（3）建立贸易中心，组织贸易博览会。

（4）组织贸易代表团出访和接待来访，以加强国际经贸联系。

（5）组织出口厂商的评奖活动，以形成出口光荣的社会风气。

8.2 出口管制措施

出口管制（export control）是指国家出于某些政治、军事和经济目的，通过法令和行政措施，对本国出口贸易实行管理和控制，限制和禁止某些战略性商品和其他重要商品出口到国外。

8.2.1 出口管制的原因

1. 政治原因

冷战结束后，世界政治格局发生了新的变化。为了稳定国际新秩序，促进国际政治环境稳定，破坏世界安定的战争行为自然要受到世界各国人民的谴责。联合国在国际事务中日益发挥着重要的作用，对实行战争侵略的国家实行制裁、禁运就是迫使发动战争的国家停止侵略行为的主要措施。

2. 军事原因

为了彻底制止核战争的爆发，禁止无核国家发展核武器，国际社会通过了《核不扩散条约》，各国都有义务对可能用于核武器制造的技术与装置、原料的出口实施出口管制。同样，国际社会对化学武器及其原材料的出口也应限制。

3. 经济原因

发达国家为了保持在技术上对其他国家的领先地位，对高技术及相关产品的出口加以限制；为了缓和与进口国家在贸易上的摩擦，在进口国的压力下，出口国实行"自动"限制出口；为了保护国内生产秩序和资源，对某些物资的出口加以限制。

8.2.2 出口管制的商品

出口管制的商品主要分为以下几类：

（1）战略物资及尖端技术。如军事装备、高技术产品等，这些产品对维护国家安全、保持科学技术的优势地位具有重大意义。

（2）国内紧缺物资。包括国内市场紧缺的商品及国内生产所需的原材料、半成品等。这些商品直接影响国内市场的供应，是保持经济稳定发展的重要物资。

（3）珍贵文化艺术品、贵金属（如黄金、白银）等特殊商品。

（4）自动限制出口的商品。为了缓和或避免与进口国家的贸易摩擦，或迫于进口国的压力，被迫管制具有竞争力的商品，如发展中国家的纺织品。

（5）出口国或组织垄断的商品。例如，石油输出国组织（OPEC）对其成员国石油产量及出口量的管制，其目的是维持垄断价格。

8.2.3 出口管制的形式

出口管制分为两种形式。

1. 单边出口管制

单边出口管制是指一国根据本国的需要，制定出口管制方面的法案，设立专门的执行机构，对本国某些商品的出口进行审批和颁发出口许可证，实行出口管制。单边出口管制由一国单方面自主决定，是实施歧视性贸易政策的手段。例如，早在1917年美国国会就通过《1917年与敌对国家法案》，禁止对敌对国进行财政金融和商业贸易。随着国际政治经济形势变化，又相应地制定并多次修改了各种出口管制法规条例。从总体上讲，管制程度较以前有所下降，手续也日渐简便。

2. 多边出口管制

多边出口管制是指几个国家政府通过一定的方式建立国际性多边出口管制机构，商讨和编制多边出口管制货单和出口管制国别，规定出口管制的办法，以协调彼此的出口管制政策和措施，达到共同的政治和军事目的。

1949 年 11 月，在美国操纵下西欧 12 国成立的巴黎统筹委员会就是一个实行多边出口管制的组织机构，其主要宗旨就是管制对社会主义国家出口商品，其主要功能是编制增减多边禁运货单，规定禁运的国别和地区等。随着冷战的结束，该组织失去了过去的意义，于 1994 年 4 月 1 日正式解散。

8.2.4 出口管制的方式

一国控制商品出口的方式多种多样，最普遍使用的方式是出口许可证制度。出口许可证根据不同的商品、管制程度不同，可分为一般许可证和特种许可证。

1. 一般许可证

一般许可证无须向有关机构申请，只要在出口报关单上填明该商品的一般许可证编号，经海关核实，就可办妥出口手续。

2. 特种许可证

特种许可证即需要由有关机构审批颁发的许可证。例如，对于那些敏感商品的出口，必须向有关机构申请特种许可证。出口商品要在许可证上填写出口的内容和目的地以及用途等，再附上其他有关证件一起报批，批准后方能出口。

总之，出口管制一直是一些国家保护本国政治、经济利益，贯彻对外政策最有效的手段，这对双方国家乃至世界经济发展都造成了负面影响。

本章小结

1. 鼓励出口和出口管制措施是各国根据本国的实际情况，在世贸组织规则的约束下，在保证本国生产需求、政治稳定、经济发展的前提下，积极扩大商品出口、维护本国利益的有效手段。

2. 各国采取的鼓励出口措施主要包括出口补贴、出口信贷、出口信贷国家担保制、商品倾销、外汇倾销及促进出口的其他措施等。

3. 出口管制措施主要是对特殊商品的出口管制和采取单边或多边的组织管制措施。

核心概念

出口补贴　出口信贷　出口信贷国家担保制　商品倾销　外汇倾销

复习思考题

1. 什么是买方信贷？什么是卖方信贷？两者的区别是什么？
2. 什么是外汇倾销？实施的条件是有哪些？
3. 简述主要的出口鼓励措施。
4. 一个国家为什么要对出口进行管制？
5. 商品倾销的类型及弥补倾销造成亏损的途径有哪些？

案例分析

中国提高焦炭出口配额回应欧盟诉讼

商务部将2009年第二批焦炭出口配额提高至613万吨，虽然配额的提高可能无助于实际出口量的增加，但是在欧盟和美国的诉讼背景下，此举却能显示出商务部的谈判艺术。

商务部网站7月1日发布了焦炭2009年度第二批一般贸易出口配额的通知，2009年下半年中国焦炭出口配额为613万吨，较上半年第一批配额的578万吨增加35万吨，配额分配的企业仍维持在包括中国五矿集团公司、中国中化集团公司和中国中钢集团在内的37家。至此，2009年中国焦炭出口配额达1 191万吨，与2008年1 201万吨的出口配额基本持平。

就在第二批配额发布前的6月23日，欧盟和美国联合要求与中国在世界贸易组织争端解决机制下展开磋商，声称中国限制多种稀缺原材料出口，违反了“入世”承诺。此次要求磋商的事项具体包括中国对焦炭等材料实施的出口数量限制、出口税，以及出口最低限价和出口合同审批程序等相关不合理要求。欧盟认为，中国限制原材料出口，通过最低限价和出口税人为抬高销往国际市场的原材料价格，直接损害了欧盟下游产业的竞争力，甚至在个别情况下完全切断了欧盟产业的关键性投入，导致这些欧盟企业与中国同行处于不公平竞争状态。

面对欧盟先反倾销后控诉限制出口的闹剧，中国一方面不断提高焦炭的出口关税，一方面又增加出口配额。对此，程大为认为，前5个月中国的实际焦炭出口少得几乎可以忽略不计，在国际市场持续低迷的前提下，即便多给配额，也不一定会刺激出口。

近年来，在资源和环境的压力下，中国政府逐渐改变了鼓励焦炭出口的政策，焦炭出口关税不断提高，2004年底焦炭出口退税取消，2006年底开始对焦炭征收5%的出口关税，2007年5月21日进一步将焦炭出口关税提高10个百分点至15%，2008年开始，焦炭出口关税再度提高10个百分点，达到25%，目前出口关税已经提高到40%。

在这一背景下，2007年中国出口焦炭达到1 530万吨的顶峰，2008年上半年焦炭出口配额962万吨，下半年则骤减至239万吨。而2009年前5个月，中国焦炭出口仅为20.6万吨，其中5月份出口更是降至2.2万吨，环比下降12.4%，同比下降99%。

资料来源：中金在线，http：//futures. cnfol. com，2009-07-03。

思考题：

1. 中国焦炭出口配额调整是否影响其出口量？其调整会影响哪些相关产业的发展？
2. 分析本案例中我国的关税政策与配额政策相互配合的技巧和作用。

第9章

区域经济一体化与跨国公司

章首阅读　穷富结亲的利弊——北美自由贸易区带给墨西哥什么

2004年1月1日是《北美自由贸易协定》正式生效10周年的日子，10年前由美国、加拿大和墨西哥积极倡导建立、覆盖人口达4亿的世界上最大的自由贸易区，究竟给墨西哥这个发展中国家带来了什么？

统计数据显示，《北美自由贸易协定》生效10年来，区域内贸易额由1993年的3 060亿美元增加到2003年的6 210亿美元，其中，墨西哥对美国的出口额由1994年的510.6亿美元上升到2002年的1 430亿美元，增加了近两倍；墨西哥对加拿大的出口亦有较大幅度的增长。

10年中，墨西哥年均吸引外国直接投资高达120亿美元，是印度尼西亚的3倍；人均收入增加了24%，达到4 000美元。墨西哥总统福克斯在接受《商业周刊》采访时指出："北美自由贸易区为我们的经济发展提供了强大的推动力，墨西哥目前经济规模达到5 940亿美元，世界排名由12年前的第15位上升到现在的第9位。"

北美自由贸易区在对墨西哥经济带来推动作用的同时，也带来了不容忽视的影响。首先，墨西哥农业受到相当程度的冲击。美国卡耐基国际和平慈善基金会公布的报告指出，正当自由贸易倡导者为墨西哥北部出口加工区10年间创造75万个就业机会而欢呼的时候，享受高额补贴的美国农产品如潮水般涌入墨西哥，并在过去10年中导致130万墨西哥农民破产。墨西哥国立自治大学的一项研究表明，自《北美自由贸易协定》生效至今，墨西哥农作物种植面积削减了400万公顷，同期农业提供的就业机会减少了10%，1 500万农业人口，其中多数是年轻人，迁移至城市或移民美国，农民收入也已下降至城市最低收入的30%，而且这一状况正在随着农产品关税的进一步降低而恶化。其次，大量外资工厂的涌入对墨西哥生态环境造成了严重破坏。美国塔夫斯大学的一项研究显示，协定生效后，墨西哥制造业产生的空气污染程度比协定签署前增加了两倍，而政府并没有按照原来的承诺提供足够的环保基建投资。

越来越多的美国投资者正在将目光转向投资环境更好的中国、印度尼西亚等亚洲国家。此外，墨西哥出口加工原材料国产化比例始终没有提高，跨国企业所需的原材料的98%依赖进口；墨西哥在技术转移上未对跨国公司做出更多的要求，这使得多数达成的技术转让项目只是生产商放弃多年的淘汰技术。

分析家指出，该协定在出口、吸引外资方面无疑是非常成功的，但发展中国家在与发达国家建立自由贸易区时，存在制度、管理和技术上的劣势，再加上墨西哥政府相关的体制改革和基础设施建设未能跟上，必然出现一系列负面效应。墨政府要想克服《北美自由贸易协定》带来的负面影响，就必须加快国内体制改革，利用自由贸易带来的财富进行产业升级，追加教育、能源、环境等关系到可持续竞争力领域的再投资。

资料来源：叶书宏：《穷富结亲的利弊——北美自由贸易区带给墨西哥什么》，载《经济参考报》，2003-12-31。

思考：

北美自由贸易区究竟能否成为通过自由贸易实现发达国家与发展中国家优势互补的成功范例？

区域经济合作已成为世界经济发展的大趋势。通过本章的学习，主要掌握区域经济一体化的概念和形式、关税同盟的效应；了解欧洲经济共同体的基本情况、欧洲统一大市场的建立及欧洲经济与货币联盟的基本内容、亚太经济合作组织的性质及其进展；掌握跨国公司的概念和要素、公司跨国经营的动因、跨国公司的发展及其意义；重点掌握关税同盟理论的核心观点。

9.1 区域经济一体化

9.1.1 区域经济一体化的发展

第二次世界大战后，资本主义经济的发展翻开了新的一页，西方发达国家的经济得到了新的发展。在科技革命的推动下，生产力迅速发展，世界经济一体化正在成为一种不可遏制的趋势，其表现之一就是区域经济一体化的出现和不断深化。

1. 区域经济一体化发展经历的三个阶段

(1) 初创阶段。20世纪五六十年代，一批区域经济一体化组织开始出现。1949年1月，苏联和东欧国家成立了经济互助委员会；1951年4月，欧洲煤钢共同体成立；1958年1月1日，欧洲经济共同体、欧洲原子能共同体成立；1960年5月3日，欧洲自由贸易联盟正式成立。

20世纪60年代以后，发展中国家也相继建立了60多个区域经济一体化组织，如东南亚国家联盟、拉丁美洲一体化协会、中美洲共同市场、西非国家经济共同体等。

(2) 停滞阶段。20世纪70年代中期至80年代中期，欧洲共同体以及欧洲自由贸易联盟、经济互助委员会等一体化组织进程缓慢；而发展中国家经济一体化大多遭受挫折，一些组织中断活动或解体。

（3）快速发展阶段。20世纪80年代中期以来，区域经济一体化重现高涨，越来越引起人们的关注。到目前为止，世界上区域经济一体化协议已达30多个，参加的国家和地区有170多个。据世界贸易组织统计，截至2006年12月，向世贸组织通报的各种区域贸易安排已达368个。目前全球已有45%以上的贸易属于区域内贸易。区域经济一体化已同经济一体化一起成为主宰当代经济活动的两大相互联系又相互矛盾的潮流。我国进入21世纪以来已参加了多个区域经济一体化组织，如中国—东盟自由贸易区、中巴（巴基斯坦）自由贸易区、中新（新西兰）自由贸易区等。

2. 区域经济一体化的特点

当前区域经济一体化趋势呈现出以下三个特点：

第一，欧盟等一体化组织正在吸收更多的成员国，且一体化的范围更加广泛，目标更高。

第二，美国对区域经济一体化的态度已经从反对转向参与，进而积极发展区域经济一体化，并且使工业发达国家与发展中国家之间的区域经济一体化成为现实。

第三，发展中国家之间的区域经济一体化正恢复活力，改变战略，从内向型向外向型转变。

3. 区域经济一体化发展的客观经济基础

第一，区域经济一体化是战后社会生产力发展和各国间国际分工日益加深的需要。第二次世界大战以后，以原子能、电子计算机和空间技术的发展和应用为标志的第三次科技革命，极大地促进了生产力的发展，生产专业化和国际化进一步加强，发达国家之间的工业分工成为国际分工的主导形式，国际分工更多地带有水平型分工的性质。产品专业化、零部件专业化和工艺过程专业化使有关国家组成了国际生产的流水线。于是，国际投资和国际贸易就更多地集中在发达工业国家之间进行，而且贸易的商品结构发生了变化，最终产品比重下降，各种零部件比重上升。

国际分工的变化提高了发达国家，尤其是相邻国家之间经济联系的重要性。国际分工引起的国际投资和国际贸易的变化越来越要求冲破民族和国家为其所设置的种种障碍和界限，使生产要素在世界范围内自由流动、自由配置。

一般来说，经济发展水平越高，国际分工越细，相互依存关系越紧，消除障碍和实现一体化的要求就越迫切。各国间生产力发展水平越接近，经济、政治制度和意识形态越相似，越容易消除障碍、达成协议，也更能平等地享受一体化带来的利益。

第二，世界经济发展的不平衡促进了区域经济一体化的产生和发展。第二次世界大战后，美国在世界经济领域拥有绝对优势。而欧洲各国正在恢复经济，难以单独与美国抗衡。为了加快经济发展的步伐，重建欧洲经济，进一步提高各国在世界经济中的竞争力，欧洲各国开始走上区域经济一体化的道路。20世纪70年代，世界经济格局发生变化，欧洲经济共同体和日本成为美国经济强有力的挑战者。日本面对欧洲、北美一体化的强大压力，为了在世界经济和国际贸易中争取更有利的地位，也在积极寻求与亚太地区各国进行一体化合作的机会和途径，如以 2003 年 10 月日本与东盟正式签署《日本与东盟全面经济合作伙伴框架协议》为标志的日本—东盟自由贸易区的进程正式启动，计划 2017 年建成日本—东盟自由贸易区。

第三，区域经济一体化是维护民族经济权益的需要。20 世纪 50 年代以来，殖民体系纷纷瓦解，殖民地附属国相继取得了政治上的独立，开始致力于民族经济的发展。但广大的发展中国家和地区在国际经济发展中处于劣势地位，主要问题是：资金不足，物质和技术能力薄弱，经济结构欠合理，国内市场狭窄，无力单独建设大型工业项目，因此，这些国家和地区为了得到发展不得不保持并发展与原宗主国、发达国家的经济联系，努力加强彼此之间的经济合作，走区域经济一体化的道路。

9.1.2 区域经济一体化的含义、形式

1. 区域经济一体化的含义

经济一体化有广义和狭义之分。广义的经济一体化，即世界经济一体化或经济全球化，是指世界各国经济之间彼此相互开放，逐渐形成越来越多的相互联系、相互依赖的有机体的过程。

狭义的经济一体化，即区域经济一体化（regional economic integration），是指越来越多的地理区域上比较接近的两个或两个以上的国家或经济体，为了维护经济和政治利益，通过达成某种协议而建立起普遍的各种形式的经济合作组织的过程。

2. 区域经济一体化的组织形式

区域经济一体化组织的特点是：行为主体是国家或经济体，是国家和经济体之间的关系；通过条约或协议联系成员；成员之间奉行自由贸易，实行互利；对非成员实行保护贸易，具有排他性；带有区域地理性。

（1）按照贸易壁垒取消的程度或一体化目标的高低，区域经济一体化组织可分成六种形式。

1）优惠贸易安排（preferential trade arrangement）。优惠贸易安排是指在成员国间通过协定或其他形式，对全部商品或一部分商品给予特别的关税优惠。这是经济一体化中最低级和最松散的一种形式，典型的有 1932 年英国与一些大英帝国以前的殖民地国家之间实行的英联邦特惠制。

2）自由贸易区（free trade area）。自由贸易区是指由签订自由贸易协定的国家组成一个贸易区，在区内各成员国之间废除关税和其他贸易壁垒，实现区内商品的完全自由流动，但每个成员国仍保留对非成员国的原有壁垒。如 2010 年 1 月 1 日建成的“中国—东盟 10+1”自由贸易区。

3）关税同盟（customs union）。关税同盟是指成员国之间完全取消关税或其他壁垒，同时协调其相互之间的贸易政策，建立对同盟外国家的统一关税。这在自由贸易区的基础上更进了一步，开始带有超国家的性质，典型的有欧洲经济共同体。

4）共同市场（common market）。共同市场是指成员国之间不仅实现贸易自由化，而且在成员国之间进一步消除对生产要素流动的限制，实现技术、资本、劳动

力等生产要素成员国间的自由流动。典型的如欧洲统一市场。

5）经济同盟（economic union）。经济同盟是指成员国之间不仅商品和生产要素可以完全自由流动，建立统一对外关税，而且成员国制定并执行一些共同的经济政策和社会政策，逐步消除各国在政策方面的差异，形成一个庞大的超国家的经济实体。典型的如目前的欧洲联盟。

6）完全经济一体化（complete economic integration）。完全经济一体化是区域经济一体化的最后阶段。它除具有经济联盟的特征外，其成员国在经济、金融、财政等政策上完全统一。各成员国之间完全消除商品、资金、劳动力等自由流动的人为障碍，使用共同货币。此时的一体化已经从经济联盟扩大到了政治联盟，目前欧盟正在向此形式迈进。

按贸易壁垒取消的程度划分的区域经济一体化组织的六种形式，也可以看成是一体化发展的六个阶段，但阶段之间不一定具有必然的先后逻辑过程。例如，欧洲经济共同体是从关税同盟开始的，并未经过优惠贸易安排和自由贸易区阶段；而欧洲自由贸易联盟也未必要向关税同盟发展。六种经济一体化组织形式的比较如表 9—1 所示。

表 9—1　　各种经济一体化组织形式的比较

组织形式	减少彼此间的贸易壁垒	取消彼此间的贸易壁垒	共同的对外贸易壁垒	生产要素的自由流动	实现经济政策的协调	由中心机构决定共同的货币、财政政策
自由贸易区	有	有	无	无	无	无
关税同盟	有	有	有	无	无	无
共同市场	有	有	有	有	无	无
经济同盟	有	有	有	有	有	无
完全经济一体化	有	有	有	有	有	有

（2）按参加国的经济发展水平，区域经济一体化组织可以分为两种形式。

1）水平一体化（horizontal integration）。水平一体化又称为横向一体化，它是由经济发展水平相同或接近的国家组成的。从区域经济一体化的发展实践来看，现存的一体化大多属于这种形式。

按成员国构成的不同，可以把水平经济一体化组织分为两类：发达国家型——由发达国家组建的经济一体化组织，典型的如欧洲联盟；发展中国家型——由发展中国家组成的经济一体化组织，如东盟自由贸易区。

2）垂直一体化（vertical integration）。垂直一体化又称为纵向一体化，它是由经济发展水平不同的发达国家和发展中国家共同组建的经济一体化组织形式，也称为南北型经济一体化。例如，1994 年 1 月 1 日建成北美自由贸易区，它把经济发展水平不同的发达国家（美国、加拿大）和发展中国家（墨西哥）联系在一起，使建立自由贸易区的国家之间在经济上具有更大的互补性。

（3）按一体化内容的范围大小划分，区域经济一体化组织有两种形式。

1）部门一体化（sectional integration）。它是指区内各成员国的一种或几种产业（或商品）的一体化。例如，1952年7月25日建立的欧洲煤钢共同体，1958年1月1日建立的欧洲原子能共同体。

2）全盘一体化（overall integration）。它是指将区域内各成员国的所有经济部门加以一体化。例如，欧洲联盟和1991年解散的经济互助委员会。

经济一体化是关于成员间贸易壁垒的逐步撤除和各种合作互助关系的不断建立。贸易壁垒的撤除被称为一体化中“消极”的一面，合作关系的建立则被称为“积极”的一面，因为合作的建立往往要求参加者改变现有的制度或机构，或建立新的制度和机构以使一体化地区的市场能适当而有效率地运转。

9.1.3 区域经济一体化组织建立的条件

一个区域经济一体化组织的建立需要多方面的条件，具备这些条件也有助于经济一体化组织的稳定与发展，这些条件主要有：

（1）成员国在地理位置上相互邻近；

（2）成员国之间经济互补；

（3）一体化组织需要照顾到每个成员国的经济利益；

（4）成员国之间的政治制度比较接近。

9.1.4 关税同盟理论

对于经济一体化，国际上也有一些不同的理论。鉴于绝大多数的地区经济一体化还未超出关税同盟的程度，而且在所有的理论中关税同盟理论也比较成熟，下面主要介绍这一理论。

1. 关税同盟的静态效应

（1）贸易创造效应（trade creating effect），是指关税同盟内部实行自由贸易，成员国之间相互取消关税和非关税壁垒，产品从成本较高的本国生产转移到成本较低的成员国生产，从成员国进口所带来的贸易规模的扩大，新的贸易得以创造，从而提高了成员国的福利。

（2）贸易转移效应（trade diversing effect），是指建立关税同盟之后对外实行保护贸易政策，导致原来从同盟外国家较低成本的进口，转向从成员国较高成本的进口，成员国之间的相互贸易代替了成员国与非成员国之间的贸易，从而造成贸易方向的转移。

总的来说，关税同盟的建立一方面引起了成员国之间贸易创造的增加，另一方面引起了成员国与非成员国之间的贸易转向。其最终福利取决于二者权衡的结果。

我们通过图9—1来说明这两种效应。

假设世界上有A，B，C三个国家，都生产某一相同产品，但三国的生产成本各不相同。现以A国为讨论对象，在图9—1中，S_A表示A国的供给曲线，D_A表示A国的需求曲线。假设B，C两国的生产成本是固定的，图中P_B，P_C两条直线分别

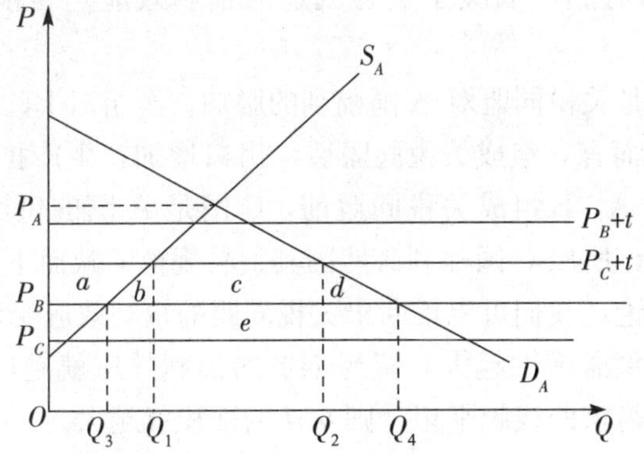

图 9—1　关税同盟的静态效应

表示 B，C 两国的生产成本，其中 C 国成本低于 B 国。在组成关税同盟之前，A 国对来自 B，C 两国的商品征收相同的关税 t。假设 A 国是一个小国，征收关税之后，B，C 两国的相同产品若在 A 国销售，价格分别为 $P_B+t, P_C+t(<P_A)$，很显然，B 国的产品价格要高于 C 国，故 A 国只会从 C 国进口，而不会从 B 国进口。此时，A 国国内价格为 P_C+t，国内生产为 OQ_1，国内消费为 OQ_2，从 C 国进口为 Q_1Q_2。假设 A 国与 B 国组成关税同盟，组成关税同盟后共同对外关税假设仍为 t，即组成关税同盟后，A 国对来自 B 国的进口不再征收关税，但对来自 C 国的进口仍征收关税。如图所示，B 国产品在 A 国的销售价格现为 P_B，低于 P_C+t，所以 B 国取代 C 国，成为 A 国的供给者。由于价格的下降，A 国生产缩减至 OQ_3，Q_3Q_1 是 A 国生产被 B 国生产替代的部分，此为生产效应。另一方面，价格的下降引起 A 国消费的增加，消费由原来的 OQ_2 增至 OQ_4，消费的净增部分 Q_2Q_4 为关税同盟的消费效应。组成关税同盟后，A 国的进口由原来的 Q_1Q_2 扩大到 Q_3Q_4，新增加的贸易就是贸易创造效应。如图所示，贸易创造效应＝生产效应＋消费效应＝$Q_3Q_1+Q_2Q_4$。除去贸易创造部分，剩下的 Q_1Q_2 部分，原来是从同盟外（C 国）进口的，但组成关税同盟后，则改从同盟内其他成员（B 国）进口，即贸易方向发生了转移，故贸易转移效应 $=Q_1Q_2$。

2. 关税同盟的福利效应

组成关税同盟后，A 国消费者福利改善，而生产者福利则降低。

综合起来，关税同盟建立对 A 国产生的净福利效应 $=(a+b+c+d)-a-(c+e)=(b+d)-e$。其中，$(b+d)$ 为贸易创造的福利效应；a 表示生产者剩余减少，也是消费者剩余增加的一部分；b 表示因同盟内成本低的生产（B 国）替代了国内成本高的生产而导致的资源配置效率的改善；$(c+e)$ 表示关税同盟建立后关税收入的减少；d 表示同盟内废除关税后进口价格下降、国内消费扩大而导致的消费者福利的净增加；e 表示贸易转移的福利效应，因贸易转移意味着同盟内成本高的生产替代了原来来自同盟外成本低的生产，故 e 表示这种替代所导致的资源配置扭曲，即贸易转移对 A 国的福利不利。这样，关税同盟对 A 国福利的净影响可表示成贸易创造的福利效应减去贸易转移的福利效应。加入关税同盟对A国究竟是否有利，取决于贸易创造的福利效应是否能抵消贸易转移的福利效应。

以上考虑的是关税同盟对A国福利的影响。至于对B，C两国的影响，具体情况如下：对B国而言，组成关税同盟后，出口增加，生产扩张，所以对B国有利；对C国来说，在A，B组成关税同盟前，C国是A国的供给者，但现在因贸易转移，其出口减少，所以C国福利必然因其贸易规模缩减而下降。

根据以上讨论，我们可以推断出关税同盟的福利效应受以下几个因素的影响：

(1) A国的供需弹性越大，贸易创造的福利效应就越明显。在图9—1中，A国的供给曲线和需求曲线越平坦，则b,d的面积就越大。

(2) 组成关税同盟前，A国的关税水平越高，则组成同盟后贸易创造的福利效应越大，而贸易转移的福利效应就越小。

(3) B，C两国的成本越接近，则贸易转移的福利损失就越小。

综上所述，关税同盟并不一定能够增加福利。既然如此，为什么有些国家希望结成关税同盟呢？事实上，除了上述静态效应外，关税同盟还有其他一些利益，如下面讨论的两种情况。

3. 关税同盟的动态效应

一般认为，关税同盟还会产生长远的动态影响。

第一，规模经济效应。组成关税同盟以后，能把分散的小市场统一起来，成员国的内部市场扩大，从而实现规模经济等技术利益。一体化区域经济的发展带来各行业各部门经济的相互促进和发展。对于规模报酬递增的产业来说，随着规模的扩大，平均成本下降。

第二，优化资源配置。组成关税同盟以后，成员国之间的竞争加剧，专业化分工的广度与深度不断拓展，使生产要素和资源得到更优配置。

第三，促进了竞争。一般认为，高关税有助于垄断。当国内市场比较狭小时，这种作用就更明显。组成关税同盟，在成员国之间降低或取消关税、扩大市场会导致同盟内部竞争加强，专业化分工程度加深，从而提高生产效率和经济福利。

第四，刺激投资的效应。关税同盟建立以后，随着市场的扩大，风险与不稳定性降低，一体化组织内各企业为应对市场的扩大和竞争的加剧，必然增加投资，更新设备，采用新技术，扩大生产规模，以改进产品品质，降低生产成本。由于成员国之间免除关税，对外统一关税，其结果会吸引关税同盟外的国家到同盟内设立避税工厂，以获得豁免关税的利益。

第五，生产要素自由流动的经济效应。关税同盟建立以后，使得市场趋于统一并且竞争加剧，会推动生产要素在这一区域内的自由流动。一般来说，资本和劳动力从边际生产力低的地区流向边际生产力高的地区，使生产要素配置更加合理，要素利用率提高，从而产量增加，经济效益提高。

此外，关税同盟建成后，市场扩大、竞争加强、投资增加、生产规模扩大等因素，还会促使生产厂商更加愿意投资于研究与开发，导致技术不断革新。

9.2　区域经济一体化组织

目前，全球有400多个区域性经济组织，其中最大的三个是欧洲经济共同体、北美自由贸易区、亚太经济合作组织。此外，还有亚欧会议、东亚—拉美论坛、东盟、非洲经济共同体、阿拉伯共同市场等。

9.2.1　欧洲经济共同体

第二次世界大战以后，各种区域性的经济一体化形式层出不穷。各洲、各地区或各种不同类型的国家之间为了推动贸易和经济发展而组成某种形式的一体化集团。然而，在众多的地区一体化集团中，欧洲经济共同体是发展最快也是最成功的。

欧洲经济共同体（European Economic Community，EEC）又叫做欧洲共同市场（European Common Market），它是根据法国、联邦德国、意大利、荷兰、比利时和卢森堡6国政府1957年3月在罗马签订的《欧洲经济共同体条约》（通称《罗马条约》），于1958年1月1日正式宣布成立的。1967年7月，欧洲经济共同体与欧洲煤钢共同体、欧洲原子能共同体合并，合并后仍称欧洲经济共同体（简称欧共体）。

欧洲经济共同体最初是6个国家。1973年1月1日，英国、爱尔兰和丹麦经过长时间谈判正式加入欧共体。欧洲共同体扩大为9国。此后，希腊、葡萄牙和西班牙又先后提出加入欧共体的申请。1981年1月1日希腊正式加入；1986年1月1日，葡萄牙和西班牙也正式加入欧共体。从1995年1月1日起，芬兰、奥地利和瑞典加入欧共体，欧共体进一步扩大成15个国家。

欧共体的主要机构有部长理事会、执行委员会、欧洲议会、欧洲法院和欧洲理事会。欧共体的总部设在比利时首都布鲁塞尔。

1. 欧洲经济共同体的发展进程

（1）建立关税同盟，取消内部关税。按照《罗马条约》的要求，欧共体1958—1969年分三个阶段，每一阶段4年，每一阶段都包括逐步削减欧共体内部成员国之间的关税，以及各国逐步调整对外关税，使欧共体建立共同的对外关税，统一对外关税税率，对主要农产品征收差价税。这样在欧共体成员国范围内完全取消了关税，实现了商品自由流通，对外建立起统一的关税和关税壁垒。

关税同盟是欧共体的重要支柱，促进了欧共体出口贸易的增长。

（2）实现共同农业政策。共同农业政策计划的基本内容是：制定统一的农产品价格管理制度，农产品价格通过欧共体的收购或投放维持在目标价格和干预价格之间，避免价格过分波动；对农产品实行“奖出限入”政策，对农产品进口征收差价税，即按国内价格高于进口价格的额度来征收关税，这样就削弱了外国农产品的价格竞争力，对农产品出口实行补贴制度。共同农业政策的实施使欧共体农业生产率明显提高，农业生产持续增长，农产品自给率大大提高。

(3) 科技共同体和尤里卡计划。《罗马条约》未对研究和科技计划做出规定，但随着科技革命的深入开展和高科技时代的来临，为了振兴欧洲经济和科技力量，缩小同美日的技术差距，1985 年 6 月欧洲理事会通过了《朝着欧洲技术共同目标奋斗》的备忘录，正式提出建立一个欧洲自己的与美苏相抗衡的空间防务体系。为此，法国前总统密特朗于 1985 年 4 月 4 日首先提出尤里卡计划的建议。经过与欧洲各国的反复磋商，同年 11 月在欧洲 18 国外长和科技部长会议上通过了尤里卡计划的原则声明，在这个声明中明确规定了尤里卡计划的目标、内容、实施方案和机构形式。尤里卡计划在初期主要由计算机、机器人、通信网络、生物技术、新材料等五个优先发展计划组成，它是高技术领域的一项重要的系统工程。尤里卡计划成果显著，吸引了越来越多的国家参与，成员国从最初的 17 个增加到 25 个。

(4) 统一大市场。到 20 世纪 80 年代，《罗马条约》关于建立一个真正的共同市场，实现人员、货物、资本和服务资源的自由流动的目标还远未实现。1987 年 7 月生效的《欧洲一体化文件》规定内部市场由一个没有边界的区域构成，在市场内部，商品、人员、劳务和资本可以自由流动。1993 年 1 月 1 日，欧洲统一大市场顺利启动，除了人员流动尚未实现，商品、劳务、资本已基本实现自由流动，它标志着欧洲经济一体化的发展进入了一个新的阶段。

(5) 建立欧洲联盟。1991 年 12 月，欧共体 12 国首脑在荷兰马斯特里赫特举行会议并达成协议，签署了《经济与货币联盟条约》(即《马斯特里赫特条约》)，决定最迟于 1999 年 1 月 1 日起建成欧洲货币联盟，实行单一货币。目前，这一目标已顺利实现。正是由于欧共体签订了《马斯特里赫特条约》后已朝着经济和货币联盟方向迈出了实质性的一步，因此，欧共体现已被称做欧洲联盟(简称欧盟)。

此外，欧共体已于 1992 年 2 月同欧洲自由贸易联盟 7 国就建立自由贸易区达成协议。这样，欧洲 19 个国家就成了世界上最大的自由贸易区(1995 年芬兰、奥地利和瑞典加入欧盟之后，欧洲自由贸易联盟缩小为 4 国，但欧盟扩大成 15 国，所以自由贸易区仍为 19 国)。它们还将在商品、资本、人员等方面实行完全的自由流动，在工业和产品方面统一标准，在教育科研方面加强合作。

(6) 建立欧洲统一货币体系。欧洲货币体系于 1979 年 3 月正式成立，它是为促进同盟内贸易、保证各成员国货币的相对稳定而建立的国家间的货币联盟，其主要内容有：建立欧洲货币单位；建立联合汇率制度，成员国之间实行固定汇率，对外实行联合浮动汇率，从而形成一个相对稳定的汇率制度；建立欧洲货币基金组织，向成员国提供中期贷款，借以干预市场、稳定汇率、调节国际收支。

1993 年 11 月 1 日生效的《马斯特里赫特条约》为建立欧洲货币联盟规定了时间表和步骤。按照《马斯特里赫特条约》，货币联盟将分为三个阶段实施。经过欧洲各国的艰苦努力，欧洲联盟计划得以顺利进行。1999 年 1 月 1 日，划时代的欧洲单一货币——欧元付诸实施，至 2001 年 12 月 31 日是欧元的转化期，2002 年 7 月 1 日欧元已取代货币联盟成员国原货币，成为货币联盟内部的单一货币。

欧元的正式启动是继 20 世纪 70 年代布雷顿森林体系瓦解以来国际货币领域中

影响最为深远的事件，它宣告了美元和欧元两极时代的到来，将使企业在国际贸易方面减少外汇风险，从而加强了企业之间的竞争。

2. 欧盟的发展和扩大

为了成为国际舞台上举足轻重的强大实体，欧盟一直在争取苏联经互会集团的东欧地区各国“回归欧洲”。1999 年，欧盟通过了《2000 年议程》，对东扩的财政预算、共同农业政策和结构基金的改革达成协议。2000 年，欧盟通过了旨在改革内部机构、为东扩铺平道路的《尼斯条约》草案。

在欢迎中东欧各国入盟的同时，欧盟也提出了相当苛刻的条件。它要求政治上实行多元化，以确保民主和自由；经济结构必须实现现代化，建立起可行的市场经济体制。2004 年 5 月 1 日，欧盟正式接纳波兰等 10 国成为其新成员。2007 年 1 月 1 日，罗马尼亚、保加利亚成为欧盟的正式成员。至此，欧盟由 15 国扩大到 27 国。

9.2.2　北美自由贸易区

北美自由贸易区又称美加墨自由贸易区，是美国、加拿大和墨西哥签订《北美自由贸易协定》后成立的。根据这一协定，三国将在 1994 年起的 15 年内建成一个横跨北美大陆、拥有 4 亿人口、年生产总值近 65 万亿美元的北美统一大市场。

1.《北美自由贸易协定》的目标

《北美自由贸易协定》的目标是废除贸易壁垒，实现公平贸易；保护知识产权，增加各自的投资机会；保护知识产权，建立调节三方间贸易冲突的机制以保证贸易自由化进程的顺利进行，发展各方面的区域性经济合作。为了实现这些目标，协定对贸易、服务、投资、知识产权、政府采购等方面都作了规定，在较为棘手的汽车、农产品、纺织品、能源、运输、文化及环境等问题上还专门列出细则加以说明。

2.《北美自由贸易协定》的主要内容

(1) 降低与取消关税。协议生效后，三国间约 65%的制成品关税立即取消，另外 15%的制成品关税在 5 年内取消，余下的大部分在 10 年内取消，少数产品的关税在 15 年内取消。另外，半数以上的农产品关税立即或在 5 年内取消。从 1994 年起 15 年内，三国的商品将自由流通。对于原来美加有协定的较敏感的商品如汽车和计算机等，协定对墨西哥也作出了规定。如墨西哥将在 10 年内逐步取消其对汽车和汽车零部件的许多限制，包括当时平均为 20%的关税，以达到已经实行的《美加自由贸易协定》所规定的标准。但是《北美自由贸易协定》的产地规定比《美加自由贸易协定》严格，它要求只有包含 62.5%（后者是 50%）以上北美部件的车辆才有资格享受免税待遇。墨西哥还将逐步降低对美加的计算机关税，使之从当时的 20%逐步降至与美加相同的 3.9%。

(2) 开放金融市场。为了与美加保持同步，墨西哥将在 7 年内取消对美加银行及保险公司的限制，在 10 年内取消对证券公司的限制。成员国一致同意给予所有的北美金融公司以“国民待遇”，对它们的法律限制与本国公司相同。

(3) 放宽对外资的限制。墨西哥将改变对外国投资的许多限制，在大多数领域平等对待美加公司。到1996年允许外资搞独资，拥有100%的所有权。同时，美加也允许墨西哥在大多数领域进行投资，并给予适当的优惠条件；允许墨西哥保留对外国参与其石油业投资的大部分限制，但对美国及加拿大兴建的油田服务公司将因有效生产石油而给予特别奖励。

(4) 公平招标。在供应产品及服务招标方面，美国及加拿大公司可以与墨西哥公司享受同等待遇。这一市场每年实现的价值可达110亿美元。

(5) 保护知识产权。三国均同意严格遵守国际知识产权保护法的规定，对成员国登记的药品及其他专利产品至少保护20年。

3. 北美自由贸易区的发展趋势

1994年，在美国召集下，北美、南美和加勒比海地区除古巴之外的所有美洲国家在美国迈阿密参加美洲首脑会议，讨论建立北美自由贸易区，签署了《美洲国家首脑会议原则宣言》和《行动纲领》，确定了2005年建立美洲自由贸易区。美洲自由贸易区是一个包括34个国家、拥有近9亿人口、购买力达173亿美元、经济规模占世界1/3的全球最大的自由贸易区之一。

9.2.3 亚洲—太平洋经济合作组织

1. 亚太经济合作组织的成立及其宗旨

亚洲—太平洋经济合作组织（Asia-Pacific Economic Cooperation，APEC），简称亚太经济合作组织，是亚太地区的一个主要经济合作组织。1989年1月，澳大利亚总理霍克访问韩国时建议召开部长级会议，讨论加强亚太经济合作问题。经与有关国家磋商，1989年11月5—7日，澳大利亚、美国、加拿大、日本、韩国、新西兰和东盟6国在澳大利亚首都堪培拉举行亚太经济合作会议首届部长级会议，这标志着亚太经济合作组织的成立。1993年6月改名为亚太经济合作组织。

自1989年起，亚太经合组织每年举行一次由各成员外交部长和经贸部长参加的年会，并召开3～4次高级官员会议，还可就某一专题举行部长级特别会议。

1991年11月，在韩国汉城举行的亚太经济合作组织第三届部长级会议通过了《汉城宣言》，正式确定亚太经济合作组织的宗旨和目标是相互依存，共同受益，坚持开放性多边贸易体制和减少区域内贸易壁垒。

1993年亚太经合组织在西雅图领导人非正式会议宣言中提出了APEC精神——APEC大家庭精神。在围绕亚太经济合作的基本方针所展开的讨论中，开放、渐进、自愿、协商、发展、互利与共同利益，这7个词出现的频率很高，因此，被称为反映APEC精神的关键词。

领导人非正式会议是亚太经合组织最高级别的会议。亚太经合组织首次领导人非正式会议于1993年11月20日在美国西雅图举行，会议发表了《经济展望声明》，揭开了亚太贸易自由化和经济技术合作的序幕。此后，领导人非正式会议每年召开一次，在各成员国轮流举行。

2. APEC 的成员

1991 年 11 月，中国大陆同中国台湾和中国香港一起正式加入亚太经合组织。目前该组织共有 21 个成员：澳大利亚、文莱、加拿大、智利、中国大陆、中国香港、印度尼西亚、日本、韩国、墨西哥、马来西亚、新西兰、巴布亚新几内亚、秘鲁、菲律宾、俄罗斯、新加坡、中国台湾、泰国、美国和越南。APEC 成员位于环太平洋地区，分布在美洲、亚洲和大洋洲。APEC 成员的历史、文化、宗教不同，政治和经济制度以及价值观各异，特别是成员的经济体制、经济发展水平、贸易和投资自由化程度差别很大。亚太地区还存在数个次区域性贸易集团，如东盟自由贸易区、澳新紧密经济和贸易关系协定，有的成员又分别属于不同的次区域贸易集团。

3. 中国与 APEC

中国坚持认为，APEC 是一个经济论坛性质的、集中精力开展区域经济合作的机构。中国坚持以“APEC 方式”作为 APEC 合作方式和原则。这一方式承认多样性，强调自主自愿、协商一致、灵活渐进等原则。

中国认为，要保证亚太经济的稳定持续发展，特别要加强科技交流、人力资源开发、基础设施建设等方面的合作，进一步改善投资和贸易环境。中国加入 APEC 以来，在推动经济技术合作方面发挥了重要作用。中国主张 APEC 关注金融问题。认为 APEC 应当加强金融监管，善于根据实际情况确立金融政策，维护正常的金融秩序，防范金融风险。

APEC 至今已召开了 8 次部长级会议和 5 次领导人非正式会议。最初只是部长级高官会议，仅各成员外交部长和外经贸部长参加，在第五次部长会议上，首次同时举行了各成员领导人非正式会晤，从而增强了 APEC 的影响力和感召力。全体成员本着求同存异、灵活务实的原则，使每次会议不至于流于形式，在机构建设、协调机制、合作领导等方面取得了实质性进展。

APEC 始终坚持“开放的地区主义”原则，因此，从严格意义上讲，APEC 还算不上是一个经济一体化组织。但是，APEC 自成立以来确实有力地推动了亚太地区的经济合作，在实践中积累了一些经验，初步形成了独具特色的“亚太经合组织”。

9.2.4　东南亚国家联盟

1. 成立过程

东南亚国家联盟（Association of Southeast Asian Nations，ASEAN），简称东盟，其前身是马来西亚、菲律宾和泰国于 1961 年 7 月 31 日在曼谷成立的东南亚联盟。1967 年 8 月，印度尼西亚、马来西亚、菲律宾、新加坡和泰国的外交部长在曼谷举行会议，正式宣布成立东南亚国家联盟，从而取代原东南亚联盟，并由以前的军事结盟转向经济合作。这样，东南亚国家联盟就转变为一个次区域性的经济合作组织。之后，文莱（1984 年）、越南（1995 年）、老挝和缅甸（1997 年）、柬埔寨

（1999 年）先后加入东盟。目前，东盟成员国包括菲律宾、马来西亚、泰国、新加坡、文莱、印度尼西亚、越南、缅甸、老挝和柬埔寨 10 国。

2. 东盟自由贸易区

2003 年 10 月，在印度尼西亚的巴厘岛举行的东盟和中、日、韩领导人会议上，东盟发表了具有历史意义的《巴厘宣言》，宣言声明：10 个成员国决心在 2020 年建立东盟经济共同体，东盟将不仅是一个单一市场及生产基地，货物、服务、投资和资金将在此区域内自由流动，而且在政治、经济和安全等各个领域也进行了统合。与此同时，中、日、韩三国领导人签署了《中日韩推进三方合作联合宣言》，确立了推动东北亚经济合作的基本框架。

3. 中国—东盟自由贸易区

面对世界范围内的区域一体化浪潮，东亚各国开始奋起直追。其中，最为世人瞩目的举动就是在 2001 年年末东盟—中国峰会上宣布的 10 年内建成中国—东盟自由贸易区（China—ASEAN Free Trade Agreement，CAFTA）。中国—东盟自由贸易区是中国最早建立、进展最快、效果最实的自由贸易区。

中国—东盟自由贸易区的构想首先是 2000 年在新加坡举行的第四次中国与东盟领导人会议上提出的。2001 年 3 月，双方正式成立联合专家小组，对自由贸易区的可行性、经济效应及中国加入 WTO 的影响进行了研究。专家小组认为，中国和东盟的贸易结构具有很强的互补性，而双方的贸易额占各自对外贸易额的比重都较小，表明双方之间的贸易潜力很大；如果成立自由贸易区，则会产生较大的贸易创造效应，使双方受益。此后，双方进行了一系列磋商。2001 年 11 月在文莱举行的第五次中国—东盟领导人会议上，双方正式达成了在 10 年内建立中国—东盟自由贸易区的协议。紧接着，双方于 2002 年 11 月 4 日在柬埔寨首都金边签署《中国—东盟全面经济合作框架协议》，确定了中国—东盟自由贸易区的基本构架。根据该协议，自由贸易区将包括货物贸易、服务贸易、投资和经济合作等内容。2004 年 1 月，中国—东盟自由贸易区总体框架下的“早期收获”方案开始实施，谷物、乳品、蛋、饮料等产品将率先降低关税；从 2005 年 1 月 1 日起，包括钢材、机械配件、棉织品、肥料、化工品等将开始降低关税。

2010 年 1 月 1 日，贸易区正式全面启动。自由贸易区建成后，东盟和中国的贸易占到世界贸易的 13%，成为一个涵盖 11 个国家、19 亿人口、GDP 达 6 万亿美元的巨大经济体，是目前世界人口最多的自由贸易区，也是发展中国家间最大的自由贸易区。

中国—东盟自由贸易区建设大致分为三个阶段。

第一阶段（2002—2010 年），启动并大幅下调关税阶段。自 2002 年 11 月双方签署以中国—东盟自由贸易区为主要内容的《中国—东盟全面经济合作框架协议》始，至 2010 年 1 月 1 日，中国对东盟 93%产品的贸易关税降为零。

第二阶段（2011—2015 年），全面建成自由贸易区阶段，即东盟越、老、柬、缅四国与中国贸易的绝大多数产品亦实现零关税；与此同时，双方实现更广泛、深入的开放服务贸易市场和投资市场。

第三阶段（2016 年之后），自由贸易区巩固完善阶段。中国—东盟自由贸易区于 2010 年 1 月 1 日全面启动。这一具有里程碑意义的自由贸易区将对我国今后对外开展贸易交流合作产生重要示范影响。

世界经济区域集团化发展的加速给我国国民经济的发展带来了机遇。欧盟、北美和亚太三大区域占我国对外贸易的 85%左右。

进入 21 世纪后，随着科学技术的发展和高新技术的应用，竞争的焦点越来越集中在高新技术上，技术和知识密集型产业将越来越占优势。我国必须加快科技发展，优化出口商品结构，提高出口商品的质量和档次。

9.3 跨国公司与跨国经营

9.3.1 跨国公司概述

1. 跨国公司的含义

跨国公司（transnational corporation 或 multinationals），又称多国公司、国际公司和宇宙公司等，是指以本国为基础，通过对外直接投资，在两个或更多国家建立子公司或分支机构，从事生产和经营活动的国际化企业。

跨国公司的内部结构是：通过对外直接投资，在世界范围内进行生产和资源配置；把研发、采掘、提炼、加工、装配、销售以及服务等生产过程和流通过程分散到世界各地；最高决策权保留在总公司，总公司承担确定整个公司的投资计划、生产安排、价格制度、市场安排、利润分配、研究方向以及其他重大决策的职能。

联合国跨国公司委员会认为，一个跨国公司应具备下述三个要素：

第一，跨国公司本质上是一个工商企业，组成这个企业的实体在两个或两个以上的国家内经营业务，而不论其采取何种法律经营形式，也不论其经营所涉及的领域。

第二，跨国公司的管理决策着眼于全球，尽管它的管理决策机构的设立主要以某国或某个地区为主。哪里有市场或资源，就根据需要到哪里投资建工厂；哪里有工厂，哪里就有市场。在跨国公司的全球决策中，市场占据主导地位，市场决定了工厂、企业的经营策略和经营状况。

第三，跨国公司的经营范围很广，将从研发、原料开采、工业加工到批发、零售等再生产的各个环节都纳入了其经营范围。它包括的是资本运作的全过程，而不是某个行业或再生产的某个环节。

2. 跨国公司的分类

跨国公司从事的行业各种各样，按照不同的划分标准，有不同的分类。主要有以下几种（见表 9—2）。

表 9—2 跨国公司的主要分类

划分标准	类型	备注
按照公司经营产品的种类和内部结构的不同	水平型公司	又称横向型公司。一般从事单一产品生产，通过直接投资在不同国家使用同种商标，实行统一的销售策略，规模庞大，在国际竞争中具有明显优势。
	垂直型公司	又称纵向型公司。母公司与子公司生产不同的产品，经营不同业务，但彼此进行分工协作，通过纵向的生产过程进行衔接。
	混合型公司	又称多样型公司。母公司与子公司生产不同的产品，经营不同业务，而且不具有关联性，跨国公司进行混合经营，可强化生产和资本的集中，降低经营风险。这是当前跨国公司发展经常采取的模式。
按照跨国公司经营项目的性质	经济资源型公司	直接投资的经营项目主要涉及种植业、采矿业、石油开采业和铁路等，以获得母国所短缺的各种资源和原材料为目的。早期的跨国公司常采用这种模式。
	加工制造型公司	直接投资，主要从事机器设备制造和零配件中间产品的加工业务，以巩固和扩大市场份额为主要目的。这类跨国公司是第二次世界大战以来发展最为迅速的企业。
	服务提供型公司	主要向国际市场提供技术、信息、咨询、管理等服务，这类公司的大量兴起是 20 世纪 80 年代以来跨国公司发展的新特点，并得到了迅速发展。

9.3.2 跨国公司发展历程

1. 跨国公司的产生与发展阶段

跨国公司的产生是垄断资本主义迅速发展的产物。如果把 1865 年德国拜耳化学公司在美国纽约开设的苯胺工厂视为世界上第一家跨国公司，那么，跨国公司迄今已有 140 多年的发展历史。

19 世纪中后期，大公司纷纷在国外投资和开办工厂，这些企业在 19 世纪末期就具备了现代意义上的“跨国公司”的雏形。例如，1867 年美国胜家（Singer）缝纫机公司在英国设分厂，并逐步在欧洲市场上占有一席之地。美国的爱迪生电灯公司、伊斯曼·柯达公司等也纷纷在国外投资生产新产品。早期代表性的跨国公司还有 1875 年创建的日本东芝公司、1885 年创建的美国电话电报公司、1899 年的通用电气公司等。到第一次世界大战前夕，美国跨国公司已有 118 家，英国有 140 多家，其他欧洲国家有 175 家。这可以说是跨国公司发展的第一阶段。

跨国公司发展的第二阶段是第二次世界大战期间，战争阻碍了国际贸易和资本流动的发展，跨国公司受其影响发展速度大大放缓。这一阶段最引人注目的变化是，美国企业利用战争从事大规模海外扩张活动，使得美国的跨国公司在对外直接投资方面后来居上。

跨国公司发展的第三阶段从 20 世纪 50 年代开始。随着科学技术的发展和世界市场的形成和完善，跨国公司在数量和规模上都有了巨大发展。

跨国公司发展的最近阶段。20 世纪 90 年代以来随着经济全球化的深入发展和知识经济的兴起，跨国公司又进入了一个新的快速发展期。世界上出现了一些拥有数百亿美元资产、年销售量超过千亿美元的巨型跨国公司，如美国的埃克森美孚石油公司、通用电气公司、通用汽车公司、国际商用机器公司和日本的丰田公司等。在跨国公司的对外直接投资方面逐渐形成了美、日、欧三足鼎立的局面。

据不完全统计，目前世界上 500 家最大的跨国公司已经控制了约 3/4 的全球贸易。跨国公司在国际贸易中具有举足轻重的作用。

2. 跨国公司迅速发展的动因

跨国公司的空前发展成为当今世界经济发展的主要推动力。从宏观方面分析，推动跨国公司迅速发展的深刻的经济和政治原因，主要体现在以下几个方面。

（1）技术进步的推动。第二次世界大战以来发生的第三次科技革命的影响范围和程度都是前两次所无法比拟的。电子技术和通信技术的发展以及现代交通工具的广泛使用使跨国公司在全球范围内得到有效的扩张，并为其进行专业化协作和全球化管理提供物质基础。

（2）对外投资环境的改善。国家与政府的积极支持，国际组织和地区组织对投资环境改善的不断努力，以及许多国家实行对外开放的政策，积极吸引外资，改善对外投资环境，成为加速跨国公司发展的一个重要因素。

（3）国际金融的不断自由化。首先表现在第二次世界大战后跨国公司的不断发展，为跨国公司突破资本的限制、提供信息服务起了很大的作用。此外，还表现在不断创新的金融工具为企业融资提供了便利，如股票置换、国际收购等方式。

9.3.3　企业跨国经营的主要原因

从微观方面分析，促使企业跨国经营的原因包括主观和客观两个方面。

（1）从主观角度分析，企业的跨国经营是为了获得更高的资本回报率或降低产品和服务的生产、运输成本。

一般来说，跨国公司的母国多是资本相对充裕的发达国家，相应地，跨国公司一般都是资本充裕的企业；而在资本相对充裕的国家资本的回报率一般都会低于资本相对贫乏的国家。追求高额的资本回报率而投资于发展中国家是发达国家企业跨国经营的主要原因之一。

跨国公司最主要的优势之一是可以进行内部的资源流动，其实质是企业间贸易行为的内部化，也就是将一般企业的成本内部化。这种内部化的成本既包括投入品的成本，也包括开发和技术转移的成本。内部化的成本一般要低于市场交易的成本。

首先，投入品的内部化能够解决厂商间的利益冲突。例如，假设美国的一个大公司是某种中间投入品的主要购买者，而这种中间投入品的供给方是墨西哥的一个垄断厂商，那么前者既有动力也有能力来压低中间投入品的价格，而后者既有动力也有能力来提高中间投入品的价格，两者存在明显的利益冲突，任何一个公司的利益大小取决于两个厂商在市场上交易的结果。美国公司不得不花费很大的精力去压低中间产品的价格以降低成本，而且不一定能成功。但是，如果美国公司进行跨国投资生产这种中间投入品或收购墨西哥的这家公司，两者之间的交易就变成了内部交易。投入品的内部化解决了购买方和供给方的利益冲突，而且能够避免由于投入品价格波动给跨国公司带来的成本不确定性问题。

其次，内部化在研发和技术转移方面具有优势。所谓研发和技术的内部化，指的是用跨国公司内部总公司和子公司之间的内部交换关系来转让技术，即总公司将由其控制的研发和技术提供给子公司使用。技术是指能提高劳动生产率的有用的知识和技能，包括有形技术（如某种生产流程、某项专利）和无形技术（如企业管理人员和技术人员的人力资本）。

在现实中技术的市场化存在三个问题：一是技术的市场定价问题。由于技术商品的特殊性，传统的定价方式，无论是边际定价理论还是供求关系决定理论，都不太适用。二是技术的交易成本问题。由于技术商品的谈判过程和事后监督都比一般商品更复杂和困难，因此技术的交易成本可能会很高，极端的情况可能会高到虽然有供给和需求但交易仍然不能实现的程度。三是技术的外溢问题。一家厂商为某项技术支付了成本，而其他厂商有可能通过无成本或低成本的模仿来获得该技术。跨国公司的内部化经营方式很好地解决了上述三个问题。

（2）资源是影响商品生产地选择的重要因素，是特定行业推进跨国经营的决定性客观因素。例如，石油开采企业必须在石油资源丰富的地区投资建厂。又如，一家美国企业要建立一个劳动密集型的企业，需要大量低工资的工人。由于劳动力不是自由流动的要素，不能把中国丰富的劳动力移民到美国来建厂，因此一种可行的办法就是这家美国企业在中国投资设立子公司来利用中国的劳动力资源。

（3）市场、运输成本和贸易壁垒是影响跨国公司生产分布的重要客观因素。例如，肯德基在决定开拓中国市场时，不可能在美国把鸡烤熟再运到中国。再如，美国对日本车进口实行配额限制，其结果是促使日本把汽车制造厂搬到了美国。进入21世纪，中国经济发展、居民收入大幅提高后对汽车的需求迅速增加，形成了一个巨大的经济型轿车市场。为了接近市场，降低生产运输和销售成本，美国、德国和日本的汽车生产厂商纷纷到中国投资生产汽车。

总之，跨国经营是企业适应客观条件追求利润最大化的结果。随着经济全球化的进一步发展，跨国公司越来越成为一种主要的企业形式。

9.3.4 跨国公司的经营特点

1. 跨国公司具有全球战略目标和高度集中统一的经营管理

跨国公司作为在国内外拥有较多分支机构、从事全球性生产经营活动的公司，与国内企业相比是有一些区别的。这些区别表现在：

（1）跨国公司的战略目标是以国际市场为导向的，目的是实现全球利润最大化，而国内企业是以国内市场为导向的。

（2）跨国公司通过控股的方式对国外的企业实行控制，而国内企业对其较少的涉外经济活动大多是以契约的方式来实行控制。

（3）国内企业的涉外活动不涉及在国外建立经济实体问题，国内外经济活动的关系是松散的，有较大偶然性，其涉外经济活动往往在交易完成后就立即终止，不再参与以后的再生产过程；而跨国公司则在世界范围内的各个领域，全面进行资本、商品、人才、技术、管理和信息等交易活动，这种“一揽子”活动必须符合公司总体战略目标而处于母公司控制之下，其子公司也像外国企业一样参加当地的再生产过程。所以，跨国公司对其分支机构必然实行高度集中的统一管理。

2. 跨国公司从事多种经营

（1）跨国公司从事多种经营的形式。

1）横向型水平型多种经营。此类公司主要从事单一产品的生产经营，母公司和子公司很少有专业化分工，但公司内部转移生产技术、销售技能和商标专利等无形资产的数额较大。

2）垂直型多种经营。此类公司按其经营内容又可分为两种。一种是母公司和子公司生产和经营不同行业但相互有关的产品。它们是跨行业的公司，主要涉及原材料、初级产品的生产和加工行业，如开采种植→提炼→加工制造→销售等行业。另一种是母公司和子公司生产和经营同一行业不同加工程度或工艺阶段的产品，主要涉及汽车、电子等专业化分工水平较高的行业。如美国的美孚石油公司就是前一种垂直型的跨国公司，它在全球范围内从事石油和天然气的勘探、开采，以管道、油槽和车船运输石油和天然气，经营大型炼油厂，从原油中精炼出最终产品，批发和零售几百种石油衍生产品。而法国的珀斯-雪铁龙汽车公司则是后一种垂直型的跨国公司，公司内部实行专业化分工，它在国外的84个子公司和销售机构分别从事铸模、铸造、发动机、齿轮、减速器、机械加工、组装和销售等各工序的业务，实现了垂直型的生产经营一体化。

3）混合型多种经营。此类公司经营多种产品，母公司和子公司生产不同的产品，经营不同的业务，而且相互之间不衔接，没有必然联系。如日本的三菱重工业公司就是如此。它原是一家造船公司，后转向混合多种经营，经营范围包括汽车、建筑机械、发电系统产品、造船和钢构件、化学工业、一般机械、飞机制造业等。

（2）跨国公司重视多种经营的原因。

1）增强垄断企业总的经济潜力，防止过剩资本形成，确保跨国公司安全发展，有利于全球战略目标的实现。

2）有利于资金合理流动与分配，提高各种生产要素和副产品的利用率。

3）便于分散风险，稳定企业的经济收益。

4）可以充分利用生产余力，延长产品生命周期，增加利润。

5）能节省共同费用，增强企业机动性。

3. 以开发新技术推动跨国公司的发展

第二次世界大战后，全世界的新技术、新生产工艺、新产品，基本上都掌握在跨国公司手中，这是跨国公司能够几十年不衰并且不断发展壮大的根本原因之一。通常跨国公司都投入大量人力、物力开发新技术、新产品。例如著名的 3M 公司，1994 年夏季就新上市近 400 种半组合式五金类用品，新产品层出不穷，其原因用 3M 加拿大分公司 DIY 产品部门营销经理的话解释为：该公司每年营业额的 7%用在研制新产品上，业务宗旨是每年必须有 30%的销售收入来自 4 年前尚未上市的新产品。由此可见其研究的超前。跨国公司不仅注重开发新技术，而且非常善于通过对外转让技术获得高额利润及实行对分、子机构的控制。

4. 竞争是跨国公司争夺和垄断国外市场的主要手段

在国际贸易中，传统的竞争手段是价格竞争，即企业通过降低生产成本，以低于国际市场或其他企业同类商品的价格，在国外市场上打击和排挤竞争对于，扩大商品销路。而今，由于世界范围内尤其是发达国家生活水平的提高，耐用消费品支出占总支出比重的增大，及世界范围内的持续通货膨胀造成物价持续上涨，产品生命周期普遍缩短等因素的影响，价格竞争已很难为跨国公司争取到最多的顾客，取而代之的是非价格竞争。

非价格竞争是指通过提高产品质量和性能，增加花色品种，改进商品包装装潢及规格，改善售前售后服务，提供优惠的支付条件，更新商标牌号，加强广告宣传和保证及时交货等手段，来提高产品的素质、信誉和知名度，以增强商品的竞争能力，扩大商品的销路。

5. 跨国公司经营方式多样化

和一般的国内企业或一般的涉外公司相比较，跨国公司的全球化生产经营方式明显较多，包括进出口、许可证、技术转让、合作经营、管理合同和在海外建立子公司等。其中，尤以在海外建立子公司为主要形式开展和扩大其全球性业务。

本章小结

1. 区域经济一体化是指越来越多的两个或两个以上的国家或经济体为了维护共同的经济和政治利益，通过达成某种协议而建立起各种经济合作组织的过程。关税同盟是经济一体化中一种比较成熟和稳定的形式，它的建立既会产生静态的经济效应，也会产生动态的经济效应。

2. 具有世界性影响的国际经济一体化组织主要分布在欧、美、亚三大经济区。区域经济一体化对中国的影响是机遇与挑战并存。

3. 企业跨国经营的原因包括主观和客观两个方面。跨国公司最主要的优势之一是可以进行内部的资源流动，其实质是企业间贸易行为的内部化。跨国公司经营的特点是具有全球战略目标和高度集中统一的经营管理，从事多种经营，以开发新技术推动跨国公司的发展，竞争是其争夺和垄断国外市场的主要手段，经营方式多样化。

核心概念

区域经济一体化　关税同盟　共同市场　经济同盟　贸易创造　贸易转移　协议性国际分工　跨国公司内部贸易

复习思考题

1. 简述国际经济一体化的含义及形式。
2. 简述关税同盟理论的贸易创立效应和贸易转移效应。
3. 简述欧洲经济共同体的发展及其带来的启示。
4. 简述跨国公司发展的动因。
5. 试析当代跨国公司发展的新特点。
6. 经济全球化是大势所趋，国际经济一体化给我国经济发展带来了哪些机遇和挑战？我国应该如何应对挑战？谈一谈你自己的理解和看法。

案例分析

格兰仕海外成功经验：全球化十本土化

虽然在国内市场格兰仕和其他家电企业一样到了业绩僵持阶段，但是格兰仕在海外市场无疑取得了很大的成功。根据格兰仕提供的数据，2006年格兰仕集团全年实现营业收入180亿元人民币，其中仅海外销售收入就达到了10亿美元，同比增长了14%，无论是销售收入还是增长比例都超越了负责国内市场营销的格兰仕中国营销总公司。

从1997年接到来自法国的第一笔订单开始，格兰仕的海外业务就开始像其名的含义一样“辉耀全球”(GALANZ取自希腊语，翻译成汉语即为辉耀全球)。

2004年年底，长虹与APEX高达4.8亿美元的债务纠纷震惊了负责海外贸易的格兰仕集团副总裁曾和平。因为没有海外渠道，而不得不依靠APEX出口美国的长虹的经历，让他开始认识到这种外贸交易背后的巨大风险。曾和平开始筹划让生产商能占据一定主动权的海外贸易途径，不再满足于在国际上的OEM地位，不断提升自主品牌出口的历程，把方向确定为到海外建分公司，主动开拓市场，寻求更加稳定的销售渠道体系。

一、市场本地化

本地化的人才建立以后，格兰仕在各个国家的分公司都依据所在国的现状开展了有各自特色的市场活动，例如，在法国，格兰仕就根据当地污染比较严重的特点，重点开展了以“环保”为主题的市场活动，使得格兰仕的品牌在法国几乎家喻户晓；在印度，根据该国贫富差距大、失学儿童较多的特点，格兰仕每年拿出一部分销售收入倾力支持贫困儿童上学，树立了良好的企业形象。

每到一地，除了财务管理由格兰仕外派人员控制外，市场建设和网络维护人员均从当地招聘，如在美国的销售人员全部是美国本地人，格兰仕在欧洲比较成熟的零售连锁体系也全部由欧盟内部人员建立。

如今，格兰仕已经和115个国家发生贸易往来，其中自主品牌出口已经占到格兰仕外贸总出口的30%，并在法国、塞浦路斯、黎巴嫩等国家和地区占据了主流地位。据介绍，未来几年这一比例将达到50%。

二、要素国际化

格兰仕海外经营的一个重要目标就是要利用本地化的资源来实现格兰仕的国际化战略。这也是格兰仕人员国际化的一个重要表现。未来的格兰仕将是日韩研发、印度制造、欧美营销这样一个基本格局。

资料来源：根据《世界经理人》资料整理。

思考题：

格兰仕的成功经验对我国企业跨国经营有何启发？请分析其经验在我国企业经营中推广的条件与可能性。

第10章

世界贸易组织与主要发达国家的对外贸易

章首阅读　中美轮胎特保案

中美轮胎特保案是奥巴马时代美国首起对华特保案，是针对中国的最大特保案，也是奥巴马对华贸易政策的风向标，将影响中国约10万名工人就业。

2009年4月20日，美国钢铁工人联合会向美国国际贸易委员会提出申请，对中国产乘用车轮胎发起特保调查。

6月18日，美国国际贸易委员会对中国乘用车及轻型卡车轮胎特保案做出肯定性损害裁决，认定中国轮胎产品进口的大量增加，造成或威胁造成美国国内产业的市场混乱。中国政府对此深表遗憾。

6月29日，美国国际贸易委员会就对中国轮胎采取特保措施，提出了对乘用车、轻型卡车用中国制轮胎征收3年特别关税的方案。

美国总统奥巴马在北京时间2009年9月12日宣布，对从中国进口的所有小轿车和轻型卡车轮胎实施为期3年的惩罚性关税，关税税率第一年为35%，第二年为30%，第三年为25%，9月26日开始生效。

根据WTO规则，奥巴马批准了对中国的特保制裁之后，相关国家也可以直接援引美国的制裁方案，“中国制造”将成为全球贸易保护主义的靶子。

5月18日，印度也发起对我国乘用车轮胎的特保调查，这是印度在2009年第5次对我国发起特保调查。而6月18日，巴西外贸委员会决定对从中国进口的客运和货运汽车子午线轮胎征收最终反倾销税，有效期5年。9月16日，阿根廷参照巴西的做法，对原产于中国的汽车轮胎进行反倾销调查，届时不排除仿效巴西，对中国生产的小汽车用轮胎征收反倾销税。

此后，中美之间的贸易战就有愈演愈烈之势。11月5日，美国商务部公布对华输美油井管反倾销反补贴案的倾销调查初裁，从中国进口的油井管将征收最高达99.14%的反倾销税。美国商务部11月24日作出终裁，以中国油井管存在补贴为由宣称将对相关产品实施10.36%～15.78%的反补贴关税制裁。该案涉及金额约27亿美元，是迄今为止美对华贸易制裁的最大一起案件。

据中国商务部公平贸易局统计数据显示，2009年全球新发起反倾销调查达230～250起，同比增长11%～20%；新发起反补贴调查达41起，同比增长193%。截至11月，共有19个国家和地区对我国发起“两反两保”贸易救济调查103起，其中反倾销67起，反补贴13起，保障措施16起，特保7起。此外，我国还遭遇美国337调查6起，涉案总金额共约120亿美元。

有数据显示，全球35%的反倾销调查针对中国出口产品；全球71%的反补贴调查针对中国出口产品；2009年前三季度我国遭88起贸易救济调查（其中反倾销57起，反补贴9起，保障措施15起，特保7起），平均每3天便有一起贸易救济调查案落在我国出口产品头上；2009年1—8月，我国外贸出口7 307.4亿美元，同比下降22.2%。

资料来源：http：//finance.sina.com.cn/focus/tyre_2009.

第二次世界大战后的世界多边贸易体制曾以关税与贸易总协定为代表。1948—1995年，在运行的47年中，关税与贸易总协定制定了一套规范世界大多数国家政府贸易政策行为的准则，成功地组织了八轮多边贸易谈判，维护了世界贸易秩序，促进了全球贸易自由化。伴随着经济全球化程度的不断加深，世界贸易组织（以下简称“世贸组织”）已逐步发展为管理95%以上国际贸易的全球性国际经济组织，是当今世界经济三大支柱之一。作为多边贸易体制的组织基础和法律基础，世贸组织规则以其广泛性、严密性、多边性和可实施性，有效地协调和规范着成员之间在货物贸易、服务贸易和知识产权等领域的关系。

世贸组织的建立与发展是世界经济全球化的必然结果，同时也深刻影响着全球经济的未来走向，关系着每一个国家和地区的经济发展。加入世贸组织符合我国的根本利益和长远利益，当然，在带来大好发展机遇的同时，也使我国面临严峻的挑战。

10.1 从关贸总协定到世界贸易组织

10.1.1 关税与贸易总协定的产生与发展

20世纪30年代，随着世界经济陷入困境，资本主义国家之间爆发了关税战。第二次世界大战期间，许多国家因遭受战争的破坏，面临经济衰退、黄金和外汇储备短缺等问题。各国为了调整国际收支，采取高关税保护的政策，并实行外汇管制，控制资本外流。这些措施引起了世界经济的一片混乱，同时，也对美国的对外经济扩张和争夺世界市场极为不利。

1944年7月，在美国的积极推动下，44个国家的代表在美国的布雷顿森林召开了联合国货币金融会议，分别成立了国际货币基金组织和国际复兴开发银行（又称“世界银行”）；同时，倡导组建国际贸易组织，以便在多边基础上，通过相互减让关税等手段，逐步消除贸易壁垒，促进国际贸易的自由发展。

1946 年 2 月，在美国的提议下，联合国经济与社会理事会成立了筹备委员会，着手筹建国际贸易组织。1947 年 4 月在日内瓦举行的第二次筹备会议上通过了《国际贸易组织宪章》草案，并达成了 123 项双边关税减让协议。同年 10 月 30 日，23 个国家签署了《关税与贸易总协定临时适用议定书》（简称“关贸总协定”，General Agreement on Tariff and Trade，GATT），并于 1948 年 1 月 1 日生效。关贸总协定作为“临时适用”的调整多边贸易关系的协议一直适用了 47 年之久，成为各缔约方在贸易政策方面确立共同遵守的准则，推动多边贸易和贸易自由化的唯一的、带有总括性的多边协定，并在此期间演变为一个代替国际贸易组织行使组织多边贸易谈判、管辖多边贸易协议、解决国际贸易争端等职能的机构，一直沿用至 1995 年 1 月 1 日世界贸易组织正式成立，其临时性地位才结束。

关贸总协定是一项协调各国贸易政策和经济关系的国际条约，也是各方磋商贸易问题和谈判解决贸易纠纷的国际机构。就其性质而言，关贸总协定是一份法律文件，它作为一项多边国际贸易协定，制定了一套由缔约方共同遵守的贸易准则，也规定了各缔约方在关税和贸易方面的权利和义务。其次，关贸总协定又是一个进行关税减让、多边贸易谈判和协商解决贸易争端的场所。其宗旨是：通过降低贸易壁垒、取消歧视性的贸易行为来提高各缔约国的生活水平。

10.1.2 国际贸易谈判与贸易自由化的进程

自 1948 年 1 月 1 日生效以来，关贸总协定共进行了八轮贸易与关税谈判，使各缔约方的关税总水平大大降低，非关税壁垒的规范也有较完整的协议框架，为改善国际贸易环境做出了重大贡献，关贸总协定与国际货币基金组织、世界银行一起被称为世界经济发展的三大支柱。

1. 第一轮多边贸易谈判

1947 年 4—10 月，关贸总协定第一轮多边贸易谈判在瑞士日内瓦举行，促使 23 个创始缔约方首次签署“关税与贸易总协定”。第一轮谈判共达成双边关税减让协议 123 项，商品 45 000 项，影响的贸易额近 100 亿美元，使占进口总值 54%的商品平均关税降低 35%。

2. 第二轮多边贸易谈判

1949 年 4—10 月，关贸总协定第二轮多边贸易谈判在法国安纳西举行。在原有 23 个缔约方外，又有 10 个国家加入谈判。谈判期间，意大利等 9 个国家加入关贸总协定。谈判结果达成了 147 项双边协议，增加关税减让 5 000 多项，使占应税进口值 5.6%的商品关税平均降低 35%。

3. 第三轮多边贸易谈判

1950 年 9 月至 1951 年 4 月，关贸总协定第三轮多边贸易谈判在英国托奎举行，有 39 个成员参加。谈判期间又有 4 个国家加入关贸总协定。黎巴嫩、叙利亚及利比里亚不再是关贸总协定成员，中国台湾当局非法地以中国的名义退出了关贸总协定。由于缔约方增加，关贸总协定缔约方之间的贸易额已超过当时世界贸易总额的

10%。这轮谈判共达成150项关税减让协议，关税水平平均降低26%。

4. 第四轮多边贸易谈判

1956年1—5月，关贸总协定第四轮多边贸易谈判在瑞士日内瓦举行，日本加入关贸总协定。由于美国国会对美国政府的授权有限，谈判受到严重影响。参加谈判方减少到28个，美国对进口只给予了9亿美元的关税减让，所达成的关税减让只涉及25亿美元的贸易额，共达成3 000多项商品的关税减让，使关税水平平均降低15%。

5. 第五轮“狄龙回合”谈判

1960年9月至1961年7月，关贸总协定第五轮多边贸易谈判在日内瓦举行，共有45个参加方。本轮谈判以建议发动者美国副国务卿道格拉斯·狄龙命名，着重就欧洲共同体建立所引出的关税同盟等问题以及就缔约方进一步减让关税进行谈判。谈判达成了4 400多项商品的关税减让，涉及45亿美元贸易额，使占应税进口值20%的商品平均降低关税税率20%，但农产品和一些敏感性商品被排除在协议之外。

6. 第六轮“肯尼迪回合”谈判

1964年5月至1967年6月，关贸总协定第六轮多边贸易谈判在日内瓦举行，占世界贸易额约75%的54个缔约方参加谈判，实际缔约方在该轮谈判结束时达到74个。由于本次谈判是当时美国总统肯尼迪根据1962年美国《贸易拓展法》提议举行的，故称“肯尼迪回合”。

关贸总协定正式将给予发展中国家的优惠待遇纳入其具体条款中，列在1965年关贸总协定的第四部分，并命名为“贸易与发展”。这轮谈判平均削减35%的关税，涉及贸易额400多亿美元，对17个发展中国家和41个最不发达国家根据特殊的、非互惠的优惠待遇原则，给予优惠关税待遇。

肯尼迪回合第一次涉及非关税措施的谈判。在海关估价制度方面，美国承诺废除以美国国内市场最高价格作为标准征收关税的制度。在反倾销措施方面，在吸收各国反倾销立法的经验和教训的基础上，第一次达成《反倾销协议》，并于1968年7月1日生效。

7. 第七轮“东京回合”多边贸易谈判

1973年9月至1979年4月，关贸总协定第七轮多边贸易谈判在日内瓦举行。由于此轮谈判的贸易部长会议在日本东京举行，因此又称“东京回合”，有102个国家和地区（包括29个非缔约方）参加。

该轮谈判使世界9个主要工业国家市场上工业制成品的加权平均关税降到6%左右，完税额下降了34%，涉及3 000多亿美元贸易额。谈判通过了一系列关于非关税措施或具体产品的守则：（1）补贴与反补贴措施；（2）贸易的技术性壁垒（产品标准）；（3）政府采购；（4）海关估价；（5）进口许可证程序；（6）修订肯尼迪回合《反倾销协议》。另外，还达成《牛肉协议》、《奶制品协议》、《民用航空器协议》。

8. 第八轮“乌拉圭回合”多边贸易谈判

关贸总协定第八轮多边贸易谈判于1986年9月在乌拉圭的埃斯特角城启动，1994年4月15日在摩洛哥的马拉喀什结束。参加乌拉圭回合谈判的国家和地区从最初的103个，增加到1993年底的117个和1995年初的128个。

乌拉圭回合的主要成果包括：第一，进一步削减关税，谈判的结果使发达国家和发展中国家平均降税 1/3，发达国家工业制成品平均关税水平降为 3.8%左右。第二，在降低非关税壁垒、限制不公平竞争和进一步促进货物贸易发展方面达成了一系列协议。第三，使农产品和纺织品重新回到关贸总协定贸易自由化的轨道。第四，首次签订了《服务贸易总协议》，强调了服务贸易中非歧视性、透明度、市场准入等原则。第五，首次将知识产权的保护纳入多边贸易谈判并达成了共识，签署了《与贸易有关的知识产权协议》。第六，通过了《建立世界贸易组织马拉喀什协议》，正式决定成立世界贸易组织。

10.1.3 世界贸易组织建立

1994 年 4 月 15 日在摩洛哥的马拉喀什市举行的关贸总协定乌拉圭回合部长会议，决定成立更具全球性的世界贸易组织（简称“世贸组织”，World Trade Organization，WTO），以取代成立于 1947 年的关贸总协定。

世贸组织是一个独立于联合国的永久性国际组织。1995 年 1 月 1 日正式开始运作，1996 年 1 月 1 日正式取代关贸总协定临时机构。2012 年 8 月 22 日，俄罗斯经过 19 年漫长的谈判，终于正式成为 WTO 的成员，至此，WTO 成员达到 156 个。

多哈回合贸易谈判又称多哈发展议程，是世界贸易组织于 2001 年 11 月在卡塔尔首都多哈举行的世界贸易组织第四次部长级会议中开始的新一轮多边贸易谈判。多哈回合贸易谈判包括 8 个谈判领域：（1）农业；（2）非农产品市场准入；（3）服务；（4）知识产权；（5）规则；（6）争端解决；（7）贸易与环境；（8）贸易与发展。

由于各成员在农业问题上无法达成共识，多哈回合谈判陷入僵局。第二届 33 国协调组织（简称 G33）部长会议 2007 年 3 月 21 日在印度尼西亚首都雅加达闭幕。与会的发展中国家主要就国际贸易中农产品补贴和市场开放等问题协调了立场，并与发达国家展开了交流对话，会议向最终实现多哈发展议程迈出了坚实一步。2008 年 7 月 29 日，美国、欧盟、日本、澳大利亚、印度、巴西和中国 7 个世贸组织重要成员在小范围磋商中，未能解决有关发展中国家农产品特殊保障机制等方面的分歧，艰苦谈判最后以失败告终。

10.2 世界贸易组织及其制度规则

世界贸易组织是根据《维也纳条约法公约》正式批准生效成立的国际组织，是具有国际法主体资格的法人组织，与其他国际性组织处于同等地位，在调解成员争端方面具有更高的权威性。作为国际组织，世贸组织可以与其他国际组织进行协商和合作，缔结协议。与关贸总协定相比，世贸组织的管辖范围不仅涉及货物贸易，还把长期游离在关贸总协定规则之外的农产品和纺织品纳入其轨道，将其管辖范围扩大到服务贸易（GATS）、与贸易有关的知识产权领域（TRIPs）。

10.2.1 世界贸易组织的宗旨和目标

宗旨：提高生活水平，保证充分就业，大幅度和稳定地增加实际收入和有效需求，扩大货物和服务的生产与贸易，按照可持续发展的目的，最优运用世界资源，保护环境，并以不同经济发展水平下各自需要的方式，加强采取各种相应的措施；积极努力，确保发展中国家，尤其是最不发达国家在国际贸易增长中获得与其经济发展需要相称的份额。

目标：建立一个完整的、更具活力和永久性的多边贸易体制，以巩固原来的关贸总协定为贸易自由化所做的努力和乌拉圭回合多边贸易谈判的所有成果。为实现这些目标，各成员应通过互惠互利的安排，切实降低关税和其他贸易壁垒，在国际贸易中消除歧视性待遇。

10.2.2 世界贸易组织的组织结构与职能

世界贸易组织的组织结构如图10—1所示。

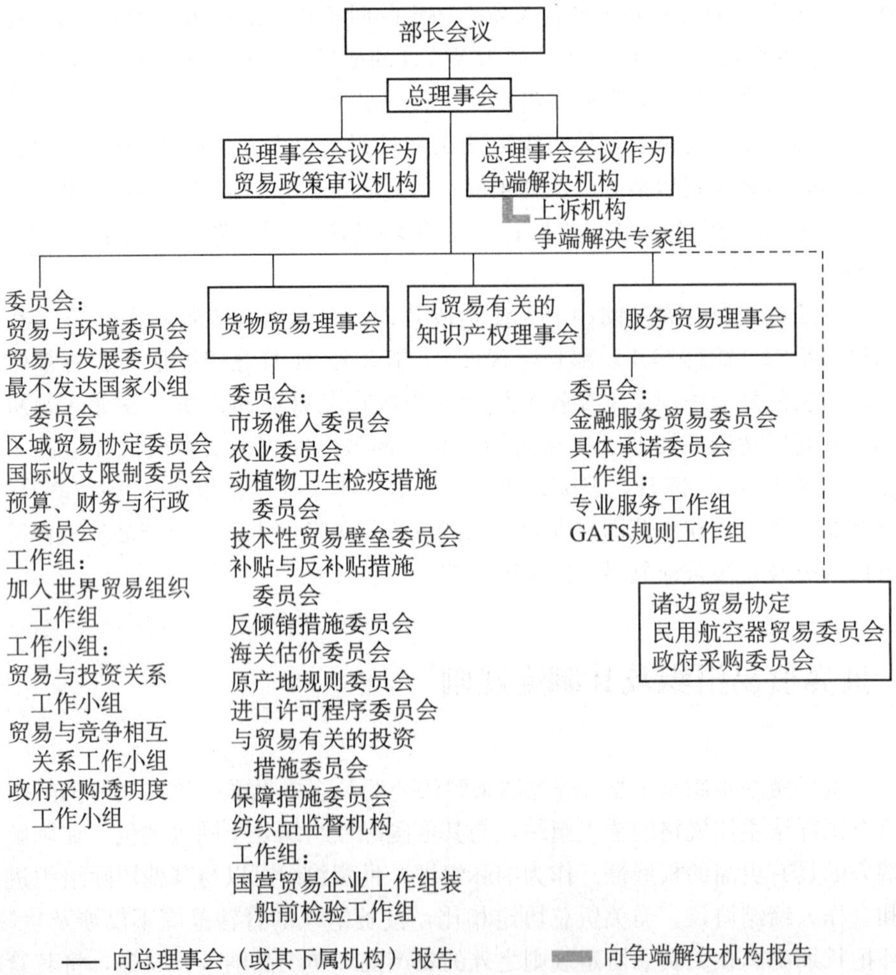

图10—1 世界贸易组织的组织结构

1. 组织结构

（1）部长会议。世贸组织的最高权力机构——部长会议，由所有成员主管外经贸的部长、副部长级官员或其全权代表组成，至少每两年举行一次。部长会议具有广泛的权力，主要包括：立法权；准司法权；豁免某个成员在特定情况下的义务；批准非世贸组织成员所提出的取得世贸组织观察员资格申请的请示。

（2）总理事会。总理事会通常由各成员驻日内瓦大使和高级代表组成，但有时成员直接从其首都派出代表。部长会议休会期间由全体成员代表组成的总理事会代行部长会议职能。总理事会可视情况需要随时开会，自行拟定议事规则及议程，随时召开会议，以履行其解决贸易争端和审议各成员贸易政策的职责。

（3）争端解决机构与贸易政策审议机构。争端解决机构是对关贸总协定争端解决机制的完善与加强，使贸易争端的解决更公平、更有效。贸易政策审议机制在于保障成员贸易政策的透明度和可预见性，并监督各成员贸易政策法规是否与世贸组织相关协议、条款规定的权利和义务相一致，以及各成员实施世贸组织有关协议的状况。

（4）向总理事会报告的理事会和委员会。部长会议下设专门委员会，以处理特定的贸易及其他有关事宜，已设立贸易与发展委员会，国际收支限制委员会，预算、财务与行政委员会，贸易与环境委员会等 10 多个专门委员会。总理事会下设货物贸易理事会、服务贸易理事会、知识产权理事会。这些理事会可视情况自行拟定议事规则，经总理事会批准后执行。

（5）秘书处。世贸组织成立由一位总干事领导的世界贸易组织秘书处，该秘书处设在瑞士日内瓦。世贸组织总干事主要有以下职责：最大限度地向各成员施加影响，要求它们遵守世贸组织规则；考虑和预见世贸组织的最佳发展方针；帮助各成员解决它们之间所发生的争议；负责秘书处的工作，管理预算和所有成员有关的行政事务；主持协商和非正式谈判，避免争议。

2. 组织职能

世贸组织的组织职能是：促进世界贸易组织协议和多边贸易协议的执行、管理和运作，并为其提供一个组织；为成员提供谈判的论坛和谈判成果执行的机构；通过争端解决机制，为达到全球经济政策的一致性，以适当的方式与国际货币基金组织和世界银行及其附属机构进行合作。

10.2.3　世界贸易组织的基本原则

世界贸易组织的基本原则贯穿于世界贸易组织的各个协定和协议中，构成了多边贸易体制的基础。

1. 非歧视原则

非歧视进行贸易是世贸组织的基石，是各成员间平等地进行贸易的重要保证，也是避免贸易歧视、贸易摩擦的重要基础。非歧视贸易市场要通过最惠国待遇和国民待遇原则等加以体现。

（1）最惠国待遇原则，指世贸组织一成员方在货物贸易、服务贸易和知识产权领域给予任何成员的优惠待遇，将立即和无条件地给予其他各成员方，即各成员对于其他成员的产品，必须给予不低于给予任何其他成员产品的优惠待遇。作为世贸组织的一项最基本、最重要的原则，最惠国待遇原则对规范成员方之间的贸易、推动国际贸易的扩大和发展起了重要的作用。

最惠国待遇原则具有自动性、同一性、相互性、平等性、普遍性的特点。

最惠国待遇原则的范围包括：(1) 关税税率；(2) 海关手续费等进出口费用；(3) 征收关税和其他费用的方式；(4) 进出口有关规则和程序；(5) 国内税和其他国内费用、产品销售、运输、分销和使用的政府规章和要求。

(2) 国民待遇原则，指对其他成员方的产品、服务或服务提供者及知识产权所有者和持有者所提供的待遇，不低于本国同类产品、服务或服务提供者及知识产权所有者和持有者所享有的待遇。国民待遇原则只有在产品、服务、知识产权进入国境后才适用。

2. 公平竞争原则

公平竞争原则，指成员方应避免采取扭曲市场竞争的措施，纠正不公平贸易行为，在货物贸易、服务贸易和与贸易有关的知识产权领域，创造和维护公开、公平、公正的市场环境。要求用市场供求价格参与国际竞争，如出现人为降低价格，则允许成员方采取反倾销和反补贴等措施进行保护。受损害的进口方征收反倾销税和反补贴税的条件必须是有倾销或补贴的事实存在，并且倾销或补贴造成了进口方工业的实质性损害或实质性损害威胁，且进口与损害之间存在因果关系，才能征收不超过倾销差额或补贴数额的反倾销税或反补贴税。同时世贸组织也反对各方滥用反倾销和反补贴，以达到保护主义的目的。

3. 互惠原则

世贸组织管理的协议是以权利与义务的综合平衡为原则的，这种平衡是通过互惠互利的开放市场的承诺而获得的。互惠互利是多边贸易谈判，也是建立世贸组织共同的行为规范、准则过程中的基本要求。

世贸组织的互惠原则主要通过以下几种形式体现：第一，通过举行多边贸易谈判进行关税或非关税措施的削减，对等地向其他成员开放本国市场，以获得本国产品或服务进入其他成员市场的机会；第二，当一国或地区申请加入世贸组织时，要求新成员必须按照世贸组织现行协定、协议的规定开放申请方商品或服务市场；第三，互惠贸易是多边贸易谈判及一成员贸易自由化过程中与其他成员实现经贸合作的主要工具。

4. 自由贸易原则

自由贸易原则，本质上是限制和取消一切妨碍和阻止国际贸易开展的所有障碍，包括法律、法规和措施等。在世贸组织框架下，自由贸易原则是指通过多边贸易谈判，实质性削减关税和减少其他贸易壁垒，扩大成员方之间的货物和服务贸易。世贸组织成员之间的自由贸易必须以市场经济为基础，任何一个参加世贸组织的国家或地区，首先必须建立市场经济。

5. 透明度原则

透明度原则，指成员方应公布所制定和实施的贸易措施及其变化情况，同时还应将这些贸易措施及其他变化情况通知世贸组织。透明度原则的目的在于防止成员方之间进行不公开的交易而造成对其他成员方歧视性的存在，使经济贸易活动在稳定的、可预见的条件下进行。

透明度原则是世贸组织的重要原则，它体现在世贸组织的主要协定、协议中，与公平竞争原则相辅相成。

6. 允许例外和实施保障措施

市场放开后，考虑到成员方经济发展水平的不一致，为减少发展中国家出现的不稳定和突发因素的破坏作用，防范贸易自由化带来的风险，世贸组织制定了一系列条款或协议，允许成员方在特殊情况下采取例外和保障措施，对本国产业实行合理与适度的保护。在实施这些措施时，要遵守约束条件和无歧视原则。该原则主要表现在：允许例外和实施保障原则、发展中国家优惠待遇原则、区域性贸易安排。

7. 鼓励发展和经济改革

世贸组织成员 80%以上是发展中国家和地区以及转型经济国家和地区，其中 60 多个发展中国家和地区自主实行贸易自由化改革。世贸组织沿袭关贸总协定关于发展中国家和地区及最不发达国家优惠待遇的相关协议和条款，并在世贸组织的相关协定、协议或条款中加以完善。发展中国家和地区关税可比发达国家高；可继续享受普惠制；向世贸组织过渡期长于发达国家；可利用“宽松条款”；可从世贸组织得到特殊援助。

10.3　中国与世界贸易组织

10.3.1　中国与世界贸易组织的历史渊源

中国是关贸总协定 23 个创始缔约国之一，1948 年 4 月 21 日，签署了《临时适用议定书》。1950 年 3 月在未得到中国唯一合法政府——中华人民共和国授权的情况下，台湾当局退出关贸总协定。虽然中国指出这一退出决定是无效的，但由于受当时国内外政治、经济环境的制约，中国未能及时提出恢复关贸总协定缔约方地位的申请。1986 年 7 月，中国正式要求恢复在关贸总协定中的缔约方地位。1987 年 3 月，关贸总协定中国问题工作组正式成立。1995 年 1 月，世界贸易组织正式成立，中国因“复关”受阻未能成为其创始成员。1995 年 12 月，关贸缔约国大会宣告关贸总协定结束历史使命；关贸总协定中国工作组更名为中国加入世界贸易组织工作组。

从 1986 年 7 月递交“复关”申请到 2001 年 12 月 11 日正式加入世贸组织，中国经历了 15 年，其中最重要的是中美 25 轮谈判和中欧 15 轮谈判。

10.3.2 中国的“复关”谈判和“入世”谈判

随着中国经济体制改革的推进和对外开放的进行，中国对外贸易迅速增长。恢复关贸总协定席位，成为我国必然的选择。“复关”可以使中国受益于多边贸易体制，获得公正、公平与稳定的对外贸易环境，获得参与制定贸易政策和贸易规则的权利，有利于抑制其他国家的贸易保护主义，更好地促进企业参与国际竞争。

1. 中国“复关”的历史经过

1986年7月11日中国正式提出恢复我缔约方地位后，1987年3月关贸总协定成立了中国工作组，开始中国的“复关”谈判。

1986年4月23日，中国香港以单独关税地区成为关贸总协定缔约方。

1987年10月22日，关贸总协定中国工作组第1次会议在日内瓦举行，确定工作日程。

1989年4月18—19日，关贸总协定中国工作组第7次会议在日内瓦举行，完成了对中国外贸制度的评估。

1990年1月1日，台湾当局以“台、澎、金、马单独关税地区”名义申请加入关贸总协定。

1991年1月11日，中国驻日内瓦代表团大使范国祥向关贸总协定总干事邓克尔递交中国政府关于澳门关贸总协定缔约方地位的声明。中国澳门成为关贸总协定缔约方。

1992年2月，关贸总协定工作组第10次会议，基本结束了对中国贸易制度的审议，开始进入有关中国议定书内容的实质性谈判阶段。

1994年4月，中国签署了乌拉圭回合的《最后文件》及世界贸易组织协定。

2. 中国申请“入世”的进程

世贸组织成立后，1995年11月，中国政府照会世贸组织总干事鲁杰罗，把中国“复关”工作组更名为中国“入世”工作组。中方根据要求与世贸组织的37个成员继续进行拉锯式的双边谈判。

1996年2月12日，中美就中国“入世”问题举行了第10轮双边磋商。

1997年5月，中国与匈牙利最先达成协议。

1997年8月6日，中国与新西兰在北京就中国“入世”问题达成双边协议。

1997年8月26日，中国与韩国在汉城就中国“入世”问题达成双边协议。

1997年10月13—24日，中国外经贸部首席谈判代表龙永图副部长率团在日内瓦与欧盟、澳大利亚、挪威、巴西、印度、墨西哥、智利等30个世贸组织成员进行了双边磋商；与匈牙利、捷克、斯洛伐克、巴基斯坦签署了结束中国“入世”双边市场准入谈判协议；与智利、哥伦比亚、阿根廷、印度等基本结束了中国“入世”双边市场准入谈判。

1997年11月1—16日，随同李鹏总理访日的外经贸部首席谈判代表龙永图副部长与日本外务省副外相原口就中国“入世”问题发表联合声明，重申中日双方已在服务业市场准入谈判方面取得重大进展，从而表明中日两国关于中国“入世”双边市场准入谈判已基本结束。

1998 年 3 月 28 日至 4 月 9 日，世贸组织中国工作组第 7 次会议，中国代表团向世贸组织秘书处递交了一份近 6 000 个税号的关税减让表，得到了主要成员的积极评价。

1999 年 11 月 15 日，中美双方就中国"入世"达成协议。这意味着中国与美国就此正式结束双边谈判，这是中国最艰难也是最重要的谈判。

2001 年 5 月 19 日，中国与欧盟就中国"入世"达成双边协议。

2001 年 9 月 13 日，中国与最后一个谈判对手墨西哥达成协议，从而完成"入世"的双边谈判。

2001 年 11 月 10 日，世贸组织第四届部长级会议就中国加入世贸组织问题达成一致。

2001 年 12 月 11 日，中国正式成为世贸组织第 143 个成员。中国在提出申请 15 年后终实现加盟。

10.3.3　中国加入世贸组织后的权利和义务

按照我国"入世"谈判的原则，中国加入世贸组织后的基本权利有：全面参与多边贸易体制；享有多边的、无条件的和稳定的最惠国待遇；享有普惠制待遇及其他给予发展中国家的特殊照顾；获得市场开放和法规修改的过渡期；保留国营贸易体制；对国内产业提供必要的支持；维持国家定价；有步骤地开放服务贸易领域并进行管理和审批；充分利用争端解决机制；获得在多边贸易体制中"参政议政"的权利。

同时中国在加入世贸组织的议定书中，承诺遵守非歧视原则、关税减让、逐步开放服务贸易和体制改革四个方面的基本义务。

1. 对遵守非歧视原则的承诺

对进入中国市场的货物给予国民待遇。自中国加入世贸组织之日起全面遵守和执行在国内产品和进口产品之间的非歧视原则。对进入中国市场的服务及与贸易有关的投资措施，承诺中国在贸易权利方面将给予包括所有的外资个人、团体（包括那些没在中国投资或注册的个人和团体）至少和中国企业一样的待遇，中国将取消双重定价惯例以及在内销产品和出口产品待遇上的区别。

2. 对市场准入的承诺

中国加入世贸组织对关税减让的具体承诺是：关税总水平从 2001 年的 14%逐步降到 2005 年的 10%左右。到 2008 年工业平均关税将下调到 9.2%，农产品平均关税将下降到 15.1%（见表 10—1）。

表 10—1　　中国 2002—2008 年关税总水平承诺（第 152 号减让表）（%）

年份	关税总水平	工业品平均	农产品平均
2002	12.7	11.7	18.5
2003	11.5	10.6	17.4

续前表

年份	关税总水平	工业品平均	农产品平均
2004	10.6	9.8	15.8
2005	10.1	9.3	15.5
2006	10.1	9.3	15.5
2007	10.1	9.3	15.5
2008	10	9.2	15.1

资料来源：石广生：《中国加入世界贸易组织法律文件导读》，北京，人民出版社，2002。

对非关税措施方面的承诺是：自加入世贸组织之日起取消大豆、小麦、油菜子、花生油、葵花油、玉米油和棉籽油的关税配额，改为实行单一税。仅保留配额、许可证和机电产品特定进口招标三种非关税壁垒措施，并逐步取消，至 2005 年 1 月 1 日全部取消。取消后仅以关税作为唯一保护手段。

3. 对服务贸易开放的承诺

《中华人民共和国加入议定书》附件 9 的服务贸易减让表，具体列明了中国承诺开放的 12 个服务部门及近 60 个开放领域的市场准入条件和开放时间表，将有步骤地允许外商进入中国电信、银行、保险、证券、音像、分销、海运报关和集装箱堆场服务等领域。

- 电信：“入世”后，外国服务商将被允许在中国建立合资公司，而不受数量方面的限制。
- 银行：外国金融机构将被允许在中国提供外币服务，而不受顾客方面的限制。
- 保险：外国保险公司可以来华建立其非寿险子公司或者合资公司，“入世”5 年后，将允许外商建立全资的外资子公司。

4. 对体制改革的承诺

废除和停止实施与世界贸易组织规则相抵触的法律、法规和规章。改革外贸管理体制，把外贸经营权审批制改为登记制，实行统一、透明的外贸政策。接受世贸组织对中国贸易政策的有关审议。

10.3.4 中国加入世贸组织的积极意义

加入世贸组织，符合中国的根本利益和长远利益，可以使中国在更广阔的领域和更高的层次上参与国际竞争，维护中国在世界贸易中的地位和合法权益，实现国际经济技术合作，拓展国际市场。“入世”后我国可以利用世贸组织的争端解决机制，公平、客观、合理解决与其他国家和地区的贸易摩擦，有利于改善中国经济发展的外部环境，有利于改善投资环境，扩大对外投资。中国加入世贸组织，将有力地推进中国社会主义市场经济体制改革，调整和完善社会主义市场经济的行为规范和法律体系，不断提高国民经济结构的优化升级。同时，加入世贸组织，中国也面临国际竞争的压力，并在高层次和高水平上参与国际分工，直接与经济发达国家进行成本、管理、科学技术、产品、营销等竞争，面临严峻的国际挑战和压力。

10.4　主要发达国家的对外贸易

10.4.1　美国的对外贸易及其贸易政策

美国是当代最大的发达资本主义国家。第二次世界大战后随着原子能技术、航空航天技术、电子计算机技术发展为标志的新科技革命的兴起，及国际垄断组织和跨国公司的迅速崛起，美国经济进入了高度现代化的发展阶段，开始向后工业社会和信息化社会转变，并始终站在资本主义世界的高峰。虽然美国在世界贸易中的比重不断下降，但一直是世界上最大的商品和服务贸易国。

1. 第二次世界大战后美国对外贸易的发展及特点

第一，出口商品竞争能力日益削弱，外贸逆差急剧扩大。美国是高科技产业居主导的制造业产业结构，工业制成品约占其出口总值的 75%左右。但是，1985 年美国工业制成品的出口额位于日本、原联邦德国之后，居世界第三位；在国际市场上有竞争优势的高技术产品，如飞机、汽车、电子计算机等面临着日本和西欧产品的激烈竞争；钢铁从 1963 年，汽车从 1968 年起，相继由出超变为入超。1971 年美国出现了自 1893 年以来的第一次贸易逆差，此后逆差呈逐年上升的趋势。2004 年后，美国的贸易总额同比增长逐渐呈下降的趋势（见表 10—2）

表 10—2　　美国对外贸易年度表　　单位：百万美元

年份	总额	同比(%)	出口	同比(%)	进口	同比(%)	差额	同比(%)
2001	1 870 100	−6.5	729 100	−6.8	1 140 999	−6.3	−411 899	−5.6
2002	1 854 469	−0.8	693 103	−4.9	1 161 366	1.8	−468 263	13.7
2003	1 981 892	6.9	724 771	4.6	1 257 121	8.2	−532 350	13.7
2004	2 288 479	15.5	818 775	13.0	1 469 704	16.9	−650 930	22.3
2005	2 579 432	12.7	905 978	10.7	1 673 455	13.9	−767 477	17.9
2006	2 890 573	12.1	1 036 635	14.4	1 853 938	10.8	−817 304	6.5
2007	3 119 441	7.9	1 162 479	12.1	1 956 962	5.6	−794 483	−2.8
2008	3 400 277	7.9	1 300 136	11.8	2 100 141	7.3	−800 006	0.7
2009	2 614 808	−22.9	1 056 932	−17.9	1 557 876	−25.9	−500 944	−38.6

资料来源：商务部国别数据频道。

第二，服务贸易增长迅速。服务业是美国经济最大的组成部分，包括旅游、运输、保险、银行、广告、工程设计、知识产权、数据处理及信息传递等项目。1990 年美国服务贸易出口额为 1 025 亿美元，占世界服务贸易出口总额的 15.7%，居世界第一位。此后，继续保持世界首位，并在高科技等新领域中占有优势。2000 年后美国继续保持服务贸易出口大国和顺差大国的地位，2007 年进出口总额达 8 514 亿美元，贸易顺差 1 069 亿美元，同比增长 34%，首次突破 1 000 亿美元。

第三，贸易方向上的不平衡发展。美国过去主要的贸易对象是西欧和北美。但自 20 世纪 80 年代中期以来，美国的贸易方向发生了深刻的变化，海外市场的重心从西欧向亚太地区转移。2007 年美国前十大贸易（货物贸易）伙伴按序分别为加拿大、中国大陆、墨西哥、日本、德国、英国、韩国、法国、中国台湾、荷兰，占美国货物进口总额的 64.9%和出口总额的 58.7%。美国对发展中国家和地区的贸易约占美国进出口总额的 1/3。

第四，外贸逆差急剧扩大。1971 年美国出现了自 1893 年以来的第一次贸易逆差，1987 年高达 1 736 亿美元，1993 年美国贸易逆差剧增 37%，达 1 157.8 亿美元，此后呈逐年上升的趋势。2001—2008 年美国对外贸易逆差由 4 118 亿美元扩大到 8 000 亿美元。2009 年年初，伴随世界贸易量急剧萎缩，美国对外贸易出现下滑，其中进口比出口下降的幅度更大，因而贸易逆差逐渐减少，并在 2010 年 5 月缩小到 260 亿美元。这是自 1999 年 11 月以来美国外贸逆差的最小值。

2. 第二次世界大战后美国对外贸易政策与措施

美国的对外贸易政策一直是以消除外国的贸易障碍，扩大美国的商品与服务贸易，保证美国的经济增长与充分就业为指导准则的。第二次世界大战后较长一段时间，美国凭借其强大的经济实力，担负起重建战后自由国际经济秩序的领导角色，其对外贸易政策也发生了相应的变化。

（1）贸易自由化。从第二次世界大战结束到 20 世纪 70 年代中期，美国外贸政策的主要倾向是贸易自由化。1948 年 1 月 1 日起生效的关贸总协定就是美国推动多边关税减让、开拓国外市场的主要政策工具。在总协定成立之前的 1946 年，美国进口商品平均关税水平为 26.4%，关贸总协定第八轮乌拉圭回合谈判使发达国家工业品关税减至 3.8%。

（2）新贸易保护主义。进入 20 世纪 70 年代以后，资本主义发达国家的经济普遍进入滞胀阶段。随着日本、西欧及一些发展中国家和地区的崛起，美国在经济上的霸权地位受到了挑战，在世界经济贸易中的地位日益下降，贸易保护主义政策重新抬头。新贸易保护主义的主要表现是：以立法形式使外贸管理制度法律化；从加强国际多边合作转向更多地使用双边协调管理的方式；寻求建立区域性贸易集团，以获取更大的贸易与经济利益。

（3）实施新的国家出口战略。1993 年 9 月克林顿总统公布了美国出口战略，确定半导体、电脑、通信、环境保护、咨询软件工业及服务业等高科技产业和知识密集型产业为六大重点出口产业。采取的措施包括减少政府对技术领先产业出口的管制，开拓新兴市场，提供贸易融资，设立中小企业出口协助中心，提供贸易咨询等，将出口的焦点集中于具有强大竞争优势的环境科技、服务业、科技咨询等产业。

（4）推动双边、多边、区域贸易，积极扩展美国对外贸易的空间。布什总统上任后，加大公平贸易的政策力度，积极拓展海外市场。一方面，推动并主导全球贸易规则的调整和制定，启动世界贸易组织的新一轮多边贸易谈判；另一方面推进双边自贸安排。截至 2006 年 4 月，布什任内与美签署生效双边自由贸易协定或完成谈判的国家有：约旦、新加坡、智利、摩洛哥、澳大利亚、中美五国（哥斯达黎加、萨尔瓦多、危地马拉、洪都拉斯、尼加拉瓜）和多米尼加、巴林、阿曼、秘鲁、哥伦比亚。

(5) 加强外贸管理制度。美国的对外贸易管制制度由来已久，最早可以追溯到 1774 年独立战争时期在费城召开的“第一次大陆会议”封锁与大不列颠进出口贸易的决定。之后，为适应各种政治、经济、外交等历史背景，众多的进出口贸易法规及修正案相继出台。此外，美国已加入的各类国际公约和专项协定以及各种国内市场管理法规和标准，共同配合其主体法规，构成美国现行进出口管制的配套法制体系。

3. 美国对外贸易法规

美国现行贸易法是《1974 年贸易法》，它已经成为规范美国对外贸易的主要法律。此外，美国还有《1930 年关税法》、《1979 年贸易协定法》、《1962 年贸易扩展法》等。《1988 年综合贸易与竞争法》针对外国对美国知识产权存在的保护问题而制定了“特殊 301 条款”；《出口管理条例》是美国从国家安全利益出发采取的出口管制贸易手段。“9·11”事件以后，美国进一步加强了高技术产品的出口管制。《1930 年关税法》及《协调关税表》、《1974 年贸易法》以及《1984 年贸易与关税法》等是美国在进口管制方面的法规。农业方面有《农产品补贴法案》。美国是世界最大的农产品出口国，农产品出口贸易市场份额的大小对美国农业的兴衰起决定性作用。2002 年 5 月 13 日，美国总统布什签署了农产品补贴新法案，将每年巨额的农业补贴以法规的形式合法化、程序化。2009 年 2 月 13 日，美国参众两院通过了一揽子经济刺激方案，名为《2009 年美国复兴与再投资法》。该法案已经由奥巴马总统批准生效。

10.4.2　日本对外贸易发展及经验

对外贸易在日本经济发展中起着至关重要的作用。一方面通过资源进口，保证了重化工业的迅速发展，促进了国内的技术改造和产业结构的现代化；另一方面出口为日本经济发展提供了大量的外汇资金，使其摆脱了国际收支对经济的制约，增强了国内产业的国际竞争力。日本对外贸易增长迅速，在世界贸易中的地位不断提高，1971 年日本成为世界第三大出口国，1974 年成为世界第三大进口国。

1. 第二次世界大战后日本经济贸易的发展

1945—1955 年是日本经济的恢复发展时期，在美国的扶植下，日本经济全面启动。这一时期的对外贸易处于恢复阶段，其中心任务是增加国际支付工具和改善生活与生产必需品的供应，抑制严重的通货膨胀和促进经济的稳定与恢复。

1956—1973 年日本广泛运用科技成果，进入经济高速增长时期。在这一时期日本适时制定外向型经济发展战略，调整国内产业结构，工业生产大幅跃升，年均增长率在 10%以上，一跃成为仅次于美国的世界第二经济强国。同时，日本对外贸易也处于高速增长的时期，其贸易结构也由传统的以轻纺产品为主转变为以重工业和化学工业等高附加值的产品为主。

1973 年后，日本对外贸易年均增长速度虽然比高速增长期有明显的回落，但其经济总量却一直在发达国家中居于第二。2000 年以后，日本的对外贸易一直呈增长趋势，2004 年贸易顺差达到最大，为 1 105 亿美元，此后逐年下降，2008 年贸易顺差额只有 203.59 亿美元。

日本主要进出口区域为亚洲、北美自由贸易区和欧盟，这三大区域合计占日本进出口总额的 87.8%。从出口国别来看，美国仍是日本第一大出口国，中国和韩国是日本第二和第三大出口市场。车辆及其零部件、机械设备、电气和电子产品是日本主要出口产品类别，占日本出口总额的 60.9%。矿产品、机电产品是日本主要的进口产品类别，占日本进口总额的 51.6%（见表 10—3）。

表 10—3　　日本对外贸易年度表　　单位：百万美元

年份	总额	同比(%)	出口	同比(%)	进口	同比(%)	差额	同比(%)
2001	752 482	−12.4	403 247	−15.8	349 235	−8.0	54 012	−45.7
2002	755 121	0.4	417 165	3.5	337 957	−3.2	79 208	46.7
2003	855 274	13.3	471 913	13.1	383 361	13.4	88 551	11.8
2004	1 021 853	19.5	566 191	20.0	455 661	18.9	110 530	24.8
2005	1 111 471	8.8	595 269	5.1	516 202	13.3	79 068	−28.5
2006	1 225 224	10.2	646 441	8.6	578 783	12.1	67 658	−14.4
2007	1 336 199	9.1	714 126	10.5	622 072	7.5	92 054	36.1
2008	1 544 125	15.6	782 242	9.5	761 883	22.5	20 359	−77.9
2009	1 131 098	−26.8	580 591	−25.8	550 507	−27.8	30 084	54.6

资料来源：商务部国别数据频道。

2. 日本对外贸易政策的调整

第二次世界大战后，日本的对外贸易政策是为贸易立国的总体战略及其资源战略和市场战略服务的，把对外贸易政策与整个国家的产业政策结合起来，通过扶植本国的产业，提高国际竞争力，以振兴出口，使对外贸易的扩大能动地促进本国经济的发展和产业结构的优化。

(1) 实行政府干预贸易政策。第二次世界大战后，日本政府为贯彻实施贸易立国的发展战略，对本国的贸易活动进行了全面的干预。在进口方面，通过严格的外汇管制，使所有的外汇支出均服务于国民经济的增长和出口贸易的扩大。在出口方面，除通过金融、税收和保险等措施直接推动本国出口贸易发展外，还利用产业政策措施，通过对国内产业结构的调整和提升来强化出口贸易发展的基础，为出口贸易的长期稳定和持续发展创造条件。

(2) 推行产业政策以促进出口。20 世纪 70 年代中期以后，日本逐步形成了“科技立国”的新战略。一方面对钢铁、造船、造纸等消耗能源较多的产业进行设备更新和产品换代；另一方面将电子、能源、生命科学、新材料开发等作为重点扶持的产业。如今，日本在汽车发动机用精密陶瓷，火箭和飞机用碳素纤维，生产用机器人，办公自动化机器和新材料，生物工程技术产业如医药、农业、食品、能源，信息产业产品如游戏软件，半导体和大规模集成电路以及视听产品等领域，仍然保持着世界领先地位，出口额也稳步增长。多年来日本一直是生产用机器人的最大出口国，日本在这一行业的优势甚至超过美国。

(3) 发展互补型对外投资。1970 年，日本对外直接投资总额仅为 9 亿美元，1989 年日本对外直接投资为 441 亿美元，超过了美国的 368 亿美元和英国的 352 亿美元，首次跃居世界第一位。从投资结构看，日本对外投资主要集中于制造业，包括电气、汽车、化学、钢铁和有色金属等行业，占其对外制造业投资的 64%。日本对外投资的一个鲜明特点就是与对外贸易的互补性强。日本向美国和欧洲国家的投资主要是为了绕开贸易壁垒，对东亚国家的投资主要是为了降低生产成本。所以，从全球的角度看，日本的出口能力大大超过国际贸易统计的数额。

（4）推行战略性进口保护政策。日本为促进民族经济的发展，对进口贸易实施了严格限制的贸易政策，其手段主要有关税和非关税两大类。在非关税壁垒措施方面，主要利用技术性贸易壁垒限制进口。就保护的领域看，主要集中在农产品、药品、生物技术产品、纺织品和服装、皮革等。日本在第二次世界大战以后一直对农业采取高保护政策，如 2006 年 6 月 30 日，日本公布了"农产品肯定列表"，导致与美国、中国发生了数次农产品贸易摩擦。另外，日本还在进口通关手续、政府采购、动植物检验和检疫、产品标准方面，以及服务贸易领域对进口设置了重重障碍。

10.4.3　欧盟的对外贸易及发展战略

欧盟是欧洲联盟的简称，由欧洲经济共同体发展而来。1991 年 12 月，欧洲经济共同体马斯特里赫特首脑会议通过《欧洲联盟条约》，通称《马斯特里赫特条约》。1993 年 11 月 1 日，《马斯特里赫特条约》正式生效，欧盟正式诞生。欧盟现有 27 个成员国、近 5 亿人口，是世界上第一大经济联合体，也是全球一体化程度最高、具有重要影响的区域性组织。

1. 欧盟的共同政策与贸易发展

随着欧洲一体化的深入发展，欧盟逐步建立和完善了一系列共同政策，其中主要有关税同盟、共同农业政策、共同社会政策、共同货币政策、共同外交和安全政策、保护消费者政策以及共同外贸政策等。进入 21 世纪以来，欧盟的经济发展缓慢，频频出台贸易保护措施。截至 2009 年 9 月底，欧盟共实施 132 项正式反倾销措施和 8 项反补贴措施，另有 54 项贸易保护调查仍在进行中，是全球最热衷于使用贸易保护措施的经济体之一。

2008 年，欧盟 27 国对其他主要贸易伙伴的进出口贸易额均出现不同程度的增长。2009 年金融危机使欧盟对外贸易出现衰退，较上年（下同）减少 24.3%。其中，出口贸易额 15 285.8 亿美元，减少 20.6%；进口贸易额 16 728.5 亿美元，减少 27.4%；贸易逆差 1 442.7 亿美元，减少 62.1%（见表 10—4）。欧盟前五大逆差来源地依次是中国、俄罗斯、日本、挪威和利比亚，分别减少 24.6%，27.0%，42.8%，52.0%和 51.9%；顺差主要来自美国、阿联酋和瑞士等，分别减少 31.59%，21.0%和 20.6%。

表 10—4　欧盟（27 国）对外贸易年度表　单位：百万美元

年份	总额	同比（%）	出口	同比（%）	进口	同比（%）	差额	同比（%）
2001	—	—	—	—	—	—	—	—
2002	1 731 410	—	845 756	—	885 654	—	－39 898	—

续前表

年份	总额	同比(%)	出口	同比(%)	进口	同比(%)	差额	同比(%)
2003	2 045 943	18.2	987 243	16.7	1 058 700	19.5	−71 456	79.1
2004	2 463 786	20.4	1 186 228	20.2	1 277 558	20.7	−91 330	27.8
2005	2 771 600	12.5	1 307 192	10.2	1 464 407	14.6	−157 215	72.1
2006	3 156 526	13.9	1 457 852	11.5	1 698 674	16.0	−240 823	53.2
2007	3 659 127	15.9	1 702 604	16.8	1 956 524	15.2	−253 920	5.4
2008	4 210 788	14.7	1 927 278	13.1	2 283 509	16.0	−356 231	35.1
2009	3 201 427	−24.3	1 528 578	−20.6	1 672 849	−27.4	−144 272	−62.1

资料来源：商务部国别数据频道。

2. 欧盟着手拟定未来经济发展战略

欧盟委员会目前着手拟定未来十年欧盟经济发展战略，根据欧盟委员会的设想，“2020 战略”重在引领欧盟经济走出当前的危机，并致力于实现朝着知识经济体迈进、不断改善就业状况和建设具有竞争力及更加绿色的经济三大目标。同时，扩大欧盟在国际舞台上的影响力，展现欧洲社会市场经济模式的优越性。欧盟希望通过实现对外贸易向以经济利益为中心的政策性转变，将与东盟、乌克兰、韩国、印度、俄罗斯等地区及国家启动双边贸易谈判。欧盟还将出台旨在加强与中国经贸关系的新战略。

3. 欧盟的技术贸易壁垒新措施

近年来，欧盟颁布了大量技术法规和标准，直接或间接地构成了对进口产品的技术性贸易壁垒。

(1)《关于报废电子电气设备的第 2002/96/EC 号指令》(WEEE 指令) 于 2005 年 8 月 13 日生效，《关于在电子电气设备中限制使用某些有害物质的 2002/95/EC 号指令》(RoHS 指令) 于 2006 年 7 月 1 日实行。这两项指令涵盖的产品范围几乎包括所有民用电子电气产品，对报废电子电气设备的收集、处理、回收和环保处置费用，对电子电气设备中有害物质所容许的最大限量做出了要求。

(2) 欧盟 2007 年 6 月通过《化学品注册、评估、授权与限制法规》(REACH 法规)，对所有化学物质建立统一的管理制度，并在欧盟 27 国统一实施。

(3) 2005 年 7 月，欧盟公布了《关于为能源消耗产品生态设计要求建立框架标准的第 2005/32/EC 号欧洲议会及理事会指令》(EuP 指令)。这一框架指令要求所有能源消耗产品的制造商必须通过产品设计或采用环境管理体系控制产品能耗，并按照欧盟委员会另行制定的有关实施细则对产品进行合格评定，加贴 CE 标志。

(4) 2004 年 12 月，欧盟发布修改后的《电磁兼容性指令》(2004/108/EC)。该指令 2007 年 7 月开始生效，进一步明确了所涉及设备必须符合的基本要求。

(5) 禁止电动车辆使用镉电池指令。从 2005 年 7 月 1 日起，禁止一切电动车辆使用镉电池。根据欧盟委员会的建议，不仅电动车辆的镉电池面临被替代，汽车零部件的含铅量也将受到限制。

(6) 欧盟于 2004 年宣布对打火机、点火枪实施必须加装防止儿童开启装置的

EN13869标准（CR标准）。2005年12月，欧盟发布《关于修改第76/769/EEC号理事会指令的2005/84/EC号欧洲议会及理事会指令》，禁止6类酞酸盐用于玩具及儿童用品生产。

（7）2009年，欧盟对有机食品添加剂法规进行了修订。此外，还包括《包装及包装废弃物指令》（PPW指令）、《关于报废汽车的技术指令》（ELV指令）等。

本章小结

1. 关税与贸易总协定是关于关税与贸易政策的多边国际协定，于1948年1月1日生效，共进行八轮多边贸易谈判，使各缔约方的关税总水平大大降低，非关税壁垒的规范也有较完整的协议框架，为改善国际贸易环境做出了重大贡献。

2. 世贸组织是一个独立于联合国的永久性国际组织，1996年1月1日正式取代关贸总协定临时机构，涵盖货物贸易、服务贸易以及知识产权贸易三大领域。

3. 世界贸易组织有着独立完整的宗旨、目标、组织结构与职能，世界贸易组织的基本原则贯穿于世界贸易组织的各个协定和协议中。

4. 中国曾是关贸总协定缔约方之一，2001年加入世贸组织。“入世”后，中国在享有最惠国待遇、“普惠制”待遇等权利的同时，还必须承诺遵守非歧视原则、关税减让、逐步开放服务贸易和体制改革四个方面的基本义务。

5. 研究美国、日本、欧盟等主要发达国家和地区的对外贸易发展和对外贸易政策对中国的经济发展和对外贸易具有积极的借鉴意义。

核心概念

关税与贸易总协定　世界贸易组织　非歧视原则　贸易自由化原则　公平竞争原则　互惠互利原则　透明度原则　保护贸易措施　货物贸易　服务贸易

复习思考题

1. 关贸总协定在国际贸易体制中的作用是什么？
2. 关贸总协定多边贸易谈判的成果有哪些？
3. 世贸组织建立的意义是什么？
4. 世贸组织的基本原则有哪些？
5. 中国加入世贸组织后享受什么样的权利，应尽什么样的义务？
6. 试述加入世贸组织给中国经济带来的机遇与挑战。
7. 如何借鉴欧美等发达国家和地区的对外贸易政策经验？

案例分析

“买美国货”条款与新贸易保护主义

2009 年 2 月 13 日，美国参众两院通过了一揽子经济刺激方案，其正式的名称为《2009 年美国复兴与再投资法》。该法案已经由奥巴马总统批准生效。美国舆论认为，实施这一美国历史上最大规模的、旨在提振经济并遏制失业的经济刺激计划，将成为美国政府干预经济的一个新的“里程碑”。在这个法案中，其第 1605 节的“买美国货”条款总共只有 200 多个单词，却掀起了轩然大波。

1933 年，美国通过了有名的《1933 年买美国货法》，与此相比，《2009 年美国复兴与再投资法》中的“买美国货”条款实质是新贸易保护主义措施。在保护的范围上，它不仅涵盖联邦政府直接购买的商品，而且涵盖了使用联邦政府拨款而购买的商品。该条款规定，使用该刺激方案下资金建设的公共建筑和公共工程只能使用在美国生产的钢铁和其他制成品。只有当联邦政府部门领导认为对国产货的优惠与公共利益相悖时，或者认为美国合格质量的商品国内供应不足时，政府部门领导才可以给予豁免购买外国货。在众多的“买美国货”要求中，美国关于高速公路建设的政府采购要求之严苛，几乎可以将外国货完全排除竞争，而这一要求正是这次经济刺激方案中“买美国货”条款的蓝本。

代表微软、英特尔等大型软件公司的商业软件联盟的发言人柯蒂斯表示，“买美国货”条款是否要把全球生产的 IT 产品排除在经济刺激计划的政府采购之外？

各国政府和舆论也高度关注该计划中的“买美国货”条款。日本《产经新闻》在 15 日的报道中指出，“买美国货”条款将增加贸易伙伴对美国保护主义的担忧。巴西报纸认为这是不公正的条款，巴西外长阿莫林姆曾明确表示，如果奥巴马总统签署了含有贸易保护主义条款的经济计划，巴西将向世界贸易组织投诉。巴西政府强调，推动国际贸易向前发展是应对国际金融危机最好的方式，呼吁国际社会采取共同的措施和合作的态度。

资料来源：崔凡、王笑西：《“买美国货”条款与新贸易保护主义》，载《国际贸易》，2009 (3)。

思考题：

美国贸易保护政策是否违背 WTO 规则？其目的何在？对中国对外贸易将产生哪些影响？

第3篇

国际贸易实务篇

第11章

交易磋商与合同的订立

章首阅读　　合同是否成立？

某出口企业于6月1日用电传向英商发盘销售某商品，限6月7日复到。6月2日收到英商发来的电传称"接受但价格减5%"，该企业未对英商来电做出答复。由于该商品的国际市价剧涨，英商又于6月3日来电传表示："无条件接受你方发盘，请告合同号码。"

资料来源：王欣阳、苏龙主编：《国际贸易理论与实务》，293页，武汉，武汉理工大学出版社，2005。

分析提示：

在此案中，合同成立吗？学完本章的知识后，就可以回答这个问题了。国际货物交易要想得到法律保障，交易双方必须签订货物买卖合同。而在签订合同之前，交易双方就买卖货物的有关条件进行磋商，并达成一致。为使交易顺利进行，正式谈判之前就必须做好各方面的准备工作，更要了解和掌握交易磋商的一般程序、合同成立和书面合同签订方面的有关业务知识。

一个国家对外经贸交往最重要的组成部分之一就是国际货物买卖，它具体表现为各国商人对商品的进口和出口。本章将对进出口交易的一般业务流程做基本介绍，把一笔具体的进口或出口业务划分为交易前的准备、交易磋商和订立合同、履行合同三个阶段，尤其是对前两个阶段的工作步骤和要点进行详细描述。通过学习，应能够在交易开始之前，根据商品与市场的情况做好国际货物买卖各方面的准备工作；应掌握交易磋商的每个环节，了解订立国际货物买卖合同相关法律的基本规定以及合同的内容和形式，以使进出口双方在国际货物买卖中顺利实现自己的合理经济利益。

11.1 进出口贸易基本流程

国际贸易的业务环节很多，各个环节之间均有密切、内在的联系。在实际业务中，不同交易的业务环节不尽相同，且不存在固定的先后顺序。但无论是出口贸易还是进口贸易，就它们的基本程序而言，均可概括为三个阶段：准备阶段、磋商和订立合同阶段、履行合同阶段。交易磋商前的准备阶段是交易磋商能否顺利进行的保证，也是履行合同的基础，而交易磋商及合同签订阶段是能否达成协议和确定双方权利、义务与责任的关键阶段；履行合同则是买卖双方按照合同条款履行自己的权利和义务。

本章将对出口贸易和进口贸易的基本业务流程，尤其是第一、第二阶段的主要工作内容进行介绍，而关于贸易合同的履行阶段本书将在第 16 章和第 17 章论述。

11.1.1 交易前的准备阶段

1. 出口交易前的准备

出口交易前的准备工作主要包括对市场的调查研究、制定出口商品经营方案以及做好出口商品的广告宣传和商标注册等工作。

(1) 行情调研活动，主要包括市场调研和客户调研。对国内外市场进行调查分析和预测是开展对外贸易活动的首要工作。市场调研的重点是国别调研和商品市场调研。国别调研主要是调查有关国家的政治情况（如对外政策、政局、和我国的外交关系等)、基本经济情况（如经济发展趋势、金融税收政策等)、对外贸易情况（如进出口商品结构、进出口量、进出口贸易对象、外贸和外汇管理政策等)、基础设施条件（如交通运输、通信条件等)，以确保出口业务的安全。商品市场调研主要是调查有关商品在国际市场的生产、销售、价格及贸易流向等情况，以便正确制定出口商品的价格和其他交易条件。

客户调研就是选择交易对象，并通过各种方式与之建立业务关系。在跨国贸易中，良好的贸易伙伴不仅能确保业务的顺利完成，而且在特殊情况下还能帮助自己处理一些突发事件，共渡难关。所以，正确选择客户也是业务成败的一个关键因素。对客户的调研主要是调查客户对本国的政治态度、资信情况、经营范围、经营能力以及经营作风等。

(2) 制定出口商品经营方案。在调查研究的基础上，应对所经营的出口商品制定经营方案。所谓经营方案，是根据本企业的经营意图对出口商品在一定时期内的销售活动所做的全面业务安排。方案内容一般包括国内货源情况，国外市场与目标市场情况，对客户、贸易方式、运输方式、收汇方式的选择，计划安排和实现计划的措施以及成本和经济效益的核算等。这一方案实际上就是出口商对外洽商交易的依据，尤其是对经济效益的核算有助于其判断出口是否有利，从而决定是否出口、出口多少以及如何掌握出口商品价格。

（3）做好出口商品的广告宣传和商标注册。根据出口业务的需要，对出口商品要做好广告宣传工作。根据企业的实力，可以选择广播、电视、报刊等大众传媒宣传，或者通过参加交易会、博览会等方式介绍出口商品。广告宣传的内容和形式要适应不同的市场和不同客户的需要，注重效果。

出口商品若有品名或商标的，应按照有关程序依法注册，才能得到法律的承认和保护。目前世界上大多数国家对商标实行自由注册的原则，但对外国人在本国申请商标注册则按相关条约或对等原则办理。各国对商标注册管理大致有四种原则：使用在先原则，注册在先原则，混合原则（即原则上以注册在先来确定商标的所有权，但申请注册时须经公告一段时间，无人提出异议，才给予承认和保护），双重原则（当首先注册者和使用者分属两人时，商标所有权属首先注册者，首先使用者仍可继续使用，但不得转让）。

2. 进口交易前的准备

外贸企业必须认真做好交易前的各项准备工作，准备工作做得越充分和细致，商订合同过程就会越主动和顺利。

（1）落实进口许可证和外汇。许多国家对于进口商品实施了进口许可证（import license）制度，所以，申领进口许可证就成为进口交易前一个很重要的环节。目前，我国对部分商品仍实行进口许可证管理制度和外汇管制，故在外贸磋商之前，应先办理一系列申报审核手续。有些商品需要先向主管部门领取准许进口的批文之后，才能向对外经贸部门申领进口许可证。

我国外贸经营权已经由审批制改革为登记制。不具有外贸经营权的企业如需进口，必须委托有经营权的外贸公司代理进口。在委托代理进口时，进口单位应向外贸公司提交许可证等有关文件，然后与外贸公司签订代理合同或协议。

（2）选择合适的采购市场与供货商。进口商在选择采购市场时，应对可供货的不同国家和地区的生产技术与工艺的先进程度及产品性能进行比较，从而选择能够满足本国需要、技术要求且价格合理的商品。而供货商的选择与出口交易对象的选择是相同的，但更应注意对方提供的商品是否先进、适用，交易条件是否对本国有利。

（3）研究制定进口商品经营方案。进口商品经营方案是进口商对外采购商品的主要依据。对于大宗进口交易应认真制定书面进口商品经营方案，其主要内容大致包括以下几个方面：

1）数量的掌握。根据国内需要的轻重缓急和国外市场的具体情况，适当安排订货数量和进度，在保证满足国内需要的情况下，争取在有利的时机成交，既要防止前松后紧，又要避免过分集中。

2）采购市场的安排。根据国别（地区）政策和国外市场条件，合理安排进口国别（地区），在选择对己方有利的市场的同时，又要避免市场过分集中。

3）交易对象的选择。应选择资信好、经营能力强并且友好的客户作为成交对象。为了减少中间环节和节约外汇，一般应向厂家直接订购。在直接采购有困难的情况下，可通过中间商代购。

4）价格的掌握。根据国际市场的价格，结合采购意图，拟定价格掌握的幅度，作为洽谈的依据。在价格的掌握上，既要防止价格偏高造成经济损失，又要避免价格偏低，无法完成采购任务。

5）贸易方式的运用。在经营方案中，应根据采购的数量、品种、贸易习惯做法等因素，对贸易方式的运用提出原则性的意见。

6）交易条件的掌握。应根据商品的品种、特点、进口地区、成交对象和经营意图，在平等互利的基础上酌情确定和灵活掌握交易条件。

11.1.2 交易磋商和订立合同阶段

在交易磋商和订立合同阶段，交易各方需就合同实质内容进行磋商。磋商可通过当面谈判、交换函电或电子数据进行，一般要经过询盘、发盘、还盘、接受等环节。合同条款的内容包括商品名称、品质、数量、包装、价格、装运、支付方式、商品检验检疫、索赔、不可抗力和争议的处理办法等。

11.1.3 履行合同阶段

出口合同的履行通常包括以下几个阶段：(1) 备货；(2) 催证、审证、改证；(3) 报验；(4) 租船订舱；(5) 报关；(6) 装运；(7) 投保；(8) 制单结汇；(9) 出口退税。

进口合同的履行通常包括以下几个阶段：(1) 开立信用证；(2) 租船或订舱，并办理保险；(3) 审单与付汇；(4) 报关、验收和拨交；(5) 进口索赔。

11.2 交易磋商的形式、内容、一般程序

交易磋商（business negotiation）是进出口双方为了签订进出口合同而对交易的各项条款进行交流、协商，协调双方经济利益并最终达成一致，从而签订合同的过程。在国际贸易中，双方的交易磋商有明确的内容和程序，交易磋商的过程是双方通过要约和承诺确立契约关系的过程，其程序的合法性保证了合同在法律意义上的有效性。

11.2.1 交易磋商的形式

交易磋商可以采取口头（by word of mouth）或书面（by writing）两种形式。口头磋商既可以是在谈判桌上面对面的谈判，如参加各种交易会、洽谈会，以及贸易小组出访、邀请客户来访等，也可以通过电话进行。书面磋商包括交易双方通过信函、电报、电传、传真等往来磋商交易。这两种形式有时也可以交叉结合使用。

目前，为了积极扩大出口贸易，企业采取走出去、请进来的形式日益增多，但是日常的交易仍然以书面磋商形式为主。此外，随着电子商务在国际贸易中的普

及，交易磋商正越来越多地直接通过计算机在国际互联网上进行。

11.2.2　交易磋商的内容

交易磋商的内容涉及拟签订合同的各项条款，其中包括商品名称、品质、数量、包装、价格、装运、保险、支付方式，以及商品检验、索赔、仲裁和不可抗力等。在使用格式合同的情况下，这些条款可作为一般交易条件出现在合同中，因而并非每次都要一一列出、逐条商讨。此外，在许多老客户之间，大多事先已经就"一般交易条件"（general terms and conditions）达成了协议，或者双方在长期的交易过程中已经形成了一些习惯做法，或者双方已经订立了长期的贸易协议，在这些情况下，不需要在每笔交易中对各项条款进行一一协商。当然对某些重大项目合同，则应就合同的各项条款逐步协商、达成一致。

11.2.3　交易磋商的一般程序

交易磋商一般包括询盘、发盘、还盘、接受四个环节，其中发盘和接受是每笔交易必不可少的两个基本环节和法律步骤。只要一方被另一方有效接受，便达到了合同成立的实质性要求。

1. 询盘

询盘（enquiry）是指交易的一方打算购买或出售某种商品，向对方询问买卖该项商品的有关条件，或者就该项交易提出带有保留条件的建议。在实际业务中，询盘通常由买方向卖方发出，一般称为"邀请发盘"；它也可以由卖方发出，习惯上将其称为"邀请递盘"。询盘的内容以对价格的询问为主，所以询盘又称做询价，但有时也会涉及商品的规格、品质、数量、包装、交货期，以及索取样品、商品目录等。询盘往往是交易的起点，但并不是交易磋商的必经阶段。

询盘既可采用口头的方式，也可采用书面的方式。书面方式有书信、电报、传真、询价单。传统上，电报、传真询盘由于传递速度快，在业务中采用较多。随着网络信息技术的发展，利用电子邮件和商务网络询盘也日益普及。

以下为两则询盘实例：

（1）买方询盘。Pls quote lowest price CFR Singapore for 500 pcs flying pigeon brand bicycles May shipment cable promptly（请报 500 辆飞鸽牌自行车 CFR 至新加坡最低价，5 月装运，速电告）。

（2）卖方询盘。Can supply aluminum ingot 99 pct July shipment pls cable if interested（可供 99%铝锭，7 月装运，如有兴趣请电告）。

2. 发盘

发盘（offer）又称发价、报盘或报价，是指交易一方（发盘人）向对方（受盘人）提出购买或出售某种商品的交易条件，并愿意按此条件与对方达成交易、签订合同的行为。发盘可以是应对方的邀请递盘做出的答复，也可以在没有邀请的情况下直接发出。在实际业务中，发盘多由卖方发出，这种发盘称为售货发盘（selling offer），也可以由买方发出，称为购货发盘（buying offer）或递盘（bid）。

发盘既是一项商业行为，又是一种法律行为，在合同法中称为要约，具有法律效力。无论是买方发盘还是卖方发盘，其法律后果都一样，即发盘一经对方无条件接受，就算达成交易，买卖合同即告成立。发盘可以口头进行，也可以书面进行。

(1) 发盘的构成条件。《联合国国际货物销售合同公约》(以下简称《公约》)第十四条第一款规定："向一个或一个以上特定的人提出订立合同的建议，如果内容十分确定，并且表明发盘人在得到接受时承受约束的意旨，即构成发盘。"据此，一项有效的发盘应具备以下几个条件：

1) 受盘人必须确定。也就是说，发盘必须向一个或一个以上的特定的人提出。如果发盘中没有指定受盘人，它就不能构成有法律约束力的发盘，而只能被看做邀请发盘，比如，向国外客户散发的商品目录、价格表等。

2) 发盘的内容必须十分确定。对于什么是"十分确定"，不同国家有不同的解释。《公约》的解释是在发盘中明确货物品质，规定数量和价格。在规定数量和价格的时候，可以明示，也可以暗示，还可以只规定确定数量和价格的方法。但在我国的贸易业务中，一般要求交易条件是完整的，也就是要求在发盘中列明商品名称、品质或规格、数量、包装、价格、交货、支付等主要条件。

发盘中交易条件的表述不能含糊不清，不能用诸如"大概"、"大约"、"仅供参考"之类的词句。

3) 表明发盘人受其约束。即发盘人必须在发盘时向对方表示，在得到有效接受时双方即可按照发盘中的各项条件签订合同。发盘人在发盘中是否有这种意思表示，不一定要求发盘中有"实盘"之类的字样，更重要的是取决于发盘的整个内容是否确定。如果受盘人对此不能确定，则应向发盘人提出，不能任意猜测。

4) 发盘必须送达受盘人。按照《公约》第十五条的解释："发盘于送达受盘人时生效。"也就是说，发盘虽已发出，但在到达受盘人之前并不产生对发盘人的约束力，受盘人也只有在接到发盘后，才可考虑接受与否的问题，在此之前，即使受盘人已通过其他途径知道了发盘的内容，也不能主动对该发盘表示接受。

以上是构成有效发盘的四个条件，也是考察发盘是否具有法律效力的标准，有效的发盘必须同时满足这四个条件。否则，即使发盘上注明"实盘"或类似字样，也不能使发盘具有法律约束力。

(2) 发盘的有效期。发盘中通常都会规定有效期，作为发盘人受约束的期限和受盘人接受的有效时限。只有在有效期内，受盘人对发盘的接受才有效，发盘人才承担按发盘条件与受盘人成交的法律责任。

有效期可在发盘中进行明确的规定。在实际业务中一种常见的做法是在发盘中规定一个最后时限。注意，发盘人要说明该日期是受盘人发出接受通知的最后期限，如"限5月6日复"，还是接受通知送达发盘人的最后期限，如"限5月6日复到此地"，以及该日期以何处时间为准。

也可以在发盘中只规定一段有效期限，如"本发盘有效期3天"(Offer valid within 3 days)。此时，若发盘是以电子邮件或信函方式发出的，有效期从电子邮件发出或信函寄出时起算；若该发盘是以电传或传真形式发出的，则有效期从发盘送达受盘人时起算。

(3) 发盘的撤回和撤销。关于发盘的撤回，《公约》第十五条第二款规定：“一项发盘，即使是不可撤销的，也可以撤回，如果撤回的通知在发盘到达受盘人之前或同时到达受盘人。”也就是说，只要发盘还未生效，对发盘人就不产生约束力，发盘是可以撤回的。所以发盘人要想撤回发盘，必须以更快的通信方式使撤回的通知赶在发盘到达受盘人之前到达受盘人，或起码与之同时到达，否则就不是撤回，而是撤销了。

发盘的撤销与撤回不同，撤销是指发盘送达受盘人，即已生效后，发盘人再通知受盘人取消该发盘，解除自己在发盘项下所应承担的法律责任的行为。对于发盘生效后能否再撤销的问题，各国合同法的规定有较大分歧。英美等国采用的普通法认为，发盘在原则上对发盘人没有约束力，发盘可撤销。除了受盘人已经给予发盘人一定的对价，或者发盘人以签字蜡封的形式发盘的情况，在受盘人接受之前，发盘人可以随时撤销发盘或变更内容。美国《统一商法典》则对上述原则做了修改，承认在一定的条件（发盘人是商人，以书面形式发盘，有效期不超过 3 个月）下，无对价的发盘亦不得撤销。大陆法中的德国法认为，发盘原则上对发盘人有约束力，除非他在发盘中已表明不受约束。法国虽然允许发盘人在有效期内撤销其发盘，但判例表明，他必须承担赔偿责任。

《公约》对这些不同的规定做了折中，其第十六条的规定是：

1）未订立合同之前，如果撤销的通知于受盘人发出接受通知之前送达受盘人，发盘可以撤销。

2）但在下列情况下，发盘不得撤销：(a) 发盘中写明了发盘的有效期或以其他方式表明发盘是不可撤销的；(b) 受盘人有理由信赖该发盘是不可撤销的，而且已本着对该发盘的信赖行事。

我国法律承认《公约》的规定，认为发盘可以撤销和撤回。但在实际业务中，为了减少纠纷，维护我方发盘的严肃性和进出口商的信誉，应尽量减少对发盘的撤销。

(4) 发盘的失效。《公约》第十七条规定：“一项发盘，即使是不可撤销的，于拒绝通知到达发盘人时终止。”也就是说，若受盘人在对发盘表示拒绝后又表示接受，即使原发盘仍在有效期内，其效力也会随着受盘人的拒绝送达而丧失，发盘人将不再受其约束，除非他愿意对该项接受予以确认。此外，以下情况也可造成发盘的失效：1）受盘人做出还盘。还盘实际上也是对原发盘的拒绝，因而也会使发盘失效。2）发盘人依法撤销发盘。3）发盘中规定的有效期届满。若受盘人没有在发盘规定的有效期或一段合理的时间内做出接受，则该发盘自动失去效力。4）不可抗力。非当事人所能控制的意外事故造成发盘的失效，如政府禁令或限制措施、战争、罢工等。5）在发盘被接受前，当事人丧失行为能力、死亡或法人破产等。

案例 11—1

中国 A 公司向美国旧金山 B 公司以传真发价出售一批产品，A 公司于 2007 年

5月18日发盘如下："报C413 300公吨，即期装船，不可撤销即期信用证付款，每公吨CIF旧金山 $2 100，2007年5月25日前复到有效。"B公司于2007年5月22日传真回复："你2007年5月18日发盘，我接受300公吨，即期装船，不可撤销即期信用证付款，每公吨CIF旧金山 $2 100，除通常单证外，需要提供产地证、植物检疫证明书，适合海洋运输的良好包装。"此时，该货国际市场价格上涨20%，原发价的价格明显对A公司不利，因此，A公司与日本一公司签订产品买卖合同，按国际市场价售出该产品。2007年5月25日A公司发去传真："你22日传真件，非常抱歉，由于世界市场价格变动，在收到你接受传真函前，我货已经售出。"双方因此为合同是否成立发生纠纷。

资料来源：贾建华、阚宏主编：《新编国际贸易理论与实务》，北京，对外经济贸易大学出版社，2010。

3. 还盘

还盘（counter offer）又称还价，是指受盘人不同意或不完全同意发盘人在发盘中提出的条件，为了进一步协商，对发盘提出修改或变更的意见。还盘实际上是对原发盘的拒绝，同时也是受盘人向原发盘人做出的一项新的发盘。还盘一旦做出，原发盘即失去效力，同时还盘一方与原发盘人在地位上发生变化，分别成为新的发盘人和受盘人。还盘的性质可以是询盘，也可以是发盘。因而，与发盘一样，还盘也存在一个效力问题，只有具有约束力的还盘才能成为一项新的发盘。

还盘可以用口头方式或者其他方式表达出来，一般采用与发盘相同的方式。还盘可以针对价格，也可以针对品质、数量、交货的时间及地点、支付方式等重要条件提出修改意见。

这里值得注意的是，还盘人对原发盘所表示的异议应该是实质性的。换言之，还盘是对交易条件的实质性变更。如果受盘人的答复仅对一些非实质性的、细枝末节的内容做了添加或修改，"除发盘人在不过分延迟的期间内以口头或书面通知反对其间的差异外"（《公约》第十九条第二款），将构成接受，而非还盘。

案例 11—2

卖方曾按FOB条件向买方发盘出售1万公吨菜子粕。买方接受卖方发盘后，要求卖方将合同和信用证条款传真给买方，卖方将已盖有公章的销售合同传真给了买方。买方收到传真的销售合同后，删除了原合同中"不接受超过20年船龄的船舶"的要求，并将"运费已付"修改为"运费按租船合同支付"，买方签字盖章后，立即传真给卖方，并依约开出信用证。卖方在相隔两周后表示，买方在原合同上的修改影响卖方装船，并称"合同尚未生效，双方所签订的合同为无效合同，买方开出的信用证作废"。买方不同意卖方的主张，于是提请仲裁。

资料来源：吴汉嵩、栾晔、梁树新主编：《国际贸易：理论·政策·实务》，198页，北京，北京工业大学出版社，2006。

分析提示：

仲裁庭受理本案并经开庭审理后认为，本案争议双方按 FOB 条件签订的合同，应由买方安排运输和支付运费，买方对合同中有关船龄与运费问题的修改，不影响卖方的权利与义务，也不构成对合同条款的实质性变更，何况卖方当时并未就此立即作出反对。按《联合国国际货物销售合同公约》第十九条规定，本案合同已经成立并生效。由于卖方拒绝履行双方订立的合同，故其应承担违约的全部责任，并赔偿买方由此引起的各项损失。

4. 接受

接受（acceptance）是指交易的一方无条件地同意对方在发盘或还盘中所提出的交易条件，并以声明或行为表示愿意按照这些条件与之成交、签订合同。这在法律上叫承诺。接受如同发盘一样，既属于商业行为，也属于法律行为。发盘一经接受，合同即告成立，对买卖双方都产生了法律上的约束力。

案例 11—3

我方某进出口公司向国外商人询购某商品，不久，我方收到对方 8 月 15 日的发盘，发盘有效期至 8 月 22 日。我方于 8 月 20 日传真回复："若价格能降至 56 美元/件，我方可以接受。"对方未作答复。8 月 21 日我方得知国际市场行情有变，于当日又向对方发去传真表示完全接受对方 8 月 15 日的发盘。

资料来源：郝玉柱主编：《国际贸易理论与实务》，512 页，北京，中国社会科学出版社，2005。

思考：

我方的接受能否使合同成立？为什么？

（1）根据《公约》规定，构成一项有效接受必须具备以下条件：

1）接受必须由受盘人做出。这一条件是与构成发盘的第一个条件相呼应的。接受只能由受盘人做出，才具有效力。任何第三人对发盘的接受对发盘人都没有约束力，只能被看做对发盘人的一项新发盘。

2）接受的内容必须与发盘的内容相一致。接受是受盘人无条件同意发盘人所提出的内容的意思表示。接受的内容应当与发盘的内容相一致。如果受盘人在接受中对发盘的内容进行添加或更改，则此项接受就不是接受，而是一项新的发盘，是对原发盘的拒绝。但如果这种添加或更改并非实质性的，该回复仍能具有接受的效力。对此，《公约》第十九条第二款规定："对发盘表示接受但载有添加或更改内容的答复，应视为对发盘的拒绝，并构成新发盘；但如接受所载的内容实质上并没有变更该项发盘的条件，则除发盘人在不过分延迟的时期内提出反对外，仍可构成接受。"如果发盘人不提出异议，合同条件将包括接受中所载的更改内容。

根据《公约》的规定，有关货物的价格、付款、货物质量与数量、交货地点与时间、一方当事人对另一方当事人的赔偿责任范围或解决争端的添加或者不同条件，均视为在实质上变更了发盘的条件。除此以外，对发盘内容的变更，如要求提供某种单据、要求增加单据的份数、要求将货物分成两批装运等，均属非实质性变更。

3）接受必须采取明示的方式。接受必须由特定的受盘人表示出来，缄默或不采取任何行动不能构成接受（《公约》第十九条第二款）。表示方式一般应采用与发盘相同的传递方式，但如果接受人采用的方式比发盘人所规定采用的方式更为快捷，也视为有效。接受可以是口头声明，也可以是书面声明；在发盘中有规定或者交易双方已形成某种习惯做法时，也可以通过某些行为来表示，如买方立即开来信用证的行为或卖方立即发货的行为。

4）接受必须在发盘的有效期内做出并送达发盘人。发盘中通常都规定有有效期，受盘人只有在有效期内做出接受，才有法律效力。如发盘中未规定有效期，则应在合理的时间内做出接受方为有效。

（2）接受的生效和撤回。关于接受在什么情况下生效，各个国家的不同法律体系存在明显的分歧。英美法系实行“投邮生效”的原则，这是指在采用信件、电子邮件等通信方式表示接受时，只要发出的时间是在有效期内，接受的函电一经发出立即生效，即使函电在中途延误或遗失，也不影响合同的成立。在大陆法中，以德国法为代表采用的是“到达生效”原则，即表示接受的函电须在规定的时间内送达发盘人，接受方能生效。因此，函电如果在邮递途中发生延误或遗失，合同不能成立。《公约》第十八条中明确规定：“接受发盘于表示同意的通知到达发盘人时生效。”这是针对书面形式的接受的规定。如果双方以口头方式磋商，《公约》规定：“对口头发盘必须立即接受，但情况有别时不在此限。”这里所说的“情况有别”指的是发盘中有特殊的规定或双方另有约定。如果受盘人以行为表示接受，那么这种接受何时生效呢?《公约》第十八条第三款规定：“（受盘人）无须向发盘人发出通知，接受于该项行为做出时生效，但该项行为必须在上一款所规定的期间内做出。”

《公约》第二十二条规定：“接受可以撤回，如果撤回通知于接受原应生效之前或同时送达发盘人。”也就是说，接受与发盘一样，在发出后可以撤回，但必须是在其生效前。如果接受生效，合同即告成立，受盘人则不能撤回其接受。但在英美法系中，由于对接受的效力采用“投邮生效”原则，接受一经投邮就已生效，合同即告成立，因而不存在撤回的问题；大陆法的规定则与《公约》一致，受盘人在做出接受后，原则上是可以撤回的，只要撤回的通知先于或同时与接受的通知到达发盘人。在实际业务中，我们应注意各国法律规定上的这种差别，以免产生误解或争议。

11.3 国际货物买卖合同及其适用的法律

11.3.1 国际货物买卖合同的含义

国际贸易实务是以国际货物买卖合同为中心，围绕着合同的签署、合同的履行来进行的。国际货物买卖合同（contract of international sales of good）是不同国家的当事人之间订立的有关货物进口或出口合同的总称，是确定合同双方当事人权利与义务的法律依据。订立一个内容明确、完备的合同，有利于实现当事人订立合同的目的，并对防止、减少以及迅速解决合同争议具有重要的意义。

11.3.2 国际货物买卖合同的形式

合同的形式是合同当事人内在意思的外在表现形式。在国际贸易中，交易双方订立的国际货物买卖合同有下列几种形式。

1. 书面形式

书面形式包括合同书、信件以及数据电文（如电传、传真、电子数据交换和电子邮件）等可以有形地表现所载内容的形式。采用书面形式订立的合同，既可以作为合同成立的证据，也可以作为履行合同的依据，还有利于加强合同当事人的责任心，使其依约行事，即使履约中发生纠纷，也便于举证和分清责任，故书面合同成为合同的一种主要形式。

2. 口头形式

采用口头形式订立的合同，又称口头合同，即指当事人之间通过当面谈判或电话方式达成协议而订立的合同。采用口头形式订立合同，有利于节省时间、简便行事，对加速成交起着重要作用。但是，因无文字依据，空口无凭，一旦发生争议，往往造成举证困难，不易分清责任。这是导致有些国家的法律、行政法规强调必须采取书面合同的最主要的原因。根据国际贸易的一般习惯做法，交易双方通过口头或来往函电磋商达成协议后，多数情况下还签订一定格式的正式书面合同。

我国的《合同法》中对国际货物买卖合同的形式的规定与《公约》是相同的，即在一般的国际货物买卖中，合同既可以书面形式，也可以口头或其他形式成立。这种规定与我国过去相关法律中国际货物买卖合同只能以书面形式成立的规定方法有很大差别，标志着在国际货物买卖合同的形式方面，我国最终与国际通行做法达成了一致。

3. 其他形式

这是指上述两种形式之外的订立合同的形式，即以行为方式表示接受而订立的合同。例如，根据当事人之间长期交往中形成的习惯做法，或发盘人在发盘中已经表明受盘人无须发出接受通知，可直接以行为作出接受而订立的合同，均属此种形式。

11.3.3 国际货物买卖合同成立的时间

在国际贸易中，合同成立的时间是一个十分重要的问题。根据《公约》的规定，合同成立的时间为接受生效的时间，而接受生效的时间又以接受通知到达发盘人或按交易习惯及发盘要求作出接受的行为为准。由此可见，合同成立的时间有两个判断标准：一是有效接受的通知到达发盘人时，合同成立；二是受盘人作出接受行为时，合同成立。

此外，在实际业务中，有时双方当事人在洽商交易时约定，合同成立的时间以订约时合同上写明的日期为准，或以收到对方确认合同的日期为准。在现实经济生活中，有些合同成立的时间有特殊规定。如我国《合同法》第三十二条规定："当事人采用合同书形式订立合同的，自双方当事人签字或者盖章时合同成立。"签字或盖章不在同一时间的，最后签字或者盖章时合同成立。

11.3.4 国际货物买卖合同生效的要件

买卖双方就各项交易条件达成协议后，并不意味着此项合同一定有效。根据各国合同法规定，一项合同，除买卖双方就交易条件通过发盘和接受达成协议，还需具备以下要件，才是一项有效的合同，才能得到法律的保护。

1. 合同当事人必须有订立合同的能力

签订买卖合同的当事人主要为自然人或法人。按各国法律的一般规定，精神正常的成年人才能订立合同；未成年人、精神病人、禁治产人订立合同必须受到限制。关于法人签订合同的行为能力，各国法律一般认为，法人必须通过其代理人，在法人的经营范围内签订合同，即越权的合同不能发生法律效力。我国《合同法》第九条规定："当事人订立合同，应当具有相应的民事权利能力和民事行为能力。"由此可见，在订立合同时，注意当事人的缔约能力和主体资格问题是十分重要的。

2. 合同必须有对价或约因

英美法认为，对价（consideration）是指当事人为了取得合同利益所付出的代价。法国法认为，约因（cause）是指当事人签订合同所追求的直接目的。按照英美法和法国法的规定，合同只有在有对价或约因时，才是法律上有效的合同，无对价或无约因的合同是得不到法律保障的。

3. 合同的内容必须合法

许多国家往往从广义上解释"合同内容必须合法"，其中包括不得违反法律、不得违反公共秩序或公共政策，以及不得违反善良风俗或道德三个方面。根据我国《合同法》第七条规定："当事人订立、履行合同应当遵守法律、行政法规，尊重社会公德，不得扰乱社会经济秩序，损害社会公共利益。"

4. 合同必须符合法律规定的形式

世界上大多数国家均只对少数合同才要求必须按法律规定的特定形式订立，而对大多数合同，一般并没有从法律上规定应当采取的形式。我国《合同法》第十条规定："当事人订立合同，有书面形式、口头形式和其他形式。"

5. 合同当事人的意思表示必须真实

各国法律都认为，合同当事人的意思表示必须是真实的才能成为一项有约束力的合同，否则这种合同无效。如欺诈胁迫或重大误解等情况下订立的合同是无效的。

11.3.5 国际货物买卖合同适用的法律

1. 与合同有关国家国内的相关法律

这部分法律规范主要包括合同双方当事人所在国国内的法律及与合同相关的国家（如合同签约地或缔制地所在国家）的法律。应该注意的是，不同国家对交易中出现的各种问题的法律规定存在较大差异，而且一般都对国际货物买卖合同的法律适用原则作出了具体规定。如我国《民法通则》和《合同法》都规定，涉外合同的当事人可以选择处理合同争议所适用的法律，但法律另有规定的除外。涉外合同的当事人没有选择的，适用与合同有最密切联系的国家的法律。

2. 国际条约

为了规范由于各国所处的地理位置、社会习惯、商业发展历史等原因造成的国际贸易的复杂性和合同规定的多样性，促进国际贸易的进一步发展，联合国制定并逐步完善了《联合国国际货物销售合同公约》，并在长期的国际贸易实践中广泛应用。该公约于1980年在联合国国际贸易法委员会召集的62个国家和地区的外交代表会议上通过，1988年1月1日正式生效，现已有60多个国家和地区参加该公约。它是国际货物销售合同方面最重要的一项公约。

《公约》除序言外，共101条，分四部分。第一、第四部分规定“适用范围和总则”与“最后条款”；第二部分规定“合同的订立”；第三部分规定“货物销售”，包括买卖双方的义务、货物风险转移、违约及其救济等规则。

根据《公约》第九十八条的规定，除了《公约》明文许可的保留外，不得做任何保留。《公约》规定许可的保留有三：一是对公约的合同订立部分或货物销售部分可以声明保留；二是对公约按国际私法规则导致扩大适用范围的规定可以声明保留；三是对公约关于合同的订立、更改或终止无须以书面为之的规定可以声明保留。根据上述规定，中国政府在核准《公约》时声明不受第一条第（一）款（b）项和第十一条有关规定的约束。

《公约》是近半个世纪以来国际贸易统一法运动的产物，反映了国际贸易规则统一发展的大趋势，对各国国际贸易产生了巨大影响。就其灵活性和接受程度而言，是任何一部国内法和国际惯例所不能比拟的。

3. 国际贸易惯例

国际贸易惯例（international trade custom）是指在国际贸易实践中逐步形成的具有普遍指导意义的一些习惯做法和解释。有些国际组织或某些国家的商业、学术团体将这些习惯做法和解释加以规范成文就成为国际贸易惯例。国际贸易惯例的适用是以当事人的意思自治为基础的。也就是说，惯例本身不是法律，它对贸易双方不具有强制性，故买卖双方有权在合同中作出与某项惯例不符的规定。但是，许多国家在立法中明文规定了国际惯例的效力。特别是在《公约》中，惯例的约束力得到充分肯定。在下列情况中，国际贸易惯例对当事人具有约束力：第一，当事人在合同中明示地选用某项国际贸易惯例。第二，当事人没有排除对已经知道的某项惯例的适用，而该惯例在国际贸易中为同类合同当事人所广泛知道并经常遵守，则应视为当事人已默认同意采用该惯例。通过学习、掌握和运用有关国际贸易惯例的知识，可以帮助我们避免或减少贸易争端，有利于外贸业务的开展。

11.4 国际货物买卖书面合同的订立

11.4.1 国际货物买卖书面合同订立的意义

合同的成立取决于一方的发盘和另一方对发盘的接受的程序。签订书面合同不是合同有效成立的必备条件，有的国家的法律甚至承认包括口头在内的以任何形式订立的合同。《公约》第十一条也规定："销售合同无须以书面订立或书面证明，在形式方面也不受任何其他条件的限制。销售合同可以用包括人证在内的任何方法证明。"但是，在国际贸易实践中，当事人双方经过磋商一致，达成交易以后，一般均须另行签订书面合同。签订书面合同一般具有以下作用：

首先，书面合同是合同成立的证据。对以口头协商达成的协议，书面合同的作用和意义尤为明显。依照法律要求，凡是合同必须提供证据，以证明合同关系的存在。双方当事人一旦发生分歧，提交仲裁或诉讼，仲裁员或法官首先要求当事人提供证据，以确认合同关系的存在。如仅是口头协议，往往是"空口无凭"，不能提供充足证据，很难得到法律的保护。因此，尽管有些国家的合同法并不否认口头合同的效力，但在国际贸易中，一般多要求签订书面合同，以作为合同成立的证据。

其次，书面合同是履行合同的依据。在国际贸易中，货物买卖合同的履行涉及企业内外的众多部门和单位，过程也很复杂。口头合同，如果不形成书面，几乎无法履行。即使通过电子邮件、信件、传真或电传达成的交易，虽然双方在磋商过程中交换的电子邮件、信件、传真或电传可作为合同成立的证据，但是如果不将分散于多份函电中的双方协商一致的条件集中归纳到一份有一定格式的书面合同中，也将难以得到准确的履行。所以，不论通过口头还是书面形式磋商达成的交易，均须把协商一致的交易条件综合起来，全面、清楚地列明在一份有一定格式的书面合同上，这对进一步明确双方的权利和义务，以及为合同的准确履行提供更好的依据，具有重要意义。

最后，书面合同有时也是合同生效的条件。一般情况下，合同的生效是以接受生效为条件的，只要接受生效，合同就成立。《公约》第二十三条规定："合同于按照本公约规定对发价的接受生效时订立。"但在特定的环境下，签订书面合同却成为合同生效的条件。例如，我国《合同法》第十条规定："法律、行政法规规定采用书面形式的，应当采用书面形式。当事人约定采用书面形式的，应当采用书面形式。"

11.4.2 书面合同的形式

鉴于上述国际货物买卖书面合同的作用，买卖双方签订一份包括各项交易条件的综合书面合同，对买卖双方各自的权利和义务作出全面、具体的说明还是十分必要的。

在国际货物买卖中可能出现的书面合同形式包括正式合同（contract）、确认书（confirmation）、协议（agreement）、备忘录（memorandum）等多种，我国所签订的货物进出口合同主要采用正式合同和确认书两种形式。

正式的进口或出口合同的特点是内容比较全面，对各项交易条件、买卖双方的权利和义务以及发生争议后的处理办法等都有明确细致的规定，特别适用于大宗、复杂、贵重或成交金额较大的货物的交易。其中，进口合同（import contract）也称为购买合同（purchase contract），出口合同（export contract）也可以称为销售合同（sales contract）。

确认书是一种简式合同，其特点是包含的条款比正式合同简单，通常只列明几项主要的或基本的条款。虽然确认书与正式合同在格式及内容的繁简上有所不同，但却具有同等的法律效力，对买卖双方均有约束力。确认书适用于金额较小、批数较多的货物交易，在代理、经销等长期协议下的交易中也普遍采用。

在我国的进出口业务中，对上述两种形式的书面合同都有使用。一般情况下，各进出口企业都印有固定格式的进出口合同或成交确认书，若与外商当面成交，即由买卖双方共同签署；若通过往来函电成交，先由我方签署，然后将合同正本一式两份送交国外客户签署并退回一份，作为履行合同的依据。

案例 11—4

我国某公司与外商洽谈一笔进口交易，经往来电传磋商，就合同主要条件达成全部协议。但在最后一次我方所发表示接受的电传中，列有“以签订确认书为准”的字样。事后，对方拟就合同草稿要求我方确认。由于对某些条款的措辞尚待进一步研究，故未及时给予回复。不久，商品的国际市场价格下跌，外商催我方开立信用证，我方以合同尚未有效成立为由拒绝开证。我方的做法是否有理，为什么？

资料来源：叶德万等主编：《国际贸易理论与实务》，307 页，广州，华南理工大学出版社，2004。

分析提示：

我方最后电传列有“以签订确认书为准”的字样。因此，未经我方签订确认书，合同不成立。我方有权拒绝开立信用证。

11.4.3　书面合同的基本内容

书面合同不论采取何种格式，其基本内容通常由约首、基本条款和约尾三个组成部分构成。

1. 约首

约首（preamble）是合同的序言部分，一般包括合同名称、合同编号、缔约双方名称和地址、法律地位、电子邮件地址、电传、传真号码、邮政编码、合同编号、缔约地点、缔约日期和缔约目的等内容。

正 本 (ORIGINAL) 合 同 (CONTRACT)

No. ____________

Date ____________

卖 方______________________ (The Sellers)

Cable Address:

Telex:

Fax:

E-mail:

买 方______________________ (The Buyers)

Cable Address:

Telex:

Fax:

E-mail:

兹经买卖双方友好协商,同意按下列条件与条款签订本合同:

(The buyers and the sellers have through friendly consultations mutually agree to conclude this contract in accordance with the following terms and conditions:)

2. 基本条款

基本条款(body)是合同的主体,其中包括品名、品质规格、数量或重量、包装、价格、交货条件、运输、保险、支付、检验、索赔、不可抗力和仲裁等项内容。订立合同主要是就这些基本条款如何规定进行磋商,达成一致意见。

3. 约尾

约尾(end)是一份书面合同的结尾,一般包括对合同所使用的文字及其效力、合同正本份数、副本效力、买卖双方的签字、订约的时间与地点等项内容的说明。

相对于正式合同而言,销售(购买)确认书的内容比较简单,一般只包括商品名称、规格、数量、包装、单价、总值、装运期、付款条件等几项主要交易条件。确认书一般没有约尾,有的还没有约首。

11.5 电子商务与电子合同

电子商务在20世纪90年代兴起于美国、欧洲一些发达国家,1997年IBM公司第一次使用了电子商务(electronic business,EB)一词,后来电子商务这一术语慢慢得到普及。

11.5.1 电子商务的概念

随着国际电子信息技术的发展,特别是国际互联网的普及,全球商务活动日益受到新兴电子信息技术的影响,电子商务也逐渐成为商业界的一个热门话题。在国外,电子商务已从人们理解的电子购物发展到国际互联网技术推动的商品和市场的交易过程的电子化。在国际商务的实践中,通常人们对电子商务是从广义和狭义两个方面来理解的。

狭义的电子商务即指互联网上在线销售式的电子商务。从这个意义上讲,电子商务意味着通过互联网络所从事的在线产品和劳务的交易活动。交易内容可以是有形的产品和劳务，如汽车、书籍、日用消费品、在线医疗咨询、远程教学等；也可以是无形产品，如新闻、音像产品、数据库、软件及其他类型的知识产品。

广义的电子商务即以整个市场为基础的电子商务。这里电子商务泛指一切与数字化处理有关的商务活动，因此，它不仅是通过网络进行的商品或劳务的买卖活动，还涉及传统市场的方方面面。除了在网络上寻求消费者，企业还通过计算机网络与供应商、财会人员、结算服务机构、政府机构建立业务联系，即还包括企业内部商务活动，如生产、管理、财务等以及企业间的商务活动，它不仅是硬件和软件的结合，更是把买家、卖家、厂家和合作伙伴在国际互联网、企业内部网和企业外部网上利用 Internet 技术与现有系统结合起来。这样，电子商务会使整个商务活动，包括从产品生产、产品促销、交易磋商、合同订立、产品分拨、货款结算到售后服务等发生划时代意义的变化。

总之，所谓电子商务，是指以互联网为基础，以交易双方为主体，以银行电子支付和结算为手段，以客户数据为依托的全新商业模式。

11.5.2　电子商务的特点

与传统商务形式相比，电子商务有以下几个优点：

(1) 全球化。凡是能够上网的人，不论在南非上网还是北美上网，都将被网在一个市场中，有可能成为上网企业的客户。

(2) 交易快捷化。电子商务能在世界各地瞬间完成传递与计算机自动处理，而且无须人员干预，加快了交易速度。

(3) 交易虚拟化。通过以互联网为代表的计算机互联网络进行贸易，双方从开始洽谈、签约到订货、支付等，无须当面进行，均通过计算机互联网络完成，整个交易完全虚拟化。

(4) 成本低廉化。由于通过网络进行商务活动，信息成本低，足不出户，可节省交通费，而且减少中介费用，因此整个活动成本大大降低。

(5) 交易透明化。电子商务中双方的洽谈、签约，以及货款的支付、交货的通知等整个交易过程都在电子屏幕上显示，比较透明。

(6) 交易标准化。电子商务的操作要求按统一的标准进行。

(7) 交易连续化。由于世界各地存在时差，进行国际商务谈判就相当不方便。对于企业来讲，每天提供 24 小时的客户支持和服务费用相当昂贵。然而，国际互联网的网页可以实现每天 24 小时的在线服务。任何人都可以在任何时候向网上企业查询信息，寻找问题的答案。若没有理想的答案，还可以发出电子邮件进行询问。即使不了解该公司存在与否，也可通过国际互联网提供的搜索引擎采用输入关键字的方式查找。企业的网址成为永久性的地址，为全球的客户提供不间断的信息源。

电子商务有明显的优点，但也有难以控制和易被不法之徒利用的缺点。从技术上说，保障安全和保护隐私等问题尚未得到根本解决。在尚无严格的国际司法保障的互联网上开展业务是否会受到黑客和电脑病毒等的侵袭，交易能否在双方均无后顾之忧的情况下顺利完成，是电子商务能否迅速普及的关键。

11.5.3 电子合同简述

随着电子技术的发展，电子合同得以出现，它虽然也通过电子脉冲来传递信息，但是却不再以一张纸为原始的凭据，而只是一组电子信息。目前，国内外对电子合同（或叫电子商务合同）还没有一个统一的定义，最广义的电子合同是指通过数据电文的方式传递信息而订立的合同。1996 年 12 月 16 日，联合国国际贸易法委员会通过的《电子商务示范法》第二条规定，数据电文是指“以电子手段、光学手段或类似手段生成、发送、接收或存储的信息，这些手段包括但不限于电子数据交换（EDI）、电子邮件、电报、电传或传真”。我国《合同法》第十六条对“数据电文”的范围也作出了规定，“包括电报、电传、传真、电子数据交换和电子邮件”。可见，我国《合同法》关于数据电文范围的规定比联合国《电子商务示范法》的规定要窄，即仅限于电子信息处理形式，而后者除了电子信息处理形式以外，还包括以光学手段或其他类似手段处理信息的形式。但二者也有一致之处，即都认为电报、电传、传真、电子数据交换和电子邮件属于数据电文。

根据上述讨论和有关规定，我们认为，电子合同（网上合同、电子商务合同）是指运用计算机网络技术所订立的合同，包括但不限于通过电子数据交换、电子邮件、网站、在线服务、因特网等方式订立的合同。如企业和企业之间通过 EDI 和电子邮件的方式订立的合同；企业和消费者之间借助国际互联网所开展的在线销售活动；通过电子邮件订立的合同；企业和政府之间、政府和公众之间以及其他民事主体之间通过电子邮件的方式订立的合同等。EDI 和电子邮件是电子合同的基本形式，两者以各自具有的特点和优势在电子商务活动中占据了一席之地。电子合同与传统的合同有着显著的区别，电子合同的当事人、要约、承诺及合同的效力问题都是现代立法中的一个难点。

本章小结

1. 本章主要阐述了交易磋商的基本流程，以及订立国际货物买卖合同过程中的各个主要环节：询盘、发盘、还盘和接受。其中，发盘与接受是每笔交易达成和订立合同不可缺少的基本环节与必经的法定步骤。因此，了解发盘与接受的含义及其应具备的条件、发盘与接受生效的时间、发盘效力的终止和逾期接受的处理以及发盘与接受的撤回或修改等，都有重要的法律和实践意义。

2. 交易双方就各项交易条件达成协议后，即可订立国际货物买卖合同。但一项合同，必须符合合同成立的有效条件，才能成为有法律约束力的合同。订立合同的形式包括书面形式、口头形式和其他形式三种，其中书面形式在国际贸易实践中具有不可替代的重要作用，它一般包括约首、基本条款和约尾三个组成部分。

核心概念

磋商　询盘　发盘　还盘　接受　有条件接受　逾期接受　撤销　撤回　国际货物买卖合同　确认书　电子商务　电子合同

复习思考题

1. 国际货物买卖合同的主要形式有哪些？
2. 简述国际货物买卖合同的主要内容。
3. 交易磋商有哪些环节？
4. 什么叫询盘？它是不是每笔交易必不可少的过程？
5. 什么叫发盘？一项有效的发盘应该具备哪些条件？
6. 从法律上讲，发盘的撤回和撤销有什么区别？

案例分析

1. 某年，英国的北方航空公司欲向加拿大丹尼斯仪表公司出售一架水陆两用飞机。6 月 25 日，北方航空公司发出了以下传真："确认售与你方一架格拉象德飞机……如接受我方条件，请汇定金 5 000 英镑。"加拿大的买方回复传真如下："今确认收到你方传真，我方欲购买格拉象德飞机一架，条件可以按你方传真函的规定……已汇交你方银行 5 000 英镑……请确认并发货。"

然而，卖方在收到传真后没有回复，却以较高的价格把飞机卖给了第三方。丹尼斯仪表公司于是起诉北方航空公司。

思考题：

该案中买卖双方之间的发盘与接受是否构成合同关系？

2. 我国某外贸公司 A 于 6 月 17 日向英国一商务公司 B 就小麦的出口用快信的方式，发出一项发盘。在该发盘中，除了交易的其他条款外，A 公司还加了一项"该发盘到本月底复到我方有效，望早日答复"。

B 公司在 20 日收到了该报盘，经过与市场上的其他供应商价格比较之后，发现该报盘所报价格合理，可以接受。于是在 22 日采用同样的邮寄方式寄出了一封接受通知，表示完全接受发盘条件。如果按照正常的邮寄速度，这封接受的信函应该在一周内到达我国，但由于邮局在分拣过程中出现失误，该信在 7 月 3 日才到达 A 公司，这个接受显然超过了有效期。

思考题：

根据《国际货物销售合同公约》的规定，该怎样处理这项迟到的接受？

第12章

商品的品名、品质、数量和包装

章首阅读　　商品数量严重溢装受损案

某年，某粮油食品进出口公司出口一批驴肉到日本，共25吨，合同规定，该批货物应装1 500箱，每箱净重16.6千克。如按规定装货，则总重量应为24.9吨，余下100千克可以不再补交。当货物运抵日本港口后，日本海关人员在抽查该批货物时发现，每箱净重不是16.6千克而是20千克，即每箱多装了3.4千克。因此，此批货物实际装了30吨。但在所有单据上都注明装了24.9吨。议付货款时亦按24.9吨计算，等于是白送5 100千克驴肉给客户。此外，由于货物单据上的净重与实际重量不符，日本海关还认为我方少报重量有帮助客户偷税嫌疑，向我方提出意见。经我方解释，才未予深究。但多装的5 100千克驴肉，不再退还，也不补付货款，造成我方损失。

资料来源：http://bbs.wtojob.com/bbs/bbs_560.html.

思考：

如何才能避免类似纠纷和损失？

通过本章的学习，应认识在国际买卖合同中列明商品品名及其品质、数量与包装的重要意义，明确交易的标的及其品质、数量与包装条款的具体内容及其规定办法，并重点掌握表示商品品质的方法和条款、计量方法和数量条款、运输包装和销售包装、运输标志等知识点。

在国际贸易中，买卖双方所交易的每一种具体商品都有自己的名称，并表现为一定的品质；每一笔交易都离不开一定的数量，同时每一种产品都需要与之相适应的特定包装。因此，商品的品名、品质、数量和包装是买卖双方在交易中必须首先明确的问题。正确地选择和确定商品的品质和数量，更是买卖双方在磋商和签订买卖合同过程中必须解决的重要问题之一。

12.1 商品的品名

商品的品名就是商品的品牌与名称。商品的品名是国际贸易商品买卖中首先要明确的交易对象，也是国际商品买卖合同中的主要条款。

1. 商品品名的意义

国际贸易同国内贸易有很大差异。在国际贸易中，看货成交的情况较少，交易双方商订合同时，往往很少见到具体商品，通常只是凭借对买卖的商品做必要的描述来确定交易的标的。因此，在合同中列明商品的名称就成为不可缺少的主要贸易条件。

按照有关的法律和惯例，对交易标的物的描述，是构成商品说明的主要组成部分，也是买卖双方交接货物的一项基本依据，它关系到买卖双方的权利和义务。若卖方交付的货物不符合约定的品名或说明，买方有权提出损害赔偿要求，甚至可以拒收货物或撤销合同。由此可见，列明合同中的商品具体名称，具有重要的法律和实践意义。

2. 商品品名条款的内容

商品品名并无统一格式，可由交易双方酌情商定。合同中的品名条款通常比较简单，一般只是在“商品名称”或“品名”（name of commodity）的标题下，列明交易双方成交商品的名称。有时为了省略起见，也可不加标题，只在合同的开头部分，列明交易双方同意买卖某种商品的文句。

品名条款的内容还取决于成交商品的品种和特点。就一般商品来说，有时只要列明商品的名称即可。但有的商品往往具有不同的品种、等级和型号。因此，为了明确起见，也有把有关具体品种、等级或型号的概括性描述包括进去，做进一步限定。此外，有的甚至包括商品的品质规格。在此情况下，它就不仅仅是品名条款，而是品名条款与质量条款的合并。

3. 商品品名条款的注意事项

国际货物买卖合同中的品名条款是合同中的主要条件。因此，在规定此项条款时，应注意下列事项：

（1）品名条款必须明确，表达具体，能确切反映交易标的物的特点，避免空泛、笼统的规定，以利于合同的履行。

（2）品名条款中规定的品名必须是卖方能够供应、买方所需要的商品，凡做不到的内容或不必要的描述性词句，都不应列入，以免给履行带来困难。

（3）尽量使用国际通用名称。有些商品，各地的称谓不同，为了避免误解，应尽可能使用国际上通用的名称。若使用地方性的名称，交易双方应事先就其含义取得共识。对于某些新商品的定名及其译名，应力求准确、易懂，并符合国际上的习惯称呼。

(4) 注意选用合适的品名。某些商品具有不同的名称，在确定合同中的商品品名时，应从降低关税、节省运费和方便进出口的角度出发，选用对己方有利的名称。

12.2 商品的品质

商品的品质即商品的质量。国际贸易合同中的品质条款是合同中的要件，是商品说明和描述的重要组成部分。

12.2.1 商品品质的意义

商品品质（quality of goods）就是商品的内在素质（包括物理的、化学的、生物的构造、成分和性能等）和外表形态（包括外形、色泽、款式和透明度等）的综合反映，是决定商品使用效能的重要因素。就国际贸易而言，还包括包装和市场适应性等社会属性。商品品质的优劣对商品价格高低起重要作用。在交易磋商中，买卖双方都要针对一定的商品按质论价。目前，世界各国都将提高商品品质作为提高商品竞争能力的一种手段。随着市场竞争的加剧，品质问题在国际贸易中的地位日趋重要。

商品品质的优劣不仅关系到商品的价值和销路，更关系到国家的信誉，因此，提高出口商品品质具有重大的政治经济意义。为了扩大出口商品的销路，以适应我国对外贸易发展的要求，必须根据国际市场的需求来安排生产，大力提高产品品质量，切实把好出口商品质量关，以保证出口商品的质量符合合同规定的要求，提高我国对外贸易信誉。

合同中的品质条款是构成商品说明的重要组成部分，是买卖双方交接货物的依据。英国的《货物买卖法》把品质条件作为合同的要件。《联合国国际货物销售合同公约》规定，卖方交付货物，必须符合约定的质量。如卖方交货不符合约定的品质条件，买方有权要求损害赔偿，也可要求修理或交付替代货物，甚至拒收货物和撤销合同。这些都反映了商品品质的重要性。

12.2.2 商品品质的要求

对商品品质的要求是买卖双方交易磋商的重点。对出口商品品质的要求有：

(1) 保持商品品质的稳定，并不断改进和提高。保持出口商品品质的稳定，是保持商品信誉和巩固国外市场的重要条件。对质量不过关的商品，不宜轻易出口。只有等商品品质稳定后，才能向国外推销。同时，由于国外市场的需求不断变化，所以对已经外销的出口商品的品质、规格、花色、式样等也必须不断加以改进和提高。只有这样，才能有效地巩固和扩大国外市场。

(2) 适应国外市场的消费习惯和消费水平。由于世界各国经济发展很不平衡，各国人民的生活水平悬殊，各民族的爱好和生活习惯也不尽相同，因此，出口商品的品质、规格、花色、式样等应适应国外各有关市场的消费习惯和消费水平。为了有效地适应国外市场的需要，应及时了解国外市场情况和消费倾向。

(3) 适应国外政府颁布的法律要求。出口商品要销往世界不同国家和地区，而每个国家和地区的贸易管制办法和进口税收的规定各不相同。为了使出口商品能够顺利出口并卖到适当的价格，必须加强调查研究，使商品的品质、规格尽量适应有关进口国家和地区的政府法令的要求。

(4) 适应国外自然条件和季节变化。由于各国自然条件不同，季节变化不一，因而对商品品质、规格的要求各异。同时，有些出口商品在运输、装卸和储存过程中，也往往会由于气候和各种自然条件的作用而发生物理变化或化学反应，从而使商品品质受到影响。因此，应当了解各国家与地区的自然条件和季节变化情况及其对商品品质的影响，切实掌握商品品质在流通过程中的变化规律，并采取相应的预防措施，以保证出口商品的到货质量。

12.2.3 商品品质的表示方法

鉴于品质对商品的效用、市场价格和销路有重大影响，买卖双方为了保证交易商品符合一定的质量要求，都要在协商一致的基础上，在买卖合同中订立品质条款，就商品的品质及双方当事人的权利和义务做出具体规定，作为卖方交货和买方验收的依据。由于国际贸易大多是大宗的期货交易，买卖双方又地处两国，在洽谈交易时，往往没有看到全部商品，因此，需要有某种说明品质的方法，作为洽谈和履行合同的依据。当前，进入国际贸易的商品种类繁多，特点各异，用以说明品质的方法也就不可能一致。概括起来，国际贸易中常用的表示商品品质的方法基本上有两大类。

1. 用实物表示

(1) 看货成交。即由卖方在货物存放地点向买方展示准备出售的货物，经买方现场检试满意后达成交易。以这种方式达成的交易，货物的品质以检试时的状态为准。卖方只要交付经检试的货物，买方就不得对其品质提出任何异议。一般而言，看货成交是在卖方掌握现货，并且货物数量不太大，买方能够亲临现场的条件下进行的。所以，通常只适用于一些首饰或工艺品等贵重货物以及其他现货交易。

(2) 凭样品买卖。样品（sample）通常是从一批商品中抽取出来的或由生产、使用部门加工、设计出来的足以反映该批商品平均质量的少量实物。凭样品买卖（sales by sample）是指买卖双方约定凭样品作为交货的品质依据的交易。而用来作为衡量交货品质的样品，即称为标准样品（standard sample）。在凭样品进行交易时，一般要在合同中明确规定："该样品应视为本合同不可分割的部分，所交货物的品质不得低于样品。"（Said sample shall be treated as an integral part of this contract. The quality of the goods delivered shall not below than the sample.）

凭样品买卖有两项基本要求：一是以样品作为交货品质的唯一依据；二是卖方所交货物必须与样品完全一致。标准样品一般多由卖方提供，但有时也可以由买方提供。前者称为"质量以卖方样品为准"（quality as per seller's samples），后者称为"质量以买方样品为准”(quality as per buyer's samples)。不论样品由谁提出，一旦达成交易，卖方所交货物的品质均须与样品相符，这是一项必须遵守的基本原则，也是卖方的一项主要义务。如两者不符，除合同另有规定外，买方可以提出索赔，甚至可以拒收货物，撤销合同。因此，在凭样品买卖时，必须注意以下几点：

1）凡凭卖方样品买卖的，在出口对外寄送样品时，必须注意选择有代表性的样品（representative sample），又称原样（origin sample）。样品的质量既不能偏高，也不能偏低。偏高，会给日后交货造成困难；偏低，会使卖方在价格上吃亏。在我国外贸业务中，为选好样品，各出口企业应与有关生产、商检部门共同研究后再选送国外。同时在寄送样品时应留存复样（duplicate sample），以便作为日后交货或处理品质争议时的依据。在凭卖方样品进口成交时，应在合同中规定买方对整批到货有复验权的条款，否则，如实际到货的品质低于样品，买方无复验权就会影响对外索赔的权利。

2）凡凭买方样品买卖的，即来样成交，如己方出口，则在接到国外买方的来样时，必须慎重处理。首先，应考虑对方来样是否符合本国对外贸易的原则。其次，要考虑本国的原料和生产、加工能力等方面的条件，如可以做到的，应予接受；如对方来样的要求超过本国目前的生产、加工条件，就暂不宜接受。在凭买方样品成交时，则卖方所交货物的质量，必须以买方样品为准。当买方寄给卖方样品要求按样成交时，卖方也可以根据买方样品进行复制或提出与之相似的样品作为回样（return sample）或对等样品（counter sample），寄交对方确认，作为交货时的品质依据，以免在交货时引起争端。如果买方接受了卖方提出的对等样品，则交易的性质即由凭买方样品的买卖变为凭卖方样品的买卖，这样，卖方就能主动控制交货的品质。

由于凭样品买卖的商品多属品质难以规格化、标准化的商品，要求其交货品质与样品完全相符，有时是难以做到的。因此，在出口业务中如采用凭样品买卖的做法时，一般应争取以己方提出的样品成交，并在合同中做相应的规定：“交货品质与样品大体相符”（Quality to be considered as being about equal to the sample），或其他类似条款。

在凭样品销售交易中，为防止履行合同时发生不必要的纠纷，必要时可使用封样（sealed sample），即由公证机构（例如商品检验局）在一批商品中抽取同样品质的样品若干份，在每份样品上烫上火漆或铅封，供交易当事人使用。封样也可由发样人自封或由买卖双方会同加封。此外，凭对方样品成交，一般还应声明如发生涉及国外工业产权等第三者权利问题概由对方负责，必要时还应要求对方书面确认。

总之，在采取凭样品买卖时，往往容易引起纠纷。因此，在当前国际贸易中，除了一些不宜用科学方法表示品质的商品（如工艺美术品、服装、某些土特产品、少数轻工产品和个别矿产品）外，一般较少采用这种方式。

日常业务中，买卖双方为了建立和发展贸易关系，增进对彼此经营商品的了解，促进交易，互相寄送样品的情况是十分普遍的。如果寄送样品的一方只是为了介绍商品的一般品质状态，在成交时将另订规格作为品质依据，那么，这种样品就不具备标准样品的作用，而只是促成交易的媒介。用这种方式达成的交易，就不是凭样品交易。也就是说，卖方交货时，并不受样品的约束。但为了明确起见，在寄送这种样品时，最好是明确标明该样品仅供参考（for reference only）或直截了当地写明“参考样品”（sample for reference），以免与标准样品混淆。

2. 用说明表示

在国际贸易中，除了用样品外，凡是运用文字或图样表示商品品质的方法，均属凭说明（description）表示品质方法，具体又分为下列几种。

（1）凭规格、等级或标准买卖（sales by specification，grade or standard）。在国际贸易中，有很大一部分商品是按一定的规格、等级或标准进行买卖的。商品不同，表示商品品质的指标和方法也不同。

商品的规格（specification）是指用来反映商品品质的一些主要技术指标，如成分、含量、纯度。由于商品特性不同，规格的内容也不同。凭规格买卖比较方便、准确，所以应用较广。

商品的等级（grade）是指同一类商品按其规格上的差异，用文字、数码或符号将品质分为各不相同的若干等级，如大、中、小，重、轻，甲、乙、丙，一级、二级、三级……凭等级买卖时，如果对方已熟悉每个级别的具体规格，就可以只列明等级，无须赘述其具体内容。

商品的标准（standard）是将商品的规格和等级予以标准化。在我国，商品的标准是由国家或有关政府部门规定的。在发达国家，商品的标准有的由国家规定，有的由同业公会、交易所或国际性的工商业组织制定。这些标准，有的有约束性，即不符合标准规定的品质的商品，不准出口或进口；有的没有约束性，由买卖双方根据需要决定采用或另订规格。

凡我国已规定有标准的商品，在磋商交易和签订合同时，为了方便生产，节约原材料，降低成本，一般应以我国有关部门所公布的标准为依据。但有时为了把生意做活，国外规定的品质标准和检验方法合理可行，也可根据需要和可能，采用国外规定的品质标准。但是，应当注意的是，由于各国制定的标准经常进行修改和变动，同一种商品的标准可能有不同年份的版本。版本不同，品质标准往往也各异。因此，在援引国外标准时，必须注明所援引标准的年份和版本，以免引起争议。例如，在凭药典确定品质时，须明确规定以哪国的药典为依据，并同时注明该药典的出版年份。

在国际贸易中，除了部分商品能以科学方法确定其品质规格外，还有一些农副产品，由于其品质变化较大，难以规定统一的标准。因此，有时采用“良好平均品质”（fair average quality ，F. A. Q.）表示品质。按照一些国家的解释，所谓“良好平均品质”是指装运地在某一时期运销的货物的平均品质水平，一般就是指合同约定的生产年份的中等货，俗称“大路货”。

我国在出口农副产品时，有时也采用 F. A. Q. 来表示商品的品质。由于 F. A. Q. 含义非常笼统，我国采用 F. A. Q.，一般都同时在合同中规定具体的规格要求。例如，“2008 年花生，大路货，规格：水分不超过 13%，不完善粒最高 5%，含油量最低 44%”，交货时以合同规定的具体规格作为品质的依据。在凭规格、等级、标准进行买卖时，卖方所交货物必须与合同规定的规格、等级或标准相符，否则，买方有权要求降价，甚至可以拒收货物，并要求赔偿损失。

(2) 凭牌号或商标买卖。在国际贸易中，对于某些品质稳定并树立了良好信誉的商品，交易时仅凭牌号（brand）或商标（trade mark）即可说明其品质，可凭牌号或商标买卖。这种表示商品品质的方法已被各国广泛使用。

凭牌号或商标的买卖主要包括以下两种情况：

1）凭商品的牌号或商标进行买卖，如红双喜牌乒乓球、凤凰牌自行车或美加净牙膏等。

2）凭商品的产地名称进行买卖，如天津红小豆、祁门红茶、嘉定蒜头等。对某些农副产品，除规定产地外，还要订明具体的规格或等级要求。

凭牌号或商标的买卖，从表面上看，卖方只要在商品上贴上合同规定的商标就可以履行交货义务，似乎很容易做到，但实际上并没有这么简单，因为这类商品所使用的商标，一般都是经过卖方长期努力在国际市场上打开了销路的名牌，商标或牌号本身就代表着一定的质量水平。如果把质量不好的商品贴上名牌商标出售，有名无实，就会使消费者失去信心，从而把牌子卖倒，归根到底对卖方不利。因此，在出口贸易中，对于采用牌号、商标或产地名称成交的商品，一定要保证按传统的质量交货。凡不够条件或质量不稳定的商品，一般不要卖牌号货或产地货。为了使牌号货或产地货的质量有保证，除保持和不断提高名牌商品的质量外，最好能制定统一的规格或标准内部掌握，严格把好质量关，凡不合标准的，一律不予出口，以免影响出口商品的声誉。

(3) 凭说明书和图样买卖。有些商品，如机械、电器、仪表产品等，由于其结构和性能十分复杂，无法用几个简单的具体指标来反映其品质的全貌，因此，必须凭详细的说明书以及图样来具体说明其构造、用材、性能及使用方法等，必要时甚至还需辅以设计、照片、分析表等解释。按这种办法进行的买卖，称为凭说明书的买卖。

有些凭说明书买卖的机、电、仪产品，除在合同中订有品质检验条款外，还订有品质保证条款和技术服务条款。明确规定卖方须在一定期限内保证其所出售的商品质量符合说明书上所规定的指标，如在保证期限内发现品质低于规定的指标，或部件的工艺质量不良，或材料内部有隐患而产生缺陷时，买方有权提出索赔，卖方有义务消除缺陷或更换有缺陷的商品或材料，并承担由此引起的各项费用。

上述国际贸易中一些常见的表示商品品质的方法，根据商品的特点和市场或交易习惯，可以单独运用，也可以酌情将几种方式结合运用。

12.2.4 商品品质条款的订定

在国际贸易中，商品种类繁多，品质千差万别，因此，合同中的品质条款也有繁有简，须根据具体商品的特性和不同用途确定，不可能千篇一律、一成不变。一般来说，在商定品质条款时，主要应注意以下几点。

1. 贯彻平等互利和重合同、守信用，重质先于重量的原则

在订立商品的品质条款时，应体现平等互利的精神，防止订立只对单方面有利的片面条款。如由于某些农副产品的实际交货品质和合同规定难免会出现一些差异，为了照顾买卖双方的利益，可允许卖方交货的品质在一定幅度内高于或低于合同规定的品质要求。同时根据实交货物的品质状况，按规定比例给予增价或减价。

有的合同除规定增减价幅度外，还进一步规定，如果实交货物的品质低于合同允许的幅度，买方即有权拒收货物。这对于保证进口商品的质量、维护买方的正当权益，都是必要的。

增减价条款一般只应用于对价格有重要影响且允许有一定机动幅度的主要指标，对于次要指标或不允许有机动幅度的指标并不适用。

在工业品的合同中，有时对一些品质指标，也规定有"品质公差"（tolerance）。由于这类商品在生产过程中，受技术水平或生产水平所限，往往会有一些误差。这些误差有的是国际上公认的，有的是经买卖双方同意的。国际贸易中，卖方交货的品质只要在公差范围内，则免负品质责任。商品品质的公差是不计算增价或减价的。

通常，规定商品的品质规格时，还可使用品质机动幅度（quality latitude）的办法。即对某些初级产品，由于卖方所交货物品质难以完全与合同规定的品质相符，为便于交货，往往在规定的品质指标外，加一定的允许幅度。只要在允许的幅度内，买方无权拒收，但可根据合同规定调整价格。

（1）规定范围。即对某项商品的品质指标规定允许有一定的差异范围。例如，规定漂布，幅阔35/36吋，卖方交付漂布，只要在此范围内，均算合格。

（2）规定极限。即对有些商品的品质规格规定上下极限。规定极限的表示方法，常用的有：最大、最高、最多（maximum 或 max）和最小、最低、最少（minimum 或 min）。例如，羊毛最少98%（wool 98% minimum）。

（3）规定上下差异。例如，羽绒含绒量16%±1%（1% more or less）。

2. 要有生产观点

从实际出发在确定出口商品的品质条件时，既要照顾国外市场的消费习惯和水平，又要符合我国的生产实际，并有利于生产的发展。对于一些实际做不到的条款，不应接受。要注意的是，当市场发生对买方不利的变化时，也会造成市场索赔（market claim）。对于一些国外对品质要求较高的商品，应与生产部门协商，并取得同意后，才能接受。对于一些可以做到或可以进一步提高品质的商品，则不应把规格订得低于实际商品，以免给出口商品信誉造成不良后果，影响成交或价格，造成不应有的损失。但也不应单纯追求高价，盲目提高品质，以致浪费原材料，给生产部门带来困难，甚至影响交货，造成损失。

对于进口商品的品质，也应从我国工农业生产建设和科研的实际需要出发。订高了，影响价格，未必符合需要；订低了，或是漏列一些主要项目，将影响到货品质，影响使用，招致外汇损失，带来不利影响。

3. 要有科学性和灵活性

在规定商品的品质条件时，应注意用词明确、具体，便于检验及分清责任，不宜采用诸如"大约"、"左右"、"合理误差"等笼统含糊的字眼。避免由于用词不当，引起不必要的纠纷和扯皮。但也不要把品质要求订得过死，以免由于实际上做不到而造成交货上的困难。对某些商品，在规定其品质条件时要有一定的灵活性。对一些项目的要求可制定"最高限度"或"最低要求"，或规定合理的品质机动幅度，以利于合同的执行。但精密度要求很高的商品，如精密仪器等，则属例外。

对于品质规格的项目，也不宜订得过多，过于烦琐，而应该集中力量订好影响品质的重要指标。对于次要指标可以不订或少订，以免交货时由于某些次要指标不合格而使合同的执行受到影响。对于一些与品质无关的条件，则避免订入。

品质项目是从各个不同的角度来说明商品品质的，所以在规定时要注意到各个项目之间的相互关系，注意它们之间的一致性，以免由于某一项目规定不合理而影响其他项目，造成不应有的损失。

4. 要根据不同商品的特性，正确运用各种表示商品品质的方法

在确定表示商品品质的方法时，应考虑商品的特性。有的商品宜凭样品进行买卖，有些商品则宜凭规格、等级、标准、商标、牌号或说明书进行买卖，不能随意滥用。各种表示品质的方法都有其特定的含义，买卖双方也须按此承担相应的义务。因此，凡是能够用一种方法表示品质的，一般就不要采用两种或两种以上的方法来表示；如必须采用两种或两种以上的方法来表示，则须在合同中对以何种为主作出具体明确的规定，以免引起争议。特别应当指出的是，凭样品与凭规格两种确定商品品质的方法，不宜混合使用。因为根据某些国家法律的解释，凡是既凭样品又凭规格达成的交易，则所交的货物必须既与样品一致，又符合规格的要求，否则，买方有权拒收货物并可提出赔偿要求。

由于商品的品质关系到用户的切身利益，因此，在国际市场上，用户不仅要对商品的品质，而且要对生产企业的质量体系进行评价，这已成为国际贸易中的通常做法。国际标准化组织制定的 ISO 9000 系列标准，为国际市场商品的生产企业的质量体系评定提供了统一的标准，具有国际通行证的作用。当前，许多国家都把质量体系认证作为参加国际市场竞争的手段。采用 ISO 9000 系列标准，不仅有利于出口商品生产企业提高自身技术和管理素质，而且有利于提高出口商品的品质。

总之，由于商品的品质在交易中是非常敏感的因素，许多争议都由它引起，它直接关系到国家的信誉和商品的声誉。商品的品质不仅关系交易的成败，还关系交易双方的利益得失，与双方的利害关系甚为密切。因此，国际商品买卖中一定要贯彻重质先于重量的原则，高度重视商品品质。出口商品检验不合格的坚决不出口；进口商品经检验不合格的，要及时索赔或退货。

案例 12—1

我方向德国出口某农产品一批，合同规定水分最高为 15%，杂质不得超过 3%。但在成交前我方向买方寄过样品，订约后我方又电告对方成交货物与样品相

似。货到德国后，买方提出货物的质量虽与合同相符，但比所寄样品低，并提交质量低于样品7%的检验证明，据此要求赔偿600欧元的损失。

资料来源：http：//bbs. wtojob. com/bbs/bbs _ 560. html.

思考：

面对德方要求，我方应如何处置？

12.3 商品的数量

在国际贸易中，买卖双方必须以约定的货物数量作为履行合同的依据，商品数量是买卖合同中不可缺少的主要条件之一。按照《联合国国际货物销售合同公约》的规定，卖方所交货物的数量必须与合同规定相符。如卖方所交货物的数量小于合同规定的数量，卖方应在规定的交货期届满前补交，但不得使买方遭受不合理的不便或承担不合理的开支。即使如此，买方也有保留要求损害赔偿的权利。反之，卖方所交货物的数量如大于合同规定的数量，买方除了可以拒收超额部分外，也可以收取多交部分中的一部分或全部，但应按合同价格付款。

在进出口业务中，正确掌握进出口商品的数量，合理订立合同中的数量条件，不仅有利于多快好省地完成对外贸易任务，而且有利于体现我方经营意图和贯彻对外政策。

12.3.1 商品数量的计算单位

货物的数量，是指以一定的度量衡单位表示的货物重量、个数、长度、面积、容积等。货物数量的多少既关系到一笔交易规模的大小，也会影响消费者的使用和市场的变化。

在国际贸易中，由于商品的种类、特性不同以及各国度量衡制度不同，计算数量的单位也不相同，因此了解与熟悉相互之间的换算方法是很重要的。目前国际贸易中常用的度量衡制度、计量单位有以下几类：国际单位制（international system of units，SI）、公制（metric system）、英制（British system）和美制（U. S. system）。

我国的法定计量单位为国际单位制，但为了适应国外市场习惯，在对外成交时，也有采用对方习惯的计量单位的。因此，在洽谈交易和签订合同时，必须明确规定使用哪一种度量衡制度，以免造成误会和纠纷。同时，还要掌握各国度量衡制度之间的换算方法。

12.3.2 商品重量的计算方法

国际贸易中的许多商品是按重量买卖的。按照一般商业习惯，计算重量的方法有以下几种：

(1) 毛重（gross weight），即商品本身的重量加包装的重量，一般适用于低值的商品。

(2) 净重（net weight），即商品本身的重量，也就是除去包装后的商品实际重量。在国际贸易中，大部分以重量计量的商品都以净重计价。但是一些价值较低的农副产品，如粮谷、饲料等有时也以毛重计价。这种以毛重计价的办法称为“以毛作净”（gross for net）。例如，中国东北大豆，100 公吨，单层麻袋包装，每袋 100 公斤，以毛作净。

货物按净重计算时，必须由毛重扣除皮重。计算皮重的方法有四种：

1）实际皮重（actual tare 或 real tare），即商品包装实际重量，是将整批货物包装材料逐一过秤求得的重量之和。

2）平均皮重（average tare），在皮重相差不大的情况下，从全体商品中抽出若干件包装材料，称出皮重，然后求出其平均重量，即为平均皮重。

3）习惯皮重（customary tare），有些比较标准化、规格化的包装，其重量已为市场所公认，因此不必逐件重复过秤，而以习惯上公认的包装重量计算，称为习惯皮重。

4）约定皮重（computed tare），即买卖双方事先协商约定的皮重，不必过秤、逐一衡量。

计算皮重究竟采取哪一种方法，在磋商交易和签订合同时，也应明确加以规定，以免事后引起争议。如在合同中未明确规定用何种方法计算重量和价格的，按惯例应以净重计。

(3) 公量（conditioned weight），即用科学方法除去商品中所含的实际水分，再另加标准水分，所求得的重量。这种方法经常用于水分含量不稳定、易受空气湿度影响的商品，如羊毛、生丝、棉花等。其计算公式为：

公量= 实际重量×（1+标准含水量）/（1+实际含水率）

(4) 理论重量（theoretical weight），对于有固定规格和固定尺寸的商品，根据其数量经推算所得的重量。如马口铁、钢板，规格一致，其重量大致相等，可以从张数推算其实际重量。

案例 12—2

我国某出口公司与日本一商人按每公吨 500 美元 CIF 东京成交某农产品 200 公吨，合同规定包装为 25 千克双线新麻袋，信用证方式付款。该公司凭证装运出口并办妥了结汇手续。事后对方来电称：该公司所交货物扣除皮重后实际到货不足 200 公吨，要求按净重计算价格并退回因短量多收货款。我公司则以合同未规定按净重计价为由拒绝退款。

资料来源：http://bbs.wtojob.com/bbs/bbs_560.html.

思考：

该公司做法是否可行？为什么？

12.3.3　商品数量条款的订定

合同中的数量条款（quantity clause）是买卖双方交接货物和处理争议的根据。因此，买卖双方签订合同时，必须对数量条款作出明确合理的规定。在买卖合同的数量条款中，一般须订明数量和计算单位。以重量计量的，还须明确计量的办法，如"中国蚕豆 500 公吨，麻袋装，净重"。但有时在某些合同中也规定交货数量的机动幅度和作价办法。为了订好数量条款，在磋商交易和签订合同时，应当注意以下几点。

1. 正确掌握进出口商品的数量

在进出口商品数量掌握上，必须体现政策和符合计划的要求。此外，还应在调查研究的基础上，根据需要与可能来确定成交的数量。具体地说，在出口商品数量的掌握上，既要考虑国外市场的需求量、市场趋势、季节因素、保证及时和合理供应，以便巩固和扩大销售市场，使出口商品卖得适当的价格，又要考虑货源情况和适应国内的生产能力，以免造成交货困难。同时，还要根据国外商人的资信情况和经营能力来确定成交的数量，以防发生货款落空的风险。在进口商品数量的掌握上，主要应服从国内建设和调剂市场的需要，同时应考虑外汇支付能力与运输能力。此外，还应根据当时市场行情的变化情况，决定购买的数量。

2. 合理规定溢短装条款

在农副产品和工矿产品的交易中，往往由于商品的特性、生产能力、船舶舱位、装载技术和包装等原因，难以准确地按合同规定的数量交货。因此，买卖双方在商订交货数量时应订有一定的机动幅度，在合同中明确规定溢短装条款（more or less clause）。按照这一规定，卖方在交货时可以溢交或短交合同约定数量的某一比例。按照国际商会《跟单信用证统一惯例》的规定，如凭信用证付款方式进行的买卖，除非信用证规定货物数量不得增减，在支取金额不超过信用证金额的条件下，即使不准分批装运，卖方交货数量的伸缩幅度为 5%，但货物数量按包装单位或个体计算时，此项伸缩则不适用。

案例 12—3

国外来证规定："针织布 10 000 千克，每千克 4 美元，针织衫 5 000 件，每件 2 美元；总金额为大约 50 000 美元，禁止分批装运。"

资料来源：http：//bbs.wtojob.com/bbs/bbs_560.html.

思考：

我方出口数量最多应如何掌握？

合同数量的溢短装一般由卖方决定，也有由买方决定（at buyer's option）的。在合同数量大、商品价格波动剧烈的情况下，为了防止卖方或买方利用溢短装条款故意多装或少装，有的合同在规定溢短装条款时，还规定只有在为了适应船舱的需要时才能适用。

在国际贸易中，粮食、化肥、矿砂、食糖等大宗商品一般都用整船装运。由于船舶结构、积载因素和装载技术上的差异，在实际装船时，往往会出现多装或少装的情况。按照国际航运惯例，船舶的实际装载量应由船长根据实际情况决定。船长决定的实际装载量与卖方提出的交货量往往会有差异，这就有必要对每批装船的数量规定一个机动的幅度。在大宗交易的情况下，对合同全部数量如需订立溢短装条款，则对每批装船数量的溢短装，最好也同时加以规定。这样，责任明确，不易引起争议。

鉴于某些国家法律规定，如卖方所交货物的数量大于或小于合同规定的数量，买方都有权拒收全部货物，因此，对于某些难以准确地按合同规定数量交货的出口商品，一般都应在合同中订立溢短装条款，以免买方利用卖方在交货数量上的某些难免的差异，挑起争端。

合同中对数量的机动幅度的计价，一般有两种不同的计价办法。一种是短交或溢交的数量均按合同价值计算。但有的合同为了防止买方或卖方在市场价格变动时，利用溢短装条款钻空子，对溢交或短交部分规定按装船时或按到货时的市价计算。在合同中没有规定溢短装部分的计价办法时，通常按合同价格计算。

3. 用词明确、具体，避免使用笼统含糊字眼

在规定商品数量条款时，应尽可能使用明确、具体的字眼，以免在合同执行时引起不必要的纠纷。有时在合同数量条款中只规定“约量”（about or approximate or circa），即在合同规定的数量前加上“约”字，意思是卖方交货的数量可以有一定范围的灵活性。由于“约量”的字眼笼统含糊，国际上对其含义有不同的解释，有的解释为2%，有的解释为5%，也有的解释为10%，为了明确责任和便于合同的执行，在合同数量条款中最好不采用“约量”，而规定明确的溢短装幅度。按《跟单信用证统一惯例》的规定，这种约数可解释为交货数量有不超过10%的增减幅度。如确需采用，当事人双方也应就“约量”的含义作出明确的规定。

12.4 商品的包装

在国际贸易中，大多数商品都要有一定的包装，以保护商品在流通过程中的品质安全和数量完整。因此，凡买卖需要包装的商品时，交易双方必须在合同中对包装条件作出明确规定。包装条款是买卖合同中的重要条款之一。

商品包装是保护商品在流通过程中品质完好和数量完整的重要措施。由于国际贸易商品一般需要经过长距离辗转运输，因此，国际贸易商品的包装比国内销售商品的包装更为重要。在国际贸易中，商品经过适当的包装，有利于储存、保管、运输、装卸、计数、销售和防止盗窃等工作的进行，有利于消费者的挑选和携带。包装良好的商品还有利于吸引顾客，扩大销路，增加售价，多创外汇。此外，商品的包装还在一定程度上反映出一个国家的生产水平、科学技术和文化艺术水平。

在当前市场竞争空前激烈的情况下，各国出口商更是千方百计地变换包装方式，不断翻新包装花样，以保持和扩大其商品的销路，排挤和打击竞争对手。因此，包装的作用不仅限于保护商品的品质和数量，而且已发展成为增强商品竞争能力、扩大销路、增加外汇收入的重要手段之一。

在我国，出口商品的包装是对外贸易工作的一个重要组成部分，做好这项工作有着重要的政治经济意义。同时，由于出口商品要同世界各国广大消费者见面，而且大部分消费品在国外是通过综合性的或专业的百货商店和超级市场出售的，这就对包装条件提出了更高的要求。把出口包装工作做好，有利于我国商品直接进入国外大百货商店和超级市场，供当地广大消费者选购；有利于提高出口商品的声誉和售价，增加外汇收入。

12.4.1 商品包装的基本要求及种类

1. 商品包装的基本要求

为了适应我国对外贸易发展的需要，使我国出口商品的包装达到科学、经济、牢固、美观、适销和多创外汇的要求，应做到以下几点。

(1) 包装的用料和设计必须科学、牢固，既符合商品的特性，又适应对外贸易长途运输、各种不同的运输方式和沿途气候条件变化的要求，以保护商品的品质安全和数量完整。

(2) 包装的用料和设计力求适应国外市场的销售习惯和消费习惯，适应进口国家对于包装、装潢方面的合理规定，以利于扩大我国出口商品的销路，提高售价，提高我国的对外贸易信誉。

各种商品不同，对包装的要求也不同。原料商品和直接进入零售市场的制成品，对包装装潢的要求就有很大差别。直接进入零售市场的商品，如食品、轻工产品、小五金、手工艺品、土特产、药品、纺织品、服装等，都要求既便于批发和零售，又适合消费者的使用、消费、购买力水平和携带。

有些国家对包装物料或商品说明有一定的要求和限制。如有的国家为防止虫害、霉变，禁止采用稻草、米糠等作为包装垫衬材料；有的国家为保证消费者身体健康，要求对食品要附有成分说明等。商品的包装、说明如不符合规定，即不能进口。

(3) 包装的用料和设计要符合节约的原则，做到既能保护商品，又贯彻增产节约的精神。因此，在选用材料与改进包装等方面，都要从节约物料、降低成本及节省运费的角度考虑。选用材料方面，要在保证质量的前提下，贯彻自力更生的精神，尽可能使用国产包装材料，这不但可以为国家节省外汇，也可以促进国内生产的发展。

(4) 良好的包装装潢对于扩大我国商品的影响，完成出口任务，维护和提高我国对外贸易信誉有很大作用。因此，在我国出口商品的包装装潢设计方面，一定要反映我国产品特点，科学地向国外介绍我国的产品，使购买者了解我们的产品。

包装装潢的设计应考虑艺术性，力求外形美观，以吸引顾客。因此，在我国出口商品包装装潢设计方面，要积极创新，不断提高包装装潢的艺术水平。新颖、美观的包装装潢对扩大销路和提高售价有很大影响。

（5）努力实现出口商品包装机械化和标准化。为了适应我国对外贸易发展和国际市场的需要，我们必须积极创造条件，加速实现出口商品包装机械化和标准化，这是一项具有重要意义的工作。实现包装机械化，以机械包装代替手工包装，可以更有效地提高劳动生产率，节约劳动力，改善劳动条件，降低劳动强度，节约包装用料和运输装卸费用，提高包装质量，从而有助于发展出口贸易。实现包装标准化，主要是指对出口商品的包装要求统一材料、统一规格、统一容量、统一标记和统一封装方法。实现出口商品包装标准化，可以简化包装容器规格，易于识别，易于计量，便于统一对外，同时还能节约包装用料，合理压缩体积，节省运费，并便于装卸运输，为集合包装和成组运输创造有利的条件。

2. 商品包装的种类

进入国际贸易的商品按包装方式可以分为三类，即裸装货（nude cargo）、散装货（bulk cargo）和包装货（packed cargo）。

裸装适用于一些品质比较稳定、自成件数、难以包装或不需要包装的商品，如钢材、铝锭、木材、橡胶等。裸装一般没有任何包装，但有时也略加包扎，如钢材有时也用铁丝捆扎成堆。

散装适用于一些数量较大、颗粒成堆或液态的商品。这些商品多系不易碰坏的货物，如矿砂、煤、粮食、石油等。许多散装的商品也可以包装。散装货需要具备一定的装卸条件和运输设备。近年来，随着码头装卸、仓储和散装运输设备的发展，各国商人大量地采用散装方式进行交易。因为散装运输可以加快装卸速度，节省包装费用、仓容和运费。不过，在采用散装运输时要考虑码头装卸设备和仓库条件，否则，会造成装卸、运输、储存上的困难和品质、数量方面的损失。

国际贸易中的商品包装按其在流通过程中作用的不同，可以分为运输包装和销售包装两种。

（1）运输包装。运输包装又称大包装或外包装（outer packing），它的作用主要在于保护商品的品质和数量，以便于运输、储存、检验、计数、分拨，有利于节省运输成本。

运输包装的方式主要有两种：单件运输包装和集合运输包装。

1）单件运输包装是根据商品的形态或特性将一件或数件商品装入一个较小容器内的包装方式。单件运输包装的种类很多：

● 按照包装外形来分，常用的有包、箱、桶、袋等。

● 按照包装的质地来分，有软性包装、半硬性包装和硬性包装。软性包装较易变形，有利于节约仓容；半硬性包装不易变形，同时经堆储后可略有压缩；硬性包装不能压缩，包装本身硬实。

● 按照制作包装所采用的材料来分，常用的有纸制包装、金属包装、木制包装、塑料包装、棉麻制品包装、玻璃制品包装、陶瓷包装，以及竹、柳、草制品包装等。

2）集合运输包装是将一定数量的单件商品组合起来进行包装或装入一个大的包装容器内。集合包装可以提高港口装卸速度，便利货运，减轻装卸搬运的劳动强度，降低运输成本和节省运杂费用，更好地保护商品的质量和数量，并促进包装的标准化。

集合运输包装的种类有：

● 集装箱（container）。集装箱一般由钢板、铝板等金属制成，多为长方形，可以反复使用，它既是货物的运输包装，又是运输工具的组成部分。

● 集装包、袋（flexible container）。集装包是用合成纤维或复合材料编织成抽口式的包，适合装载已经包装好的桶装和袋装的多件商品。每包一般可容纳 1 吨～1.5 吨重的货物。集装袋是用合成纤维或复合材料编织成圆形的大口袋，适合集合包装商品，每袋一般可容纳 1 吨～4 吨重的货物。

● 托盘（pallet）。托盘是在一件或一组货物下面附加一块垫板，板下有三只“脚”，形成两个“口”字形扁孔，统称为插口，供铲车的两条铲叉伸入，将托盘连同所载的货物一起铲起，进行堆放、装卸和运送。为防止货物散落，需要用厚箱板纸、收缩薄膜、拉伸薄膜等将货物牢固包扎在托盘上，组合成一件托盘包装。每一托盘的装载量一般为 1 吨～1.5 吨。此外，还有一种两面插入式托盘，这种托盘不管怎样堆放，铲车都可操作，从而有利于加快装卸速度。

现在，有些国家为了提高货物装卸速度和码头使用效率，常常在信用证上规定进口货物必须使用集合运输包装，有的港口甚至规定进口货物如果不使用集合运输包装，不能卸货。

（2）销售包装。销售包装又称小包装或内包装（inner packing），它是指直接接触商品，随着商品进入零售环节和消费者直接见面的包装，实际上是零售包装。

销售包装除了要求具备保护商品的条件外，更重要的是要美化商品，宣传商品，便于销售和使用。在销售包装的造型结构、装潢画面和文字说明等方面都有较高的要求。国际上对销售包装的质量和数量要求越来越高。不断研究改进销售包装的式样，提高销售包装的质量，扩大带销售包装的商品出口，是包装工作中的重要任务之一。

在销售包装上，除附有装潢画面和文字说明外，还有印有条形码的标志。由于许多国家的超级市场都使用条形码技术进行自动扫描结算，如商品包装上没有条形码，即使是名优产品，也不能进入超级市场。有的国家甚至对无条形码标志的商品不予进口。国际物品编码协会分配给我国的国别号为“690”和前缀码“691”，凡标有“690”、“691”条形码的商品，即表示为中国产品。销售包装的造型结构、装潢画面和文字说明应根据不同商品、不同包装材料、不同销售地区和销售对象等因素来决定。为了适应国际市场的需要、保护商品安全、降低商品流通费用和促进出口商品的销售，销售包装应做到：便于运输、储存；便于陈列展销；便于消费者使用；有艺术吸引力；做好文字说明。

在出口商品的销售包装上，通常都要有关于商品名称、数量、规格、成分、产地、用途、使用方法等的文字说明。在撰写文字说明时，要求做到准确、统一、清晰、协调，文字布局应适合展销的要求。文字说明的内容既要严谨，又要简明扼要，同时还应根据各种商品的特性和销售习惯，各有所侧重。

12.4.2 商品包装的标志

为了便于识别货物，便于运输、检验、仓储和海关等有关部门工作的进行，以及便于收货人收货，在商品运输包装上需要按合同规定刷写一定的包装标志(packing mark)。包装标志是指在商品外包装上刷制的简单图形和文字。刷写包装标志是出口发运前一项细致而重要的工作，做好这项工作有助于出口商品及时交接和安全储运，避免错发错运以及其他事故的发生。

1. 运输标志

运输标志习惯上称为唛头（shipping mark)，它通常由一个简单的几何图形和一些字母、数字及简单的文字组成，其作用主要是便于识别货物，便于收货人收货，也有利于运输、仓储、检验和海关等有关部门顺利地进行工作。

国际标准化组织和国际货物装卸协调协会制定了一套标准运输标志向各国推荐使用。该标准运输标志包括：(1）收货人或买方名称的英文缩写字母或简称；(2）参考号，如运单号、订单号或发票号；(3）目的地；(4）件号。至于根据某种需要而需在运输包装上刷写的其他内容，如许可证号等，则不作为运输标志必要的组成部分。

2. 指示性标志

根据商品的性能和特点，用简单醒目的图形或文字，对一些容易破碎、残损、变质的商品提出某些在装卸搬运操作和存放保管条件方面的要求和注意事项，称为指示性标志（indicative mark)。例如，“此端向上”、“防热”、“小心轻放”、“由此吊起”、“易碎”等。

3. 警告性标志

警告性标志（warning mark）是针对危险货物，为了在运输、保管和装卸过程中，使有关人员加强防护措施，以保护物资和人身的安全而加在外包装上的危险货物标志。凡包装内装有爆炸品、易燃物品、自燃物品、遇水燃烧物品、有毒品、腐蚀性物品、氧化剂和放射性物品等危险品，应在运输包装上刷写清楚明显的危险品警告标志，以示警告。

4. 制作运输包装标志

制作运输包装标志，应当注意如下事项：必须按照有关规定办理；包装标志要简明清晰；涂刷标志的部位要适当。

12.4.3 中性包装和定牌

1. 中性包装

中性包装（neutral packing）是指在商品上和内外包装上不注明生产国别、地名和生产厂名，也不注明原有商标和牌号，甚至没有任何文字的包装。中性包装包括无牌中性包装和定牌中性包装。前者是指包装上既无生产地名和厂商名称，又无商标、牌号；后者是指包装上仅有买方指定的商标或牌号，但无生产地名和出口厂商的名称。在国际贸易中，使用中性包装主要是为了打破某些进口国家和地区实行的关税壁垒、配额限制和其他一些限制进口的歧视性措施。所以，它是推销出口商品的一种手段。目前，某些出口商品使用中性包装已成为国际贸易中的一种习惯做法。

2. 定牌

定牌是指在商品包装上卖方采用买方指定的商标或牌号。一般对于国外大量的长期稳定的订货，可以接受买方指定的商标。在我国出口业务中，我方同意使用定牌，是为了利用买主的经营能力及其企业商誉或名牌声誉，以提高商品售价和扩大销售数量。接受买方的定牌下面，可以标明，也可以不标明“中国制造”或“中华人民共和国制造”字样。

12.4.4　包装条款

买卖双方签订合同时，对商品的包装方式、运输标志及包装费的负担等，一般都要作出具体规定。如果对货物的包装没有特殊规定，一般来说，卖方应使用本国用于出口货物的包装发货，这种包装应适应货物在运输过程中进行正常装卸搬运的要求，并照顾到可能的转船和较长运输时间及所采用的运输方式。如果货物的包装与合同的规定或行业惯例不符，买方可以拒收货物。

确定货物包装时，还要考虑有关国家和地区的现行法律。比如，有些地区禁止或限制使用某种包装物料；有些国家对包装运输标志和标记作了严格的规定；有些国家对不同商品的每件包装重量定有不同的税率，或规定装卸时采用不同的操作办法。

合同中的包装条款（packing clause）的内容，应根据商品的性能、特点及所采用的运输方式而定。不同的运输方式和不同的商品，其包装条款的规定也不相同。在签订合同时，一般都有包装条款，如出口水泥合同条款中规定，用 5 层水泥纸袋包装，每包 50 公斤。但有些简单的包装条款，也可以和数量条款合并，如“中国东北大豆 2 000 公吨，单层麻袋包装”。

案例 12—4

某公司外售杏脯 1.5 公吨，合同规定纸箱装，每箱 15 公斤（内装 15 小盒，每小盒 1 公斤）。交货时，此种包装的商品无货，于是便将小包装（每箱仍有 15 公斤，但内装 30 小盒，每小盒 0.5 公斤）货物发出。到货后，对方以包装不符为由拒收货物，拒付货款。卖方则认为数量完全相符，要求买方付款。

资料来源：http：//bbs. wtojob. com/bbs/bbs _ 560. html.

思考：

你认为责任在谁？应如何处理？

包装条款的条文要求明确具体，一般应包括包装的用料、尺寸（大小）、每件的重量（数量）、填充物料和加固设备等。按照国际贸易惯例，运输标志一般可以由卖方提供，如买方没有特殊要求，可以不列入合同，或只订明“卖方标志”，由卖方自行设计，然后通知买方。为了便于我国出口商品包装的不断改进，而不致受合同条款的束缚，对某些包装条款也不宜订得过于具体。但对已有出口包装标准规定的商品，在签订包装条款时，不仅应订得具体，而且应力争使对方接受这一条款。

此外，在国际贸易中，有些合同对包装条款只做原则性规定，如使用“海运包装”（sea-worthy packing）和“习惯包装”（customary packing）的术语，此种术语由于内容不明确，各国理解不同，容易引起争议。因此，在合同中，一般应尽量避免使用，如需使用时，应具体订明使用何种包装材料，以免引起纠纷。

包装物料和费用一般包括在货价之内，不另计价。但在买方对于包装材料和包装方式提出特殊要求的情况下，卖方也可要求另收包装费。如由买方提供包装或包装材料，则应在合同中具体规定，并订明买方包装送交卖方的时间以及由于包装不能及时运到而影响货物出运时对方所应负担的责任。如包装费用由买方负担，在合同中也应明确加以规定。

进口合同中，对包装技术较强的货物，通常要在货物单价条款后注明“包括包装费用”（packing charge included），以防日后发生争议，引起纠纷。

本章小结

1. 商品的品名就是商品的品牌与名称。商品的品名是构成商品说明的一个主要组成部分，也是买卖双方交接货物的一项基本依据。商品品质是商品的内在素质和外表形态的综合反映。合同中的品质条款是构成商品说明的重要组成部分，是买卖双方交接货物的依据。国际贸易中表示商品品质的方法有用实物表示法和用说明表示法两大类。

2. 货物的数量是指以一定的度量衡单位表示的货物重量、个数、长度、面积、容积等。国际贸易中商品数量是买卖合同中不可缺少的主要条件之一。合同中的数量条款是买卖双方交接货物和处理争议的根据。买卖双方签订合同时，必须对数量条款作出明确合理的规定。

3. 商品包装是保护商品在流通过程中品质完好和数量完整的重要措施。商品包装分为运输包装和销售包装。运输包装上应该有相应的运输标志。在商品上和内外包装上不注明生产国别、地名和生产厂名，也不注明原有商标和牌号，甚至没有任何文字的包装是中性包装，包括无牌中性包装和定牌中性包装。买卖双方签订合同时，对商品的包装方式、运输标志及包装费用的负担等，一般都要作出具体规定。

核心概念

品名　品质　对等样品　良好平均品质　品质公差　品质机动幅度　公量　理论重量

溢短装条款　中性包装

复习思考题

1. 如何结合商品的特点，合理选择和运用各种表示品质的方法？
2. 约定溢短装条款时需注意哪些方面？
3. 标准运输标志包括哪些内容？
4. 运输包装与销售包装有何不同？
5. 对溢短装部分商品的价格应如何确定？
6. 国际贸易中为何会出现中性包装？

案例分析

A 公司从国外进口一批青霉素油剂，合同规定该商品品质“以英国药局 1953 年标准为准”，但货到目的港后，发现商品有异样，于是请商检部门进行检验。经反复查证，英国药局 1953 年版本内没有青霉素油剂的规格标准，结果商检人员无法检验，从而使 A 公司对外索赔失去了依据。

资料来源：http：//bbs. wtojob. com/bbs/bbs _ 560. html.

思考题：

为什么 A 公司会失去对外索赔的依据？A 公司应该吸取什么教训？

第13章

贸易术语与商品的价格

章首阅读　案　情

2000 年 5 月美国某贸易公司（以下称进口方）与中国江西某进出口公司（以下称出口方）签订合同购买一批日用瓷具，价格条件为 CIF LOS ANGELES，支付方式为不可撤销的跟单信用证，出口方需要提供已装船提单等有效单据。出口方随后与宁波某运输公司（以下称承运方）签订运输合同。运输途中由于驾驶员过失发生了车祸，耽误了时间，错过了信用证规定的装船时间。得知发生车祸后，出口方即刻与进口方商谈，要求将信用证的有效期和规定的装船日期延展半个月，并本着诚信原则告知进口方两箱瓷具可能受损。美国进口方回电称：同意延期，但要求货价降低 5%。出口方回电据理力争，同意受震荡的两箱瓷具降价 1%，其余货物并未受损，不能降价。在经过一番商讨之后，出口方最终做出让步，受震荡的两箱降价 2.5%，其余降价 1.5%。为此中国出口方损失货款及利息共计 15 万美元。事后，出口方作为托运人向承运人就有关赔偿提出索赔。对此，承运人同意只承担一部分损失，即有关仓储费用和两箱震荡货物损失，对于其他货价损失不予理赔，认为这主要由于出口方单方面与进口方协定所致，与其无关。3 个月后，经多方协商，承运人最终赔偿各方面损失共计 5.5 万美元。出口方实际损失 9.5 万美元。

分析提示：

在本案例中，出口方耗费了时间和精力，损失也未能全部得到赔偿，这充分说明 CIF 术语自身的缺陷使之在应用于内陆地区出口业务时显得“心有余而力不足”。按照《2000 年通则》，在采用 CIF 术语订立贸易合同时，出口方必须承担货物越过船舷之前的一切风险和责任。出口方以托运人的身份与运输公司签订运输合同并交付货物，在货物到达港口越过船舷之前，使出口方在丧失了对货物实际控制权的情况下向进口方继续承担责任和风险，这是非常不合理的。综上所述，CIF 术语在内陆地区出口并不适用。对于采用海路联运或陆路出口的内陆地区来说，CIP 术语比 CIF 术语更适用。那么，什么是 CIF 和 CIP?

国际贸易中贸易术语的国际惯例有哪些？常用的贸易术语有哪些？我们将在本章进行讲解。

国际贸易中商品的价格是贸易双方磋商的中心议题和矛盾焦点，也是买卖合同中的主要交易条款。在长期的国际贸易实践中，人们对于不同的交货条件和成交价格的构成因素，采用不同的贸易术语来表示。本章将介绍贸易术语的作用以及目前国际上影响较大的三种贸易术语的惯例，其中重点解释适用面最广的国际贸易惯例——《2000 年通则》中的十三种贸易术语。此外，本章还将阐述与国际贸易合同中价格条款密切相关的商品价格作价办法的采用、计价货币的选择、出口商品的盈亏分析等问题。本章要求学生在学习中理解并掌握主要国际贸易术语的含义、用法及相互区别，以及如何确定进出口商品的价格，合理采用各种作价办法，选择有利的计价货币，适当运用与价格有关的佣金与折扣，订好合同中的价格条款。

13.1 贸易术语的作用与相关的国际惯例

13.1.1 国际贸易术语的含义及有关的国际贸易惯例

国际贸易中，商品价格的规定远比国内贸易复杂：除了和国内贸易一样，规定单价、计量单位、计量货币外，还须标明国际贸易惯用的贸易术语。因为国际贸易的买卖双方分处两国，相距遥远，在卖方交货和买方接货的过程中，涉及许多问题，例如，由何方洽租运输工具，负责装货、卸货，办理货运保险，申领进出口许可证和报关纳税等进出口手续；由何方支付运费、装卸费、保险费、税捐和其他杂项费用；由何方承担货物在运输途中可能发生的损坏和灭失的风险。如果每笔交易都要求买卖双方对上述手续、费用和风险逐项反复洽商，将耗费大量的时间和费用，并影响交易的达成。为此，在国际贸易的长期实践中，逐渐形成了各种不同的贸易术语，明确买卖双方在手续、费用和风险方面的责任划分，以促进交易的达成。

13.1.1.1 贸易术语的含义

贸易术语（trade terms）又称价格术语（price terms），它是用一个简短的概念（例如“Free on Board”,）或三个字母的缩写（例如“FOB”），来说明交货地点、商品的价格构成和买卖双方在手续、费用和风险方面的责任划分，确定交货条件。贸易术语具有两方面的含义：一方面表示交货条件；另一方面表示价格的构成，特别是价格中包含的从属费用。每种贸易术语表示其具有不同交货条件和不同价格构成因素，相应的买卖双方各自承担的风险、责任和费用也互不相同。

一般来说，卖方承担风险、责任与费用小，其售价就低；反之，如果卖方承担风险、责任与费用大，其售价就高。正因为贸易术语有表示价格构成因素的一面，所以又称为价格术语。如工厂交货（EXW）和目的港码头交货（DEQ），前者指卖方在其所在地（如工厂、工场或仓库等）将货物交给买方处置时，即完成交货；后者指卖方在指定目的港码头，将货物置于买方支配之下，完成交付。卖方承担货物运至指定目的港的一切风险和费用，并承担码头卸货费。由于后者卖方承担的责任、费用和风险比较大，这些因素必然要反映到成交商品的价格上。所以，在进口国交货的价格自然要高，有时甚至高出很多。由此可见，贸易术语具有两重性，即一方面表示交货条件，另一方面表示成交价格的构成因素，这两者是紧密相关的。

13.1.1.2 有关贸易术语的国际贸易惯例

在国际贸易中使用贸易术语，始于19世纪。随着国际贸易的发展，逐渐形成了一系列贸易术语规则，这些规则在国际上广泛采用，从而成为国际贸易惯例。

国际贸易惯例（international trade custom）是指在国际贸易实践中逐步形成具有普遍指导意义的一些习惯做法和解释。有些国际组织或某些国家的商业、学术团体将这些习惯做法和解释加以规范成文就成为国际贸易惯例。国际贸易惯例的适用是以当事人的意思自治为基础的。也就是说，惯例本身不是法律，它对贸易双方不具有强制性，故买卖双方有权在合同中作出与某项惯例不符的规定。但是，许多国家在立法中明文规定了国际惯例的效力。特别是在《联合国国际货物销售合同公约》中，惯例的约束力得到充分肯定。在下列情况中，国际贸易惯例对当事人具有约束力：第一，当事人在合同中明示的选用某项国际贸易惯例。第二，当事人没有排除对已经知道的某项惯例的适用，而该惯例在国际贸易中为同类合同当事人所广泛知道并经常遵守，则应视为当事人已默认同意采用该惯例。通过学习、掌握和运用有关国际贸易惯例的知识，可以帮助我们避免或减少贸易争端，有利于外贸业务的展开。而有关贸易术语的国际贸易惯例主要有以下三种。

1.《1932年华沙—牛津规则》

《1932年华沙—牛津规则》(《Warsaw-Oxford Rules 1932》）是国际法协会专门为解释CIF合同而制定的。19世纪中叶，CIF贸易术语开始在国际贸易中得到广泛采用，然而对使用这一术语时买卖双方各自承担的具体义务并没有统一的规定和解释。对此，国际法协会于1928年在波兰首都华沙开会，制定了关于CIF合同的统一规则，称为《1928年华沙规则》，后经修改更名为《1932年华沙—牛津规则》。由于它仅仅对CIF做了解释和规定，实际应用中使用不多。

2.《1941年美国对外贸易定义修订本》

《美国对外贸易定义》是1919年由美国几个商业团体制定的。后来于1941年经修订，命名为《1941年美国对外贸易定义修订本》(《Revised American Foreign Trade Definitions 1941》)。其中解释的贸易术语共有6种，分别为：

(1) Ex (Point of origin，产地交货)；

(2) FOB (Free on Board，在运输工具上交货)；

(3) FAS (Free Along Side，在运输工具旁边交货)；

(4) C&F (Cost and Freight，成本加运费)；

(5) CIF (Cost，Insurance and Freight，成本加保险费、运费)；

(6) Ex Dock (Named Port of Importation，目的港码头交货)。

它主要在北美国家采用。由于它对贸易术语的解释与《2000 年通则》有明显的差异，所以，在同北美国家进行交易时应加以注意。

3.《国际贸易术语解释通则》

《国际贸易术语解释通则》(International Rules for the Interpretation of Trade Terms，Incoterms) 是国际商会为统一各种贸易术语的不同解释于 1936 年制定的。为适应国际贸易实践发展的需要，国际商会先后于 1953 年、1967 年、1976 年、1980 年、1990 年和 2010 年进行过多次修订和补充。它目前使用最广、影响最大。目前最广泛使用的是于 1999 年 7 月公布的《2000 年国际贸易术语解释通则》(《Incoterms 2000》，简称《2000 年通则》)。《2000 年通则》于 2000 年 1 月 1 日起生效。

国际商会根据国际货物贸易的发展，对《2000 年通则》进行修订，2010 年 9 月 27 日公布《2010 年国际贸易术语解释通则》(International Rules for the Interpretation of Trade Terms 2010，Incoterms® 2010)，于 2011 年 1 月 1 日实施。但是 Incoterms® 2010 实施之后，并非《2000 年通则》就自动作废。Incoterms® 2010 实施之后，当事人在订立贸易合同时仍然可以选择适用《2000 年通则》。

13.1.1.3 《2000 年通则》中的贸易术语

1.《2000 年通则》的适用范围

《2000 年通则》明确了适用范围，该通则只限于销售合同买卖双方的权利、义务中与交货有关的事项。其货物是指“有形的”货物，不包括“无形的”货物，如电脑软件等。因此，在国际贸易发展到货物、技术、服务贸易三位一体的今天，《2000 年通则》并不能普遍适用，而只能适用于其中的一部分，即货物贸易中国际货物买卖。

2.《2000 年通则》中的贸易术语

在《2000 年通则》中，根据买卖双方承担责任、义务和风险的不同，将 13 种贸易术语划分为下列四组。

(1) E 组 (启运)。

E 组为启运组术语，仅包括 EXW (工厂交货) 一种贸易术语。按这种贸易术语成交，卖方在其所在地 (如工厂、工场或仓库等) 将货物交给买方处置时，即完成交货。卖方不负责办理货物出口的清关手续以及将货物装上任何运输工具。EXW 术语是卖方承担责任最小的术语。

(2) F 组 (主要运费未付)。

F 组为主运费未付 (main carriage unpaid) 组术语，包括 FCA (货交承运人)、FAS (装运港船边交货) 和 FOB (装运港船上交货) 三种贸易术语。按这组术语成交，卖方在主要运费未付的情况下 (从交货地点至目的地运费由买方承担)，将货物交至买方指定的承运人或指定装运港。按 F 组术语签订的买卖合同属于装运合同。

(3) C组(主要运费已付)。

C组为主运费已付(main carriage paid)组术语,包括CFR(成本加运费)、CIF(成本、保险费加运费)、CPT(运费付至目的地)和CIP(运费、保险费付至目的地)四种贸易术语。按此类术语成交,卖方必须订立运输合同,并支付运费,但对货物发运后所产生的费用以及货物在运输途中发生灭失或损坏的风险,卖方不承担责任。C组术语包括两个"分界点",即风险划分点与费用划分点是分离的。

由此可以看出,C组术语和F组术语具有相同的性质,即卖方都是在装运国或发货国完成交货义务。因此,按C组术语和F组术语订立的买卖合同都属于装运合同。

(4) D组(到达)。

D组为到达(arrival)组术语,包括DAF(边境交货)、DES(目的港船上交货)、DEQ(目的港码头交货)、DDU(未完税交货)和DDP(完税后交货)五种贸易术语。采用D组术语,卖方应负责将货物运至边境或目的港(port)或进口国内约定目的地(place)或地点(point)以前的全部风险和费用。按D组术语订立的买卖合同属于到货合同。

《2000年通则》中,对各种贸易术语采用上述分类排列方法,科学合理,一目了然,便于理解和使用。为了便于查找和使用各种贸易术语,现将贸易术语分类排列,如表13—1所示。

表13—1 《2000年通则》的贸易术语中买卖双方各自应承担的责任、风险和费用对照表

分组	术语	交货地点	适用的运输方式	风险转移	出口报关责任费用	进口报关责任费用
E组启运	EXW	商品产地、所在地	任何运输方式	货交买方处置时	买方	买方
F组主运费未付	FAS	装运港口	海运及内河运输	货交船边时起	卖方	买方
	FCA	出口国内地、港口	任何运输方式	货交承运人处置时	卖方	买方
	FOB	装运港口	海运及内河运输	货物越过船舷	卖方	买方
C组主运费已付	CFR	装运港口	海运及内河运输	货物越过船舷	卖方	买方
	CIF	装运港口	海运及内河运输	货物越过船舷	卖方	买方
	CPT	出口国内地、港口	任何运输方式	货交承运人处置时	卖方	买方
	CIP	出口国内地、港口	任何运输方式	货交承运人处置时	卖方	买方
D组到达	DAF	两国边境指定地点	任何运输方式	货交买方处置时	卖方	买方
	DES	目的港船上	海运及内河运输	货在船上交买方处置时	卖方	买方
	DEQ	目的港码头	海运及内河运输	货在码头交买方处置时	卖方	卖方
	DDU	指定目的地	任何运输方式	卖方在指定地点收货后	卖方	买方
	DDP	指定目的地	任何运输方式	卖方在指定地点收货后	卖方	卖方

13.2　《2000 年通则》中的六种主要贸易术语

在我国对外贸易中，经常使用的贸易术语主要有 FOB，CFR 和 CIF 三种。近年来，随着集装箱运输和国际多式联运的发展，采用 FCA，CPT 和 CIP 贸易术语的也日渐增多。因此，我们首先介绍这六种主要贸易术语的解释和运用。

13.2.1　对 FOB 术语的解释

FOB 全称为 FREE ON BOARD（...named port of shipment），即装运港船上交货（……指定装运港），指货物在指定的装运港越过船舷时，卖方即完成交货。买方必须自该交货点起承担之后的一切费用和货物灭失或损坏的风险。卖方办理货物出口清关。

按照《2000 年通则》规定，此术语只适用于海运和内河航运。

13.2.1.1　买卖双方基本义务的划分

1. 卖方义务

（1）在合同规定的时间或期限内，在指定的装运港，按照港口惯例将货物交到买方指派的船上，并及时通知买方。

（2）自负风险和费用，取得出口许可证或其他官方批准证件。在需要办理海关手续时，办理货物出口所需的一切海关手续。

（3）负担货物在装运港越过船舷为止的一切费用和风险。

（4）自付费用，提供证明货物已交至船上的通常单据。如果买卖双方约定采用电子通讯，则所有单据均可被具有同等效力的电子数据交换信息代替。

2. 买方义务

（1）自负风险和费用，取得进口许可证或其他官方批准的证件。在需要办理海关手续时，办理货物进口以及经由他国国境的一切海关手续。

（2）负责租船或订舱，支付运费，并给予卖方关于船名、装船地点和交货时间的充分通知。

（3）负担货物在装运港越过船舷后的一切费用和风险。

（4）接受卖方提供的有关单据，受领货物，并按合同规定支付货款。

13.2.1.2　使用 FOB 术语需要注意的问题

1. 风险界限问题

根据 FOB 的含义，买卖双方风险划分的界限是以船舷为界，即货物在指定装运港越过船舷时，货物灭失或损害的风险从卖方转移到买方。但在实际的装船作业中，装船是一个连续的过程，包括货物从岸上起吊，越过船舷，装入船舱。买卖双方不可能在船舷处办理货物交接手续。因而，越过船舷的风险转移没有任何实际意义，交易双方可根据实际业务协商而定。买方一般要求卖方提交证明货物已装至船上的通常单据。也就是说，货物装船前的风险，包括货物在装船过程中落入海中造成的损失，均由卖方承担；货物装船后，所造成的全部或部分损失以及在运输过程中所发生的损失，由买方承担。

2. 船货衔接问题

在 FOB 合同中，买方负责租船、订舱，并将船名、装船地点和时间通知卖方；卖方负责在规定的时间地点，将货物装上指定的货船。那么，双方要注意在船货衔接方面的责任、费用划分：(1) 买方未经卖方同意，船只提前到达或未按期到达，由此而产生的空舱费 (dead freight) 或滞期费 (demurrage) 以及卖方增加的储存费等各项损失均由买方承担；反之，买方按时派船，卖方未备妥货，应由卖方承担空舱费或滞期费。(2) 如果买方不按期派船，卖方有权拒绝交货，由此导致的卖方仓储费用增加以及因迟收货款而造成的利息损失等，均由买方承担。

因此，以 FOB 术语签订合同，开展贸易，买卖双方在合同签订后要注意加强联系，防止船货脱节。另外，采用 FOB 术语时，买卖双方可以协商，由买方委托卖方安排运输，办理租船或订舱，但注意这是代办性质，买方仍要负担运费。

3. 装货费用的负担——FOB 的变形

根据 FOB 的解释，卖方的义务之一是要支付货物装上船以前的一切费用。但各国对于"装船"的概念没有统一的解释，有关装船的各项费用由谁负担，各国的惯例或习惯做法也不完全一致。如果采用班轮运输，船方管装管卸，装卸费计入班轮运费之中，自然由负责租船的买方承担；而采用程租船运输，船方一般不负担装卸费用，这就必须明确装船的各项费用应由谁负担。为了说明装船费用的负担问题，双方往往在 FOB 术语后加列附加条件，这就形成了 FOB 的变形。主要包括以下几种。

(1) FOB Liner Terms (FOB 班轮条件)。这一变形是指装船费用按照班轮的做法处理，即由船方或买方承担。所以，采用这一变形，卖方不负担装船的有关费用。

(2) FOB Under Tackle (FOB 吊钩下交货)。指卖方仅负担将货物交到买方指定船只的吊钩所及之处的费用，而吊装入舱以及其他各项费用，概由买方负担。

(3) FOB Stowed (FOB 理舱费在内)。指卖方负责将货物装入船舱并承担包括理舱费在内的装船费用。理舱费是指货物入舱后进行安置和整理的费用。

(4) FOB Trimmed (FOB 平舱费在内)。指卖方负责将货物装入船舱并承担包括平舱费在内的装船费用。平舱费是指对装入船舱的散装货物进行平整所需的费用。货物装船后，为了保持船舶承受的压力均衡和航行安全，对成堆装入船舱的散货，需要进行调动和平整，即为平舱，卖方需承担此项费用。

在许多标准合同中，为表明由卖方承担包括理舱费和平舱费在内的各项装船费用，常采用 FOBST (FOB Stowed and Trimmed) 方式。

FOB 的上述变形只是为了表明装船费用由谁负担而产生的，并不改变 FOB 的交货地点以及风险划分的界限。《2000 年通则》指出，通则对这些术语后的添加词句不提供任何指导规定，建议买卖双方应在合同中加以明确。

4.《1941 年美国对外贸易定义修订本》对 FOB 的解释

美国、加拿大和一些北美洲国家较多采用《1941 年美国对外贸易定义修订本》对 FOB 的解释。《1941 年美国对外贸易定义修订本》将 FOB 解释为“运输工具上交货”，共有六种形式。在这六种形式中，第五种形式“装运港船上交货”与《2000 年通则》中 FOB 相似，但也存在不同。因此，仅有 FOB 术语是不完整的，需要在 FOB 后附加说明。

(1) 美国惯例把 FOB 笼统地解释为在某处某种运输工具上交货，其适用范围很广。因此，在同美国、加拿大等国的商人按 FOB 订立合同时，为了与《2000 年通则》中 FOB 接近，应在 FOB 后加上“船舶”(Vessel) 字样，并标明装运港名称，如 FOB Vessel New York。如果只为“FOB New York”而漏写“Vessel”字样，则卖方只负责把货物运到纽约城内的任何处所，不负责把货物运到纽约港口并交到船上。

(2) 在风险划分上，不是以装运港船舷为界，而是以船舱为界，即卖方负担货物装到船舱为止所发生的一切丢失与损坏。

(3) 在费用负担上，规定买方要支付卖方协助提供的出口单证的费用以及出口税和因出口而产生的其他费用。

13.2.2　对 CFR 术语的解释

CFR 全称为 COST AND FREIGHT (...named port of destination)，即成本加运费 (……指定目的港)。它是指卖方在装运港负责将货物越过船舷，并支付将货物运至指定目的港所需的运费，就算完成交货义务。而买方则承担交货后货物灭失或损坏的风险，以及由于各种事件造成的任何额外费用。这里所指的成本相当于 FOB 价，故 CFR 术语是在 FOB 价的基础上加上装运港至目的港的通常运费。

该术语只适用于海运和内河航运。

13.2.2.1　买卖双方基本义务的划分

1. 卖方义务

(1) 负责在合同规定的日期或期间内在装运港将货物交至买方指派的船上，并给予买方充分通知。

(2) 自负风险和费用，取得出口许可证或其他官方批准的证件，在需要办理海关手续时，办理货物出口所需的一切海关手续。

(3) 负责租船订舱，并支付至目的港的运费。

(4) 承担货物在装运港越过船舷为止的一切风险。

(5) 提交货物已交至船上的通常单据以及货物的运输单据，如买卖双方约定采用电子通讯，则所有单据均可被同等效力的电子数据交换信息代替。

2. 买方义务

(1) 自负风险和费用，取得进口许可证或其他官方批准的证件，在需要办理海关手续时，办理货物进口以及经由其他国国境的一切海关手续。

(2) 承担货物在装运港越过船舷以后的一切风险。

(3) 接受卖方提供的有关单据，受领货物，并按合同规定支付货款。

(4) 支付除通常运费以外的有关货物在运输途中所产生的各项额外费用。

13.2.2.2 使用CFR的注意事项

1. 关于两个分界点的问题

按FOB成交，风险和费用的划分在同一地点，即以装运港船舷为界。按CFR条件成交，卖方安排装运，并承担从装运港到目的港的运费，但卖方并不承担把货物送到目的港的义务，风险的划分依然是以装运港船舷为界，货物在运输途中灭失或损坏的风险仍然是由买方承担。因此，CFR包含风险划分和费用划分两个分界点。

2. 卖方应及时发出装船通知

按CFR条件成交时，由卖方安排运输，由买方办理货运保险。如卖方不及时发出装船通知，则买方就无法及时办理货运保险，甚至有可能出现漏保货物运输保险的情况。因此，卖方装船后务必及时向买方发出装船通知，否则，卖方应承担货物在运输途中的风险和损失。

3. 按CFR进口应慎重行事

在进口业务中，按CFR条件成交时，鉴于由外商安排装运，由我方负责保险，故应选择资信好的国外客户成交，并对船舶提出适当要求，以防外商与船方勾结，出具假提单，租用不适航的船舶，或伪造品质证书与产地证明。若出现这类情况，会使我方蒙受不应有的损失。

案例 13—1

某合同规定，A公司按CFR条件出售1 000公吨小麦给B公司。由于A公司是按散装货出售，A公司在装运的3 000吨小麦中，有1 000吨是属于B的。待货物运到目的港后，再由船公司负责分发工作。该船在运输途中，由于海上风险使货物损失1 200吨，其余1 800吨则安全运抵目的港，但卖方A宣称出售给B的1 000吨已在运输途中损失，认为按照CFR合同的解释，A对此项风险不负责任。但B对上述解释不同意，并坚持要求A交货。

思考：

在上述情况下，究竟谁是谁非？为什么？

案例 13—2

我国某公司按CFR价格条件与客户签约成交某出口商品一批，合同规定保险由买方自理。我方于10月1日凌晨2点装船完毕，受载货轮于当日下午起航。因10月1日为我国法定国庆假日，2日又适逢星期日，未及时向买方发出装船通知，

3日上班时收到买方急电称：该轮于2日下午4时遇难沉没，货物灭失，要求我方赔偿全部损失。

思考：

我方是否应承担责任？

4. 卸货费用的负担——CFR的变形

CFR的变形是为了解决货到目的港后由卖方还是买方负担卸货费用问题而产生的。这是因为按照这种术语成交，卖方要负责将货物运往合同规定的目的港，并支付正常的运费，但货到目的港后由谁负担卸货费用却是需要买卖双方考虑的问题。如果采用班轮运输，运费中已包括装卸费用，在装卸费的负担问题上就不会引起争执。而在采用程租船运输的情况下，船方通常不负担装卸费用（Free In & Out），这就需要双方在合同中订明卸货费用由谁负担，以避免争议。为解决大宗货物的租船运输中的卸货费用负担问题，产生了CFR的变形。业务中常见的变形有：

(1) CFR Liner Terms（CFR班轮条件）。这是指卸货费按班轮办法处理，即买方不负担卸货费。

(2) CFR Landed（CFR卸到岸上）。卖方负责卸货费，包括码头费和驳船费。（驳船费是在船舶不能靠岸的情况下，租用驳船的费用。码头费是停靠码头的费用。）

(3) CFR EX Tackle（CFR吊钩下交货）。这是指买方负责将货物从船舱吊起卸到船舶吊钩所及之处（码头上或驳船上）的费用。码头费和驳船费均由买方承担。

(4) CFR Ex Ship's Hold（CFR舱底交货）。这是指货物运到目的港后，由买方自行启舱，并负担货物从舱底卸到码头的费用。

应当指出，CFR术语的附加条件只是为了明确卸货费由何方负担，其交货地点和风险划分的界线并无任何改变。《2000年通则》对术语后加列的附加条件不提供公认的解释，建议买卖双方通过合同条款加以规定。

13.2.3 对CIF术语的解释

CIF全称为COST，INSURANCE AND FREIGHT（…named port of destination），即成本、保险费加运费（……指定目的港），是指当货物在指定装运港越过船舷时，卖方即完成交货。卖方须支付将货物运至目的港所需的运费和保险费，但交货后货物灭失或损坏的风险，以及由于发生事件引起的额外费用，在货物越过船舷时由卖方转移到买方。这里所指的成本相当于FOB价，故CIF术语是在FOB价的基础上加上装运港至目的港的通常运费和保险费。

按《2000年通则》的规定，CIF术语只适用于海运和内河航运。如合同双方不采用越过船舷交货，则使用CIP术语更为适宜。

13.2.3.1 买卖双方基本义务的划分

按 CIF 术语成交，是指卖方必须负担货物越过船舷为止的一切费用和货物灭失或损坏的风险，并且负责租船订舱，支付从装运港到目的港的正常运费，并负责办理货运保险，支付保险费。由此可以看出，CIF 与 CFR 的买卖双方义务划分基本相同，不同的是后者合同卖方不负责办理保险手续和支付保险费，不提供保险单据，有关海上运输的货物保险由买方自理。

13.2.3.2 使用 CIF 术语应注意的事项

1. CIF 合同属于装运合同

在 CIF 术语下，卖方在装运港将货物装上船，即完成了交货义务。因此，采用 CIF 术语订立的合同属于装运合同。但是，由于在 CIF 术语后所注明的是目的港（例如“CIF 伦敦”），在我国曾将 CIF 术语译作“到岸价”，所以 CIF 合同的法律性质常被误解为到货合同。为此必须明确指出，CIF 以及其他 C 组术语（CFR，CPT，CIP）与 F 组术语（FCA，FAS，FOB）一样，卖方在装运地（港）完成交货义务，采用这些术语订立的买卖合同均属装运合同性质。按此类术语成交的合同，卖方在装运地（港）将货物交付装运后，对货物可能发生的任何风险不再承担责任。

2. 卖方办理保险的责任

在 CIF 术语中，越过船舷后的风险由买方承担，而运输途中的保险又是由卖方办理。因此，在 CIF 合同中，卖方的保险具有代办性质，货物在运输途中的灭失或损坏的风险由买方负担。如发生意外，买方凭保险单直接向保险公司索赔，能否得到赔偿，卖方概不负责。

《2000 年通则》针对卖方的保险责任规定：如无相反的明示协议，卖方只须按伦敦保险协会货物条款或其他类似的保险条款中最低责任的保险险别投保。如买方有要求，并由买方负担费用，卖方应在可能情况下投保战争、罢工、暴动和民变险。最低保险金额应为合同规定的价款加 10%，并以合同货币投保。

在实际业务中，为了明确责任，我国外贸企业在与国外客户洽谈交易采用 CIF 术语时，一般都应在合同中具体规定保险金额、保险险别和适用的保险条款。

3. 象征性交货问题

从交货方式来看，可分为实际交货和象征交货。实际交货（physical delivery）指卖方要在规定的时间和地点，将符合合同规定的货物提交给买方或其指定人，而不能以交单代替交货。所谓象征性交货（symbolic delivery），是针对实际交货而言，指卖方只要按期在约定地点完成装运，并向买方提交合同规定的包括物权凭证在内的有关单证，就算完成了交货义务，而无须保证到货。在象征性交货方式下，卖方是凭单交货，买方是凭单付款，是一种单据买卖。只要卖方按时向买方提交了符合合同规定的全套单据，即使货物在运输途中损坏或灭失，买方也必须履行付款义务。反之，如果卖方提交的单据不符合要求，即使货物完好无损地运达目的地，买方仍有权拒付货款。装运单据在 CIF 交易中具有特别重要的意义。

但是，必须指出，按 CIF 术语成交，卖方履行其交单义务，只是得到买方付款的前提条件，此外，他还必须履行交货义务。如果卖方提交的货物不符合要求，买方即使已经付款，仍然可以根据合同的规定向卖方提出索赔。

4. 卸货费用的负担——CIF 的变形

在 CFR 术语中关于目的港的卸货费用的负担同样适用于 CIF。为明确卸货费用负担，也可采用 CIF 术语的变形，如 CIF Ex Ship's Hold（CIF 舱底交货），CIF Landed（CIF 卸到岸上），CIF EX Tackle（CIF 吊钩下交货），CIF Liner Terms（CIF 班轮条件）。

案例 13—3

某出口公司按 CIF 伦敦向英商出售一批核桃仁，由于该商品季节性较强，双方在合同中规定：买方须于 9 月底前将信用证开到，卖方保证运货船只不迟于 12 月 2 日驶抵目的港。如货轮迟于 12 月 2 日抵达目的港，买方有权取消合同，如货款已收，卖方必须将货款退还买方。

思考：

这份合同的性质是否属于 CIF 合同？

13.2.4　对 FCA 术语的解释

FCA 全称为 FREE CARRER（...named place），即货交承运人（……指定地点）。此术语是指卖方只要将货物在指定的地点交给买方指定的承运人，并办理出口清关手续，就算完成交货义务。指定交付地点的选择会影响买方在该地的装货和卸货义务：如果交付在卖方所在地进行，卖方应当装卸货物；如果交付在其他任何地方，则卖方不负责卸载货物。FCA 术语适用于各种运输方式，特别是集装箱运输和多式联运。

13.2.4.1　买卖双方基本义务的划分

1. 卖方义务

（1）自负风险和费用，取得出口许可证或其他官方批准证件，在需要办理海关手续时，办理货物出口所需的一切海关手续。

（2）在合同规定的时间、地点，将符合合同规定的货物置于买方指定的承运人控制下，并及时通知买方。

（3）承担将货物交给承运人之前的一切费用和风险。

（4）自负费用向买方提供交货的通常单据，如买卖双方约定采用电子通讯，则所有单据均可被具有同等效力的电子数据交换信息代替。

2. 买方义务

（1）自负风险和费用，取得进口许可证或其他官方证件，在需要办理海关手续时，办理货物进口和经由他国国境的一切海关手续，并支付有关费用及过境费。

(2) 签订从指定地点承运货物的合同，支付有关的运费，并将承运人名称及有关情况及时通知卖方。

(3) 承担货物交给承运人之后所发生的一切费用和风险。

(4) 根据买卖合同的规定受领货物并支付货款。

13.2.4.2 使用 FCA 术语应注意的事项

1. 关于交货问题

《2000 年通则》规定，FCA 适用于任何运输方式。在 FCA 术语下，卖方交货的指定地点如是卖方货物所在地，则当货物装上买方指定的承运人的运输工具时，交货完成；如指定的地点是其他任何地点，当货物在卖方运输工具上，尚未卸货，且置于买方指定的承运人处置时，交货即算完成。

2. 关于运输合同

《2000 年通则》中的 FCA 术语应由买方自付费用，订立从指定地点承运货物的运输合同，并指定承运人。但通则又规定，当卖方被要求协助与承运人订立合同时，只要买方承担费用和风险，卖方也可以办理。当然，卖方也可以拒绝订立运输合同，如若拒绝，则应立即通知买方，以便买方另作安排。

3. 货物集合化的费用负担

买卖双方交货费用由交货点来确定。鉴于采用 FCA 术语时，货物大多作了集合化或成组化的处理，如装上集装箱或装上托盘，因此卖方应考虑将货物集合化所需的费用也包括在价格之内。

13.2.4.3 FCA 与 FOB 的异同点

FCA 与 FOB 两种术语均属 F 组术语，按这两种术语成交的合同均属装运合同。买卖双方责任划分的基本原则是相同的。FCA 与 FOB 的主要不同在于适用的运输方式、交货和风险转移的地点不同。FCA 术语适用于各种运输方式，其风险划分是卖方将货物交至承运人时转移，随交货地点不同而不同。FOB 术语仅适用于海运和内河运输，交货地点为装运港，风险划分以装运港船舷为界。

13.2.5 对 CPT 术语的解释

CPT 全称为 CARRIAGE PAID TO (...named place of destination)，即运费付至(……指定目的地)。按此术语成交，卖方应向其指定的承运人交货，支付将货物运至目的地的运费，办理出口清关手续。买方承担交货之后的一切风险和其他费用。

CPT 术语适用于各种运输方式，包括多式联运。

13.2.5.1 买卖双方基本义务的划分

1. 卖方义务

(1) 自负风险和费用，取得出口许可证或其他官方批准证件，在需要办理海关手续时，办理货物出口所需的一切海关手续。

（2）订立将货物运往指定目的地的运输合同，并支付有关运费。在合同规定的时间、地点，将合同规定的货物交给承运人，并及时通知买方。

（3）承担将货物交给承运人之前的一切风险。

（4）自付费用向买方提供交货的通常单据，如买卖双方约定采用电子通讯，则所有单据可被同等效力的电子数据交换信息代替。

2. 买方义务

（1）自负风险和费用，取得进口许可证或其他官方证件，在需要办理海关手续时，办理货物进口所需的海关手续，支付有关关税及从他国过境的费用。

（2）承担自货物在约定交货地点交给承运人之后的风险。

（3）接受卖方提供的有关单据，受领货物，并按合同规定支付货款。

（4）支付除通常运费之外的有关货物在运输途中所产生的各项费用和卸货费。

13.2.5.2 使用CPT术语应注意的事项

1. 费用、风险划分的界限问题

采用CPT术语时，由卖方指定承运人，负责订立从起运地到指定目的地的运输契约，并支付运费。同CFR一样，卖方承担的风险并没有延伸至目的地，风险划分以货交承运人为界。卖方只承担货物交给承运人控制之前的风险，货物自交货地点至目的地的运输途中的风险由买方承担。在多式联运情况下，卖方承担的风险自货物交给第一承运人控制时即转移给买方。

2. 关于装运通知

卖方负责安排运输，风险又由货物交付承运人时转移。因此，卖方将货物交给承运人之后，应向买方发出货物已交付的通知，以便买方在目的地办理货运保险和受领货物。

3. CPT与CFR的异同点

CPT与CFR同属C组术语，按这两种术语成交，卖方承担的风险都是在交货地点随着交货义务的完成而转移，卖方都要负责安排自交货地至目的地的运输事项，并承担其费用。另外，按这两种术语订立的合同都属于装运合同，卖方无须保证按时到货。

CPT与CFR的主要区别在于适用的运输方式不同，交货地点和风险划分界限也不相同。CPT术语适用于各种运输方式，交货地点因运输方式的不同由双方约定，风险划分以货交承运人为界；CFR术语适用于水上运输方式，交货地点在装运港，风险划分以船舷为界。

13.2.6 对CIP术语的解释

CIP全称为CARRIAGE AND INSURANCE PAID TO（…named place of destination），即运费、保险费付至（……指定目的地），是指卖方向其指定的承运人交货，并须支付将货物运至目的地的运费，办理买方货物在运输途中灭失或损坏风险的保险和支付保险费，而买方承担卖方交货之后的一切风险和额外费用。按

《2000年通则》规定，CIP术语适用于各种运输方式包括多式联运。

13.2.6.1 买卖双方基本义务的划分

按CIP术语成交，卖方除负有与CPT术语相同的义务外，还须办理货物在运输途中的保险。

13.2.6.2 使用CIP术语应注意的事项

1. 风险和保险问题

按CIP术语成交的合同，卖方要安排运输，负责办理货运保险，并支付保险费，但卖方将货物交给指定的承运人，即完成交货。货物从交货地点运往目的地的运输途中的风险由买方承担。所以，卖方的投保仍属于代办性质。

2. 合理确定价格

与FCA相比，CIP条件下卖方要承担较多的责任和费用。要负责办理从交货地至目的地的运输，承担有关运费；办理货运保险，并支付保险费。这些都反映在货价之中。所以，卖方对外报价时，要认真核算成本和价格。在核算时，应考虑运输距离、保险险别、各种运输方式和各类保险的费用情况，并预计运价和保险费的变动趋势等方面问题。

3. CIP与CIF的区别

CIP与CIF有相似之处，它们的价格构成中都包括通常的运费和约定的保险费，但双方具有明显的区别：CIF适用于水上运输，交货地点在装运港，风险划分以装运港船舷为界。而CIP术语则适用于各种运输方式，交货地点由双方约定，风险是在承运人控制货物时转移。

13.2.7 FCA，CPT，CIP与FOB，CFR，CIF的比较

FCA，CPT和CIP三种术语与FOB，CFR和CIF三种术语买卖双方责任划分的基本原则是相同的，但又有不同，主要表现在以下几方面。

1. 适用的运输方式不同

FOB，CFR，CIF三种术语仅适用于海运和内河运输，其承运人一般只限于船公司；而FCA，CPT，CIP三种术语适用于各种运输方式，包括多式联运，其承运人可以是船公司、铁路局、航空公司，也可以是安排多式联运的联合运输经营人。

2. 交货和风险转移的地点不同

FOB，CFR，CIF的交货地点均为装运港，风险均以在装运港越过船舷时从卖方转移至买方。而FCA，CPT，CIP的交货地点需视不同的运输方式和不同的约定而定，它可以是在卖方处所由承运人提供的运输工具上，也可以是在铁路、公路、航空、内河、海洋运输承运人或多式联运承运人的运输站或其他收货点。至于货物灭失或损坏的风险，则在卖方将货物交由承运人保管时，即自卖方转移至买方。

3. 装卸费用负担不同

在FOB，CFR，CIF术语下，租船运输方式下装船费用的划分问题，要采用贸易术语变形。而在FCA，CPT，CIP术语下，即使是租船运输方式，运费中已包含

装运港的装货费用和目的港的卸货费用，谁承担运费，谁就承担装卸费。因此合同中装卸费用的负担问题已明确。

4. 运输单据不同

在 FOB，CFR，CIF 术语下，卖方一般应向买方提交已装船清洁提单。而在 FCA，CFR，CIP 术语下，卖方提交的运输单由不同的运输方式决定，有提单、铁路运单、公路运单、航空运单或多式联运单据。

13.3　其他七种贸易术语简介

《2000 年通则》除了前面所述的六种贸易术语外，还对其他七种贸易术语做了解释。这七种贸易术语在实际业务中运用较少，应根据实际情况加以适当应用。

13.3.1　EXW 术语的解释

EXW 全称为 EX WORKS（...named place），即工厂交货（……指定地点），是指当卖方在其所在地（如工厂、工场或仓库等）将货物交给买方处置时，即完成交货。卖方不负责办理货物出口的清关手续以及将货物装上任何运输工具。因卖方通常在本国国内完成交货，形式上类同国内贸易，所承担的风险、责任和费用都局限于出口国国内的交货地点，EXW 术语是卖方承担责任最小、买方承担责任最大的术语。

在买方不能直接或间接地办理出口手续的情况下，不应使用该术语，而应使用 FCA 术语。

该术语适用于各种运输方式，特别是陆地接壤国家之间的贸易。实际业务中，我国只有广东沿海地区向港澳出口业务中有时按此术语成交。

13.3.2　FAS 术语的解释

FAS 全称为 FREE ALONGSIDE SHIP（...named port of shipment），即船边交货（……指定装运港），它是指卖方在指定的装运港将货物放置码头或驳船上靠船边，即完成交货。买方必须承担自那时起货物灭失或损坏的一切风险。

FAS 术语要求卖方办理出口清关手续。

该术语仅适用于海运或内河运输。

13.3.3　DAF 术语的解释

DAF 全称为 DELIVERED AT FRONTIER（...named place），即边境交货（……指定地点）。该术语指卖方将货物运至在边境上的指定地点，办理了货物出口结关手续但不办理货物进口清单手续，在毗邻国家海关关境之间履行其交货义务。“边境”一词可用于任何边境，包括出口国边境，也可是途中经过的第三国边境。

因而，采用本术语时，应指明地点和具体交货点，准确定义边境是至关重要的。

本术语主要适用于货物通过铁路或公路运输，亦可用于任何运输方式。

DAF 术语属于到达合同，卖方承担货物到达指定边境交货地点前的所有风险和费用。

13.3.4 DES 术语的解释

DES 全称为 DELIVERED EX SHIP（...named port of destination），即目的港船上交货（……指定目的港），指负责在指定的目的港，在船上将未经进口清关的货物置于买方支配下完成交货。卖方承担货物运至目的港卸货前的一切风险和费用。买方承担船上货物交由其处置之后的一切费用和风险，包括卸货费用和办理货物进口的清关手续。

13.3.5 DEQ 术语的解释

DEQ 全称为 DELIVERED EX QUAY（...named port of destination），即目的港码头交货（……指定目的港）。此术语下卖方在指定目的港码头，将未经进口清关的货物置于买方支配之下，完成交付。卖方承担货物运至指定目的港的一切风险和费用，并承担码头卸货费。买方办理货物的进口清关手续。

DES 与 DEQ 相同之处是两个术语都适用于海运，都要求卖方在进口国港口交货。不同之处在于：

（1）交货地点不同：DES 术语下卖方在目的港的船上交货；而在 DEQ 术语下卖方要在目的港的码头上交货（卖方要承担卸货的责任）。

（2）风险转移不同：DES 的风险转移是在目的港船上把货交给买方就算风险转移了；而 DEQ 卖方要将货物卸到岸上，交给买方为止才算风险转移。

13.3.6 DDU 术语的解释

DDU 全称为 DELIVERED DUTY UNPAID（...named place of destination），即未完税交货（……指定目的地）。该术语下卖方在指定目的地将货物交付给买方完成交付，卖方必须承担货物运至目的地的费用和风险。但是卖方不负责任何运输方式下的卸货义务，不负责办理进口清关手续，同时也不负责进口的任何税费。

13.3.7 DDP 术语的解释

DDP 全称为 DELIVERED DUTY PAID（...named place of destination），即完税后交货（……指定目的地）。这个贸易术语是 13 个贸易术语中，卖方承担的责任、费用、风险最大的一种贸易术语。采用这个贸易术语成交，卖方要将货物从装运港起运，一直运到买方目的港为止，负责运输、保险，还要支付运费、保险费，并且要办理进口、出口有关手续，还要承担把货物完全交给买方为止的风险。所以在此术语下，卖方的责任最重，费用最高，风险也最大，因此货物的交易价格也就最高。

以上所述《2000 年通则》中 13 种贸易术语分别以 E 组、F 组、C 组、D 组四个组来分类。下面对这 13 种贸易术语进行归纳和总结，以便进一步加深理解以及在国际贸易实践中运用。

（1）13 种贸易术语中，E 组、F 组由买方承担运输任务，即由进口方承担运输任务。C 组、D 组都是由卖方承担运输任务。

（2）13 种贸易术语中，FOB，CIF，CFR，FAS，DEQ，DES 这 6 种贸易术语适用于海运，其他 7 种贸易术语适用于各种运输方式。

（3）从交货地点不同分，E 组、F 组、C 组这 8 个贸易术语属于装运地交货，所以有人称之为出口国家交货的术语，也是装运合同。D 组的 5 个术语属于两国边境和进口国家目的地交货，又称为到达合同。所谓装运合同就是只管按时装运，不管货物何时到达；所谓到达合同，既要讲究按时装运，又要按时到达。

（4）从责任大小不同来分，E 组的 EXW 这个术语工厂交货，卖方承担的责任最小，D 组的 DDP 卖方承担的责任最大。13 个贸易术语的排列顺序是根据卖方承担的责任大小确定的，也就是说从 EXW 到 DDP，13 个贸易术语中从工厂交货到完税后交货，一个比一个责任大。

（5）运费和风险不在一个分界点上的贸易术语有 4 个：CFR，CIF，CPT，CIP，这 4 个贸易术语运费和风险的分界点是不同的。

（6）从交货方式不同来看，属于象征性交货的贸易术语有 6 个：FOB，CFR，CIF，FCA，CPT，CIP，卖方交单意味着交货；属于实际交货的贸易术语有 7 个：EXW，FAS，DAF，DES，DEQ，DDU，DDP。

（7）从办理进出口手续不同来看，由进口方在出口国家办理出口手续的贸易术语有一个：EXW；由出口方在进口国家办理进口手续的贸易术语有一个，即 DDP。

13.4　Incoterms® 2010 的变化

《2010 年国际贸易术语解释通则》（Incoterms® 2010）于 2011 年 1 月 1 日正式实施，新版本充分考虑到近十年贸易领域出现的新变化，内容更清晰简洁，操作性和指导性进一步加强，更符合当前贸易实务的需要。

13.4.1　重大变化

1. 术语结构上的变化

《2000 年通则》将贸易术语根据开头字母划分为 E，F，C 和 D 组，共 13 种，且按卖方对买方的责任大小依次排列。此次修订后整合为 11 种贸易术语，且按照所适用的运输方式划分为两大类，即适用于任何运输方式的 7 种（EXW，FCA，CPT，CIP，DAT，DAP，DDP）以及适用于水上运输方式的 4 种（FAS，FOB，

CFR，CIF)，意在提醒使用者注意不要将仅适用于水运的术语用于其他运输方式。

第一组：适用于任何运输方式的术语 7 种：

- EXW (ex works) 工厂交货；
- FCA (free carrier) 货交承运人；
- CPT (carriage paid to) 运费付至目的地；
- CIP (carriage and insurance paid to) 运费/保险费付至目的地；
- DAT (delivered at terminal) 目的地或目的港的集散站交货；
- DAP (delivered at place) 目的地交货；
- DDP (delivered duty paid) 完税后交货。

第二组：适用于水上运输方式的术语 4 种：

- FAS (free alongside ship) 装运港船边交货。
- FOB (free on board) 装运港船上交货；
- CFR (cost and freight) 成本加运费；
- CIF (cost insurance and freight) 成本、保险费加运费。

2. 新增 DAT 和 DAP 两个术语

Incoterms® 2010 增加了 DAT 和 DAP 两个全新的术语。DAT (Delivered at Terminal) 是指在指定目的地或目的港的集散站交货，"Terminal"可以是任何地点，如码头、仓库、集装箱堆场或者铁路、公路或航空货运站等。DAP (Delivered at Place) 是指在指定目的地交货。两者的主要差异是：DAT 下卖方需要承担把货物由目的地（港）运输工具上卸下的费用，DAP 下卖方只需在指定目的地把货物置于买方控制之下，而无须承担卸货费。此次增加是通过 DAP 取代了 DAF，DES 和 DDU 三个术语，而 DAT 取代了先前的 DEQ，且扩展至适用于一切运输方式。

3. "船舷"的变化

《2000 年通则》针对传统的适用于水上运输的主要贸易术语如 FOB，CFR 和 CIF 不再设定"船舷"的界限，只强调卖方承担货物装上船为止的一切风险，买方承担货物自装运港装上船开始起的一切风险。以"船舷"来划分买卖双方的风险长期以来饱受争议，而该争议在修订《2000 年通则》时就已存在，但当时还是保留了"船舷"的规定。而实际上"船舷"只是买卖双方活动领域之间假想的界限，长期以来已不能反映各国港口的惯常做法，具体操作时的风险界限应遵循码头公司在进行装船时的习惯做法，而最实际的问题则是码头公司需要确定谁将负责它们的服务费用。此次修订最终删除了"船舷"的规定，强调在 FOB，CFR 和 CIF 下买卖双方的风险以货物在装运港口被装上船时为界，而不再规定一个明确的风险临界点。

4. "String Sales"（连环贸易）的补充

Incoterms® 2010 在指导性说明中对 FAS，FOB，CFR 和 CIF 几种适用于水上运输的术语首次提及"String Sales"（连环贸易），在 CPT 和 CIP 的 A3 项中也有提及。大宗货物买卖中，货物常在一笔连环贸易下的运输期间被多次买卖。由于连环贸易中货物由第一个卖方运输，作为中间环节的卖方就无须装运货物，而是由

"获得"所装运的货物而履行其义务。因此，新版本对此连环贸易模式下卖方的交付义务做了细分，也弥补了以前版本中在此问题上未能反映的不足。

5. 赋予电子单证和纸质单证同等效力

随着电子商务的发展，修订后的通则赋予电子通讯方式完全等同的功效，只要各方当事人达成一致或者在使用地是惯例。这一规定有利于新的电子程序的演变发展。

6. 有关安全的核准书及这种核准书要求的信息

如今对货物在转移过程中的安全关注度很高，因而要求检定货物不会因除其自身属性外的原因而造成对生命财产的威胁。因此，在各种术语的 A2/B2 和 A10/B10条款内容中包含取得或提供帮助取得安全核准的义务，比如货物保管链。

7. 码头装卸费

按照C组术语，卖方必须负责将货物运费付至约定目的地，表面上是卖方自负运输费用，但实际上是由买方负担，因为卖方早已把这部分费用包含在最初的货物价格中。运输成本有时包括货物在港口内的装卸和移动费用，或者集装箱码头设施费用，而且承运人或者码头的运营方也可能向接受货物的买方收取这些费用。在这些情况下，买方就有可能为一次服务付两次费，一次包含在货物价格中付给卖方，一次单独付给承运人或码头的运营方。修订后的通则在相关术语的 A6/B6 条款中对这种费用的分配作出了详细规定，旨在避免上述情况的发生。

13.4.2 一般性变化

1. 增加的"Guidance Note"（指导性说明）

Incoterms® 2010 对每一种术语都给出了"Guidance Note"（指导性说明），相比《2000 年通则》，该说明更加完善，对每一个规则做根本性的解说。除了定义外，还说明何时适用本术语以及在何种情形下适用其他术语，风险负担何时移转，买卖双方间的成本或费用以及出口手续如何划分等事宜，以及双方应明确规定交货的具体地点和未能规定所引起的费用的负担。需要注意的是，在"指导性说明"中通常要求双方当事人自行明确风险转移的临界点，而非由 Incoterms® 2010 本身去规定这些临界点。

2. Incoterms® 2010 的适用性

考虑到对于一些大的区域贸易集团，如欧洲单一市场而言，国与国之间的边界手续已不那么重要，新版本首次正式明确这些术语不仅适用于国际销售合同，也适用于国内销售合同。具体到具体义务时，新版本在几处明确进出口商仅在需要时才办理出口/进口报关手续和支付相应费用，如 A2/B2，A6/B6 处。

此外，国际商会此次还将 Incoterms 注册成商标，并提出了使用该商标的要求。

Incoterms® 2010 中将贸易术语划分为适用于各种运输的 CIP，CPT，DAP，DAT，DDP，EXW，FCA 和只适用于海运和内水运输的 CFR，CIF，FAS，FOB，并将术语的适用范围扩大到国内贸易中，赋予电子单据与书面单据同样的效力，增加对出口国安检的义务分配，要求双方明确交货位置，将承运人定义为缔约承运人，这些都在很大程度上反映了国际货物贸易的实践要求，并进一步与《联合国国际货物销售合同公约》及《鹿特丹规则》衔接。

13.5 计价货币、作价方式与价格核算

在国际贸易中，如何确定进出口商品的价格，规定合同中的价格条款，往往是交易双方最关心的问题，也是交易双方进行磋商谈判的焦点。因此，正确掌握进出口商品价格，合理采用各种作价办法，选择有利的计价货币，对合同中的价格条款的订立至关重要。

13.5.1 计价货币

1. 计价货币的选择

计价货币（money of account）是指合同中规定用来计算价格的货币。如果合同中的价格是用一种双方当事人约定的货币（如美元）来表示的，没有规定用其他货币支付，则合同中规定的货币，既是计价货币，又是支付货币（money of payment）。如果在计价货币之外，还规定了其他货币（如英镑）支付，则英镑就是支付货币。而根据国际贸易的习惯做法，在一般的国际货物买卖合同中，通常不再另外规定支付货币。

根据国际贸易的特点，用来计价的货币，既可以是出口国家货币，也可以是进口国家货币或双方同意的第三国货币，由买卖双方协商确定。但这种货币一般都是可以自由兑换的国际通用的货币。由于世界各国的货币价值并不是一成不变的，特别是在世界许多国家普遍实行浮动汇率的情况下，通常被用来计价的各种主要货币的市值更是严重不稳。而且，国际货物买卖通常的交货期都比较长，从订约到履行合同往往需要有一个过程。在此期间，计价货币的市值可能会发生变化，甚至会出现较大幅度的起伏，其结果必然直接影响进出口双方的经济利益。因此，如何选择合同的计价货币就具有重大的经济意义，是买卖双方在确定价格时必须注意的问题。在计价货币的选择时，我们需要注意以下问题：

(1) 除双方国家订有贸易协定和支付协定，必须按规定的货币进行清算外，一般进出口合同都采用可兑换的、国际上通用的或双方同意的支付手段进行计价和支付，以有助于转移货币的汇率风险。

(2) 国际通用货币的软硬程度并不相同，发展趋势也不一致，所面临的汇率风险也不同。因此，具体到某一笔交易，必须在深入调查研究的基础上，尽可能争取把发展趋势对我方有利的货币作为计价货币。从理论上说，在出口业务中，一般尽可能多地使用在成交期内汇率比较稳定且有上升趋势的货币，即“硬币”或“强币”。而在进口业务中，应争取多使用在成交期内汇率比较疲软且有下降趋势的货币，即“软币”或“弱币”。

(3) 如果为达成交易而不得不采用对我方不利的货币，则可设法用下述两种办

法补救：一是根据该种货币今后可能的变动幅度，相应调整对外报价。如果在进口合同中，卖方坚持要使用“硬币”，在确定价格时，可要求压低价格，将汇率可能上浮的因素考虑进去。反之，在出口合同中，如果买方坚持要使用“软币”，可适当要求提高价格。这一方法通常用于成交后至进口付汇或出口收汇间隔时间较短的交易。二是在可能条件下，争取订立保值条款，以避免计价货币汇率变动的风险。

2. 订立外汇保值条款

在汇率不稳定的情况下，若合同中采用的计价货币对其中一方不利，这一方可通过在合同中订立合适的保值条款，把所承担的汇率风险考虑进去。货币保值条款主要是确定一个价值稳定的“参照物”（如黄金、硬货币或一篮子货币），然后将商品价值折算成参照物，最后在支付时再以参照物的数量折算回所需要的货币。过去货币与黄金挂钩，以黄金保值，可是现在的货币与黄金已经脱钩了，一般是用硬币来保值。

（1）硬货币保值条款。硬货币保值条款根据计价和结算货币的不同可以分成三种，进出口商可以根据业务的情况，选择其中一种使用。

第一，计价货币与支付货币均为同一软币，确定订约时按这一货币与另一硬币的汇率折算成硬币，支付时再按当日汇率算成原货币支付。

第二，按软币计价，硬币支付。即将商品的价格按照计价货币和支付货币当时的汇率折合成另一种硬币，按另一种硬币的金额进行支付。

第三，硬币计价，软币支付。在合同中明确支付时按照支付货币的现行牌价进行支付。

例如，某进口合同规定，计价和结算货币均为欧元，按合同成立日欧元和美元买进牌价之间的比例折算，相当于××美元。在付款日，按当天公布的欧元和美元买进牌价之间的比例，由出口商决定将应付的全部或部分美元金额折合成欧元支付。

（2）一篮子货币保值条款。这种保值可称为一揽子汇率保值。“一篮子货币”是多种货币的组合货币。几种货币的综合汇率计算方法可采用简单的算术平均法、加权平均法等，这主要由双方协商决定。一篮子货币保值条款实际上是利用多种货币之间的负相关效应，来综合抵消或者降低风险。目前“一篮子货币”中使用较多的是特别提款权（SDR），它是一种以美元、英镑、欧元和日元等几种主要货币加权平均的货币篮子，币值较稳定，是理想的保值工具。目前，国际上在贸易中以特别提款权保值使用的范围日益扩大，特别提款权的存款、放款等在国际贸易中也在广泛使用。

例如，有一出口合同，总金额为 700 万美元，6 个月以后付款。为避免美元汇率变动使其中一方遭受损失。买卖双方在合同中规定以特别提款权为保值货币，各占权重为：瑞士法郎占 30%，欧元占 40%，日元占 10%，英镑占 10%，美元 10%。以签订合同时美元与这些货币的汇价为基准。由于美元在结算时贬值了，买方实际向卖方支付的货款高于 700 万美元。

13.5.2 进出口商品的作价方法

货物的价格，通常指货物的单价（unit price）。在国际货物买卖中，可以根据不同情况采取固定价格和非固定价格两种作价办法。固定价格是进出口贸易中采用较多的作价办法。买卖双方在交易磋商中对作价货币、单位价格和贸易条件取得一致意见后，在合同中订立的单价条款通常就是固定价格条款。

国际市场变幻莫测，价格的暴涨暴跌屡见不鲜，为了减少风险，促成交易，提高合同的履约率，在合同价格的规定方面采取了一些变通做法，即运用非固定价格（即“活价”）的做法。这主要包括：具体价格待定（暂不固定价格）和暂定价格。暂定价格使用较多的是滑动价格，有时也采取协商调整的方法。下面就对这些作价方法进行介绍。

1. 固定价格

固定价格即买卖双方在交易磋商过程中约定的合同价格，在合同执行过程中不论发生什么情况均按此约定价格结算应付货款。它的特点是明确、具体、便于计算。按此价格成交，即使合同价格与交货时的价格差别很大而对一方不利，双方也必须如期履行合同，买卖双方要承担从订约到交货付款以至转售时价格变动的风险。因此，为减少风险，买卖双方采用此方法应选择资信较好的客户，并仔细研究影响商品供需的各种因素，对价格前景作出判断。

2. 暂不固定价格

因某些商品国际市场价格变动频繁、幅度较大，或交货时间较长，买卖双方在签订合同时，对市场趋势难以预测，但双方又有订约的意旨，则可签订“活价合同”，即只规定成交的品种、数量和交货期，而具体的价格暂不固定，只约定将来确定价格的方法。例如，在合同中规定，以某月某日某地的有关商品交易所该商品的收盘价为基础再加（或减）若干美元。按此作价方法，买卖双方都不承担市价变动的风险。

3. 暂定价格

买卖双方洽谈某些价格变化较大、交货期较长的货物价格，在订立合同时，先订立一个初步价格，作为开立信用证和初步付款的依据。待双方确定正式价格后，再根据多退少补的原则最后清算。正式价格可由双方按照市价另行协商确定。例如，合同中规定：CIF USD 500/MT KOBE。此价格为暂定价格，于装运月份15天前由买卖双方另行协商确定价格。这种做法会因缺乏明确的定价依据，双方在确定最后价格时可能各持己见，不能取得一致意见而导致无法履行合同。正因为这种暂定价格合同具有较大的不稳定性，在我国出口业务中，在与信用可靠、业务关系密切的客户洽谈大宗货物的远期交易时，偶尔采用这种价格。暂定价格合同更多使用的是滑动价格，特别是对于成套设备、大型机械等货物。因这类合同从成立到履行完毕需要时间较长，为避免因原材料、工资等变动承担风险，可暂时规定一个基础价格，交货或交货前一定时间，按工资、原材料价格变动指数作相应调整，确定最后价格。在合同中对如何调整价格的办法一并具体定明。

13.5.3 常用价格的构成与出口商品成本核算

在国际贸易中，不同的贸易术语，其价格构成因素不同，所包括的从属费用也不同。当贸易一方按照某种贸易术语报价，而另一方要求按照另一种贸易术语报价时，需要将两种贸易术语下的价格进行换算。

1. 不同贸易术语价格换算的进出口报价

在我国进出口业务中，最常采用的贸易术语是 FOB，CFR，CIF 三种术语。在价格构成中通常包括三方面内容：进货成本、费用和净利润。其中，费用核算最为复杂，通常包括国内定额费用和国外费用两个部分。价格及费用构成的公式如下：

价格＝进货成本＋费用＋净利润

费用＝国内定额费用＋国外费用

国内定额费用一般包括：整理费、包装费、保管费、搬运费、报检费、产地证费、报关费、银行费、通信费、管理费。集装箱运输情况下还包括堆场服务费、拼箱服务费、集装箱及其设备使用费等。国外费用主要有：国外运费、保险费、中间商的佣金。

出口商品总成本的公式如下：

出口总成本＝进货成本＋定额费用－出口退税（我国实行出口退税政策）

出口退税＝进货成本（含增值税）÷(1＋增值税税率)×退税率

FOB，CFR，CIF 三种贸易术语下价格构成的计算公式如下：

FOB＝出口总成本＋净利润

CFR＝出口总成本＋国外运费＋净利润

CIF＝出口总成本＋国外运费＋保险费＋净利润

三者之间的换算公式如下：

CIF＝FOB＋国外运费＋保险费＝CFR＋保险费

CIF ＝CFR÷［1－(1＋投保加成率）×保险费率］

＝（FOB＋国外运费)÷［1－(1＋投保加成率）×保险费率］

投保加成率顾名思义就是在保险货物价值的基础上加上的要投保的比率，比如投保加成率为 10%，如发生保险公司规定的全损的范围，则赔率为 110%。因为国际航运中很多费用已经支出，所以在货值上附加一定的比率进行赔付。加成是对客户应得利润的补偿，投保加乘率一般都是货值的 110%，而保险费率则是与保险公司商量的应出的保险费。

2. 出口商品成本核算

对出口商品要对出口销售收入和出口成本进行比较。如果出口销售收入大于出口成本，就意味着出口业务有盈利；反之，就意味着出口业务亏损。在我国，由于出口销售收入的货币是外币，而出口成本用人民币来表示，因此需要把出口销售收入的外币折算成人民币才能进行比较。一般来说，衡量及核算出口商品成本和风险的指标有换汇成本、盈亏率及外汇增值率。

(1) 出口商品的换汇成本。出口商品的换汇成本，在我国，一般指商品出口后，得到每一美元净收入所消耗的人民币成本。核算换汇成本是反映出口盈亏的一种形式。外贸企业在每笔交易中要做到，其出口商品的换汇成本不高于单位外汇收入的兑换率（银行外汇买入价），即可获得收益。

出口商品换汇成本的计算公式：

$$换汇成本=出口总成本（人民币元）\div FOB出口外汇净收入（美元）$$

（2）出口盈亏额及出口盈亏率。出口盈亏额就是出口销售人民币净收入与出口总成本的差额。出口盈亏率指的是商品的出口盈亏额与出口总成本的百分比。出口盈亏率和出口盈亏额都是衡量出口盈亏程度的重要指标。它们的计算公式为：

$$出口盈亏额=FOB出口外汇净收入\times 银行外汇买入价-出口总成本（退税后）$$

$$出口盈亏率=\frac{FOB出口外汇净收入\times 银行外汇买入价-出口总成本（退税后）}{出口总成本}\times 100\%$$

（3）外汇增值率。如果原料是进口的，我们可以计算外汇增值率。外汇增值率指加工后成品出口外汇增加收入与原料外汇成本之比，表示成品出口外汇的增值程度。原料如果是进口的，则外汇成本按 CIF 价计算。如果是本国原料按照 FOB 价计算，则外汇增值率的计算公式为：

$$外汇增值率=\frac{成品的出口外汇净收入-原料的外汇成本}{原料外汇成本}\times 100\%$$

13.6 合同中的价格条款与贸易术语的选用

13.6.1 合同中的价格条款

一般，合同中的价格条款包括单价和总值两项基本内容。此外，与单价有关的佣金及折扣的运用，也属于价格条款的内容。因此，我们先介绍一下佣金与折扣的应用。

1. 佣金和折扣的应用

（1）佣金。佣金指卖方或买方付给中间商作为其对货物的销售或购买提供中介服务的酬金。如出口商支付佣金给销售代理人，进口商支付佣金给采购代理人。

对佣金有不同的规定方法。佣金可用文字表示，如每公吨 1 000 美元 CIF 伦敦，包括佣金 3%（USD 1 000 per M/D CIF London including 3% commission）；也可在贸易术语后面加注“佣金”的英文缩写字母“C”，并注明佣金的百分比来表示。如每公吨 1 000 美元 CIFC 3%伦敦（USD 1 000 per M/T CIFC 3% London 或 USD 1 000 per M/T CIFC 3 London）。

佣金通常以买卖双方成交额（即发票金额）为基础进行计算。上面的 USD 1 000 per M/T CIFC 3 London，表示佣金率为 3%，应付中间商佣金额为 30 美元，卖方实际收入为 970 美元。佣金的计算也可以 FOB 或 CFR 价为基础，但是应在扣除运费和保险费的基础上计算佣金。

佣金的计算公式为：

佣金额＝含佣价[1]×佣金率

净价计算公式：

净价＝含佣价－佣金额

因此，含佣价的计算公式为：

含佣价＝净价÷（1－佣金率）

（2）折扣。折扣指卖方给予买方的价格减让，可起到确保销售渠道、扩大销售量的目的。针对不同的客户，有不同的销售折扣方法。如为扩大销售可采用数量折扣，为发展客户关系可以适当给予特别折扣等。

折扣一般不用缩写字母 D 表示，而用文字说明，如每公吨 1 000 美元 CIF 伦敦减折扣 3%（USD 1 000 M/T CIF London less 3% discount）。折扣计算一般按实际发票金额乘以折扣率，不存在按 FOB 价格还是按 CIF 价格计算的问题。

（3）佣金和折扣的支付方法。佣金有明佣和暗佣之分，明佣就是表示在价格条款之中的；暗佣是在合同当中不表示出来，或约定另行支付的。无论是前者还是后者，都是由出口企业收到全部货款后再支付给中间商或代理商。佣金通常在合同履行后逐笔支付，也可定期支付（按月、季、半年、一年），而折扣一般是由卖方在支付货款中直接扣除。

2. 价格条款的基本内容

一般，合同中的价格条款包括单价和总值两项基本内容。此外，买卖双方为了避免价格波动的损失，兼顾双方利益，可事先在合同中规定价格调整条款。

（1）单价通常由四部分组成：计量单位、单价金额、计价货币和贸易术语，这四个部分缺一不可。如每件 300 港元 CIF 香港（HKD 300 per pc CIF Hongkong）。

（2）总值是单价与数量的乘积，即一笔交易的货款总金额。在总值下，一般也列明贸易术语，总值所使用的计价货币应与单价所使用的货币一致。

（3）价格调整条款。进出口交易从签约到交货、付款往往间隔时间较长，在此期间原材料价格、经营成本难免发生波动，可能会使买卖双方之一蒙受严重损失，使得原合同难以继续履行。为此买卖双方可事先在合同中规定价格调整的办法，以兼顾双方利益。这类条款称为价格调整条款或价格变动条款。如“该条款规定，如在装船前原材料、零部件价格及工资水平发生重大变化，卖方有权调整合同价格”(Seller reserves the right to adjust the contracted price，if prior to delivery there is any substantial variation in the costs of raw material or component parts used and people employed)。

3. 订立价格条款需要注意的问题

（1）单价条款由计量单位、单价金额、计价货币和贸易术语四部分组成，缺一不可。

（2）单价条款书写顺序不可颠倒。中文的书写顺序为：计量单位、单位价格金

---

[1] 价格中含有佣金的称含佣价，不含佣金、折扣的称净价。

额、币种、贸易术语。如每公吨 1 000 美元 CIF 纽约。英语的书写顺序为：币种、单位价格、计量单位、贸易术语，如 USD 1 000 per M/T CIF New York。

（3）价格条款中的计量单位必须与数量条款中的计量单位一致。

（4）灵活运用各种作价办法，避免承担价格变动的风险。

（5）参照国际贸易习惯用法，注意佣金和折扣的合理运用。

（6）交货品质、交货数量有机动幅度的，如果包装另行计价，应注意标明机动部分的作价方法以及包装费计价的具体办法。

（7）单价中所涉及的计量单位、计价货币、装运地、卸货地的名称必须明确清楚，以免影响合同履行。

（8）选择有利的计价货币，必要时可订立保值条款。

（9）合理确定商品单价，防止偏高或偏低。

（10）根据实际情况，选择适当的贸易术语。

13.6.2 贸易术语的选取

贸易术语的选用，如仅从买卖双方义务的观点来看，原则上应尽可能选择义务最少的贸易术语。因此，在合同谈判时，卖方应尽可能多地选用工厂交货的 EXW 术语，但就买方而言，则应尽可能选用在目的地交货的 DDP 术语。然而，实务中并非如此简单，贸易术语的选取常常涉及买卖双方的谈判和协商能力，同时还需要考虑各种外在因素，如市场行情、运输及保险的控制、政府干预、运输条件、地理因素和外汇管制等。

1. 市场行情

在激烈的市场竞争中，卖方为了在竞争中获胜不得不向买方让步，而采取对卖方相对有利的 DES，DEQ 或 DDP 等目的地交货术语。同样，卖方也会采用 CFR，CPT，CIF 或 CIP 等术语，以表示愿意承担安排运输事宜及支付运费的责任。但卖方接受承担更多风险和费用的贸易术语，由此增加的经济负担最终会反映在价格上，使得价格增加。

2. 运输及保险控制

贸易术语的选取要与运输方式相适应。FOB，CFR，CIF 只适用于海洋运输和内河运输。在航空运输或铁路运输情况下，应采用 FCA，CPT，CIP 术语。

在许多案例中，货物出口量大及出口订单稳定的出口商常比进口货物较少的进口商处于更有利的谈判地位，出口商可从承运人及保险人那里获得较优惠的条件。一般来说，在出口地安排运输事宜总是较为有利。因此，除非另有原因，否则出口商没有必要坚持必须以 EXW，FCA 或 FOB 等术语贸易，可以接受承担较多义务的贸易术语，如 CFR，CPT，CIF 或 CIP 等。

在正常情况下，凡具有良好设施的集装箱港口及政局稳定、法制健全的国家，发生政治暴乱、港口拥挤、罢工而使贸易中断的可能性比较小。出口商可选择将义务延伸至目的地交货的贸易术语，例如 DES，DEQ 或 DDP 等。当出口商认为上述风险难以确定，以致不易计算价格时，只好采用 FAS，FOB，CFR，CPT，CIF，

CIP 等术语，而将上述风险转由进口商承担。

3. 政府干预

各国政府当局通常直接或间接地引导或规定本国厂商必须以 CFR 或 CIF 等术语出口货物，或以 FOB，FAS 或 FCA 等术语进口货物。原因在于：

（1）以贸易术语为工具，引导本国厂商利用本国船舶装载进出口货物，从而达到保护或扶持本国航运及保险产业的目的。就运输而言，如以 CFR 或 CIF 等术语出口时，安排运输由出口商负责，出口商可尽量使用本国船舶运载；以 FAS 或 FOB 等术语进口时，安排运输由进口商负责，进口商可尽量安排本国船舶承运。就保险而言，如以 CIF 或 CIP 等术语出口时，由出口商负责安排保险，出口商可尽量向本国保险公司投保；以 FAS，CFR 或 FOB 等术语进口时，进口商负责安排保险，进口商可尽量向本国保险公司投保。

（2）引导企业增加外汇收入或节省外汇支出。就出口商而言，出口商以 CFR 或 CIF 等术语出口货物时，虽然出口商承担运输及保险费用，但这些费用会反映在交易价格内，可增加外汇收入。就进口国而言，进口商以 FAS 或 FOB 等术语进口货物时，进口商虽承担运输及保险费用，但因在大多数情况下可以用本币支付运费及保险费，可节省外汇支出。

4. 运输条件及地理因素

买卖双方采用何种贸易术语，不仅应考虑采用何种运输方式，还应考虑本身的运输力量以及安排运输有无困难。一个地处岛国的贸易商从事对外贸易，由于地理上的限制，不适合或不能以 DAF 等术语交易。在本身有足够运输能力或安排运输无困难的情况下，可争取按由自身安排运输的条件成交（如按 FCA，FAS 或 FOB 进口，按 CIP，CIF 或 CFR 出口），否则，应酌情争取按由对方安排运输的条件成交。

5. 外汇管制

在以 EXW，DES，DEQ 或 DDP 等术语出口货物时，如果国内存在外汇管制问题，在实务中，贸易商将遇到很多困难。目前许多国家都实行外汇管制，因此采用上述术语者较少。

本章小结

1. 商品价格是买卖双方磋商的中心议题和矛盾的焦点。而国际贸易中，商品价格的规定远比国内贸易复杂。在长期国际贸易实践中，人们对不同的交货条件和成交价格的构成因素，采用不同的贸易术语来表示。目前，国际上有较大影响的有关贸易术语的惯例有三种，其中国际商会制定的《国际贸易术语解释通则 2000》适用面最广。

2.《2000 年国际贸易术语解释通则》将 13 种贸易术语分为 E，F，C，D 四组，视不同交易由买卖双方选择使用。其中较为常用的贸易术语有 FOB，CFR，CIF，FCA，

CPT，CIP 六种。我国对外贸易中最常用的贸易术语为 FOB，CFR 和 CIF。

3. Incoterms® 2010 于 2011 年 1 月 1 日正式生效，在贸易术语分类、数量及其他方面做出了一些变化。在时间效力上，两者可以同时存在。

4. 订立合理的价格条款，除了选取有利的贸易术语，正确掌握进出口商品价格、合理采用各种作价办法、选择有利的计价货币也是至关重要的。

核心概念

国际贸易惯例　贸易术语　《2000 年通则》　Incoterms® 2010　FOB　CFR　CIF　EXW　DDP　装运合同　象征性交货　出口换汇成本　佣金　折扣

复习思考题

1. 什么是贸易术语？贸易术语主要解决什么问题？

2. 写出《2000 年通则》所规定的 4 组 13 种贸易术语的英文缩写和中文名称，简述其含义。

3. 试比较装运港交货的三种贸易术语 FOB，CFR 和 CIF 的异同点。

4. 采用 FCA，CPT，CIP 术语成交与采用 FOB，CFR，CIF 术语成交，在办理运输问题上有何区别？为什么说 FCA，CPT，CIP 是 FOB，CFR，CIF 从海运方式向各种运输方式的延伸？

5. 进出口商品的作价方法有哪几种？

6. 我方向美商询购马口铁，某日美商报马口铁 500 公吨，每公吨 350 美元 FOB 纽约。请问这里的"FOB 纽约"有无特殊解释？

7. 我方某公司以 CFR 价格出口一批货物，由于船只在运输途中搁浅，使部分货物遭受损失，我方应如何处理？若使用 CIF 价格术语，我方应如何处理？

计算题

1. 我方出口某商品，原报价为 350 美元/桶 CIF 纽约，现外商要求将价格改报 350 美元/桶 CFRC 5%纽约。已知保险费率为 0.6%，试求我方应将价格改报为多少？

2. 某外贸公司出口一批商品，国内进货价 10 000 元人民币，加工费支出1 500元人民币，商品流通费 1 000 元人民币，税金支出为 100 元人民币，该商品出口销售净收入为2 000美元。试计算：(1) 该批商品出口总成本是多少？(2) 该批商品出口销售换汇成本是多少？(3) 该商品的出口销售盈亏率是多少？

3. 某出口商品我方对外报价 1 200 英镑/吨 FOB 黄埔，对方来电要求改报1 200英镑/吨 CIFC 5%黄埔，已知保险费率为 1.68%，运费合计为 9.68 英镑/吨。试问：1 200 英镑/吨 CIFC 5% 黄埔这一报价是否高于我方原报价？

案例分析

瑞士A公司（卖方）与中国B贸易公司（买方）以CIF术语签订了一笔1万吨钢材的买卖合同，支付方式为信用证，交货期为2007年7月20日。

买方向对方及时开出了信用证。A公司也在7月20日前按照合同规定的装运条件发货。此后不久A公司以传真通知买方，“转运给贵公司的1 900吨钢材与另外发给厦门的20 000吨钢材一起装在一条船上”。买方收到传真后立刻通知A公司，“这条船应在黄埔港卸完我们的货后再驶往厦门港”。A公司回复传真，“该船将先靠黄埔港”。不料，该船没有先停靠黄埔港，而是直接驶入了厦门港，并在那里停留了一个多月才驶入黄埔港。在此期间，人民币升值，变动很大。其结果买方不但得不到预期利润80 000美元，还要额外损失20 000美元，共计损失100 000美元。

于是买方在对方货物迟迟不到的情况下，以A公司单据与信用证不符为由通知银行拒付货款。货物抵达目的港黄埔港后，买方认为对方违反其先停靠黄埔港的承诺导致买方利益受损，拒绝接受此批货物。由于拒收，导致A公司所派的船只不能按时卸货，不得不支付滞期费40 000美元，并将货物卖给另一买主。A公司认为在CIF合同下，作为卖方，已经在合同规定期限内，在装运港把货物装上船，完成了交货义务。至于货物何时抵达目的港，并非A公司所能控制，系船运方所为。因此，买方没有理由拒收货物，要求买方赔偿其滞期损失。买方以对方违约在先为由拒绝赔偿。于是，A公司将争议提交中国国际贸易委员会仲裁委员会进行仲裁。

思考题：

1. 卖方是否已完成交货义务？
2. 按CIF合同，A公司需要将货物送到目的港吗？
3. 买方是否应该拒收货物、拒付货款？根据是什么？

第 14 章

国际货物运输与交付

章首阅读 **转运引起索赔案**

我国某出口企业与某外商按 CIF 某港口、即期信用证方式付款的条件达成交易，出口合同和收到的信用证均规定不准转运。我方在信用证有效期内将货物装上直驶目的港的班轮，并以直运提单办理了议付，国外开证行也凭议付行提交的直运提单付了款。承运船只驶离我国途经某港时，船公司为接载其他货物，擅自将我方托运的货物卸下，换装其他船舶继续运往目的港。由于中途耽搁，加上换装的船舶陈旧，使抵达目的港的时间比正常直运船晚了两个多月，影响了买方对货物的使用。为此，买方向我国出口企业提出索赔，理由是我方提交的是直达提单，而实际上是转船运输，是弄虚作假行为。我方有关业务人员认为，合同用的是“到岸价格”，船舶的舱位是我方租订的，船方擅自转船的风险理应由我方承担，因此按对方要求进行了理赔。

资料来源：张凤珍、杨涛：《国际贸易实务习题集》，http：//www. lnsmzy. edu. cn/jpk/d/xi _ ti。

思考：

查阅相关资料，解释我方出口企业这样做是否正确？是否符合国际通行惯例？为什么？

国际货物运输与交付是国际贸易的重要手段，是国际贸易实务中非常重要的组成部分。本章介绍国际货物运输的主要方式、国际运输方式的选择以及国际货物买卖合同中相关运输条款的订立，从运输实务和经济学的角度出发，对国际货物运输与交付进行较为详尽的介绍。通过本章的学习，希望能使学生掌握国际货物运输中海洋运输、铁路运输、集装箱运输、国际多式联运等运输方式及其特点，掌握海运提单的种类、性质及其作用，能在国际贸易合同中拟定装运条款、缮制主要装运单据、计算相关运费。

14.1 海洋运输

14.1.1 海洋运输的基础知识

1. 概述

海洋运输是国际贸易中最主要的运输方式，占国际贸易总运量的 2/3 以上，我国进出口货物 80%以上都是通过海洋运输完成的。

2. 特点

(1) 运载量大。海洋运输的运载能力远远大于其他运输方式。科学技术的发展促使海洋运输工具朝着专业化、高速化和大型化方向发展，目前超巨型船只的运载量已达到 56 万吨（诺克·耐维斯号油轮）。

(2) 运输成本低。海洋运输主要利用天然水域和航道，水域和航道建设无须投资或只需一次性投资，加上船舶的能源消耗量较低，运载量大，单位货物运输成本是各种方式中最低的。

(3) 航道四通八达。海上运输利用已有的天然航道，能够四通八达，通货能力很强，不像大陆桥运输那样受到道路和轨道条件的限制。

(4) 对货物的适应能力强。海洋运输方式能够适应各种形态的货物。此外，各种专业化运输船舶，如油船、液化气船和集装箱船，使海洋运输更适应各种类型的货物运输。同时，海船货仓容积大，可装载体积大、分量重的货物，对于超长、超大、超重货物的运输也有很强的适应性。

(5) 风险大。海洋运输中，船舶长时间在远离海岸的海洋上航行，海洋环境复杂，天气多变，随时都有可能遭遇狂风巨浪、暴雨等自然灾害或是战乱、封锁等不可抗力的侵袭，遇险的可能性较大，安全性较差。

(6) 连续性差。海洋运输受到季节、气候等自然因素影响较大。冬季航道结冰、港口封冻，枯水期水位变低，都会影响船舶的正常航行。

(7) 运输速度慢。船舶体积大，受水流的阻力大，行驶速度慢，加上运输中换装、交接等中间环节多，而且运输距离长，因此运输的速度慢。

14.1.2 班轮运输业务

班轮运输，是指班轮公司将船舶按事先制定的船期表，在特定航线的各挂靠港口之间，经常为众多非特定的货主提供规律的、反复的货物运输服务，并按运价本或协议运价的规定计收运费的一种营运方式。

最早的班轮运输为杂货班轮运输。杂货班轮运输的货物以件杂货为主，还可以运输一些散货、重大件等特殊货物。

20 世纪 60 年代后期，随着集装箱运输的发展，班轮运输中出现了以集装箱为运输单元的集装箱班轮运输方式。目前，集装箱班轮运输已逐渐取代传统的杂货班轮运输方式。

1. 特点

班轮运输业务有固定的船期、航线、停靠港口和相对固定的运费率。

班轮运费中包括装卸费、理舱费在内的作业费用。在杂货班轮运输中，班轮公司通常不负担仓库至船边或船边至仓库搬运作业的费用；在集装箱班轮运输中，由于运输条款通常为堆场/堆场，所以班轮公司理应负担堆场至船边或船边至堆场搬运作业的费用。

班轮承运货物的数量比较灵活，对于停靠的港口，不论货物数量多少，一般都可以接受托运。货主按照需求订舱，特别适用于一般件杂货和集装箱货物的运输。

在杂货班轮运输中，除非订有协议允许托运人在船边交货和收货人在船边提货，通常承运人是在装货港指定的码头仓库接受货物，并在卸货港的码头或仓库向收货人交付货物；在集装箱班轮运输中，通常承运人是在装货港集装箱堆场接受货物，并在卸货港集装箱货运站交付货物。

承托双方的权利、义务和责任豁免以签发的提单条款为依据。承运人与货主之间在货物装船之前通常有书面订立详细条款的运输合同。在件杂货班轮运输中，除通常由承运人或其代理人签发提单外，还可以根据需要签发海运单。这些单证上记有详细的有关承运人、托运人或收货人的责任以及权利和义务的条款。

2. 班轮运费

(1) 班轮运费概念及构成。班轮运费是班轮公司为运输货物而向货主收取的费用，其中包括货物在装运港的装货费、在目的港的卸货费以及从装运港至目的港的运输费用和附加费用。班轮运费由基本运费与附加运费构成。

基本运费是指货物从装运港到卸货港所应收取的费用，主要由起运港至目的港的运输费用、起运港装船费和目的港卸货费构成。基本运费有以下几种计算标准：

1) 按货物的毛重计收：以重量吨计，在运价表中以“W”表示。

2) 按货物的体积计收：以尺码吨计，在运价表中以“M”表示。按重量吨或尺码吨计收运费的单位统称运费吨。

3) 按货物的价格计收：又称从价运费，在运价表中以“AV”或者“Ad Val”表示，一般按照货物 FOB 价格的一定百分比收取。

4) 按收费高者计收：选择较高的一种作为计算运费的标准。“W/M or AV”指在重量吨、尺码吨、从价运费三种，或者在重量吨与尺码吨两种标准中，选择高的收费。此外，“W/M plus AV”指先按货物重量吨或尺码吨从高计收后，另加收一定百分比的从价运费。

5) 由船货双方协定：临时议定运价的办法，适用于运量较大，货价较低，装卸方便而快速的诸如粮食、矿石等货物的运输。临时议定的运费比较低，在运价表中采用“open”字样标注。

附加运费是指在收取基本运费的基础上，根据运输中发生的特殊情况和需求而额外收取的一部分费用。主要包括：燃油附加费、货币贬值附加费、直航附加费、超重附加费、超长附加费、超大附加费、港口附加费、港口拥挤附加费、选港附加费、变更卸货港附加费、绕航附加费等。

(2) 班轮运费的计算公式。计算班轮运费一般可使用下列公式：

当附加费为绝对值时：

班轮运费＝基本费率×运费吨＋附加费

当附加费为百分比时：

班轮运费＝基本费率×运费吨（1＋附加费百分比）

案例 14—1

某货物共计 18 000 箱，每箱的体积为 0.060m³，每箱毛重为 0.05M/T，班轮运价表显示运费的计费标准为按体积吨计费，从起运港到目的港每计费吨的基本运费为 84 美元，并加收 11%的港口拥挤附加费和 16%的超长附加费。

资料来源：http：//59.74.71.99/syjx/gjmysw/ppt/Chapter 7.

思考：

请计算该批货物的总运费是多少？

14.1.3　租船运输业务

1. 租船运输的概念

租船运输是相对于班轮运输的另一种海上运输经营方式，其既没有固定的船舶班期，也没有固定的航线和挂靠港，而是按照货源的要求和货主或承租人对货物运输的要求，安排船舶航行计划，组织货物运输。对于批量较大、货物价值相对较低的大宗散货而言，货主往往采用租船运输的方式。

2. 租船运输的主要方式

(1) 定程租船是以航程为基础的租船方式，又称航次租船。它是船舶所有人按双方事先议定的运价与条件向租船人提供船舶全部或部分舱位，在指定的港口之间进行一个或多个航次运输指定货物的租船业务。船方必须按租船合同规定的航程完成货物运输任务，并负责船舶的运营管理及其在航行中的各项费用开支。定程租船是租船市场上最活跃、最普遍的一种租船方式，对运价水平的波动最为敏感。定程租船又可分为：单航次租船、往返航次租船、连续单航次租船、连续往返航次租船。

(2) 定期租船指按一定时间租用船舶进行运输的方式，又称期租船。在这个期限内，承运人可以利用船舶的运载能力来安排货运。租期内的船舶燃料费、港口费用以及拖轮费用等营运费用，都由租船人负担，船东只负责船舶的维修、保险、配备船员和供给船员的给养及支付其他固定费用。期租船的租金在租期内不变，支付方法一般按照船舶夏季载重线时的载重吨每吨每月若干货币单位计算。

(3) 光船租船是一种比较特殊的租船方式，也是按一定的期限租船，但与期租船不同的是船东不提供船员，光一条船交租船人使用，由租船人配备船员，负责船舶的经营管理和航行各项事宜。在租赁期间，租船人实际上对船舶具有支配权和占有权。

（4）包运租船是船舶出租人向承租人提供一定吨位的运力，在确定的港口之间，按事先约定的时间、航次周期和每航次较为均等的运量，完成合同规定的全部货运量的租船方式。包运租船方式所签订的租船合同称为包运租船合同。

（5）航次期租是指由船舶出租人向承租人提供船舶，在指定的港口之间，以完成航次运输为目的，按实际租用天数和约定的日租金率计算租金的租船运输经营方式。航次期租的特点是没有明确的租期期限，而只确定了特定的航次。

上述五种租船方式的区别主要体现在船舶出租人和承运人对船舶的支配权、占有权的不同。从船舶出租人对船舶的支配、占有程度的强弱来看，五种租船方式的排序为：包运租船、定程租船、航次期租、定期租船、光船租船。

阅读资料 14—1

基本港（base port）是运价表限定班轮公司的船一般要定期挂靠的港口。大多数位于贸易中心的较大口岸，港口设备条件比较好，货载多而且稳定。规定为基本港口就不再限制货量。运往基本港口的货物一般均为直达运输，无须中途转船。但有时也因货量太少，船方决定中途转运，由船公司自行安排，承担转船费用。按基本港口运费率向货方收取运费，不得加收转船附加费或者直航附加费，并应签发直达提单。

非基本港是指基本港以外的港口。非基本港一般除按基本港收费外，还需要另外加收转船附加费。达到一定货量时则改为加收直航附加费。例如，新几内亚航线的 Honiara 系所罗门群岛的基本港，而 Kieta 是非基本港。运往 Kieta 的货物运费率要在 Honiara 的基础上增加转船附加费。

14.2 陆运与空运

14.2.1 陆运

1. 国际铁路运输的概念与分类

国际铁路货物运输是指起运地点、目的地点或约定的经停地点位于不同的国家或地区的铁路货物运输。在我国，只要铁路货物运输的起运地点、目的地点或约定的经停地点不在我国境内均构成国际铁路货物运输。

国际铁路运输可按多种标准进行分类：

（1）按运输条件的不同划分。

普通货物运输：除按特殊运输条件办理的货物外的其他各种货物的运输。

特殊货物运输：包括大件货物运输、危险货物运输、鲜活货物运输、罐装货物运输。

(2) 按运输速度的不同划分。

快运：整车货每昼夜320/运价千米，零担货每昼夜200/运价千米。

慢运：整车货每昼夜200/运价千米，零担货每昼夜150/运价千米。

随旅客列车挂运：整车货每昼夜420/运价千米。

(3) 按货量、体积和性质的不同划分。

整车运输：指一批货物至少需要一辆货车的运输。具体地说，凡一批货物的重量、体积或形状需要以一辆或一辆以上货车装运的，均应按整车托运。

零担运输：凡不够整车运输条件的货物，即重量、体积和形状都不需要单独使用货车运输的一批货物，除可使用集装箱运输外，应按零担货物托运。零担货物一件体积最小不得小于0.02m^3，每批件数不得超过300件。

集装箱运输：使用集装箱装运货物或者运输空集装箱，称为集装箱运输。集装箱运输适合运输精密、贵重、易损的货物。凡适合集装箱运输的货物，都应按照集装箱运输。

2. 国际铁路货物联运

国际铁路货物联运是指使用一份统一的国际铁路联运票据，在跨越两个及两个以上国家铁路的货物运输中，由参加国铁路负责办理两个或两个以上国家铁路全程运送货物过程，由托运人支付全程运输费用的铁路货物运输组织形式。

国际铁路货物联运呈现以下特点：

(1) 它是不同国家或地区之间的货物运输。国际铁路运送的货物都要涉及两个或者两个以上国家。

(2) 对运输条件有统一要求。国际铁路联运要求每批货物的运输条件要符合有关国际联运的公约、规则的统一规定，如货物包装、转载、票据的编制、添附文件及车辆使用等。

(3) 国际铁路联运的组织工作复杂。因为联运货物必须有两个或者两个以上国家铁路参加运送，其运输票据、货物、车辆及有关单证都必须符合相关国家的有关规定，并且要做好衔接工作。

(4) 使用一份铁路联运票据完成货物的跨国运输。

(5) 国境换装作业不需要货方参加。目前，俄罗斯和蒙古铁路的轨距为宽轨，而包括我国在内的其他国家的铁路大多为标准轨距，因此，在边境口岸需要进行货物换装业务。但是，这些作业都不需要货主参加，而由承办国际铁路联运的铁路方安排完成。

14.2.2 空运

1. 航空运输的概念及分类

航空货物运输是指采用商业飞机运输货物的商业活动，是目前国际上安全迅速的一种运输方式。航空运输具有运输速度快、环节少、质量高，空间跨度大，运输安全、准确，可节省包装、保险、银行利息等费用的突出优点。但航空运输也有一定的局限性，主要表现为运输费用高于其他运输方式；运载工具的仓容有限，无法适应大件货物或大批量货物运输的要求；飞机的飞行安全容易受到恶劣气候的影响等。

航空货物运输的主要对象是一些小批量、高价值和对运输时间有特殊要求的商品。但随着高新技术的应用和发展，产品更趋向于薄、轻、小、短，价值含量更高，因此，在国际贸易中交易双方对于运输的及时性、可靠性和运输速度尤为重视，从而使航空运输具有更为广阔的发展前景。

航空货运营运方式主要有以下几种：

(1) 班机运输。班机是指定期开航的定航线、定始发站、定途经站的飞机。班机运输可以分为客运航班和货运航班两种运输方式。在国际贸易中，由于经由航空运输的货运量有限，所以班机运输以客运航班为主，通常采用客货混合型飞机，在搭乘旅客的同时也承揽小批量货物的运输业务。

(2) 包机运输。包机运输可分为整架包机和部分包机。

整架包机是指航空公司或者包机代理公司按照与租机人事先约定的条件和费率，将整架飞机租给租机人，从一个或几个航空站装运货物到指定目的地的运输方式。整架包机一般要在货物装运前一个月与航空公司联系，以便航空公司安排运载和向起降机场及有关政府部门申请，办理过境或入境手续。费用一次一议，原则上是按照每一飞行千米固定费率核收费用，并按每一飞行千米费用的80%收取空放费。

部分包机指由几家航空公司货运代理人或者托运人联合包租一架飞机，或者由包机公司把一架飞机的仓位分别租给几家航空货运代理公司或者托运人。这种部分包机形式适用于不足一整架飞机的货物。

2. 航空运费

航空货物运价是指航空承运人为运输货物对单位重量货物所收取的费用，也可称为运费率，是承运人对所运输的每一单位重量（或体积）的货物所收取的始发地机场运至目的地机场的航空运输费用。该费用由每票货物所适用的运价和货物的计费重量计算而得。

普通货物运价也叫一般货物运价，是指除了等级货物运价和指定商品运价以外的适用于普通货物运输的运价。普通货物运价根据货物重量的不同，分为若干个重量等级分界点运价，以量大价低为原则。

特种商品运价也称指定商品运价，是指适用于自规定的始发地至规定的目的地运输特定品名货物的运价。特种商品运价低于相应的普通货物运价，从其性质上讲，该种运价是一种优惠运价，其目的在于向客户提供具有竞争力的运价，以吸引更多的客户采用航空运输的方式，使航空公司的运力得到更充分的利用。

等级货物运价是指在规定的业务区或业务区之间运输特别指定的等级货物的运价。等级货物运价是在普通货物运价基础上增加或者减少一定的百分比。

起码运费是航空公司办理一批货物所能接受的最低运费。因为不论货物批量多么小，航空公司都会产生一笔固定费用，如果承运人收取的运费低于起码运费，就不能弥补运送成本。因此，航空公司规定无论所运送的货物适用哪一种航空运价，所计算出来的运费总额都不得低于起码运费，若低于起码运费，则以起码运费计收。

3. 航空运费的计算方法

计算航空运费的方法为：先将重量分段，然后为不同的重量分界点制定不同的运价，重量越高，运价越低。

例如，北京到首尔的运价表如表 14—1 所示。

表 14—1　北京到首尔的运价

重量分级（kg）	运价（元/ kg）
N	23.95
45	18.00
100	17.17
300	15.38

“N”表示 45kg 以下范围，其运价为 23.95 元/kg；45～100kg 范围内的运价为 18 元/kg，依此类推。45kg 以上的不同重量分界点的运价用 Q 表示，如 Q45，Q100 等。

运费计算一般是以货物的实际毛重或体积重量乘以相应的重量分界点运价。但是，如果计得的运费额大于该重量上一级重量分界点重量与对应分界点费率的乘积，则按照较低的运费额收取。

14.3　集装箱运输与国际多式联运

14.3.1　集装箱运输

严格意义上讲，集装箱运输不是一种独立的货物运输方式，而是为了方便运输所采取的一种货物集装方式。但是，由于集装箱运输在进出口操作程序、单证以及运费等方面的特殊性，有必要对集装箱运输进行阐述。

1. 集装箱的概念及分类

集装箱又称“货箱”或者“货柜”，是一种具有一定强度和刚度的大型载货容器。国际标准化组织对集装箱的构成基本条件进行了规定：能长期反复使用，具有足够的强度；途中转运不用移动箱内货物，可以直接换装；可以进行快速装卸，并可以从一种运输工具直接方便地换装到另一种运输工具；便于货物的装满与卸空；具有 $1m^3$ 以上的内容积。

国际标准集装箱主要有四种箱型，即 A 型、B 型、C 型和 D 型。通常采用 6.1m（20ft）为一个计算单位。6.1m（20ft）指 ICC 型集装箱，12.2m（40ft）指 IAA 型集装箱。

按照用途，集装箱可分为通用干货集装箱、保温集装箱、冷藏集装箱、隔热集装箱、通风集装箱、罐式集装箱、散货集装箱、台架式集装箱、平台集装箱、敞顶集装箱、汽车集装箱、动物集装箱和服装集装箱。

按箱体材料，集装箱可分为钢制集装箱、铝制集装箱、玻璃钢集装箱和不锈钢集装箱。

2. 集装箱运输的特点

(1) 运输效率高。以集装箱为单元进行运输，大大提高了运输效率。据统计，集装箱的装卸由于使用吊装桥而使装卸效率比传统件杂货提高了 4 倍。此外，集装箱是水密的，使货物几乎可以在全天候条件下进行装卸、运输，从而缩短了船舶在港内的时间，快速周转，也提高了港口的设施、设备的利用率。因集装箱可以码垛堆高，也节省了场站堆场的面积。

(2) 运输质量高。集装箱具有坚固、密封的特点，运输过程中箱内货物不易受外界恶劣天气影响而损坏，也不易在装卸过程中损坏、短少。货物经得起多次搬运、装卸，从而使货物破损大大减少。

(3) 集装箱运输是一种资本密集型行业。集装箱运输需要一个复杂的运输系统。现代化的集装箱船舶造价约为一般杂货船的 4 倍，并需要配有充足的集装箱，其保有量应为满载箱量的 3 倍。集装箱的装卸需要有集装箱专用码头、网络式的集装箱堆场和货运站，其建设需要大量的投资。

(4) 集装箱运输可实现门到门的服务方式。采用集装箱运输方式，承运人可以依托发达的运输网络和联合运输方式，实现全程一站到底的门到门服务方式，方便货主。

3. 集装箱货物的装箱方式、交接地点和交接方式

(1) 根据装箱数量和方式，集装箱货物的装箱方式可以分为整箱和拼箱两种。

整箱 (full container load , FCL)，是指当货主的货物可以装满一个或几个集装箱时，自行装箱计数，填写装箱单，以箱为单位托运的货物装箱方式。

拼箱 (less than container load，LCL)，是指承运人或代理人接受货主托运的数量不足整箱的小票货物后，根据货类性质和目的地进行分类整理，将不同货主运往同一目的地的货物拼装成箱的装箱方式。

(2) 集装箱的交接方式。在不同的交接方式中，集装箱运输经营人与货方承担的责任、义务不同，集装箱运输经营人的运输组织的内容、范围也不同。理论上的交接方式有 16 种，常用的为 9 种。

门到门 (door to door)：指运输经营人在发货人的工厂或仓库接收货物，负责将货物运至收货人的工厂或仓库交付。在这种交付方式下，货物的交接形态都是整箱交接。

门到场 (door to CY)：指运输经营人在发货人的工厂或者仓库接收货物，并负责将货物运至卸货港码头堆场或其内陆堆场，在 CY 处向收货人交付。在这种交接方式下，货物也都是整箱交接。

门到站 (door to CFS)：指运输经营人在发货人的工厂或者仓库接收货物，并负责将货物运至卸货港码头的集装箱货运站或其在内陆地区的货运站，经拆箱后向各收货人交付。在这种交接方式下，运输经营人一般是以整箱形态接收货物，以拼

箱形态交付货物。

场到门（CY to door）：指运输经营人在装货港的码头堆场或其内陆堆场接收货物（整箱货），并负责运至卸货港码头堆场或其内陆堆场，在堆场向收货人交付（整箱货）。

场到场（CY to CY）：指运输经营人在装货港码头堆场或其内陆堆场接收货物（整箱货），并负责运至卸货港码头堆场或其内陆堆场，在堆场向收货人交付（整箱货）。

场到站（CY to CFS）：指运输经营人在装货港的码头堆场或其内陆堆场接收货物（整箱），负责运至卸货港码头集装箱货运站或其在内陆地区的集装箱货运站，一般经拆箱后向收货人交付。

站到门（CFS to door）：指运输经营人在装货港码头或其内陆的集装箱货运站接收货物（经拼箱后），负责运至收货人的工厂或者仓库交付。在这种交接方式下，运输经营人一般是以拼箱形态接收货物，以整箱形态交付货物。

站到场（CFS to CY）：指运输经营人在装货港码头或其内陆的集装箱货运站接收货物（经拼箱后），负责运至卸货港码头或内陆地区的堆场交付。在这种方式下货物的交接形态一般也是以拼箱形态接收货物，以整箱形态交付货物。

站到站（CFS to CFS）：站到站交接方式是指运输经营人在装货港码头或者内陆地区的集装箱货运站接收货物，负责运至卸货港码头或其内陆地区的集装箱货运站，向收货人交付。

14.3.2 国际多式联运

1. 国际多式联运的概念、特征及优越性

（1）国际多式联运的概念及特征。国际多式联运是按照多式联运合同，以至少两种不同的运输方式，由多式联运经营人将货物从一国境内接管货物的地点运至另一国境内指定交付货物的地点。为履行单一方式运输合同而进行的该合同所规定的货物接送业务，不应视为国际多式联运。构成国际多式联运必须具有以下特征：

- 必须具有一份多式联运合同。该运输合同是多式联运经营人与托运人之间权利、义务、责任与豁免的合同关系和运输性质的确定，也是区别多式联运与一般货物运输方式的主要依据。
- 必须使用一份全程多式联运单证。该单证应满足不同运输方式的需要，并按单一运费率计收全程运费。
- 必须是至少两种不同运输方式的连续运输。
- 必须是国际货物运输。
- 必须由一个多式联运经营人对货物运输的全程负责。

（2）国际多式联运的优越性。

- 简化托运、结算及理赔手续，节省人力、物力和有关费用。国际多式联运方式下，一切运输事宜均由多式联运经营人统一负责办理。货主只要办理一次托运手续，签订一份多式联运合同，支付一笔全程单一运费，取得一份联运单据，就由多式联运经营人履行全部责任。

● 缩短货物运输时间，减少库存，降低货损货差事故，提高货运质量。国际多式联运通常是以集装箱为媒介的直达连贯运输，货物从发货人仓库装箱验关铅封后直接运至交货人仓库交货，中途无须拆箱倒载，减少很多中间环节，从而较好地保证了货物安全和货运质量。

● 降低运输成本，节省各种支出。国际多式联运实现的是门到门运输的有效方式，对货主来说，货物装箱或装上第一程运输工具后就可以凭多式联运经营人签发的联运单据向银行议付结汇，一般可提前 7～10 天结汇，从而减少利息支出。

● 提高运输管理水平，实现运输合理化。国际多式联运有统一的多式联运经营人负责同一运输，经营的业务范围大大扩展，可以最大限度地发挥多式联运经营的现有设备的作用，选择最佳运输线路组织合理化运输。

2. 国际多式联运经营人的经营

国际多式联运经营人必须具备如下条件：取得从事国际多式联运的资格；拥有国际多式联运线路以及相应的经营网络；与有关的实际承运人、场站经营人建立长期合作关系；拥有必要的运输设备，尤其是场站设施和短途运输工具；拥有雄厚的资金和良好的资信；拥有符合规定要求的国际多式联运单据；具备自己所经营国际多式联运线路的价目表。

国际多式联运经营人通常采取独立经营、联营、委托运输等三种方式开展业务经营活动。在实际业务中，几乎所有的国际多式联运企业都是将这三种经营方式组合运用，其中以第一种与第三种方式的结合最为常见。

14.4 运输单据

1. 海运提单

根据《中华人民共和国海商法》规定，提单是指用以证明海上货物运输合同和货物已经由承运人接受或者装船，以及承运人保证据以交付货物的单证。

提单是国际贸易班轮运输中非常重要的业务单据，又是一种非常重要的法律文件。提单是托运人与承运人之间订立的运输合同，是一种有价证券，同时代表着物权和债权，在载货船舶到达目的港前还可以办理转让或抵押贷款。提单是海上货物运输合同的证明，是证明货物已经由承运人接管或者已装船的货物收据，是承运人保证凭以交付货物的物权凭证。

在国际贸易业务当中，根据不同标准，提单可进行多种分类。

(1) 根据货物是否已装船，分为已装船提单（on board B/L）和收货代运提单（received for shipment B/L）。

已装船提单是指整票货物全部装船后，由承运人或其代理人向托运人签发的货物已经装船的提单。该提单上除了载明其他通常事项外，还须注明装运船舶名称和货物实际装船完毕的日期。收货代运提单又称备运提单，是指承运人虽已收到货物但尚未装船，应托运人要求而向其签发的提单。在跟单信用证业务下，一般银行拒收此类提单。

（2）根据货物外表状况有无批注，分为清洁提单（clean B/L）和不清洁提单（unclean B/L）。清洁提单是指没有任何有关货物残损、包装不良或其他有碍结汇的批注的提单。提单正面一般均印有“外表状况明显良好”（in apparent good order and condition）字样。不清洁提单是指承运人在提单上加注有货物及包装状况不良或存在缺陷，如水湿、油渍、污损等批注的提单。在正常情况下，银行拒绝以不清洁提单办理结汇。

（3）根据提单收货人一栏的记载，分为记名提单（straight B/L）、不记名提单（open B/L）和指示提单（order B/L）。记名提单是指在“收货人”一栏内具体填上特定的收货人名称的提单。不记名提单指“收货人”一栏内记明应向提单持有人交付货物或在提单“收货人”一栏内不填写任何内容的提单。指示提单指在“收货人”一栏内只填写“凭指示”（to order）或者“凭某人指示”（to the order of）。银行一般不接受记名提单作为议付单据。

（4）根据不同的运输方式，分为直达提单（direct B/L）和转船提单（transshipment B/L，through B/L）。直达提单是指由承运人签发的货物在装货港装船后中途不经过转船而直接运抵卸货港的提单。转船提单指装货港的船舶不直接驶达货物的目的港，而要在中途港换装其他船舶运抵目的港，由承运人为这种货物运输所签发的提单。

（5）根据提单签发人不同，可分为班轮提单和租船提单。班轮提单上载明运输合同的条款，船货双方受到约束。租船提单受到租船合同约束，根据租船合同订立。

2. 铁路运单

铁路运单为发送国铁路和发货人之间缔结的运输合同，运单签发，表示承运人已收到该笔货物并且接受托运。装车后加盖承运日戳，表明承运开始。运单正本随同货物一起运至终点站交给货物的收货人。铁路运单是铁路承运部门与收货人交接货物、核收运杂费的主要依据。运单副本是办理银行结算的凭证之一。

铁路运单不具有物权凭证的效力，因此必须制成记名抬头，不能转让，不能凭以提货。货物到达目的地，承运人通知铁路运单上的收货人，收货人凭有效证件提货。

3. 航空运单

航空运单是承运人与托运人之间签订的运输契约，也是承运人或其代理人签发的货物收据。航空运单中需有承运人或其代理人的签字，同时必须有托运人的签字。

航空运单与铁路运单一样，不是物权凭证，不能凭以提取货物，必须做成记名抬头，不能转让。托运人凭第三份留存的正本办理结算。

4. 多式联运单据

多式联运单据是指证明多式联运合同以及证明多式联运经营人接管货物并负责

按照合同条款交付货物的单据。多式联运单据可分为可转让的多式联运单证和不可转让的多式联运单证。可转让的多式联运单据由承运人或其代理人签发，其作用与海运提单类似，既是货物收据，也是运输契约的证明。在单据做成指示抬头或者不记名抬头时，可作为物权凭证，可以转让。

多式联运的表现形式目前没有统一的格式。在实践中，经常见到的有 FIATA 联运提单（FBL，1992）和波罗的海航运公会（BIMCO）的多式联运提单（multimodal transport B/L 95，MT B/L 95）。

14.5 合同中的装运条款

为了保证进出口合同的履行，货物顺利交付，买卖双方一般在交易磋商时都要订立买卖合同中的运输条款（也称装运条款）。一般来说，装运条款及交货时间、装运地和目的地、能否分批装运和转运等问题的协商，均在合同中具体订明。明确合理地规定装运条款是保证合同顺利履行的重要条件。

14.5.1 装运时间

装运时间，又称装运期，是指在起运地卖方将合同规定的货物装上运输工具或交给承运人的期限。装运时间是装运条款中的重要内容，如果卖方未能按合同规定的时间装运而造成违约，将会遭到买方的拒收或者索赔。

对于装运条款中的装运期，通常有下列规定方法：

（1）规定明确、具体的装运时间。例如，2008 年 5 月装运（The goods should be shipped in May，2008）或者说 2008 年 5 月 31 日前装运（The goods should be shipped on or before the date of May 31st，2009）。前者对装运时间规定了上下限，后者则只规定了最迟装运日期。

（2）规定收到信汇、电汇、汇票或者信用证后多少天装运。如规定收到信用证后 30 天装运（Shipment within 30 days after receipt of L/C）。采用信用证方式的合同，卖方为了避免买方未能及时开立信用证而可能造成卖方损失的风险，有时可采用此种规定方式。此时，卖方往往要等到收到买方开来信用证后才开始备货或者投产，因此交货时间与收到信用证的时间相关联。

（3）笼统规定近期装运。这种规定方法不规定具体期限，只是用“立即装运”（immediate shipment）、“尽速装运”（ship the goods as soon as possible）等词语表示。由于这类词语在国际上无统一解释，为了避免不必要的纠纷，应尽量避免使用。

《2000 年通则》规定，对于 FAS，FCA，FOB，CFR，CPT，CIP 的合同，卖方只要在合同规定的装运地（港），将货物装到船上或者船边或者交付承运人监管就算完成了交货义务，以这一类术语成交的合同是装运合同，合同中的交货时间实际上是装运时间，卖方对何时到货并不承担任何责任。而 D 组的贸易术语和 EXW，

FAS 术语，则是卖方必须将货物置于买方的实际控制之下。因而，合同中规定的交货时间是买卖双方实际交接货物的时间。交货时间是合同中的重要条款，推迟和提前交货都构成违约。

14.5.2　装运港和目的港

在进出口合同中，一般要订明装运地和目的地。海洋运输要订明装运港和目的港。装运港是指开始装货的港口，目的港是指最终卸货的港口。

1. 规定方法

在通常情况下，合同中采用贸易术语与装运港或目的港相结合的方式进行规定，只规定一个装运港和一个目的港，例如，"FOB TianJin"，表示装运港是天津；"CFR Vancouver"，表示目的地是温哥华。

在有些情况下，如成交货物数量较大或者货源比较分散，可以规定两个或者两个以上的装运港，如"Port of Destination ：Qingdao/ Dalian"，表示装运港是青岛/大连。目的港也可采用同样方式规定。

订立合同时，如果难以明确规定一个或者几个装运港，还可采用按选择港口（optional ports）的方式进行规定，即从合同中列明的港口中任选一个。例如，"FOB Qingdao/Dalian Optional"，表示 FOB 青岛/大连任选。另一种规定选择港口的方法是从某一个航区的港口中任选一个，如"Any EMP"，表示欧洲主要港口。

2. 规定装运港（地）和目的港（地）应注意的事项

对装运港或者目的港，的规定应该力求明确具体。如果外国客商提出主要港口等作为装运港或者目的港，则不宜接受。但是根据具体情况，可允许买方在几个港口中任选一个港口作为目的港，选择的目的必须在同一航区内，而且不宜过多。

注意规定的港口有无重名。世界各国重名的港口很多，如以"维多利亚"命名的港口就有很多，为了防止发生差错，在国际贸易合同中应该明确注明装运港和目的港所在的国家和地区的名称。

不可接受内陆城市为装运港或者目的港的条件。

另外，必须考虑装运港和目的港的具体条件还有港口的装卸条件、运费和附加费的水平以及有无直达班轮航线。

14.5.3　分批装运和转船

分批装运是指一笔成交的货物分若干批装运。在大宗货物交易中，买卖双方根据交货数量、运输条件和市场销价需要等因素，可在合同中规定分批装运条款。

分批装运条款可笼统规定允许卖方分批装运，也可具体规定各批次的数量和装运的日期，即分期装运。后一种做法对卖方有严格限制，若其中有一期未按照信用证规定装运，信用证对该期以及以后各期均告失效。除非信用证明示不准分批装运，否则可视做允许分批装运。运输单据表面上注明同一运输工具、同一航次、同一目的地的多次装运，即使注明不同的装运日期或者不同的装货地点，也不视做分批装运。

转船是指货物从装运港到目的港的运输过程中，从一运输工具卸下，再装上同一运输方式的另一运输工具；或者在不同运输方式下，从一种方式的运输工具卸下，再装上另一种方式的运输工具的行为。《UCP 600》规定，如果信用证未能明确规定禁止转船，即视做可以转船。

14.5.4 装运通知

装运通知是在采用租船运输大宗进出口货物的情况下，在合同中加以约定的条款。规定这个条款的目的在于明确买卖双方责任，促使买卖双方互相合作，共同做好船货衔接工作。如在FOB条件下，买方应按约定的时间将船名、船期等通知卖方，卖方装船后应该及时通知买方以便办理保险手续。

14.5.5 装卸时间、装卸率、滞期费和速遣费

1. 装卸时间

装卸时间（lay time）是指允许完成装卸任务所约定的时间，它一般以天数或者小时数来表示，如按连续日计算、按工作日计算、按晴天工作日计算、按累计8小时工作日计算、按连续24小时晴天工作日计算。这其中使用最广泛的是按连续24小时晴天工作日计算（weather working of 24 consecutive hours）。这种方法是指除去公休日和因天气不良而影响了装卸的时间，余下的连续24小时作为一个装卸日计算。

2. 装卸率

装卸率是指每日装卸货物的数量。装卸率的具体确定一般应该按照习惯的正常装卸速度，掌握实事求是的原则。装卸率的高低关系到完成装卸任务的时间和运费水平，装卸率规定过高或者过低都不合适。规定过高，完不成装卸任务，要承当滞期费（demurrage）的损失；反之规定过低，虽能提前完成装卸任务，可得到船方的速遣费（dispatch money），但船方会因装卸率低，船舶在港停泊时间过长而增加运费，致使租船人得不偿失。因此，装卸率的规定应该适当。

3. 滞期费和速遣费

如果货物未在合同约定的装卸期限内装卸完毕，租船方应向船方支付滞期费；如果提前完成了装卸作业，船方则会支付一笔速遣费给予贷方作为奖励。按照惯例，速遣费一般为滞期费的一半。滞期费和速遣费通常约定为每天若干金额，不足一天，按比例计算。

14.5.6 其他装运条款

对我国而言，需要注意的主要是同美国进行贸易时，为取得运费上的优惠，使用OCP条款。OCP是Overland Common Points的缩写，意为“陆上公共点”，或称为“内陆地区”。美国把落基山脉以西，北起北达科他州，南至新墨西哥州以东的地区均划为OCP地区，凡从太平洋彼岸的货物经美国西岸各港向东运往OCP地

区的铁路运费率均比本地费率低3%～5%，这就促成美国经营远东航运业的商人也订立比一般运费低廉的OCP费率，例如，从我国口岸至美国西岸OCP运费每运费吨低3～4美元，加拿大也有OCP地区和类似的运费优惠办法，因此我们销往美国或加拿大OCP地区的货物，目的港以美、加西岸各大港口为宜，并要在合同中订明。

本章小结

1. 国际货物运输是指货物借助各种运力，利用各种运输手段和工具，实现其在不同国家和地区之间的空间位置上的转移。国际货物运输是国际贸易的核心活动之一。海洋运输是国际货物运输中最主要的运输方式，按照船舶经营方式不同，可分为班轮运输和租船运输两种方式。这两种方式在运输对象、经营方式、业务处理和运费计算方法上都有很大区别。铁路运输是仅次于海洋运输的一种主要的运输方式。航空运输是一种现代化的货物运输方式，具有运输速度快、环节少、质量高，运输安全、准确等突出特点。多式联运是在集装箱业务的基础之上，把海上运输、铁路运输、公路运输、航空运输和内河运输等传统运输方式结合起来，组成一体加以有效结合利用，构成一种连贯的运输过程，来完成国际运输，实现货物的空间转移。

2. 为了保证进出口合同的履行、货物交付的顺利，买卖双方一般在交易磋商时都要订立买卖合同中的运输条款（也称装运条款）。一般来说，装运条款及交货时间、装运地和目的地、能否分批装运和转运等问题的协商，均应在合同中具体订明。明确合理地规定装运条款是保证合同顺利履行的重要条件。

核心概念

国际海运　国际铁路运输　国际航空运输　集装箱运输　国际多式联运　海运运费　海运提单　航空运单　装运条款　装运时间　滞期费　速遣费

复习思考题

1. 简述国际货物运输的意义和特征。
2. 简述分批装运与转船的概念。
3. 简述滞期费和速遣费的相关概念。
4. 班轮运输与租船运输各有何特点？

案例分析

1. 某公司向美国出口一批货物，合同规定某年8月装船，凭不可撤销即期信用证付款，后国外来证装船期改为不得晚于8月15日，但8月15日前无船去美。我方立即要求美商将船期延至9月15日前装运。随即美商来电同意船期展延，有效期也顺延一个月，我方于9月15日装船完毕，15日持全套单据向银行办理议付，但银行拒绝收单，认为在装船期上单证不符，但货已发出，只能以托收方式收款。

思考题：

出现这种情况的原因何在？如何避免类似情况？

2. 我国某公司向非洲出口某商品15 000箱，合同规定1—6月按月等量装运，每月2 500箱，凭不可撤销信用证付款，客户按时开来信用证，证上总金额与总数量均与合同相符，但装运条款规定为“最迟装运期6月30日，分数批装运”。我方1月装出3 000箱，2月装出4 000箱，3月份装出8 000箱。客户发现后向我方提出抗议。

思考题：

我方这样做是否可以？为什么？

第15章

国际货物运输保险

章首阅读

我方出口一批罐头到新加坡，投保一切险。货到新加坡时由于收货人地址不详无法交货，只能将货物随船运回，待我方将地址补充完整后再运往新加坡。但在返程中因恶劣的气候条件，部分罐头生锈，货到后进口方只收下未生锈的部分。

资料来源：陈胜权主编：《国际贸易实务经典教材习题详解》，221页，北京，对外经济贸易大学出版社，2005。

思考：

对于生锈的罐头，保险公司是否应该赔偿？

国际货物贸易往往需要经过长途运输，可能会遇到各种风险，从而使货物遭受损失。为保障货物受损后能得到补偿，货主通常都要投保运输货物保险。

国际贸易的货物运输保险是以运输过程中的各种货物作为标的，在被保险人支付了一定保费的前提下，保险人对保险标的在运输过程中所发生的约定范围内的损失给予被保险人以经济补偿的一种经济业务。它属于财产保险的一种。

国际货物运输的方式主要有海上运输、陆上运输（包括铁路和公路）、航空运输和邮包运输，与此相适应，货物运输保险也有海上货物运输保险、陆上货物运输保险、航空运输保险和邮包运输保险。由于海上货物运输保险形成最早，应用最广，也比较完善，所以其他货物运输保险都是以它为基础，并结合自身运输的特点，做某些调整而发展起来的。本章主要介绍海上货物运输保险，其他货物运输保险只略做介绍。

15.1 海上货物运输保险的范围

海上货物运输保险承保的范围包括风险、损失和费用。

15.1.1 风险

在保险业务中，风险主要分为海上风险和外来风险两类。

1. 海上风险

海上风险（perils of sea）又称海难，是指被保险货物及船舶在海上运输中所发生的风险。一般来讲，海上风险只包括自然灾害和意外事故，不包括海上发生的一切其他风险。

（1）自然灾害。它是指人力难以抗拒的自然界破坏力量所造成的灾害，一般包括恶劣气候（主要指海上暴雨、飓风、大浪）、雷电、海啸、地震或火山爆发。

（2）意外事故。它一般是指偶然的、难以预料的原因造成的事故，主要包括搁浅、触礁、沉没、碰撞、失踪、失火、爆炸。

2. 外来风险

外来风险（extraneous risk）是指海上风险以外的其他意外的、难以预料的、不是必然发生的外来原因造成的风险。它可分为三种情况：

（1）一般外来风险。它是指被保险货物在运输途中由于偷窃、淡水雨淋、短量、渗漏、沾污、破碎、受潮受热、串味、生锈、钩损、提货不着等外来原因引起的风险。

（2）特别外来风险。它是指交货不到、进口关税、黄曲霉素、舱面货物损失、拒收、出口到港澳存仓着火等外来原因引起的风险。

（3）特殊外来风险。它是指运输过程中由于军事、政治、国家政策法令及行政措施等外来原因造成的风险，主要包括战争、敌对行为和罢工等。

15.1.2 损失

海上损失是指海运途中因遭受海上风险所产生的任何损失。根据海上损失的程度不同，分为全部损失和部分损失。

1. 全部损失

全部损失（total loss）又称全损，是指运输中的整批货物或不可分割的一批货物的全部灭失或损坏。全损又可分为实际全损和推定全损两种。

（1）实际全损（actual total loss）。它是指保险标的物完全灭失，或标的物所有权丧失已无法挽回，或标的物已丧失商业价值或失去原有使用价值，或载货船舶失踪（4～6 个月音讯全无）。

（2）推定全损（constructional total loss）。当被保险货物受损后的实际全损已无法避免，或者为避免实际全损而支出的恢复、修理、施救、收回及运送货物到原目的地的费用之和超过修复或收回货物的价值，即可推定为全损。但推定全损只有在被保险人向保险人提出委付并经保险人同意的情况下，才能被确认，才能按推定全损赔付。委付（abandonment）是指在推定全损的情况下，被保险人将保险标的的一切权利包括所有权转让给保险人，而要求保险人按实际全损的赔偿额予以补偿。

2. 部分损失

部分损失（partial loss）是指保险标的的部分损坏或灭失。按其损失的性质不同，可分为共同海损和单独海损。

（1）共同海损（general average，G. A.）。它是指载货的船舶在海运途中遭受自然灾害或意外事故，船长为解除船与货的共同危险或为使航程得以继续，有意而合理地做出的特殊牺牲或采取合理救难措施而引起的特殊损失和合理的额外费用。

构成共同海损应具备的条件是：船舶确实遭遇危及船、货的安全的自然灾害或意外事故；采取的措施必须是合理的和有意识的；牺牲和费用支出是非常性质的；其损失必须是共同海损的直接结果；共同海损的牺牲或支付的费用必须以船、货获救的效果为前提。

共同海损的牺牲和费用支出的目的是使船舶、货物和运费三方都免于遭受全部损失。因此，共同海损的牺牲和支出的费用应按最后获救价值的比例，由三方分摊（G. A. contribution）。

（2）单独海损（particular average）。它是指由承保范围内的风险直接导致的船或货的部分损失，是仅由各受损者单方面负担的一种损失。

案例 15—1

海损案

某载货海轮在舱面上载有1 000台拖拉机，航行中遇到恶劣气候，海浪已将 450 台拖拉机卷入海中，从而使海轮在巨浪中出现严重倾斜，如果不立即采取措施，海轮随时有翻船的危险。船长在危急关头，下令将其余的 550 台拖拉机全部抛入海中，从而避免了翻船。

资料来源：韩玉珍：《现代国际贸易实务》，218 页，北京，首都经济贸易大学出版社，2000。

思考：

在上述情况下，前 450 台拖拉机和后 550 台拖拉机的损失，在海损中是否都属于共同海损？

15.1.3 费用

海上费用是指由海上风险造成的由保险人承保的费用损失。海上费用包括施救费用和救助费用。

1. 施救费用

施救费用（sue and labor charges）又称单独海损费用，是指保险货物遭受保险责任范围内的自然灾害和意外事故时，被保险人或其代理人、雇用人员和受让人等为抢救、保护、清理被保险货物，防止损失继续扩大而采取措施所支付的合理费用。这种费用由保险公司负责赔偿。

2. 救助费用

救助费用（salvage charges）是指保险标的在运输途中，遭遇到承保范围内的灾害事故时，由保险人和被保险人以外的无契约关系的第三者采取救助行动，而向其支付的报酬。海上救助合同有两种：一种是雇佣性救助合同，这种合同不论救助是否有效，均按约定付费标准支付救助费用；另一种为"无效果，无报酬"（no cure no pay）的合同，目前国际上较多国家使用这种方式。救助费用往往属于共同海损费用，这种费用由保险人负责赔偿。

15.2 我国海洋货物运输保险的险别

保险险别是保险人对风险损失的承保责任范围，又是承保人责任义务大小及被保险人缴付保费数额的依据。根据我国现行的《海洋货物运输保险条款》的规定，我国海洋货物运输保险可分为基本险别和附加险别两大类。

15.2.1 基本险别

基本险别主要包括平安险、水渍险和一切险。

1. 平安险

平安险（free from particular average，F. P. A.）的责任范围是保险范围最小的险别，包括：

（1）货物在海运途中，遇到自然灾害，造成被保险货物的全部损失，包括实际全损和推定全损。

（2）在海运途中，运输船舶遭到意外事故造成的被保险货物的全部或部分损失。

（3）运输船舶在运输途中遇到意外事故，意外事故前后又遇到自然灾害致使被保险货物的部分损失。

（4）保险标的物在装卸转船过程中，一件或数件落海所造成的全部损失或部分损失。

（5）被保险人在保险标的遭受承保责任范围内的风险时，为对其进行抢救而采取防止或减少货损的措施所支付的合理费用，以不超过保险标的的保险金额为限。

（6）船舶遭遇自然灾害或意外事故，在中途港或避难港停靠而引起的装卸、存仓等特别费用损失。

（7）发生共同海损的牺牲、分摊费和救助费用。

（8）运输契约订有"船舶互撞条款"，按规定应由货方偿还的损失。

案例 15—2

我国某外贸公司按 CIF 术语出口一批货物，装运前已向保险公司按发票金额的

110%投保平安险，6 月初货物装妥顺利开航，载货船舶于 6 月 13 日在海上遇到暴风雨，致使一部分货物受到水渍，损失价值为2 100美元。数日后，该轮又突然触礁，致使该批货物又遭到了部分损失，价值为8 000美元。

资料来源：陈胜权主编：《国际贸易实务经典教材习题详解》，223 页，北京，对外经济贸易大学出版社，2005。

思考：

保险公司对该批货物的损失该如何赔偿？为什么？

分析提示：

保险公司对该批货物遭受的损失应全部予以赔偿。

1. 该船触礁所造成的 8 000 美元的货损，属于意外事故造成的单独海损，属于平安险的承保范围，保险公司应赔偿。

2. 触礁之前由于暴风雨造成的 2 100 美元的货损，保险公司也应赔偿。因为这是在运输工具已经发生意外事故的情况下，货物在此前后又在海上遭受自然灾害所造成的部分损失，也属于平安险的承保范围。

2. 水渍险

水渍险（with particular average，W. P. A.）除包括平安险的责任外，还负责被保险货物由于各种自然灾害所造成的单独海损。水渍险的责任范围大于平安险。

3. 一切险

一切险（all risks，A. R.）除包括平安险和水渍险的各项责任外，还包括货物在运输途中由于一般外来风险所造成的被保险货物的全部或部分损失，但不包括特别附加险和特殊附加险。一切险的责任范围大于平安险和水渍险。

基本险别也叫主险别，可以单独投保，因此投保人可根据货运特点在上述三种险别中选择一种进行投保。由于上述三种险别责任的范围大小有别，因此它们的保费也有多少之分。

15.2.2　附加险

附加险可分为一般附加险、特别附加险和特殊附加险。

（1）一般附加险与一般外来风险包括的方面相对应。包括偷窃，提货不着险，淡水雨淋险，短量险，混杂、沾污险，渗漏险，破损、破裂险，串味险，受热受潮险，钩损险，包装破裂险，锈损险。

（2）特别附加险与特别外来风险包括的方面相对应。包括交货不到险、进口关税险、舱面险、拒收险、黄曲霉素险和出口到港澳存仓火险等 6 种。

（3）特殊附加险与特殊外来风险包括的方面相对应。包括战争险（war risk）和罢工险（strikes risk）两种。

附加险不能单独投保，必须在投保基本险后，再加投附加险。由于一切险的承保责任范围已包含一般附加险，故在投保一切险时，不必加保一般附加险。

此外，还有一种可独立投保的卖方利益险，是在无证托收支付方式下，以 FOB 或 CFR 条件成交，买方如不赎单付款，为卖方货物途中损失而投保的险别。

15.2.3 除外责任

除外责任是保险公司明确规定不予承保的损失和费用，它还能起到划清保险人、被保险人和发货人各自应负责任的作用。

对下列损失，海洋运输货物保险不负赔偿责任：

（1）被保险人的故意行为或过失所造成的损失。

（2）属于发货人责任所引起的损失。

（3）在保险责任开始以前，被保险货物已存在的品质不良或数量短差所造成的损失。

（4）被保险货物本身的特性或缺点、潜在的缺点引起的损失。

（5）被保险货物的自然损耗引起的损失。

（6）市价涨跌、运输延迟所引起的损失和费用。

（7）海洋货物运输战争险条款和货物运输罢工险条款规定的除外责任。

15.2.4 承保责任的起讫期限

1. 基本险责任的起讫期限

（1）在正常运输情况下基本险责任起讫期限的规定。根据我国《海洋货物运输保险条款》的规定，在正常运输的情况下，基本险承保责任的起讫期限依照国际保险业中惯用的“仓至仓条款”（warehouse to warehouse）规定的办法处理。其规定是：货物保险的效力自被保险货物运离保险单所载明的起运地仓库或储存处所开始运输时生效，包括正常运输过程中的海上、陆上、内河和驳船运输在内，直至该项货物到达保险单所载明目的地收货人的最后仓库或储存处所或被保险人用做分配、分派或非正常运输的其他储存处所为止。如未抵达上述仓库或储存处所，则以被保险货物在最后卸载港全部卸离海轮后满 60 天为止。如在上述 60 天内被保险货物需转到非保单所载明的目的地，则在该项货物开始转运时，保险责任终止。

（2）在非正常运输情况下基本险责任起讫期限的规定。如果由于保险人无法控制的运输延迟、被迫卸货、航程变更等意外情况，在被保险人及时通知保险人并加付保费的前提下，可按扩展责任条款（extended cover clause）办理，扩展保险期。

2. 战争险、罢工险的责任起讫期限

（1）战争险的责任起讫期限。按照国际惯例，战争险的责任起讫期限以“水面危险”为限。其具体规定是：保险责任自被保险货物装上保险单所载起运港的海轮或驳船时开始，到卸离保险单载有的目的港的海轮或驳船为止。保险责任的最长期限以海轮到达目的港的当日午夜起算满 15 天为限。到达目的港是指海轮在该港区一个泊位或地点抛锚停靠或系缆。如没有这种停泊地点，则指海轮在原卸货港或附近第一次抛锚、停泊或系缆。

货物如果在中途港转船，不论货物在当地卸载与否，保险责任以海轮到达该港或卸货地点的当日午夜起算满 15 天为止，等货物再装上续运海轮时方有效。

如果运输契约在保单所载明的目的地以外的地点终止，该地即视为保险目的地而终止责任。如需再运往原目的地或其他地方，被保险人必须在续运前通知保险人，并加缴保险费，则自货物装上续运的海轮或驳船开始，保险继续有效。如运输发生绕道、改变航程或承运人运用运输契约赋予的权限做任何航海上的改变，在被保险人及时将获知情况通知保险人，并在必要时加缴保险费的情况下，保险仍继续有效。

（2）罢工险的责任起讫期限。罢工险的责任起讫期限也是采用“仓至仓条款”。如货物运输已投保战争险，加保罢工险一般无须加缴保险费。

表 15—1 对风险、损失与保险险别进行了归纳。

表 15—1　　**风险、损失、险别**

<table>
<tr><th>风险种类</th><th>风险的内容</th><th colspan="4">损失种类</th><th colspan="2">险别种类</th></tr>
<tr><td rowspan="5">海上风险</td><td rowspan="5">自然灾害：恶劣气候、雷电、海啸、地震、洪水等
意外事故：搁浅、触礁、沉没、互撞、失火、爆炸等</td><td rowspan="5">海损</td><td rowspan="3">损失程度</td><td colspan="2">部分损失</td><td rowspan="5">基本险别</td><td rowspan="2">平安险</td></tr>
<tr><td rowspan="2">全部损失</td><td>实际全损</td></tr>
<tr><td>推定全损</td><td>水渍险</td></tr>
<tr><td rowspan="2">损失性质</td><td colspan="2">共同海损</td><td rowspan="2">一切险</td></tr>
<tr><td colspan="2">单独海损</td></tr>
<tr><td rowspan="3">外来风险</td><td rowspan="3">一般原因：偷窃、雨淋、短量、锈损、沾污、渗漏、破碎、串味、受潮、钩损、碰损等
特殊原因：战争、罢工、拒收、交货不到、黄曲霉素、存仓着火等</td><td rowspan="3">其他损失</td><td colspan="3" rowspan="2">一般外来原因引起</td><td rowspan="3">附加险别</td><td>一般附加险</td></tr>
<tr><td>特别附加险</td></tr>
<tr><td colspan="3">特殊外来原因引起</td><td>特殊附加险</td></tr>
</table>

15.3　伦敦保险协会海运货物保险条款

凡由我国保险公司承保的货物或船舶一般采用中国人民保险公司的保险条款，但有时也接受国外客户或者国外开来的信用证要求使用的伦敦保险协会制定的“协会货物条款”。

伦敦保险协会货物条款最早制定于 1912 年，经多次修订，现在世界上大多数国家办理海上保险业务所使用的“协会货物条款”是 1983 年 4 月 1 日起实施的。

新修订的“协会货物条款”共有 6 种保险条款，其中 3 种为主险，即协会货物条款（A）（ICC（A））、协会货物条款（B）（ICC（B））、协会货物条款（C）（ICC（C））。另外 3 种为附加险，即协会战争险条款（货物）（institute war clauses（cargo））、协会罢工险条款（货物）（institute strike clauses（cargo））、恶意损害险条款（malicious damage clauses）。

协会战争险条款（货物）和协会罢工险条款（货物）与我国的战争险和罢工险在内容上无实质性差别，在此不再重述。

恶意损害险条款是新订的条款，因为ICC（A）中包括这一责任，所以它只适用于ICC（B）和ICC（C）的附加条款。加保恶意损害险后，保险人对于由任何个人或数人非法行动故意损坏或故意破坏保险标的或其任何部分的损失和费用负赔偿责任。

下面将ICC（A），ICC（B），ICC（C）的承保范围和除外责任分述如下。

15.3.1 ICC（A）条款的承保范围和除外责任

1. 承保范围

在该条款中，由于承保范围较广，不便把全部承保风险一一列出，故采用列出“除外责任”的方式，即除了除外责任，其余风险损失均予负责。

2. 除外责任

（1）一般除外责任。被保险人故意的不法行为造成的损失和费用；保险标的自然渗漏，重量或容量的自然损耗，或自然磨损；保险标的的包装准备不足或不当造成的损失或费用；保险标的本质缺陷或特性造成的损失或费用；直接由延迟引起的损失或费用，即使延迟是由承保的风险所引起的；船舶所有人、经理人、租船人或经营人破产或不履行债务造成的损失或费用；使用任何原子或核子裂变或其他类似的反应或放射性作用或放射物质的战争武器引起的损失或费用。

（2）不适航和不适宜的除外责任。船舶、运输工具、集装箱或大型海运箱不适宜安全运载保险标的，如果保险标的在装载时，被保险人或其受雇人知道这种不适航和不适宜的情况；保险人放弃提出任何关于船舶不适航和不适宜将保险标的运往目的地默示保证的权利，除非被保险人或其受雇人知道这种不适航或不适宜的情况。

（3）战争除外责任和罢工除外责任（略）。

15.3.2 ICC（B）条款的承保范围和除外责任

1. 承保范围

火灾或爆炸；船舶或驳船遭受搁浅、触礁、沉没或倾覆；陆上运输工具的倾覆或出轨；船舶、驳船或运输工具同除水以外的任何外界物体碰撞；在避难港卸货；地震、火山爆发或雷电；共同海损的牺牲；抛货或浪击落海；海水、湖水或河水进入船舶、驳船、运输工具、集装箱、大型海运箱或储存处所；货物在船舶或驳船装卸时落海或跌落造成任何整体的全损。

2. 除外责任

ICC（B）的除外责任是ICC（A）的除外责任再加上ICC（A）承保的“海盗行为险”与“恶意损害险”。

15.3.3 ICC（C）条款的承保范围与除外责任

1. 承保范围

ICC（C）条款的承保范围比 ICC（B）条款小，它只承保“重大意外事故”的风险，不承保 ICC（B）中的自然灾害（如雷电、火山爆发等）和非重大事故（如装卸过程中的整件灭失等）。

2. 除外责任

ICC（C）条款的除外责任与 ICC（B）条款的除外责任相同。

英国伦敦保险协会海运货物保险条款的保险期限与我国海运货物保险条款的相应规定大体相同，也是“仓至仓”。

在我国海运货物保险的实际业务中，尤其是在 CIF 出口合同中，如果外商提出按“协会货物条款”投保，一般可以接受。ICC（A），ICC（B），ICC（C）险别的责任范围可用表 15—2 说明。

表 15—2 ICC（A），ICC（B），ICC（C）险别的承保范围对照表

承保范围	ICC（A）	ICC（B）	ICC（C）
火灾或爆炸	√	√	√
船舶或驳船搁浅、触礁、沉没或倾覆	√	√	√
陆上运输工具的倾覆或出轨	√	√	√
在避难港卸货	√	√	√
抛货	√	√	√
共同海损的牺牲	√	√	√
船舶、驳船或其他运输工具同除水以外的任何外界物体碰撞或接触	√	√	√
地震、火山爆发或雷电	√	√	
浪击落海	√	√	
海水、湖水或河水进入船舶、驳船、运输工具、集装箱、大型海运箱或储存处所	√	√	

15.4 投保手续、单证和索赔

国际货物保险业务可分为投保业务和索赔业务。

15.4.1 投保手续

1. 订立正式保险合同

投保时，投保人首先应向保险公司索取空白投保单，据实填写其中的有关项目，并附有关单据（如信用证、提单等）一并交保险公司，保险公司核对同意后，即可订立正式保险合同。

保险人接受保险是以投保人填写的投保单为依据的，因此必须填好每一项内容。所填内容如有不实，往往会在货物受损后直接影响被保险人的利益。填写投保单时应注意以下事项：

（1）必须遵循最大诚信原则。

（2）投保单上的投保险别应与贸易合同及信用证规定的险别相同。

（3）投保单填写的内容如有遗漏、错误或变更，投保人应及时申请批改。

案例 15—3

“拉勃里亚号”沉船案

1908 年，玻利维亚政府镇压暴乱，为供应其部队给养，用“拉勃里亚号”运送一批物资。玻利维亚政府委托其代理商 A 公司为这批给养物资投保，A 公司的一名成员与支持暴乱的卡凡尔霍有联系，得知卡凡尔霍将派部队截击这艘船。但 A 公司投保时未将此事告知保险公司——英国赔偿互助海上保险公司，保险人同意承保。后该船在海上被卡凡尔霍的部队击沉。保险公司查明真相后，未给予赔偿。

资料来源：李权：《国际贸易实务》，33 页，北京，北京大学出版社，2000。

思考：

保险公司为什么对损失未给予赔偿？

分析提示：

该案的关键是投保人违背了最大诚信原则，在投保时未将重要情况告知保险公司。

2. 修改保险单

如果在保险公司出具保险单后，投保人需更改险别、运输工具航程、保险期限及保险金额等，应向保险公司提出修改申请。保险公司如接受了这项申请，则应立即出具批单，作为保险单的组成部分附在保险单上。保险公司将按批改后的内容承担保险责任。

3. 缴纳保险费

投保人填交投保单后，保险公司按投保金额的一定百分比收取保险费，这是保险公司合同生效的重要条件。保险费的计算公式为：

保险费＝保险金额×保险费率

保险费率是在货物损失率和赔付率的基础上，根据不同的运输工具、目的地、货物和险别分别制定的。我国保险公司承保的进出口运输货物保险，分别按出口货物和进口货物制定不同的费率表计收保险费。

（1）我国出口货物保险费率分为一般货物费率和指明货物费率两大类。一般货物费率，是指对所有出口货物投保基本险别的收费标准。指明货物费率，是指对一些在运输途中易发生破碎、短少、霉烂等损失的货物单独列明，除按照一般货物费率收取保险费外，还按一种附加费率加收保险费。此外，在指明货物中还有一部分货物规定有免赔率。

（2）我国进口货物也有两种保险费率，即特约费率和进口货物费率。特约费率适用于同中国人民保险公司签订有预约保险合同的外贸企业。它对每一类商品，不分国别和地区，甚至有时也不分货物和险别，只确定一个费率，是一种优惠的平均费率。进口货物费率适用于非专业外贸单位。它又分为一般货物费率和特价费率。一般货物费率表适用于除特价费率表中列明的货物以外的一切货物。这种保险费率是不分货物品种，按照不同的运输方式、地区和保险来确定的。特价费率是对一些指明货物投保一切险时采用的费率。

15.4.2 保险单证

保险单证是保险公司和投保人之间的保险合同，也是保险公司对投保人的承保证明，是保险人与被保险人之间订立的有关权利和义务关系的法律文件。一旦发生承保范围内的损失，它是被保险人凭以向保险公司索赔的依据。目前我国进出口业务中使用的保险单据主要有 4 种。

1. 保险单

保险单（insurance policy）又称大保单或正式保险单。它除了载明投保单各项内容外，还列有保险公司的责任范围及双方的权利与义务。

2. 保险凭证

保险凭证（insurance certificate）又称小保单。它简化了保险单对双方权利和义务条款的叙述，其余内容与保险单相同，与保险单具有同等的法律效力。其中未列明的内容以保险单内容为准，但如有抵触以保险凭证为准。

3. 联合凭证

联合凭证（combined certificate）是一种比保险凭证更为简化的保险单据，它由保险公司在货物的发票上加注承保险别、保险金额和保险编号，其他条件均以发票上所列内容为准。联合凭证仅适用于出口到港澳地区部分华商和少数新马地区的出口业务。

案例 15—4

运输保险凭证样本

中国人民保险公司

The People's Insurance Company of China

总公司设于北京	1949 年创立
Head Office：BEIJING	Established in 1949

运输保险凭证

CERTIFICATE OF INSURANCE

凭证号次

Certificate No.

被保险人:

Insured ____________________

兹依照本公司正式运输险保险单内所载全部条款及本承保凭证所订之条款，承保下列货物保险，如保险单之条款与本凭证所订条款有抵触，应以本凭证所订条款为准。

We have this day noted a risk as here under mentioned subject to all clauses and conditions of the Company's printed form of Policy and to the terms outlined herein (which latter shall override the policy terms in so far as they may be inconsistent therewith).

保险货物项目及数量　　保险金额　　标记

Description of Goods　　Amount Insured　　Marks & Nos.

总保险金额

Total Amount Insured ____________________

保费　　装载运输工具

Premium as arranged　　Per conveyance S. S.

开航日期　　自　　至

Sailing on or about　　From　　To

承保险别

Conditions

&/or

Special Coverage

所保货物，如遇出险，本公司凭本凭证及有关证件给付赔款。

Claims, if any, payable to the Holder of the appertaining documents and on surrender of this Certificate.

所保货物，如发生损失事故，应立即通知本公司下述代理人查勘。

In the event of accident whereby loss or damage may result in a claim under this Certificate immediate notice applying for a survey must be given to the Company's Agent as mentioned hereunder.

赔款偿付地点

Claim payable at ____________________

出证公司地址__________日期__________于__________

Address of __________ date __________ at __________

Issuing Office __________

资料来源：郑光贵主编：《国际贸易理论与实务（第2版）》，123页，大连，东北财经大学出版社，2004。

思考：

保险单与保险凭证有何区别？

4. 预约保险单

预约保险单（open policy）是承保一定时间内发运的一切货物的保险单。其保险期限可以为定期，也可以为长期。但订约一方要取消保险，必须事先通知对方。费率分为统一费率和不同费率两种。预约保险单目前在我国仅用于按 FOB 或 CFR 条件进口的货物和出口展卖的展卖品。

15.4.3 保险索赔

保险索赔（insurance claim）也称提赔，是当被保险货物遭受承保范围内的损失时，被保险人依据保险合同向保险人要求赔偿的行为。

1. 索赔的前提

（1）可保权益。它是指投保人对保险标的物所拥有的某种合法的经济利益。国际货物运输保险不要求在订立保险合同时被保险人拥有保险利益，但要求保险标的发生索赔时必须拥有保险利益。这是保险的基本原则之一。

（2）近因。一起事件的发生，原因可能多种多样，有过去的、现在的、将来的，也有直接的和间接的。保险业中的惯例是：凡一起事件发生时，只注意造成这一事件的即时和直接原因，即近因。只有造成损失的近因在保险责任范围内，保险人才会对被保险人的索赔做出理赔。

案例 15—5

一批投保战争险的货物运往某个战争地区，船到港时该地区已停战。但由于战争后民不聊生，工人对政府没有重建经济不满而罢工，致使船到港后长期无法卸货，货物在船舱中因闷热损坏大半。

资料来源：郑光贵主编：《国际贸易理论与实务（第 2 版）》，124 页，大连，东北财经大学出版社，2004。

思考：

保险公司对损坏的货物是按战争险赔偿，还是以罢工险进行赔偿？

分析提示：

战争是过去的间接原因，罢工是即时的直接原因。

2. 索赔程序

被保险人所投保的货物发生损失后，被保险人向保险人要求索赔时，一般应遵循以下索赔程序：

（1）在所投保的货物发生损失后，被保险人应立即向保险公司发出损失通知，并申请检验。

(2) 向承运人或其他有关责任方索取货损货差证明，以作为向保险人索取赔款的证明。

(3) 采取必要的施救措施，防止损失的扩大。

(4) 提交索赔的全部单证，主要包括：保险单或保险凭证正本；运输契约；发票；装箱单、码单；检验报告；海事报告摘录或海事申明书；货损、货差证明；索赔清单。

3. 索赔、理赔中应注意的几个问题

(1) 索赔程度。货物保险一般为定值保险，当货物发生全损时，应赔偿全部保险金额；如为部分损失，则应正确计算，合理确定赔偿比例；某些易碎易短货物，应事先确定免赔率。免赔率分为相对免赔率和绝对免赔率：若货物损失超过免赔率，前者不扣除免赔率，全部赔偿；后者则扣除免赔率，只赔偿超过的部分。中国人民保险公司采用绝对免赔率的做法。如果不计免赔率，保险公司要加收保险费。

(2) 代位追偿权。它是指保险人向被保险人支付赔款后，取代被保险人向第三者索赔的权利。当货物遭受承保范围内的损失，而损失应由第三者负责时，被保险人在取得保险赔偿后，应将向第三者追偿的权益转让给保险人，以使其取得代位权(包括货物代位权和权利代位权)。

(3) 推定全损赔偿。如果被保险的货物遭受严重损失，要求按推定全损赔偿，必须将货物及其一切权利委付给保险人，否则保险人只按部分损失赔偿。保险人对委付可接受也可不接受。

(4) 索赔时效。索赔必须在规定时间内提出方为有效，否则保险公司不予受理。我国保险公司的索赔提出时效为两年。但向被保险人发出货损通知，即表明索赔行为已开始，可不再受索赔时效的限制。

15.5 合同中的保险条款及其他运输方式的货物保险

15.5.1 合同中的保险条款

保险条款是国际货物买卖合同的重要组成部分之一，必须明确合理。下面具体介绍保险条款的主要内容。

1. 投保责任的归属

投保责任的归属是与买卖合同的贸易术语相联系的。例如，以 FOB，CFR，FCA，CPT 为条件对外成交的，货物在运输途中的风险及投保责任均由买方负责，可订明“由买方负责投保”；若买方委托卖方代办投保，则应订明“保险由买方委托卖方按发票金额×%代为投保×险，保险费由买方负担”；按 CIF 或 CIP 成交的货物，可订明“由卖方负责投保”等。

2. 保险条款的选择

不同的保险条款，其责任有所不同。一般情况下，我国对外出口 CIF 及 CIP 合同按照中国人民保险公司制定的有关货物运输保险条款来办理投保，但有时外国商人要求采用伦敦保险协会条款，一般也可接受。

3. 保险险别的确定

不同的险别，承保的责任范围不同，保险费率不同，货物出险后得到的补偿也不同。因此，在险别的选择上，既要考虑能获得足够的经济保障，又要考虑节省不必要的保险费支出，做到该保的不漏保，不该保的不多保。

选择保险险别主要应考虑货物的种类、性质和特点，货物运输工具、运输路线及起讫港口的情况，国际政治、经济形势的变化，货物的残损规律等。分析和预测在整个运输过程中可能会遇到哪些风险，造成哪些损失，再根据损失的性质和类型决定投保的险别，这样才能做到既经济又保险。

4. 保险金额

保险金额又称投保金额，是指被保险人对保险标的的实际投保金额，它是保险公司对被保险人负担损失补偿或支付约定给付金额及计收保险费的基础。

在国际贸易中，运输货物的保险金额一般是以发票价值为基础确定的。国际贸易的习惯做法是按 CIF 或 CIP 的发票价值加 10%投保，即以发票金额的 110%作为保险金额。由于各种因素的影响，买方可能提出超过 10%的加成幅度，一般卖方可接受，但增加的费用由买方负责。当买方要求加成超过 30%时，要事先征得保险公司同意后方可接受。

由于目前保险金额是以 CIF 价或 CIP 价为基础计算的，因此如需将 CFR 或 CPT 价格换算为 CIF 或 CIP 价，有如下两种方法：

其一是运用换算公式计算，即

$$\text{CIF 价（或 CIP 价）}=\frac{\text{CFR 价（或 CPT 价）}}{1-\text{保险费}\times(1+\text{投保加成率})}$$

其二是使用中国人民保险公司制定的“保险费率常用表”。只要将 CFR 或 CPT 价格直接乘以表内所列常数，即可算得 CIF 价或 CIP 价。

上述内容确定后，即可在合同中订明。例如，“由卖方按发票金额的 110%投保水渍险和战争险，按照 1981 年 1 月 1 日中国人民保险公司海运货物保险及战争险条款负责”。

15.5.2 其他运输方式的货物保险

其他运输方式的货物保险主要包括陆上货物运输保险、航空运输货物保险和邮包保险。

1. 陆上货物运输保险

陆运保险的基本险别有陆运险和陆运一切险。其附加险也分为一般附加险、特别附加险和特殊附加险。

(1) 陆运险的承保范围。在陆运险下，保险公司负责被保险货物在运输途中遭受自然灾害或由于陆上运输工具（火车和汽车）及驳船在运输途中遭受意外事故所造成的全部或部分损失。此外，被保险人对遭受承保责任内风险的货物采取抢救，防止或减少货损而支付不超过该批被救助货物保险金额的合理费用，其附加险不在陆运险的承保范围之内。陆运险与海运水渍险相似。

(2) 陆运一切险的责任范围。陆运一切险的承保责任范围除上述陆运险的责任范围之外，还负责货物在运输途中由于外来原因造成的全部或部分损失，即包括一般附加险。陆运一切险的承保责任范围类似于海运保险中的一切险。此外，冷藏货物险也具有基本险的性质，其责任范围除包括陆运险的责任外，还负责赔偿由于冷藏设备在运输途中损坏而导致货物变质的损失。

(3) 陆上货物运输保险的责任期限。陆运险的责任起讫期限也采用“仓至仓”条款。

投保陆运一切险时，如果加保战争险，则仅以铁路运输为限，其责任的起讫不是“仓至仓”，而是以货物置于运输工具为限。

2. 航空运输货物保险

根据中国人民保险公司规定，航空货物运输也包括航空运输险和航空运输一切险两种基本险别，以及各种附加险。

其基本险的承保范围分别类似于海运保险的水渍险与一切险。

航空货物运输保险的责任起讫也采用“仓至仓”条款。与海运、陆运货物保险的“仓至仓”条款不同的是：如果货物运达保险单所载明的目的地未运抵收货人仓库或储存处，则以被保险货物在最后卸离飞机满 30 天时责任终止。如在上述 30 天内被保险货物需转送到非保险单所载明的目的地，则自该项货物开始转运时责任终止。

3. 邮包保险

邮包保险也有邮包险和邮包一切险两种基本险，其承保范围与前述两种货运保险相同。

本章小结

1. 海上货物运输保险的范围主要包括风险、损失和费用。风险主要分为海上风险和外来风险。海上风险只包括自然灾害和意外事故。外来风险包括一般外来风险、特别外来风险和特殊外来风险。损失可分为全部损失和部分损失。全部损失包括实际全损和推定全损。部分损失包括共同海损和单独海损。费用包括施救费用和救助费用。

2. 我国海洋货物运输保险的险别为基本险和附加险。基本险主要包括平安险、水渍险和一切险。附加险包括一般附加险、特别附加险和特殊附加险。

3. 承保时应注意承保责任的起讫期限。在我国海运货物保险业务中，尤其是 CIF 出口合同中，如果外商提出按伦敦保险协会海运货物保险条款投保，一般也可接受。

核心概念

海上风险　外来风险　海上损失　海上费用　施救费用　平安险　水渍险　一切险　保险索赔　单独海损　共同海损　仓至仓条款　可保利益最大诚信原则

复习思考题

1. 简述在海运货物保险中，保险公司承保的风险、损失和费用。
2. 简述海运货物保险单据的主要形式。
3. 试述货物运输保险的索赔和理赔。
4. 试述我国海洋货物保险的险别。

计算与分析题

1. 某货物从天津新港驶往新加坡，在航行途中船舶货舱起火，大火蔓延到机舱，船长为了船、货的共同安全，决定采取紧急措施，往舱中灌水灭火。火虽被扑灭，但由于主机受损，无法继续航行，于是船长决定雇用拖轮将货船拖回新港修理。检修后重新驶往新加坡。事后调查，这次事件造成的损失有：

(1) 1 000 箱货被烧毁；

(2) 600 箱货由于灌水灭火受到损失；

(3) 主机和部分甲板被烧毁；

(4) 拖船费用；

(5) 额外增加的燃料和船长、船员工资。

从性质来看，上述各项损失各属于什么海损？

2. 我方某公司出口货物 3 000 件，对外报价为 2 美元/件 CFR 纽约。为避免漏保，客户来证要求我方装船前按 CIF 总值代为办理投保手续。查得该货的保险费率为 0.8%，问：我方对该货投保时的投保金额和应缴纳的保险费是多少？

3. 某货主在货物装船前，按发票金额的 110%办理了货物投保手续，投保一切险加保战争险。该批货物以 CIF 成交的总价值为 20.75 万美元，一切险和战争险的保险费率合计为 0.6%。问：

(1) 该货主应交的保险费是多少？

(2) 若发生了保险公司承保范围内的风险，导致该批货物全部灭失，保险公司的最高赔偿金额是多少？

案例分析

乙船公司琴海轮承运甲公司货物，自马来西亚槟城港运至中国北海港。该提单背面的共同海损条款载明：“共同海损应根据承运人的选择在任何港口或地点根据 1974 年约克·安特卫普规则理算”。琴海轮驶离槟城港开往中国北海途中主机停车，船舶向南漂航。主机停车后船员即投入抢修，但因条件所限，经两天多抢修，仍无法修复主机。船舶发出求救信息，越南派出拖轮将琴海轮拖进金兰湾港。越方收取了拖轮费、救助费。船长代表船东发表共同海损声明，宣布共同海损；轮机长出具海事报告。由于能力及条件所限，在金兰湾无法将主机修复。乙船公司请广州救捞局将琴海轮拖至中国北海，并支付了拖带费。

在北海港经验船师检验，认定主机不能启动的原因是各缸的空气启动阀启动活塞的密封环失去弹性，气密较差，已存在隐患，加上第七缸启动空气阀阀盘断裂，该气缸完全失去气密，导致进入各缸的启动空气压力不足而无法启动。

保险公司为甲公司的货物向乙船公司出具共同海损担保函，承诺“如果共同海损牺牲及/或费用被证明是因共同海损行为而合理产生的，且经确认下述货物应参加分摊，我司保证支付相应的共同海损分摊金额”。

乙船公司委托中国贸促会海损理算处对琴海轮进行共同海损理算，根据该处出具的理算书，确认共同海损的船货各方分摊金额。

甲公司与保险公司以共同海损事故是乙船公司不可免责过失造成为由拒绝分摊共同海损费用，乙船公司请求法院判令甲公司分摊该共同海损费用，保险公司承担连带责任，并由两被告承担本案诉讼费用。

资料来源：法律快车网，http：//www.lawtime.cn/haishang。

思考题：

你认为琴海轮发生的费用是否属于共同海损?

第16章

货款的结算方式

章首阅读　　提单批注不完整拒付案

A公司在2008年11月与阿联酋迪拜B公司签订了一份出口合同，货物为1×20集装箱一次性打火机。不久B公司即开来一份不可撤销即期信用证，来证规定装船期限为2009年1月31日，要求提供“Full Set Original Clean on Board Ocean Bill of Lading ...”（全套正本清洁已装船海运提单）。由于装船期太紧，A公司便要求B公司展期，装船期限改为2009年3月31日。B公司接受了A公司的要求修改了信用证。收到信用证并经全面审查后未发现问题，A公司在3月30日办理了货物装船，4月13日向议付行交单议付。

4月27日收到议付行转来的开证行的拒付通知：“你第××××号信用证项下的单据经我行审查，发现如下不符点：提单上缺少‘已装船’批注。以上不符点已经与申请人联系，亦不同意接受。单据暂代保管，听候你方的处理意见。”

A公司的有关人员立即复查了提单，同时与议付行一起翻阅与研究了《跟单信用证统一惯例》第600号出版物（以下简称《UCP 600》）的有关规定，证实了开证行的拒付是合理的。A公司立即电洽申请人，提单缺少“已装船”批注是我方业务人员的疏忽所致，货物确实是被如期装船的，而且货物将在5月3日左右如期到达目的港，我方同意他在收到目的港船代的提货通知书后再向开证行付款赎单。B公司回复由于当地市场上一次性打火机的售价大幅下降，只有在我方降价30%后方可向开证行赎单。我方考虑到自己理亏在先，同时通过国内同行与其他客户又了解到，进口国当地市场价格确实已大幅下降，我方处于十分被动的地位，只好同意降价30%，了结此案。

资料来源：根据大洋网相关资料整理。

思考：

出口公司业务员怎样才能避免出现工作差错？

在贸易活动中，一切交易都伴随着货币的支付。通过本章学习，掌握国际贸易

结算中主要票据、结算工具及其特点与分类，国际贸易货款结算和收付程序、方式，以及结算方式的选择。通过学习，掌握汇付、托收的工作流程，信用证分类、信用证结算的工作流程及相关国际惯例。

16.1 票据的概念与种类

使用票据代替现金作为流通手段和支付手段来结算国际债权债务，在国际贸易结算中占据主要的地位。票据是国际通行的结算和信贷工具，是可以流通转让的债权凭证，票据可以通过交付及背书连续转让，得以广泛流通，既节省了现金使用，又扩大了流通手段。和货币一样，票据可以在流通中实现票据和对价（商品或劳务）的对流。

国际结算中使用的票据主要包括汇票、本票和支票。

16.1.1 汇票

1. 汇票的含义及基本内容

汇票（bill of exchange，简称 draft 或 bill）是出票人（drawer）签发的，委托付款人（payer）在见票时或者在指定日期无条件支付确定金额给收款人或持票人的票据。

汇票是一种无条件的书面支付命令。根据定义，汇票涉及三方基本当事人：出票人、付款人和收款人。出票人是开立汇票的人。付款人是接受支付命令付款的人。在进出口业务中，通常是进口人或其指定的银行。收款人是受领汇票所规定金额的人。在进出口业务中，通常是出口人或其指定的银行。

根据各国票据法的规定，汇票的要项必须齐全，否则受票人有权拒付。根据《日内瓦统一票据法》的有关规定，汇票必须具备以下基本内容：

（1）载明“汇票”字样，通常以“Exchange”或“Draft”表示。

（2）无条件支付委托（unconditional order to pay）。

（3）付款人（payer），即受票人（drawee）。

（4）收款人（payee）。

（5）付款期限，常见的有即期付款、定期付款和延期付款。

（6）出票人签章（signature of the drawer），汇票只有经有权签发的人签发才生效。

（7）出票日期和出票地点。

（8）付款地点，通常是付款人所在地。

若未载明以上规定事项之一，该汇票无效。

2. 汇票的种类

（1）按照出票人的不同，可分为银行汇票（banker's draft）和商业汇票（commercial draft）两种。

(2) 按照是否有货运单据，可分为光票（clear bill）和跟单汇票（documentary bill）。

(3) 按照付款期限不同，可分为即期汇票（sight bill）和远期汇票（time bill or usance bill）。

(4) 按照承兑人不同，可分为银行承兑汇票（banker's acceptance bill）和商业承兑汇票（commercial acceptance bill）。

3. 汇票的使用

汇票的使用一般要经过出票、提示、承兑、付款等环节；转让时要经过背书；拒付情况下，还要做出拒付证书并行使追索权等。

(1) 出票（draw），是指汇票签发人在汇票上填写付款人、付款金额、收款人等汇票要项。收款人抬头有限制性抬头如"仅付某公司"、指示性抬头如"付某公司及其指定人"和持票人或来人抬头如"付来人"（pay bearer）。我国多用指示性抬头。

(2) 提示（presentation），是指持票人将汇票提交付款人要求承兑或付款的行为。即期汇票或已到期汇票为付款提示。新开出的远期汇票为承兑提示。

(3) 承兑（acceptance），是指付款人对远期汇票表示承担到期付款责任的行为。付款人在正面写上"承兑"字样，注明承兑日期或再加注汇票到期日，然后将汇票返还持票人。该付款人承兑后成为承兑人（acceptor），该汇票成为承兑汇票。

(4) 付款（payment），是指付款人在即期汇票或到期汇票持有人提示时给予付款的行为。付款后，汇票上的一切债务即告终止。

(5) 背书（endorsement），是指汇票收款人或持票人在汇票背面签上自己的名字，或再加受让人（即被背书人）的名字，并把汇票交给受让人的行为。汇票通过背书方式可以流通，背书后，收款权随之转移。对于受让人而言，以前的背书人及出票人均为其"前手"，以后的受让人则为其"后手"。当到期汇票遭拒付时，"后手"可向其"前手"行使追索权。

(6) 贴现（discount），是指远期汇票的持有人在汇票未到期前，以背书转让方式将其汇票转让给银行。银行在按汇票票面金额扣除转让日至付款日期间的利息后，将票款付给汇票出让人的行为。

(7) 拒付（dishonor），又称退票，是指持票人向付款人提示时，付款人拒绝付款或承兑的行为。此外，付款人拒不见票、死亡或宣告破产，致使付款事实上已不可能，也属于拒付。拒付时，持票人应及时向当地法律或公证机构做出拒绝证书（letter of protest），作为向前手或出票人行使追索权的依据。出票人如遇拒付，应根据合同规定的争议解决办法处理。

16.1.2 本票与支票

本票（promissory mote）是一个人向另一个人签发的保证于见票时或定期或在可以确定的将来时间，对某人或其指定人或持票人支付一定金额的无条件的书面承诺。简言之，本票是出票人对收款人承诺无条件支付一定金额的票据。本票可分为商业本票和银行本票。商业本票可按付款时间分为即期本票和远期本票两种，而银行本票都是即期本票。我国《票据法》第七十九条规定，我国允许开立出票日起、付款期限不超过2个月的银行本票。我国《票据法》还规定，银行本票仅限于由中国人民银行审定的银行或其他金融机构签发。

支票（cheque check）是以银行为付款人的即期汇票。出票人在支票上签发一定的金额给特定人或持票人。支票的出票人在签发支票后，应负票据上的责任和法律上的责任。前者是指出票人对收款人担保支票的付款；后者是指出票人签发支票时，应在付款银行存有不低于票面金额的存款。如存款不足，支票持有人在向银行提示支票要求付款时，就会遭到银行的拒付，这种支票称为空头支票。按我国《票据法》的规定，支票可以分为现金支票和转账支票两种。

16.2 汇付与托收

国际货款支付方式主要有汇付、托收和信用证三种。其中汇付为顺汇，其资金的流动方向与支付工具的传递方向一致。托收和信用证方式为逆汇，即资金流动方向与支付工具的传递方向相反。在实际业务中，信用证是最常见的支付方式。

16.2.1 汇付

汇付（remittance）又称汇款，指付款人主动通过银行或其他途径将款项汇交收款人。

汇款中有四个关系人，即汇款人（remitter）、收款人（payee of beneficiary）、汇出行（remitting bank）和汇入行（paying bank）。汇付时，汇款人将向汇出行申请取得汇款申请书，汇出行接到申请书后就有义务按汇款申请书要求通知汇入行，汇入行根据与汇出行的代理关系负责将汇款解付收款人。

汇款方式可以分为信汇、票汇和电汇三种。

(1) 信汇（mail transfer，M/T），是指汇出行应汇款人的申请，将信汇委托证书寄入汇入行，授权解付一定金额给收款人的一种汇款方式。信汇的优点是费用低廉，但时间较长。

(2) 票汇（remittance by banker's demand draft，D/D），是指汇出行应申请人的要求，代汇款人开出以其分行或代理行为解付行的银行即期汇票，支付一定金额给收款人的一种支付方式。此时，收款人持票上门取款，而无须银行通知。该汇票可以背书转让，而其他汇付方式不具有该特点。

(3) 电汇（telegraphic transfer，T/T），是指汇出行应汇款人的申请，通过拍发加押电报、电传或SWIFT给在另外一个国家的分行或代理行，指示汇入行解付一定金额给收款人的汇款方式（见图16—1）。该方式的特点是速度快，但费用较高。

汇付多用于预付货款、定金、赊销、随订单付款、支付佣金、分期付款等场合。

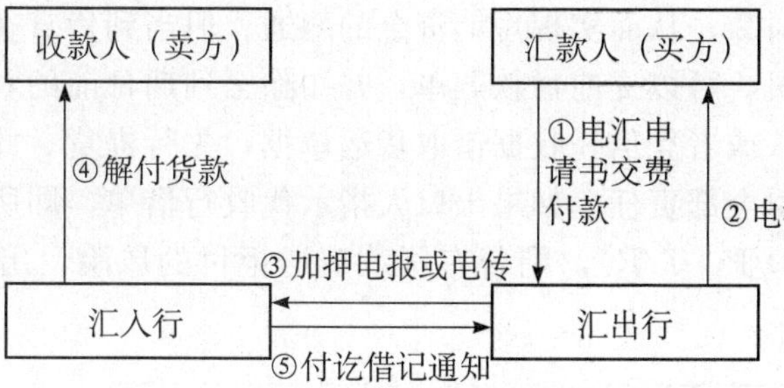

图 16—1　电汇业务程序

16.2.2　托收

1. 托收的定义

托收（collection）是指债权人（出口人）开立以债务人（进口人）为付款人的汇票，委托银行代为收取货款的一种方式。托收方式的主要当事人有四个：

（1）委托人，也称出票人，是指委托银行代收货款的人；

（2）托收行，接受委托代为收款的出口地银行；

（3）代收行，是指受委托银行的委托，直接向付款人收取货款的进口地银行；

（4）付款人，又称受票人，是指汇票上的付款人。

此外，还有提示行（presenting bank），是向付款人做出提示汇票和单据的银行，以及需要时的代理，即委托人指定的必要时在付款地代为照料货物存仓、转售、运回事宜的代理人等两个可以涉及的当事人。一般提示行可由代收行兼之，代收行也可以承担需要时的代理角色。

2. 托收的种类

根据托收时金融单据是否附有商业单据，分为光票托收（clean collection）和跟单托收（documentary collection）。国际贸易中大多使用跟单托收。

（1）光票托收，是指出口人开立汇票后不附有商业货运单据，仅凭汇票委托银行向付款人收款的托收，又称资金单据的托收。光票托收因不附带商业单据，所以不牵扯物权的转移和货物的处理，业务程序相当简单，且费用低廉，通常仅用于收取小额贸易从属费用，即多用于支付合同尾款、佣金、样品费等。

（2）跟单托收，是随附商业货运单据的货款托收，或不附带金融单据的商业单据的托收方式。即出口人开具跟单汇票，委托银行托收货款。跟单托收又分为付款交单和承兑交单两种。

1）付款交单（documents against payment ，D/P），是指出口人交单以进口人付款为条件。根据付款时间不同有即期付款交单（D/P at sight）和远期付款交单（D/P after sight）。前者是指在代收行提示时，付款人见票后立即付款，货款付清后，付款人（进口人）即可从银行领取货运单据（见图 16—2）。后者是指代收行（或提示行）提示时，付款人见票承兑，并在汇票到期时支付货款并领取货运单据（见图 16—3）。如果货到之日与汇票到期日基本一致，进口人使用远期汇票，可不必在货到前付款，从而实现短期资金的融通。但当到货日在前，则付款人为抓紧有利售货时机，可以提前付款赎单，并扣除至到期日前的利息，以作为提前支付的现金折扣，或者凭信托收据借取货运单据，先行提货。此种情况下，代收行对此批货物应付全部责任。如果出口人指示代收行借单，即所谓付款交单、凭信用收据借单（D/P，T/R），则若有货款遭遇拒付的风险，出口人承担全部责任，与代收行无关。

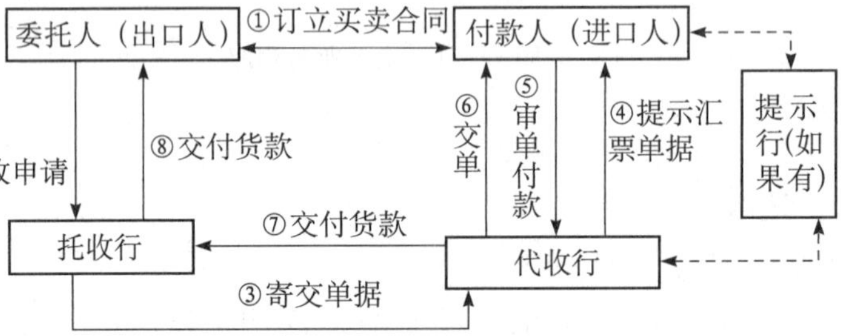

图 16—2 即期付款交单一般业务程序

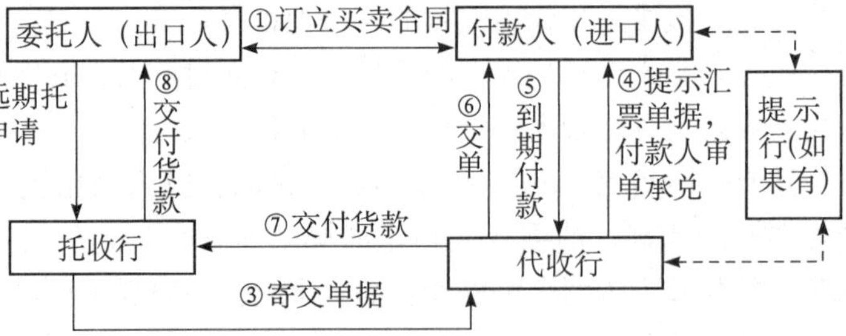

图 16—3 远期付款交单一般业务程序

阅读资料 16—1

采用即期付款交单损失案

某外贸公司与某美籍华人客商做了几笔顺利的小额交易，付款方式为预付。后来客商称销路已经打开，要求增加数量，可是，由于数量太多，为避免资金周转不开，最好将付款方式改为即期付款交单。当时我方考虑到即期付款交单的情况下，如果对方不去付款赎单，就拿不到单据，货物的所有权归我方所有，结果，未对客户的资信进行全面调查，就以此种方式发出了一个 40′货柜的货物，金额为 3 万美元。

后来，事情发展极为不顺。货物到达目的港后，客户借口资金紧张，迟迟不去赎单。10 天后，各种费用相继发生。考虑到这批货物的花色品种为客户特别指定，拉回来也是库存，便被迫改为 D/A 30 天。可是，客户将货提出之后，就再也没有音信。到涉外法律服务处与讨债公司一问才知道，到美国打官司费用极高，于是只好作罢。

2）承兑交单（documents against acceptance，D/A），是指出口人凭进口人承兑交付货运单据，除非与交单客户之间已形成习惯，否则最好少用。由于进口人承兑，即可获取货物的所有权，一旦汇票到期，承兑人不付款，就会出现货款两空的损失。托收的信用只是商业信用，银行只是按委托人的指示办事。出口人收汇的保障是进口人的信用，一旦进口人拒付，必然会造成不同程度的损失。在“D/A”或“D/P，T/R”情况下，甚至会造成货款两空的损失。跟单托收对于进口人而言很有利，可以免去开银行信用证的费用，实现短期资金融通。所以出口商为调动进口商的积极性，促进和加强对外经销，常采用托收方式进行结算。承兑交单的一般业务程序如图 16—4 所示。

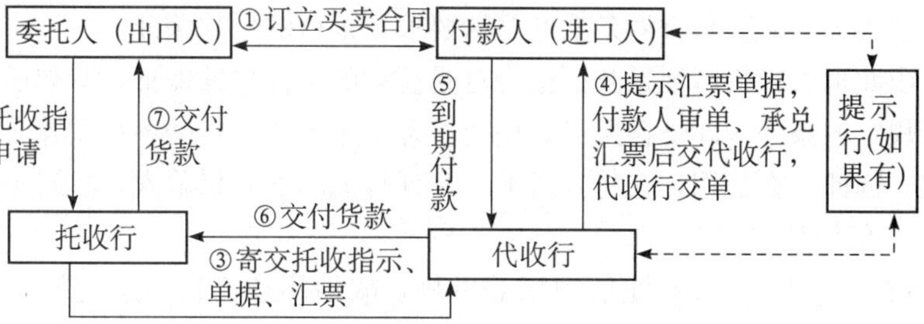

图 16—4　承兑交单一般业务程序

出口商在采取托收支付方式时，应特别注意以下事项：

第一，根据对国外进口商的资信状况和经营作风的调查和了解，妥善掌握托收额度。

第二，注意了解进口国的贸易管制和外汇管理制度，以防止货物运到后，不准进口或收不到外汇而造成损失。

第三，了解进口国的商业惯例，以免由于当地的习惯做法造成额外损失。

第四，建立健全托收的管理制度，定期检查，及时催收。

第五，出口合同应尽可能以 CIF 条件成交，并可投保出口信用险。

第六，与有关当事人约定，尽可能采用《托收统一规则》惯例，以免因当事人各方对其责任、权利和义务的不同解释而引起不必要的纠纷。

16.3　信用证

信用证是重要的国际贸易结算方式，它集结算和融资功能于一体，通过银行信用弥补商业信用的不足，为国际贸易提供服务，特别适用于双方缺少信任的国际贸易业务。

16.3.1 信用证的含义、特点与作用

1. 信用证的含义

《UCP 600》在第二条“定义”中规定：“信用证意指一项不可撤销的安排，不论其如何命名或描述，该项安排构成开证行对相符交单予以承付的确定承诺。”

简言之，信用证是一种银行开立的凭装运单据付款的书面承诺。信用证结算的特点之一就是凭单付款。进口方作为申请人在向开证行申请开立信用证时需要递交开证申请书，进口方填写开证申请书的任务就是将买卖合同条款有效地转化为对出口方提交单据的要求。以 CIF 买卖合同为例，出口方按买卖合同和信用证规定，通过向保险公司投保、商检机构报检、将货物装船发运等履行合同过程，获取信用证通常要求的保险单据、商检证书、海运提单，并连同出口方自己缮制的汇票、发票、装箱单等有关单据，在信用证规定期限内送银行办理结汇手续。这些单据是出口方按买卖合同及信用证要求履约的证据，银行及进口商凭单据付款。从本质上讲，信用证就是买卖合同条款的单据要求及银行的付款保证。

由此可见，信用证是开证银行对受益人的一种付款保证，只要受益人履行信用证所规定的条件，即受益人只要提交符合信用证所规定的各种单据，开证行就保证付款。因此，在信用证支付方式下，开证行成为首先付款人，故属于银行信用。

2. 信用证的特点

银行信用比一般商业信用相对可靠，故信用证支付方式与汇付及托收方式相比，具有不同的特点，主要表现在以下三方面。

（1）信用证是一种银行信用，开征银行负有第一性付款责任。信用证是开证行向受益人的付款承诺。《跟单信用统一付款惯例》第二条明确指出，信用证是一项约定，按此约定，凭规定的单据在符合信用证条款的情况下，开证银行向受益人或其指定的人进行付款、承兑或议付。开证行处于第一付款人的地位，它的付款责任是首要的和独立的，因此，即使进口人失去偿付能力或者拒绝付款，只要出口人提交的单据符合信用证条款，开证行仍有义务付款。因此，信用证是一种由开证银行以自己的信用作保证的银行信用。

（2）信用证是独立于合同之外的一种自足的法律文件。信用证虽然是根据买卖合同开立的，但信用证一经开立，它就成为独立于买卖合同以外的契约。信用证的各当事人的权利和责任完全以信用证中所列的条款为依据，不受买卖合同的约束，出口人提交的单据即使符合买卖合同要求，但若与信用证条款不一致，仍会遭银行拒付。信用证与合同是两项不同的业务，是各自独立存在的法律文件。

《UCP 600》在第四条“信用证与合同”中还进一步指出：“开证行应劝阻申请人试图将基础合同、形式发票等文件作为信用证组成部分的做法。”

（3）信用证是一种纯单据业务。在信用证方式下，实行的是凭单付款的原则。《UCP 600》第五条规定：“银行处理的是单据，而不是单据可能涉及的货物、服务或履约行为。”所以，信用证是一种纯粹的单据业务。按照《UCP 600》第十四条“审核单据的标准”中的 a 项规定，银行对任何单据的形式、完整性、准确性、真

实性以及伪造或法律效力，或单据上规定的或附加的一般和/或特殊条件概不负责。

《UCP 600》在第二条“定义”中也首次明确规定：“相符交单是指与信用证条款、本惯例的相关使用条款以及国际标准银行实务相一致的交单。”

单据不符导致拒付是信用证支付方式下一种普遍的现象，这缩小了信用证的使用范围，也导致了诉讼案件的增加。鉴于此，《UCP 600》体现了审单标准宽松化倾向。单证之间仅要求“不得矛盾”而非“等同”。

3. 信用证的作用

信用证是一种银行对出口人的有条件的付款承诺，建立在银行信用基础上。对出口人来说，其取得了银行信用只要做到与信用证规定相符，“单证一致，单单一致”，银行就保证支付货款。对进出口商来说，他可以通过信用证的单据要求，在一定程度上确保出口人按时、按质、按量交付货物。

信用证在国际贸易中使用如此广泛，是因为信用证具有以下积极作用：

（1）用银行信用取代了商业信用，基本解决了买卖双方互不信任的矛盾。

（2）便利了买卖双方向银行进行融通资金。银行可以通过打包放款、叙做出口押汇向出口人融通资金，可以通过凭信托收据借单向进口人融通资金。

（3）促进和保证了国际贸易的扩大与发展。

阅读资料 16—2

信用证单据不符拒付案

2011年4月广交会上某公司A与科威特某一老客户B签订合同，客人欲购买A公司的玻璃餐具（名：GLASS WARES），A公司报价FOB WENZHOU，温州出运到科威特，海运费到付。合同金额达USD 25 064.24，共1×40′高柜，支付条件为全额信用证。客户回国后开信用证到A公司，要求6月出运货物。

A公司按照合同与信用证的规定在6月按期出了货，并向银行交单议付，但在审核过程发现2个不符点：（1）发票上：GLASS WARES错写成GLASSWARES，即没有空格；（2）提单上：提货人一栏，TO THE ORDER OF BURGAN BANK，KUWAIT错写成了TO THE ORDER OF BURGAN BANK，即漏写KUWAIT。A公司认为这两个是极小的不符点，根本不影响提货。A公司本着这一点，又认为客户是老客户，就不符点担保出单了。但A公司很快就接到由议付行转来的拒付通知，银行就以上述两个不符点作为拒付理由拒绝付款。A公司立即与客户取得联系，原因是客户认为到付的运费（USD 2 275.00）太贵（原来A公司报给客户的是5月的海运费，到付价大约是USD 1 950.00，后6月海运费价格上涨，但客户并不知晓），拒绝到付运费，因此货物滞留在码头，A公司也无法收到货款。

后来A公司人员进行各方面的协调后，与船公司联系要求降低海运费，船公司将运费降到USD 2 100.00，客户才勉强接受，到银行付款赎单，A公司被扣了不符点费用。整个解决纠纷过程使得A公司推迟收汇大约20天。

16.3.2 信用证的当事人

1. 申请人

申请人（applicant）是指要求开立信用证的一方。在货物贸易中，通常是买方(进口商)，根据买卖合同所确定的付款条件，由其向往来银行申请开立信用证。

2. 开证行

根据《UCP 600》的定义，开证行（issuing bank）是指应申请人要求或者代表自己开出信用证的银行。开证行通常是进口地银行。当信用证规定的单据全部提交指定银行或开证行，并符合开证行的条款和条件，便构成了开证行确定的付款承诺。因此，在跟单信用证交易中，开证行所起的作用最为重要。

3. 通知行

按照《UCP 600》的定义，通知行（advising bank）是指应开证行的要求通知信用证的银行。通知行通常是出口地银行。信用证可由开证行直接寄受益人，但由于银行间建有印鉴、密押关系，经银行核验信用证的真实性，有利于保护受益人的权益，所以，大多数信用证都是由通知行通知的。

4. 受益人

受益人（beneficiary）是指接受信用证并享受其利益的一方。在信用证交易中，一般而言，受益人大多是卖方或出口商，他有权利使用或享受信用证的利益，所以称为受益人。

5. 议付行

根据《UCP 600》的规定，议付是指议付行（negotiating bank）在相符交单下，在其应获偿付的银行工作日当天或之前向受益人预付或同意预付货款，从而购买汇票及/或单据的行为。另外，汇票付款人必须是银行，但不能做成以议付行为付款人。

6. 付款行

它是信用证上指定的付款银行。付款行（paying bank）通常是汇票的受票人，故亦称受票行。它一般是指开证行，也可以是指定的另一家银行，根据信用证条款的规定来决定。

7. 保兑行

保兑行（confirming bank）是指根据开证行的授权或要求对信用证加具保兑的银行。

有些开证行的规模较小，或信用等级较低，或所在地国家经济、政治、社会状况不稳定，而须由开证行另请一家为受益人所熟悉（通常是出口地的通知行）或其他信用较好的银行对其所开信用证进行保兑。这家依照开证行的授权或要求，而对开证行所开信用证承担保证兑付责任的银行即为保兑行。保兑行与付款行一样，对受益人的保兑行为无追索权。

8. 交单人

交单人（Presenter）是指实施交单行为的受益人、银行或其他人。

16.3.3 信用证的主要内容

在国际贸易中，各国银行开出的信用证并没有统一的格式，但基本内容大致相同。总之，就是国际货物买卖合同的有关条款与要求受益人提交的单据，再加上银行保证。通常包括以下内容：

(1) 信用证本身的说明：如信用证编号、开证日期、到期日和到期地点、交单地点等。

(2) 兑付方式：是即期付款、延期付款、承兑还是议付。

(3) 信用证的种类：是否可以撤销、是否经另一家银行保兑、可否转让等。

(4) 信用证的当事人：开证申请人、开证行、受益人、通知行等。

(5) 汇票条款：包括汇票的种类、出票人、受票人、付款期限、出票条款及出票日期等。

(6) 货物条款：包括货物的名称、规格、数量、包装、价格等。

(7) 单据条款：通常要求提交商业发票、运输单据和保险单据。此外，还有包装单据，如装箱单、重量单，以及产地证、检验证书等。

(8) 支付货币和信用证金额：包括币别和金额。币别通常包括货币的缩写和大写，金额一般分别用大写文字和阿拉伯数字书写。信用证金额是开证行付款责任的最高限额，有时信用证还规定一定比率的上下浮动幅度。

(9) 装运与保险条款：如装运港或起运地、装货港和目的地、装运期限、可否分批装运、可否转运以及如何分批装运、转运的规定。以 CIF 或 CIP 贸易术语达成的交易项下的保险要求，所需投保的金额和险别等。

(10) 特殊条款：主要根据每笔业务的不同需要而规定的一些条款，如要求××银行加以保兑；限制××银行议付等。

16.3.4 信用证的一般付款程序

跟单信用证有不同的类型，其业务程序也各有特点，但就其基本流程而言，大体要经过申请开证、开证、通知、交单、付款、赎单等环节。先以最常见的即期不可撤销跟单议付信用证为例，说明其业务流程（见图 16—5）。

16.3.5 信用证的种类

1. 跟单信用证与光票信用证

根据信用证项下的汇票是否有货运单据，可分为跟单信用证和光票信用证。

(1) 跟单信用证，是指凭跟单汇票或仅凭单据付款、承兑或议付的信用证。这里的“单据”是指代表货物所有权或证明货物业已装运的货运单据，包括运输单据、商业发票、保险单据、商检证书、产地证书、装箱单等。

(2) 光票信用证，是指开证行仅凭受益人开具的汇票或简单收据而无须附带货运单据付款的信用证。

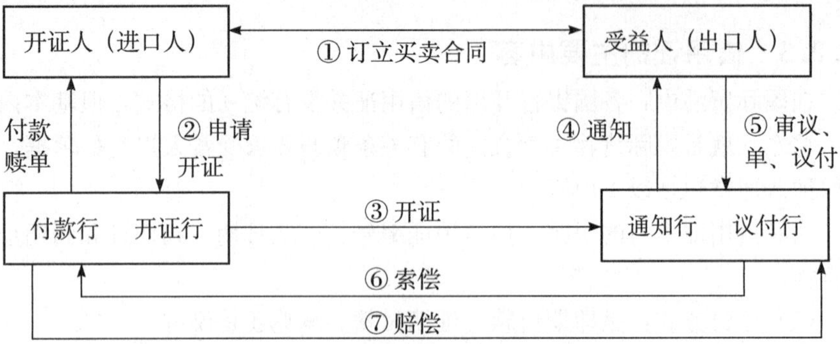

图 16—5 即期不可撤销跟单议付信用证收款程序示意图

①订立买卖合同。

②申请开证。开证申请人即为合同的进口方,应按合同规定的期限向所在地银行(开证行)申请开证。

③开证行开立信用证。开证行接受申请人的开证申请后,据其开立以出口人为受益人的信用证,并邮寄或电传或通过 SWIFT 电讯网络送交出口地的代理行(通知行),请他代为通知或转交受益人。

④通知行通知受益人。通知行收到信用证后,经核对签字印鉴或密押无误,立即将信用证转知受益人,并留存一份副本备查。

⑤交单议付。受益人对信用证的内容审核无误,即可根据信用证的规定发运货物,缮制并取得信用证规定的全部单据,开立汇票(或不开汇票,视信用证规定),连同信用证正本和修改通知书(如果有修改通知书),在信用证规定的有效期和交单期内,递交给通知行或与自己有往来的银行或信用证中指定的议付银行办理议付。议付是可以追索的。

⑥索赔。议付行办理议付后,根据信用证规定,凭单向开证行或其指定的银行(付款行或偿付行)请求偿付的行为。

⑦偿付。信用证中的偿付(Reimbursement)是指开证行或被指定的付款行或偿付行向议付行进行付款的行为。

⑧申请人付款赎单。开证行在向议付行偿付后,即通知申请人偿付赎单。申请人付款后,即可从开证行取得全套单据。

在国际贸易货款结算中,主要使用跟单信用证。

2. 保兑信用证和不保兑信用证

(1) 保兑信用证(confirmed L/C),是指一家银行保证对符合信用证条款规定的单据履行付款义务的信用证。根据开证行的授权或要求对信用证加具保兑的银行为保兑行。而保兑是指保兑行在开证行承诺之外做出的承付或议付相符交单的确定承诺。

按《UCP 600》第八条的规定,保兑行自对信用证加具保兑之时起即不可撤销地承担承付或议付的责任。也就是说,信用证一经保兑,即构成保兑行在开证行以外的一项确定承诺,保兑行与开证行一样承担第一性付款责任。简言之,银行一旦对信用证加具保兑,其地位即相当于一个开证行,但其不仅负有与开证行相同的责任,同时也享有要求开证行偿付,若开证行倒闭或无力支付则向申请人索偿的权利。同时,根据《UCP 600》第八条的规定,如果开证行授权或要求一银行对信用证加具保兑,而该银行并不准备照办,则其必须毫不延误地通知开证行,而不加保兑。

(2) 不保兑信用证(unconfirmed L/C),是指开证行开出的信用证没有经另一家银行保兑的信用证。当在开证行资信较好和信用证金额不大的情况下，一般都使用不保兑信用证。

3. 不可撤销信用证和可撤销信用证

（1）不可撤销信用证（irrevocable L/C），是指信用证一经开出，在有效期内，未经受益人及有关当事人的同意，开证行不得片面修改和撤销，只要受益人提供的单据符合信用证规定，开证行必须履行付款义务的信用证。

（2）可撤销信用证（revocable L/C），是指开证行对所开信用证不必征得受益人或有关当事人的同意，有权随时撤销或修改的信用证。

4. 即期信用证、远期信用证和假远期信用证

根据付款时间的不同，信用证可分为即期信用证和远期信用证。

（1）即期信用证，是指开证行或付款行在收到受益人提交的、符合信用证规定的单据后，要立即对单据付款。这种信用证使出口方得以迅速收回货款，是国际贸易中最常见的一种信用证。

（2）远期信用证，是指开证行或付款行在收到受益人提交的符合信用证规定的单据时，并不立即付款，而是在信用证规定的付款期限到来时才进行付款。持这种信用证，出口方交单在先、收款在后，实际上等于为进口方提供了资金融通的便利。

常见的远期信用证有银行承兑信用证和延期付款信用证。

1）银行承兑信用证是指开证行收到单据经审核无误后，在卖方开立的远期汇票上承兑，然后留下单据，承兑后的汇票则退回给受益人，等到期时再次提示付款。当然，受益人也可以在汇票到期之前，通过贴现收回货款。

2）延期付款信用证是指开证行在信用证上明确规定银行在受益人交单后若干天付款或货物装船后若干天付款。这种信用证无须开立汇票，因此也不能贴现。

鉴于信用证的付款期限可有不同规定，在签订合同时，就必须列明。例如，凭不可撤销的即期信用证付款。如果约定远期付款，则必须明确付款期限、起算日期和利息负担。

此外，在我国的进出口实践中，有时合同规定即期信用证付款，但在执行时，对方开立的信用证却要求受益人开立远期汇票，但明确指示银行按即期付款处理。有的则在正中列明由指定的银行负责承兑贴现，费用由开证银行负担。这类信用证对受益人来说，仍像开立即期汇票一样，在提示单据时立即收回货款，所以我国业务上习惯称之为假远期信用证（Usance Letter of Credit Payable at Sight）。买方之所以开立这种假远期信用证，有时是碍于进口国外汇管制办法不允许开立即期信用证。但从根本上讲，这是开证银行利用第三家银行资金的一种办法。

5. 可转让信用证和背对背信用证

1. 根据使用信用证的权利能否转让，分为可转让信用证和不可转让信用证。

可转让信用证（transferable credit），是指经出口商请求，进口商同意，由开证行在信用证上特别注明“可转让”（transferable）字样的信用证。可转让信用证可应受益人（第一受益人、出口商）的要求转为全部或部分由另一受益人（第二受

益人）兑用。即信用证的受益人（第一受益人、出口人）可以根据信用证有关条款的规定，要求信用证指定的转让行将该信用证全部或部分转让给另一受益人（第二受益人）兑用。

在国际上，可转让信用证多应用于由中间商出面签订的合同，可转让信用证中，通常第一受益人是中间商，第二受益人为实际供货人，由中间商把证转由供货商执行。凡信用证中未明确可转让字样的，则不可转让。为了防止信用证转让给资信欠佳的第二受益人而影响合同的执行，我国在签订进口合同时一般不规定开立可转让信用证的条款。

进口人开立可转让信用证，意味着他同意出口人将交货、交单义务由出口人指定的其他人来履行，但这并不等于买卖合同也已被转让。如果发生第二受益人不能交货，或交货不符合合同规定，单据不符合买卖合同要求，原出口人仍要承担买卖合同规定的卖方责任。

（2）背对背信用证（back to back credit）又称转开信用证，指原证的受益人以原证为担保品，要求银行以第三人为受益人另行开立一张与原证内容相似的新的信用证。背对背信用证通常以中间商（原证的受益人）为申请人，可见，背对背信用证多数用于中间商转售他人货物或转口贸易的场合。

目前，在两国或两个地区之间，由于种种原因，不能直接发生贸易的情况下，也经常利用这种信用证。背对背信用证的采用一般无须在合同中做出规定，但在洽谈过程中，必要时也可就此作为一种默契。

6. 循环信用证

循环信用证（revolving L/C）是指信用证被全部或部分使用后，其余额又恢复到原金额，可再次使用，直至达到规定的次数或规定的总金额为止的信用证。

与循环信用证相对应的是非循环信用证。通常信用证的金额及其有效期限是固定的，除非修改增加金额，其金额一经用完，信用证即告失效。即使尚有未用余额，若已超过信用证有效期，则信用证也失效。这种信用证即为非循环信用证(non-revolving L/C)。

7. 对开信用证

对开信用证（reciprocal credit）是指买卖双方在易货贸易中，同时以对方为受益人而开立的金额大体相等的信用证。其特点是第一张信用证的受益人（出口商）和开证申请人（进口商）与第二张信用证（回头信用证）的开证申请人和受益人的地位恰恰对调。也就是说，第一张信用证的申请人是第二张信用证的受益人，第一张信用证的受益人是第二张信用证的申请人。第一张信用证的通知行通常是第二张信用证的开证行。

在国际贸易结算中，由于各种信用证的名称不同，它们在性质、银行责任、收汇快慢、安全程度等方面都存在差别，因此，买卖双方在签订合同时，若采用信用证方式结算，必须就信用证的种类予以明确。在我国的进出口业务中，使用最多的是不可撤销的即期信用证。至于是否要附加其他条款，则应根据交易对象、交易金额、交货办法、订约时的经济形势以及经营意图确定。

16.4 银行保证书（保函）

在国际贸易业务中，当买卖双方不便使用跟单信用证，而一方当事人担心对方不履行合同义务时，通常要求对方通过银行出具银行保证书或者备用信用证，两者都是银行开立的保证文件，均属于银行信用。这两种方式通常应用于结算风险的保障。

1. 银行保证书（保函）的含义及基本内容

银行保证书又称为银行保函，是指银行或其他金融机构作为担保人向受益人开立的，保证被保证人一定要向受益人尽到某项义务，否则将由担保人负责支付受益人损失的文件。

其特点是：保证书依据商务合同开出，但又不依附于商务合同，具有独立的法律效力；银行信用作为保证，易于合同双方接受。银行保证书的内容根据交易的不同而有所不同，在形式和条款方面也无固定格式。

2. 银行保证书（保函）的种类

（1）见索即付保证书（保函）（demand guarantees），是指任何保证、担保或其他付款条款，这些保证、担保或其他付款承诺是由银行、保险公司或其他组织或个人出具的，以书面形式表示在交来符合保函条款的索赔书或保函中规定的其他文件时，承担付款责任的承诺文件。

据此，见索即付保函的担保人承担的是第一性的、直接的付款责任，故这种保函又称为无条件保函（unconditional L/C）。

（2）有条件保证书（保函）（conditional L/C），是指保证人向受益人付款是有条件的，只有在符合保函规定的条件下，保证人才予以付款。可见，有条件保函的担保人承担的是第二性的、附属性的付款条款。

银行保函是由银行开立的承担付款责任的一种担保凭证，银行根据保函的规定承担绝对付款责任，故银行保函一般为见索即付保函。

3. 银行保证书（保函）的当事人

（1）申请人（applicant）或称委托人（principal）。

（2）受益人（beneficiary）。

（3）担保行（guarantor bank）。

（4）通知行（advising bank）或称转递行（transmitting bank）。

（5）转开行（reissuing bank）。

（6）反担保行（counter guarantor bank）。

（7）保兑行（confirming bank）。

4. 银行保证书（保函）的基本内容

（1）保函当事人（受益人、申请人、担保行、通知行或转开行）的完整名称和详细地址。

(2) 保函的性质。即保函的种类。

(3) 合同的主要内容。

(4) 保函的编号和开立日期。

(5) 保函金额。

(6) 保函的有效期限和终止到期日。

(7) 当事人的权利和义务。

(8) 索偿条件。

(9) 其他条款。

16.5 各种支付方式的选用

在一般的国际货物买卖合同中，通常只单独使用一种基本的结算方式，但在特殊情况下，也可在同一笔交易中，将两种以上的结算方式结合使用。在开展国际贸易业务时选择哪一种支付方式，可酌情而定。

1. 主要结算方式的比较

在国际贸易中，汇付、跟单托收和跟单信用证是最基本、最常用的结算方式。表16—1对这三种结算方式在安全因素、资金占用、费用负担、手续繁简等方面做了比较。

表16—1　　汇付、跟单托收和跟单信用证结算方式的比较

结算方式	手续繁简	银行收费	资金承担	买方风险	卖方风险
预付货款（汇付）	简单	最少	不平衡	最大	最小
货到付款（汇付）	简单	最少	不平衡	最小	最大
付款交单（托收）	稍繁	稍多	不平衡	较小	较大
承兑交单（托收）	较繁	稍多	不平衡	极小	极大
跟单信用证	最繁	最多	较平衡	稍大	较小

2. 影响结算方式选择的因素

在选择结算方式时，安全因素是首先需要考虑的重要问题，其次是占用资金时间的长短、操作时的手续繁简、银行费用的多少等。此外，下列因素对选择使用何种结算方式具有一定的影响，有时甚至起决定性作用。

(1) 客户资信。在国际贸易中，合同能否顺利圆满地履行，在很大程度上取决于客户的信用。因此，要在贸易中安全收汇、用汇，就必须根据客户的具体情况，选用适当的结算方式。

(2) 贸易术语。国际货物买卖合同中采用不同的国际贸易术语，表明各项合同的交货方式和使用的运输方式是不同的，而不同的交货方式和运输方式所适用的结算方式不会完全相同。

(3) 运输单据。如果货物通过海上运输，出口商装运货物后得到的运输提单是海运提单，而海运提单属于物权凭证，提单交付给进口商之前，出口商尚能控制货物，故可以选用信用证和托收方式结算货款。如果货物通过航空、铁路、邮政等方式运输，出口商装运货物后得到的运输单据是航空运单、铁路运单或邮包收据，这些都不是物权凭证，此种情况一般不适宜做托收。即使采用信用证方式，也大多规定必须以开证行作为运输单据的收货人，以便银行控制货物。

3. 各种支付方式的选用

在国际贸易实务中，除采用某一种支付方式，有时也可以将各种不同的支付方式结合起来使用。主要有以下几种方式。

(1) 信用证与汇付相结合。信用证与汇付相结合是指部分货款采用信用证支付，余额采用汇付方式结算。这种结合形式常用于允许交货数量有一定机动幅度的某些初级产品的交易。例如，交易矿砂、煤炭、粮食等散装货物时，买卖合同规定90%的货款以信用证方式支付，其余10%在该货物运抵目的港、经检验核实货物数量后，按实到数量确定余额以汇付方式支付。

(2) 信用证与托收相结合。信用证与托收相结合是指一笔交易的货款部分用信用证方式支付，余额用托收方式结算。这种结合形式的具体做法通常是：信用证规定受益人（出口商）开立两张汇票，属于信用证项下的部分货款通过光票支付，而将货运单据附在托收部分的汇票项下按即期或远期付款交单方式托收。这种做法，对进口商而言，可减少开证金额，少付开证押金，少垫资金；对出口商而言，托收部分虽然有一定风险，但因为有部分信用证的保证，而且货运单据在信用证内规定跟随托收汇票，开证行需等全部货款付清后才能向进口商交单，因而收汇较为安全。但信用证中必须订明信用证的种类和支付金额以及托收方式的种类，而且必须订明“在全部付清发票金额后方可交单”的条款。

(3) 信用证与银行保证书相结合。信用证与银行保证书相结合主要用于成套设备进出口或工程承包交易。即除了支付货款外，还有预付定金或保留金的收取的情况。一般货款可用信用证支付，预付定金要先开银行保函，保留金的收取也可以用开立保证书代替。如果是招标交易，则须投标保证书、履约保证书、退还预付金保证书与信用证相结合。

(4) 托收与银行保证书相结合。托收与汇付相反，是逆汇，出口商先交货后收款，从而要承担进口商收到货物后拒付而造成的货款两空的风险。因此，采取托收方式对于出口商不利。为了使货款收取有保障，可以让进口商申请开立保证托收付款的银行保证书。一旦进口商没有在收到单据后的规定时间内付款，出口商有权向开立保证书的银行索取出口货款。

(5) 汇付、托收、信用证、保证书多种结算方式结合使用。在成套设备、大型机械产品和交通工具的进出口交易中，由于成交金额巨大、产品生命周期长，可以按工程进度和交货进度分若干期付清货款，此时一般将汇付、托收、信用证、保证书等结算方式结合起来使用。

本章小结

1. 货款结算是国际贸易的关键环节。国际结算中使用的票据主要包括汇票、本票和支票。在国际货款的结算中，较常见的结算方式有汇付、托收和信用证三种。其中，汇付和托收方式属于商业信用，而信用证方式属于银行信用，其他结算工具与结算方式有银行保证书（保函）、备用信用证等。

2. 国际贸易结算中可根据客户资信、所用贸易术语、运输单据等因素的不同，将各种结算方式和工具结合起来灵活运用。

核心概念

汇票　支票　本票　托收　不可撤销信用证　跟单信用证　支票　背书　D/P　D/A　银行保证书

复习思考题

1. 汇票在市场上是如何流转使用的？
2. 试比较汇票、本票与支票。
3. 什么是汇付？汇付的性质与作用如何？
4. 什么是托收？托收的性质与特点是什么？
5. 什么是信用证？简述信用证的性质与作用。
6. 常见的不同结算方式结合使用有哪些方式？

案例分析

信用证软条款引起拒付案

我方某食品进出口公司向澳大利亚某公司出口鲜活制品一批，双方规定以即期信用证为付款方式。买方在合同规定的开证时间内开来信用证，证中规定：“一经开证申请人收到单证相符的单据并承兑后，我行立即付款。”我方银行在审核信用证时，把该规定问题提出来，要求受益人注意该条款。但该食品进出口公司的业务员认为该客户为老客户，应该问题不大，遂根据信用证的规定装运出口。当结汇单据交到付款行时，付款行以开证行认为单据不符不愿承兑为由拒付。

思考题：

1. 银行拒付有无道理？
2. 我方的失误在哪里？

第 17 章

争议的预防与处理

章首阅读　商品检验权

我方售货给加拿大的甲商，甲商又将货物转售给英国的乙商。货抵甲国后，甲商已发现货物存在质量问题，但仍将原货运往英国。乙商收到货物后，除发现货物质量问题外，还发现有 80 包货物包装破损，货物严重短量，因而向甲商索赔，甲商又向我方提出索赔。

资料来源：吴百福主编：《进出口贸易实务教程》，上海，上海人民出版社，2003。

思考：

我方是否应负责赔偿？为什么？

分析提示：

考虑检验权问题。所谓检验权，是指买方或卖方有权对所交易的货物进行检验，其检验结果即作为交付与接受货物的依据。此案例中甲商收到货后没有进行检验，直接转售乙商，甲商的行动表明他已放弃对货物的检验权并接受货物。因此，我方对甲商不负责赔偿。

商品检验直接关系到买卖双方在交接货物方面的权利与义务，因此它是买卖双方交接货物中必不可少的步骤。各国法律和《联合国国际货物销售合同公约》对于检验权都做了相应的规定。实务中，为了确定责任归属，应在合同中就检验时间和地点、检验方法，检验机构等做出具体的规定。

由于国际贸易线长、面广，难免会出现违约进而引发争议。为了顺利解决因一方违约可能产生的争议，合同中有必要就索赔期限、索赔依据以及索赔金额等内容进行约定。

如果在履约过程中，发生并非合同当事人过失造成的意外事件而使合同不能履行或不能如期履行，则可免除其违约责任。为了明确该事件是否确属不可抗力事件，可以在合同中事先约定不可抗力事件的范围。

如果双方对事实和合同条款理解不一致或一方有意回避责任，则可提起司法诉讼，请求调解或者提请仲裁。

17.1 货物的检验检疫

17.1.1 商品检验检疫的重要性

国际货物买卖中的商品检验（commodity inspection)，简称商检，是指检验机构对进出口商品的品质、数量、包装、卫生、装运条件以及对涉及人类健康安全、动植物生命和健康保护、环境保护、欺诈行为防止、国家安全维护等项检验内容进行的检验、鉴定和监督管理。

由于商品检验直接关系到买卖双方在货物交接方面的权利与义务，特别是某些进出口商品的检验工作还直接关系到人类的健康安全、动植物的生命和健康的保护、环境保护、欺诈行为的防止、国家安全的维护以及生产建设的顺利进行，因此，许多国家的法律和国际公约都对商品的检验问题做了明确规定。例如，根据英国有关货物买卖的法律，买方在没有合理机会检验货物之前，不能认为他明示地通知卖方他已接受货物。

又如，《联合国国际货物销售合同公约》第 38 条也对货物的检验问题做出了明确规定："买方必须在按实际情况可行的最短时间内检验货物或由他人检验货物。如果合同涉及货物运输，检验可推迟到货物到达目的地后进行。"同时该公约第 36 条规定，卖方对货物风险转移到买方时所存在的任何与合同不符的情形，均负有责任，即便这种不符在风险转移后方始明显，也不例外。

上述规定都体现了一个共同的原则，即除非买卖双方另有规定，买方在接受货物之前，应有权对其购买的货物进行检验。但买方对货物的检验权并不是买方接受货物的前提条件。如买方未利用合理的机会检验货物，那么他就自动放弃了检验货物的权利。另外，如果合同中的检验条款规定，以卖方的检验为准，此时，就排除了买方对货物的检验权。

案例 17—1

检验的时效

某公司与国外某客户以 CFR 条件签订了一笔小五金工具出口合同，合同中的检验条款规定，货到目的港后 30 天内检验，检验机构为设在进口国的世界著名的 A 检验机构。之后，出口商按期发货，进口商也按买卖合同规定支付了货款。半年后，出口商收到进口商的索赔文件，文件称上述小五金工具有 80%已锈损。索赔文件上还附有 B 检验机构出具的检验报告。

资料来源：http：//wenku. baidu. com/view/5e9d001ca300a6c30c229ff0. html.

思考：

试分析进口商的索赔要求有无道理？出口商对此应如何处理？

分析提示：

出口商可以拒绝，因为超过了索赔期限，而且客户提供的检验证书应由目的港的检验检疫机构出具，而对方使用了另一地方的检验机构出具的检验证书，因此，出口商有权拒绝索赔要求。

综上所述，有关商品检验权的规定是直接关系到买卖双方权利与义务的重要问题，因此，交易双方应在买卖合同中对与商品检验有关的问题做出明确具体的规定，这就是合同中的检验条款。国际货物买卖合同中的检验条款，其内容因商品种类和特性的不同而有差异，但通常都包括检验时间和地点、检验机构、检验证书、检验所依据的标准以及货物与合同规定不符时买方索赔的时限等项内容。下面就一般商品检验条款做简要介绍。

17.1.2　检验时间和地点

检验时间和地点是指在何时、何地行使对货物的检验权。所谓检验权，是指买方或卖方有权对所交易的货物进行检验，其检验结果即作为交付与接受货物的依据。确定检验的时间和地点，实际上就是确定买卖双方中的哪一方行使对货物的检验权，也就是确定检验结果以哪一方提供的检验证书为准。谁享有对货物的检验权，谁就享有了对货物的品质、数量、包装等项内容进行最后评定的权利。由此可见，如何规定检验时间和地点，是直接关系到买卖双方切身利益的重要问题，因而是交易双方商定检验条款时的核心所在。

在国际货物买卖合同中，根据国际贸易的一般习惯做法和我国的业务实践，检验时间和地点的规定办法主要可归纳为以下几种。

(1) 在出口国产地检验。在卖方工厂检验：发货前，由卖方检验人员会同买方检验人员对货物进行检验，或者由双方认可的检验机构检验，卖方只对商品离开产地前的品质负责。离开产地后运输途中的风险，由买方负责。在装运港（地）检验：货物在装运前或装运时，由双方约定的商检机构检验并出具检验证明，作为确认交货品质和数量的依据，这种规定称为以“离岸品质和离岸数量”为准。

(2) 进口国检验。目的港（地）检验：货物在目的港（地）卸货后，由双方约定的商检机构检验并出具检验证明，作为确认交货品质和数量的依据，这种规定称为以“到岸品质和到岸数量”为准。买方营业处所或用户所在地检验：对于那些密封包装、精密复杂的商品不宜在使用前拆包检验，或需要安装调试后才能检验的产品，可将检验推迟至用户所在地，由双方认可的检验机构检验并出具证明。

(3) 出口国检验，进口国复检。按照这种做法，装运前的检验证书作为卖方收取货款的出口单据之一，但货到目的地后，买方有复验权。如经双方认可的商检机构复验后，发现货物不符合合同规定，且系卖方责任，买方可在规定时间内向卖方提出异议和索赔，直至拒收货物。

此外，还有装运港（地）检验重量、目的港（地）检验质量（离岸重量、到岸品质）等做法。上述各种做法各有特点，应视具体的商品交易性质而定。但对大多数一般商品交易来说，“出口国检验，进口国复验”的做法最为方便，而且合理。因为这种做法既肯定了卖方的检验证书是有效的交接货物和结算凭证，同时又确认买方在收到货物后有复验权，这符合各国法律和国际公约的规定。我国对外贸易中大多采用这一做法。

17.1.3 检验机构

在国际货物买卖中，交易双方除了自行对货物进行必要的检验外，通常还要委托独立于买卖双方之外的第三方对货物进行检验。有时，虽然买卖双方未要求对所交易的商品进行检验，但根据有关法律或法规的规定，必须由某机构进行检验，经检验合格后方可出境或入境。

国际上的商品检验机构种类繁多，名称各异，有的称作公证行（authentic surveyor)、宣誓衡量人（sworn measurer)，也有的称为实验室（laboratory)，大体可归纳为官方检验机构、半官方检验机构和非官方检验机构三种。官方的检验机构只对特定商品（粮食、药物等）进行检验，如美国食品与药品管理局（FDA)、日本通产省检查所等。国际贸易中的商品检验主要由民间机构承担，民间商检机构具有公证机构的法律地位。比较著名的有瑞士日内瓦通用鉴定公司（SGS)、日本海外货物检验株式会社（OMIC)、美国保险人实验室（UL)、英国劳合氏公证行(Lloyd’s Surveyor)、法国船级社（B. V.)，以及香港天祥公证化验行等。

我国的技术监督和检验检疫局是代表政府进行技术执法的官方机构，在全国各省、直辖市、自治区，特别是进出口商品口岸，设立了分支机构，称为出入境商品检验检疫局，是一个综合性的检验机构。除了技术执法外，出入境商品检验检疫局也向国内外厂商提供技术服务，接受委托，对商品进行检验，并出具相关的检验证书。

1980年成立的中国检验认证集团（CCIC）及其分公司，是接受国家委托从事进出口商品检验的具有法人资格的公司。我国商检机构和一些国外检验机构建立了委托代理关系（如SGS）或合资检验机构（如OMIC)，外国检验机构经批准也可在我国设立分支机构，在指定范围内接受进出口商品检验和鉴定业务。

按我国《商品检验法》规定，我国商检机构的基本任务有三项。

1. 法定检验

商检机构依据《进出口商品检验种类表》、《食品卫生法》和《动植物检疫法》以及国际条约和其他法律法规的规定，对进出口商品实施强制性的检验，称为法定检验。

按规定，属于法定检验的商品，出口报关时必须出具由出入境检验检疫局在检验合格后签发的“出境货物通关单”；进口报关时应出具由出入境检验检疫局在接受报检后签发的“入境货物通关单”。属于法定检验的出口商品，未经检验合格，不准出口；属于法定检验的进口商品，进口时必须申报检验，进口后，未经检验合格，不准销售、使用。

2. 公证鉴定

应国际贸易关系人的申请，商检机构以公证人的身份，办理规定范围内的进出口商品的检验鉴定业务，出具证明，作为当事人办理有关事务的有效凭证。如品质、数量证明，残损鉴定，车、船、飞机和集装箱的运载鉴定，普惠制产地证等。

3. 实施监督管理

商检机构通过行政管理手段，对进出口商品有关企业的检验部门和检验人员进行监督管理；对生产企业质量体系进行评审；对进出口商品进行抽查检验等，是我国商检机构对进出口商品执行检验把关的重要手段；也是简化检验程序，实施“厂检换证”的基本措施。

17.1.4 进出口商品检验的标准

商品的检验标准有买卖双方当事人在合同中约定的检验标准和由国家法律、法规规定的强制性检验标准。后者有的是由国家有关机构制定的，也有的是由工商团体或民间机构制定，但得到国际公认或有关国家认可的，比如，美国保险人实验室的安全标准、欧洲“汽车废气排放标准”。

1.《中华人民共和国进出口商品检验法实施条例》的规定

《中华人民共和国进出口商品检验法实施条例》规定，商检机构对进出口商品的检验标准采用“从严检验”的原则。具体规定如下：

（1）法律、法规规定有强制性检验标准的，或有其他必须执行的检验标准的，按规定的标准实施检验。

（2）法律、法规未有规定的，按对外贸易合同约定的检验标准检验；凭样品成交的，应当按照样品检验。

（3）法律、法规规定的强制性检验标准，低于合同约定标准的，按约定的检验标准实施检验。

（4）法律、法规未规定强制性的检验标准，对外贸易合同也没有约定检验标准或约定不明确的，按照生产国标准、有关国际标准或者国家商检机构指定的标准检验。

应当指出，世界各国为了保护国内市场，在贸易全球化的背景下，出台了一系列严格的技术、卫生和商品包装的标准，不符合这些标准的商品将不被允许进入该国市场。所以，对于从事国际商品贸易的企业来说，掌握国际标准和各国的国内标准，并使商品符合这些标准，已成为进入国际市场的基本条件之一。

2. 国际标准化组织关于商品质量的规定

国际标准化组织（International Standard Organization，ISO）的 ISO 9000 质量管理与质量保证系列国际标准，已得到全世界的普遍重视。尽管该标准是对企业质量体系的认证，而不是产品本身的质量标准，但由于该标准涉及产品开发到售后服务的全过程，为产品质量提供了很好的保证，所以在国际贸易中，有的进口商不但要求商品质量符合规定的标准，还要求制造商和销售商的质量保证体系符合 ISO 9000 系列标准，至少获得该质量体系认证的厂商在产品质量上具有更大的说服力。

此外，在生态平衡、环境保护和可持续发展愈来愈为全球关注的形势下，国际标准化组织公布了 ISO 14000 环保系列标准，有些国家还制定了国内法对商品在生产过程中的环保措施提出了强制性的要求。所以，今后进入世界市场的商品不仅在商品品质上应符合有关标准，在生产过程中也应符合有关的环保要求。

17.1.5 出入境检验检疫程序

1. 报检

报检是申请人（货主或货代）向检验检疫机构报请检验，填写报检申请单，并提交相关的买卖合同、信用证及其他必要资料。

入境货物应在货物入境前或入境时凭进口货物报关单和其他单证向到货口岸或到达地的检验检疫机构办理报检手续。其中，进口动物应视不同情况，在入境 30 日前或 15 日前报检；进口植物应在入境 7 日前报检。

出境货物应在报关或装运 10 日前报检。

2. 抽样

按规定的方法和一定比例，由检验检疫人员到现场抽取样品。

3. 检验检疫

对出入境的应检对象，按照有关法律法规或合同、信用证的规定，检验各项指标是否符合合同或进出口国的有关规定。

4. 签证与履行

凡法律、行政法规或国际公约或协定规定，须经检验检疫机构检验的出境货物，经检验检疫合格签发“出境货物通关单”，作为海关验放货物的依据。

凡法律、法规或国际公约规定须由检验检疫机构检验的入境货物，申报检验后，即先签发“入境货物通关单”，海关据以验放货物，但入境后，未经检验合格，不准销售使用。

17.1.6 全面进口监管计划

全面进口监管计划（comprehensive import supervision scheme，CISS），是部分发展中国家对进口商品进行强制性检验的一种制度，其主要内容是由指定的国家机构与国际性检验机构签订委托检验的合同，由后者对该国进口商品在装运前实施检验，检验的主要内容包括：

（1）商品检验。对商品的品质、数量、包装以及装载情况的检验和监视。

（2）价格比较。比较成交价格是否超过装运时的市场价格，并确认海关的应税价值。

此外，审查该交易是否符合进出口国的有关法律、法规，以及确定税目和税率。有关检验机构在完成货物检验和价格比较后，出具一份“清洁报告书”，表示检验合格。向实施 CISS 的国家出口时，“清洁报告书”是主要的出口单据之一，也是进口商进口报关或申请外汇的凭证。

中国检验认证集团和有关的检验机构，如日内瓦通用鉴定公司、日本海外商品检验株式会社等订有委托代理协议，可以代为签发它们的检验证书，或出具我方检验证书后换取它们的证书。

17.2　索赔与理赔

国际货物买卖合同确立了买卖双方的权利和义务，任何一方不履行或不完全履行合同规定的义务，即构成违约。合同的另一方可因自己的权利受到侵犯，及因此受到的损失向对方索赔。索赔是指受损的一方，根据合同或法律规定，向违约方提出赔偿要求。违约方对受损方所提赔偿要求的受理与处理，属于理赔。索赔与理赔是一个事物的两个方面。

1. 违约责任

不同性质的违约，所承担的法律责任不同。

《联合国国际货物销售合同公约》规定："一方当事人违反合同的结果，如使另一方当事人蒙受损失，以至于实际上剥夺了他根据合同规定有权期待得到的东西，即为根本违反合同……"受损害一方有权向违约方要求损害赔偿并有权宣告合同无效。但如违约的情况尚未达到根本违反合同的程度，则受损害方只能要求损害赔偿而不能宣告合同无效。

各国法律均有相似的规定。如美国法律把违约程度按其造成的后果分成严重违约和轻微违约。对于严重违约，受损害方不但有权要求损害赔偿，而且有权宣告合同无效。对于轻微违约，则只能要求赔偿而不能解除合同。英国则按合同中的不同条款，分成违反要件和违反担保，这和一般按违约的客观后果进行区分有所不同，但在近年的司法实践中，英国的判例已向公约的规定靠拢。

我国《合同法》第一百四十八条规定："因标的物质量不符合质量要求，致使不能实现合同目的的，买受人可以拒绝接受标的物或解除合同。"这里的"不能实现合同目的"，应可视为根本违约。

2. 索赔和理赔

索赔和理赔是一个问题的两个方面。属于卖方责任而引起买方索赔的主要有：卖方所交货物的品质、数量、包装和合同不符；卖方未按期交货；卖方其他违反合同或法定义务的行为。属于买方责任而引起卖方索赔的有：买方未按期付款；未及时办理运输手续；未及时开立信用证；买方其他违反合同或法定义务的行为。

索赔和理赔中，索赔依据和索赔时间是两个最基本的条件。

索赔的法律依据是合同和适用的法律、惯例。索赔的事实依据是违约事实的书面文件，指有资格的机构出具的书面证明，当事人的陈述和其他旁证。

索赔期限通常在合同中加以约定。超过约定的索赔期限，受损害的一方即丧失索赔权。如果在合同中未约定索赔期限，则依照法律规定的索赔期限。按《联合国国际货物销售合同公约》的规定,买方收到货物后,必须在发现或理应发现货物与合同不符的情况后的一段“合理时间”内通知卖方,说明不符合合同情形的性质,否则就失去索赔的权利;在任何情况下,法定的最长索赔期限是两年。营业地处于公约缔约国的买卖双方,在合同中无约定索赔期限时,应按上述公约的规定,在“合理时间”内索赔,最长不超过两年。

3. 合同中的索赔条款

买卖双方可根据交易的需要在合同中订立或不订立索赔条款。订立索赔条款通常有两种方式。

(1) 异议和索赔条款。该条款针对卖方交货品质、数量或包装不符合合同规定而订立,主要内容包括索赔依据和索赔期限。索赔依据主要是指双方认可的商检机构出具的检验证书。索赔期限根据不同商品由双方约定。

(2) 违约金条款。针对当事人不按期履约而订立,如卖方未按期交货或买方未按期派船、开证。主要内容是规定违约金的数额以补偿对方的损失。

我国《合同法》第一百一十四条规定:“当事人就迟延履行约定违约金的,违约方支付违约金后,还应当履行债务。”因此,违约金的支付并不解除违约方继续履行的义务。违约方支付违约金只是作为延迟履约所造成对方损失的赔偿,如因故不能履约,另一方仍有权索赔。我国《合同法》认为违约金是违约方向对方支付的损失赔偿,这和英美法等国家的立场是一致的。

违约金条款常用于大宗商品或成套设备的合同中。

17.3 不可抗力

17.3.1 不可抗力的含义

不可抗力(force majeure)是指买卖合同签订后,不是由于当事人一方的过失或故意,发生了当事人在订立合同时不能预见,对其发生和后果不能避免并且不能克服的事件,以致不能履行合同或不能如期履行合同。遭受不可抗力事件的一方可以据此免除履行合同的责任或推迟履行合同,对方无权要求赔偿。

不可抗力通常包括两种情况:一种是自然原因引起的,如水灾、旱灾、暴风雪、地震等;另一种是社会原因引起的,如战争、罢工、政府禁令等。但不可抗力事件目前国际并无统一明确的具体解释,哪些意外事件应视做不可抗力,可由买卖双方在合同的不可抗力条款中约定。

17.3.2 不可抗力条款

不可抗力条款是一种免责条款,即免除由于不可抗力事件而违约的一方的违约责任。一般应规定的内容包括:不可抗力事件的范围、事件发生后通知对方的期限、出具证明文件的机构以及不可抗力事件的后果。

我国进出口合同中的不可抗力条款按对不可抗力事件范围规定的不同,主要有以下三种方式。

（1）概括式。即对不可抗力事件做笼统的提示，如“由于不可抗力的原因，而不能履行合同或延迟履行合同的一方可不负有违约责任。但应立即以电传或传真通知对方，并在××天内以航空挂号信向对方提供中国国际贸易促进委员会出具的证明书”。

（2）列举式。即逐一订明不可抗力事件的种类。如“由于战争、地震、水灾、火灾、暴风雪的原因而不能履行合同或延迟履行合同的一方不负有违约责任……”

（3）综合式。即将概括式和列举式合并在一起，如“由于战争、地震、水灾、火灾、暴风雪的原因或其他不可抗力原因而不能履行合同的一方不负有违约责任……”综合式是最常用的一种方式。

17.3.3 不可抗力事件的处理

1. 通知

《联合国国际货物销售合同公约》规定，在不可抗力事件发生后，违约方必须及时通知另一方，并提供必要的证明文件，而且在通知中应提出处理意见。如果因未及时通知而使另一方受到损害，则应负赔偿责任。

我国《合同法》也规定：“应及时通知另一方，以减轻可能给另一方造成的损失……”

不可抗力事件出具证明的机构大多为当地商会。在我国，由中国国际贸易促进委员会（即中国国际商会）出具。

2. 确认

另一方接到不可抗力事件的通知和证明文件后，应根据事件性质，决定是否确认其为不可抗力事件，并把处理意见及时通知对方。

3. 法律后果

《联合国国际货物销售合同公约》规定，一方当事人享受的免责权利只对履约障碍存在期间有效，如果合同未经双方同意宣告无效，则合同关系继续存在，一旦履行障碍消除，双方当事人仍须继续履行合同义务。

所以，不可抗力事件所引起的后果，可能是解除合同也可能是延迟履行合同，应由双方按公约规定结合具体情势商定。

4. 注意事项

不可抗力事件的处理，关键是对不可抗力事件的认定。尽管在合同的不可抗力条款中做了一定的说明，但在具体问题上，双方对不可抗力事件是否成立可能出现分歧。通常应注意下列事项：

（1）区分商业风险和不可抗力事件。商业风险往往也是无法预见和不可避免的，但它和不可抗力事件的根本区别在于，一方当事人承担了风险损失后，有能力履行合同义务，典型情况是对“种类货”的处理，此类货物可以从市场中购得，因此，卖方通常不能免除其交货责任。

（2）重视“特定标的物”的作用。对于包装后刷上唛头或通过运输单据等已将货物确定为某项合同的标的物的，称为特定标的物。此类货物由于不可抗力而灭失，卖方可以确认为不可抗力事件。如果货物并未特定化，则会造成免责的依据不足。比如，3万米棉布在储存中由于不可抗力损失了1万米，若棉布分别售予两个货主，而又未对棉布做特定化处理，则卖方对两个买主都无法引用不可抗力条款免责。

(3) 重视合同中不可抗力条款的作用。在国际贸易中，如果由于发生当事人无法预料和预防的意外事故，导致一方当事人无法履行合同义务，究竟是否可以确认该事故为不可抗力，各国法律的规定都比较笼统，会导致双方当事人产生争议。为了尽可能避免这种不确定性，双方当事人在签订合同时，应充分考虑可能发生的意外事故及其后果，并在不可抗力条款中予以说明。

案例 17—2

我国某进口企业按FOB条件向欧洲某厂商订购一批货物。当我方派船前往西欧指定港口接货时，正值埃及与以色列发生战争，埃及被迫关闭苏伊士运河。我方所派轮船只得绕道南非好望角航行，由于绕道增加了航程，船只延迟到达装货港口。欧洲厂商要求我方赔偿因接货船只迟到而造成的仓租和利息，我方拒绝了对方要求，因此引起争议。

资料来源：吴百福主编：《进出口贸易实务教程》，上海，上海人民出版社，2003。

思考：

欧洲厂商的要求合理吗？为什么？

分析提示：

我方所派船只迟到，是由于战争造成的，这属于社会原因引起的不可抗力，是法定免责事项。因此，对欧洲厂商提出的赔偿要求，我方可不予理睬。

17.4 仲　裁

17.4.1 争议的解决方式

在国际贸易中，双方在履行过程中有可能发生争议。由于买卖双方之间的关系是一种平等互利的合作关系，所以，一旦发生争议，首先应通过友好协商的方式解决，以利于保护商业秘密和企业声誉。如果协商不成，则当事人可按照合同或争议的情况采用调解、仲裁或诉讼方式解决争议。

1. 调解

调解（conciliation）是双方当事人自愿将争议提交选定的调解机构（法院、仲裁机构或专门的调解机构），由该机构按调解程序进行调解。若调解成功，双方应签订和解协议，作为一种新的契约予以执行，若调解意见不为双方或其中一方接受，则该意见对当事人无约束力，调解即告失败。

我国在诉讼和仲裁中，均采用了先行调解的程序。

2. 仲裁

仲裁（arbitration）是双方当事人达成书面协议，自愿把争议提交给双方同意的仲裁机构，仲裁机构做出的裁决是终局的，对双方都有约束力。仲裁方式具有解决争议时间短、费用低、能为当事人保密、裁决有权威性、异国执行方便等优点。

3. 诉讼

诉讼（litigation）是一方当事人向法院起诉，控告合同的另一方，一般要求法院判令另一方当事人以赔偿经济损失或支付违约金的方式承担违约责任，也有要求对方实际履行合同义务的。诉讼是当事人单方面的行为，只要法院受理，另一方就必须应诉。诉讼方式的缺点在于立案时间长，诉讼费用高，异国法院的判决未必是公正的，各国司法程序不同，当事人在异国诉讼比较复杂，跨国执行困难。

综观上述三种解决争议的方式，在国际贸易实践中，仲裁是被广泛采用的一种方式。

17.4.2　仲裁协议

1. 仲裁协议的含义

所谓仲裁协议，是指双方当事人在自愿、协商、平等互利的基础上将他们之间已经发生或者可能发生的争议提交仲裁解决的书面文件，是申请仲裁的必备材料。

2. 仲裁协议的作用

仲裁协议的作用即仲裁协议所具有的法律约束力。一项有效的仲裁协议的法律效力包括对双方当事人的约束力、对法院的约束力和对仲裁机构的约束力。

（1）对双方当事人的法律效力。仲裁协议对当事人的法律效力表现为：约束双方当事人对纠纷解决方式的选择权。

仲裁协议一经有效成立，即对双方当事人产生法律效力，双方当事人都受到他们所签订的仲裁协议的约束。发生纠纷后，当事人只能通过向仲裁协议中所确定的仲裁机构申请仲裁的方式解决该纠纷，而丧失了就该纠纷向法院提起诉讼的权利。如果一方当事人违背仲裁协议，就仲裁协议规定范围内的争议事项向法院起诉，另一方当事人有权在首次开庭前依据仲裁协议要求法院停止诉讼程序，法院也应当驳回当事人的起诉。

（2）对法院的法律效力。仲裁协议对法院的法律效力表现为：仲裁协议排除法院的司法管辖权。

有效的仲裁协议可以排除法院对订立于仲裁协议中的争议事项的司法管辖权，这是仲裁协议法律效力的重要体现，也是各国仲裁普遍适用的准则。我国仲裁法明确规定，当事人达成仲裁协议，一方向人民法院起诉的，人民法院不予受理，但仲裁协议无效的除外。当事人达成仲裁协议，一方向人民法院起诉未声明有仲裁协议的，人民法院受理后，另一方在首次开庭前提交仲裁协议的，人民法院应当驳回起诉，但仲裁协议无效的除外。当然如果另一方在首次开庭前未对人民法院受理该案提出异议的，视为放弃仲裁协议，人民法院应当继续审理。当事人在首次开庭前未对人民法院受理该案提出异议的，推定当事人默示司法管辖。

(3) 对仲裁机构的法律效力。仲裁协议对仲裁机构的法律效力表现为：授予仲裁机构仲裁管辖权并限定仲裁的范围。

仲裁协议是仲裁委员会受理仲裁案件的基础，是仲裁庭审理和裁决仲裁案件的依据。没有仲裁协议就没有仲裁机构对仲裁案件的仲裁管辖权。我国《仲裁法》第四条规定，没有仲裁协议，一方申请仲裁的，仲裁委员会不予受理。同时，仲裁机构的管辖权又受到仲裁协议的严格限制，即仲裁庭只能对当事人在仲裁协议中约定的争议事项进行仲裁，而对仲裁协议约定范围以外的其他争议无权仲裁。

案例 17—3

仲裁协议的效力

甲方与乙方签订了出口某货物的合同一份，合同中的仲裁条款规定："凡因执行本合同发生的一切争议，双方同意提交仲裁，仲裁在被诉方国家进行。仲裁裁决是终局的，对双方都有约束力。"合同履行过程中，双方因品质问题发生争议，于是将争议提交甲国仲裁。经仲裁庭调查审理，认为乙方的举证不实，裁决乙方败诉。事后甲方因乙方不执行裁决向本国法院提出申请，要求法院强制执行，乙方不服。

资料来源：http：//wenku. baidu. com/view/5e9d001ca3006c30c229ffo. html.

思考：

乙方可否向本国法院提请上诉？为什么？

分析提示：

乙方不能向本国法院提请上诉。这是因为仲裁裁决结果的效力是终局的，仲裁裁决已经做出，就具有法律效力，对双方当事人均有约束力，不得向任何机构提出变更裁决的请求。但胜诉方可以向法院申请要求败诉方执行裁决。

3. 仲裁协议的内容

仲裁协议的内容一般应包括仲裁地点、仲裁程序、仲裁裁决的效力及仲裁费用的负担等。仲裁地点是协议中最为重要的一个问题，因为仲裁地点与仲裁适用的程序和合同争议所适用的实体法密切相关，通常采用仲裁所在地国家的仲裁法和实体法。

进出口贸易合同中的仲裁地点可以采用下列四种规定方法：

(1) 规定在我国仲裁。

(2) 规定在被诉方所在国仲裁。

(3) 规定在双方同意的第三国仲裁。

(4) 规定在对方所在国仲裁。

由于我国企业目前大多缺乏在国外申诉的能力，所以应力争在我国仲裁。

仲裁裁决是终局的。对双方当事人均有约束力，不得向任何机构提出变更裁决的请求。

仲裁费用的负担可在协议中订明，通常由败诉方负担，也可规定由仲裁庭裁决。

17.4.3　仲裁机构和仲裁程序

1. 仲裁机构

世界上许多国家和一些国际组织都设有专门从事国际商事仲裁的常设机构，如国际商会仲裁院、英国伦敦仲裁院、英国仲裁协会、美国仲裁协会、瑞典斯德哥尔摩商会仲裁院、瑞士苏黎世商会仲裁院、日本国际商事仲裁会以及香港国际仲裁中心等。我国的涉外仲裁机构为中国国际经济贸易仲裁委员会，设在北京，在上海和深圳设有分会。按我国《仲裁法》设立的各地方仲裁委员会，如上海仲裁委员会，也可受理国际商事仲裁案件。

仲裁机构不是国家的司法部门，而是依据法律成立的民间机构。

2. 仲裁程序

各国仲裁机构的仲裁规则对仲裁程序都有明确规定。按我国仲裁规则规定，基本程序如下：

(1) 申请仲裁。申请人应提交仲裁协议和仲裁申请书，并附交有关证明文件和预缴仲裁保证金。仲裁申请书应包括以下内容：

1) 申诉人和被诉人的名称、地址、电传、传真、电话和法人代表。

2) 所依据的仲裁协议及协议中指定的有关仲裁机构名称。

3) 请求仲裁的事项，包括争议事项、请求理由和所要求的损害赔偿。

4) 申诉人或授权代理人的签章。

有关证明文件应包括：合同、仲裁协议、来往函电、检验证书和其他证据的正本或复印件。

(2) 受理仲裁案件。仲裁机构收到仲裁申请书后，应对仲裁协议和提交的仲裁事项进行审查。确认协议有效，且所提交仲裁事项在协议范围之内，未过时效期限，可以接受申请，向申诉人发出受案通知，并向被诉人发出仲裁通知，附寄仲裁申请书及其附件。被诉人可以提交答辩书（我国仲裁规则为收到通知 45 天内）或提出反请求书（60 天内）。

如果仲裁机构审查后认为不能受理，则应将申诉书及其附件退还申诉人并说明理由。

(3) 指定仲裁员。仲裁员通常由当事人指定。双方当事人均可在仲裁机构提供的仲裁员名册中指定或委托仲裁机构指定一名仲裁员，并由仲裁机构指定第三名仲裁员作首席仲裁员，共同组成仲裁庭。如果采用简易程序（按我国仲裁规则，除非当事人另有约定，争议不超过 50 万元人民币，或超过 50 万元人民币，但经一方当事人书面申请并征得另一方当事人书面同意的，可适用简易程序），仲裁庭由一名独任仲裁员组成，可由双方当事人共同指定或委托仲裁机构指定。

仲裁员为兼职聘任，由国内外法律或各行业的资深专家担任，中国国际经济贸易仲裁委员会内，外籍仲裁员约占 30%。组成仲裁庭的仲裁员中，至少有一名是律师，视具体争议的内容，还应指定具有专业知识的人士担任仲裁员。

（4）仲裁审理。组成仲裁庭后，即开始审理程序。仲裁审理案件有两种形式：一种是书面审理，也称不开庭审理，只根据有关书面材料对案件进行审理并做出裁决。海事仲裁通常采用书面审理形式。另一种是开庭审理，这是普遍采用的一种形式。除非当事人要求公开开庭，否则仲裁庭审是不公开的，以保护当事人的商业机密。

仲裁庭有权确定仲裁审理的程序、方式、内容等事项，包括传唤证人、搜集证据和咨询专家等，还可请求法院予以协助，如财产保全等。

（5）仲裁裁决。按我国仲裁规则，仲裁庭应在组庭之日起 9 个月之内做出仲裁裁决（必要时可延长）。

国际经济贸易仲裁庭通常由 3 名仲裁员组成，根据多数仲裁员的意见做出裁决。在仲裁庭不能取得多数意见时，依据首席仲裁员的意见做出裁决。

仲裁裁决采取调解先行的方式。仲裁裁决是终局的，对双方当事人有约束力。

17.4.4 仲裁裁决的执行

仲裁裁决应由当事人自行执行，仲裁机构自身不具有强制执法的能力。如果一方逾期不予执行，另一方可向法院申请强制执行。

为了解决是否承认和执行外国仲裁裁决的问题，1958 年 6 月联合国通过了《承认和执行外国仲裁裁决公约》，简称《1958 年纽约公约》。我国于 1987 年 4 月正式加入这一公约。该公约规定，各缔约国必须承认和执行外国的仲裁裁决。作为例外，缔约国可做两项保留，经济“互惠保留”和“商事保留”。我国加入时也做了这两项保留，即在互惠的基础上，对另一缔约国领土内做出的仲裁裁决适用于该公约，且只承认商事法律管辖关系所产生的争议适用于该公约。

由于各国法律对仲裁裁决的终局性有所保留，所以《1958 年纽约公约》在肯定外国仲裁机构仲裁的有效性和终局性的同时，也做了拒绝执行外国仲裁机构裁决的有关规定。主要包括以下内容。

1. 对裁决程序的异议

（1）被诉人没有得到关于指定仲裁员或进行仲裁程序的适当通知，或者由于其他原因而不能对案件提出意见。

（2）裁决的事项超出仲裁协议所规定的范围。

（3）仲裁庭的组成或仲裁程序与双方当事人的协议不相符合。

（4）按仲裁地法律可以提起异议或上诉。

2. 管辖权的异议

如果被请求执行仲裁裁决的国家的有关当局认为，按照该国的法律，裁决中的争议事项不适合以仲裁方式处理，也可拒绝予以执行。

3. 对裁决实体问题的异议

上述当局如认为裁决的内容违反该国的公共秩序，也可以拒绝予以执行。

总之，国际经济贸易仲裁裁决的效力并不是绝对的，裁决做出后，如果当事人依民事诉讼法和仲裁法可以对裁决提出异议，法院有可能裁定不予执行或撤销该裁决。

本章小结

1. 商品检验是买卖双方交接货物中必不可少的环节，合同中通常对检验的时间做出明确的规定。

2. 检验机构有官方的，也有民间的，我国的商检机构出入境检验检疫局是国家的技术执法机构。

3. 合同中的索赔条款主要有两类：异议和索赔条款、罚金条款。

4. 不可抗力条款是一种免责条款，在处理不可抗力事件中，其法律后果可能是解除合同或者是延期执行合同。处理不可抗力事件首先应认定不可抗力事件。

5. 与调解和诉讼相比，仲裁是在国际贸易双方当事人发生纠纷而又协商不成时，可以首先选取的一种有约束力的纠纷解决方式。

核心概念

检验权　法定检验　索赔　理赔　不可抗力　仲裁协议　仲裁

复习思考题

1. 简述国际贸易中商品检验的重要性。

2. 《联合国国际货物销售合同公约》对买方的检验权和检验的时间和地点有哪些规定?

3. 我国商检法对出入境商品的检验范围和检验标准是如何规定的?

4. 我国商检机构的基本任务有哪些? 简单说明之。

5. 何谓不可抗力? 在国际货物买卖合同中规定不可抗力条款应注意哪些事项?

6. 《联合国国际货物销售合同公约》对违约责任是如何规定的? 我国《合同法》对此有何规定?

7. 国际贸易中，解决争议的方式有哪些? 简单说明各自的特点。

8. 对外贸易仲裁的特点有哪些?

案例分析

我某出口公司按CIF条件向欧洲某国进口商出口一批草编制品，向中国人民保险公司投保了一切险，并规定以信用证方式支付。该出口公司在规定的期限、指定的我国某港口装船完毕，船公司签发了提单，然后去中国银行议付款项。第二天，出口公司接到客户来电称，装货的海轮在海上失火，草编制品全部烧毁，客户要求该公司出面向中国人民保险公司提出索赔，否则要求该公司退回全部货款。

思考题:

该批交易按CIF条件成交，对客户的要求该公司该如何处理? 为什么?

第18章

出口合同的履行

章首阅读 **“四排队”和“三平衡”**

对于出口企业来说，在出口合同履行过程中，具体地要做好“四排队”、“三平衡”工作。“四排队”是指以买卖合同为对象，根据合同项下的货物是否备货、信用证是否开到，按四种情况进行分析排队，即“有证有货”、“有证无货”、“无证有货”、“无证无货”。“三平衡”是指以信用证为依据，根据信用证规定的装运期和到期日的远近，结合货源和运输能力的具体情况，区分轻重缓急，力求做到“货、证、运（船）”三方面的有效衔接，保证按时交付和装运货物，保证出口合同得以顺利履行。

资料来源：张炳达、王晓静编著：《国际贸易实务与案例》，296页，上海，立信会计出版社，2006。

分析提示：

签订出口合同，仅是出口工作的第一步。出口合同顺利履行，将未来利益转变成现实利益，才是签订出口合同的最终目的。

买卖双方经过交易磋商、签订出口合同以后，就进入了出口合同的履行阶段。高质量地完成外贸出口任务，不仅取决于合同的磋商和签订工作，而且更有赖于双方切实地按合同规定履行各自的义务。

在不同的贸易条件下，出口合同履行过程中所包括的工作环节和手续是不一样的。我国的出口贸易除大宗交易有时采用FOB术语外，多数采用CIF和CFR术语和凭信用证支付方式。本章以采用CIF术语和L/C支付交易为例，阐述履行出口合同所包含的货（备货）、证（催证、审证、改证）、船（租船订舱、装船）、款（制单、结汇）等基本环节的具体工作内容和必要程序，保证按时交付和装运货物及出口合同得以顺利履行。

18.1　准备货物

18.1.1　备货

备货是指出口商根据合同规定的种类、品质、规格、数量、包装等条件准备好货物，以便按质、按量、按时地完成交货任务。它是出口商履行出口合同的第一个环节。

备货工作一般在合同签订后就开始进行，如果出口企业是自营出口，就要按出口合同中的各项要求，整理库存现货或安排生产；如果出口企业需要采购货源再出口，则它首先向生产或供货单位及仓储部门下达联系单（或加工通知单、信用证分析单），安排生产或催交货物，并要求后者按联系单的内容对货物进行加工、整理，制刷唛头，然后再由外贸公司对货物进行核实、验收。即便货物已提前验收入仓，也要按合同规定对其进行加工整理或重新包装并刷好唛头，以保证货物符合合同的要求。

准备货物是履行出口合同的重要环节。《联合国国际货物销售合同公约》明确指出："卖方必须按照合同和本公约的规定交付货物，移交一切与货物有关的单据，并转移货物所有权。"由此可见，按照合同规定交付货物、移交单据和转移货物所有权是卖方的三项基本义务。其中，交付货物又是最主要的义务。因为只有交付了货物，才谈得上移交单据和转移货物所有权。而做好备货工作，就是为履行交货义务准备物质基础。根据法律，当事人应当按照约定全面履行自己的义务。在履行合同过程中，不仅要求当事人的行为或不行为完全符合合同的明文规定，而且还应符合合同的默示条件，即按照诚实信用原则，或者根据交易习惯应当履行的义务，包括合乎适用的法律和公认的国际惯例。

案例 18—1

合同数量前冠以"约"，而来证为固定金额，如何处理？

我某公司向科威特出口冻羊肉 20 吨，每吨 FOB 价 400 美元，合同规定数量可增减 10%。国外按时开来信用证，证中规定金额为8 000美元，数量约 20 吨。结果我公司按 22 吨发货装运，但持单到银行办理议付时遭拒绝。原因何在？

资料来源：张炳达编著：《国际贸易实务》，436 页，上海，立信会计出版社，2010。

分析提示：

我方多装 2 吨货倒是可以，不过来证的金额前并无类似的"约"或"大约"的词语，所以如持 22 吨的发票和8 800美元的汇票向银行办理议付，肯定不行。

18.1.2　报检

出口报检是出口货物的生产、经营单位按照商检法的规定，向当地出入境检验检疫局申请办理检验手续。

（1）凡属法定检验的出口商品，必须根据《中华人民共和国商品检验法》及其实施条例、《中华人民共和国进出境动植物检疫法》及其实施条例、《中华人民共和国国境卫生检疫法》及其实施细则、《中华人民共和国食品卫生安全法》与国家质量监督检验检疫局制定的《出入境检验检疫报检规定》，在规定的地点和期限内，持出口合同、信用证副本、发票、装箱单以及其他必要的单证向出入境检验检疫机构报检。

（2）对于不属于法定检验范围内的出口商品，出口合同约定由检验检疫机构检验的，也须按合同规定，持买卖合同等有关单证向检验检疫机构报检，由检验检疫机构实施或组织实施检验或检疫，在取得检验合格并能证明货物符合合同的证书之后，方可凭以向买方收取货款，并以此作为交接货物的依据。

值得注意的是，检验检疫机构检验合格的出口商品，发货人应当在检验证书或者放行单签发之日起的有效期限内报运出口。检验证书的有效期，一般货物是从发证之日起两个月内有效；鲜果、鲜蛋类为两个星期，植物检疫为三个星期内有效。逾期报运出口的，必须重新向检验检疫机构报检，取得合格证书后方可出口。

18.2 落实信用证

在履行以信用证付款合同时，落实信用证是履行出口合同不可缺少的重要环节。落实信用证通常包括催证、审证和改证三项内容。当买方未按合同规定的时间开来信用证，或我国企业作为卖方根据货源和运输情况可提前装运时，可以某种方式催促对方及时办理开证手续，以便卖方履行交货义务。而当买方开来信用证时，我方就必须对开证银行及信用证内容进行认真审查和核对，如发现与合同有重大不符，而我方又不愿接受时，应及时向买方发出要求修改信用证的通知。

1. 催证

催开信用证是指通过信件、电报或其他通信工具催促对方及时办理开立信用证手续并将信用证送达我方，以便我方及时装运货物出口，履行合同义务。在采用信用证方式结算货款的交易中，按时开立信用证本是买方必须履行的重要义务。在正常情况下，买方最少应在货物装运期之前 15 天（有时也规定 30 天）将信用证开到卖方手中。但在实际业务中，由于种种原因，买方不按合同规定开证的情况时有发生。对此，为保证按时履行合同，提高履约率，我方有必要在适当的时候，提醒和催促买方按合同开立信用证。特别是大宗商品交易或按照买方要求而特别制定的商品的交易，更应结合备货情况进行及时催证。催证的方法一般为直接向国外客户发函电通知，必要时还可商请银行或我驻外机构等有关机构代理商给予协助，或配合协助催证。如通过传真催证：Sales Contract No. 9403 Goods are ready. Please rush to open the relevant L/C（9403 号合同项下的货已备妥，请速开信用证）。

2. 审证

信用证与买卖合同是国际货物买卖中两个相互关联而又各自独立的法律文件。信用证是以买卖合同为基础开立的，其中所列的条款从理论上说，应当与买卖合同的规定相符，这是信用证与买卖合同的关联所在。但是，信用证本身是一种独立的法律文件，《UCP 600》规定，信用证与凭以开立信用证的销售合同或其他合同，均属于不同业务，即使信用证中援引这些合同，银行也与之毫无关系，并不受其约束。虽然信用证是银行开立的付款保证文件，但银行的付款保证是以受益人提交的单据是否符合信用证条款为前提的。所以，开证银行的资信、信用证的各项内容，都关系到收汇的安全。为了确保收汇安全，外贸企业在收到信用证后，应立即对其进行认真的审查和核对。

在实际业务中，由于种种原因，如工作疏忽、电文传递的错误、贸易习惯的不同、市场行情的变化或进出口商有意利用开证的主动权在信用证上加列有利于自己利益的条款等，经常发现国外来证内容不完全符合买卖合同的规定，有的甚至大相径庭。因此，审核信用证必须十分谨慎、仔细，稍有疏忽就有可能影响履约，造成损失，甚至重大损失。

在我国，审核信用证是银行与出口企业的共同责任。由于银行与出口企业的分工不同，因而在审核内容上各有侧重。银行着重负责审核有关开证行资信、付款责任以及索汇路线等方面的条款和规定；出口企业着重审核信用证的条款是否与买卖合同的规定相一致。

3. 改证

在审核信用证中发现属于不符合我国对外贸易政策，影响履行和安全收汇等情况时，必须要求国外客户修改信用证，并坚持在收到银行修改信用证通知书后才能装运。修改信用证流程通常是：卖方审证——函电要求买方修改——买方通知开证行改证——开证行改证并转交通知行——通知行再将改证转交卖方。

在信用证业务中，修改信用证是常有的事。修改信用证的内容直接关系到有关当事人的权利和义务的改变。所以，信用证在其有效期内的任何修改，均须取得有关当事人的同意，方能生效。修改信用证可由开证申请人主动提出，也可由受益人主动提出。在一份信用证中，有多处条款需修改的情况是常见的，对此，卖方应做到一次向开证人提出，否则不仅增加双方的手续和费用，也影响自己的信誉。

案例 18—2

我某进出口公司与国外某客商订立一份轻纺制品的出口合同，合同规定以即期信用证为付款方式。买方在合同规定的开证时间内将信用证开抵通知银行，并经通知银行转交给我出口公司。我出口公司审核后发现，信用证上有关货物装运期限和不允许转运的规定与双方签订的合同不一致。为争取时间，尽快将信用证修改完毕，以便办理货物的装运，我方立即电告开证银行修改信用证，并要求开证银行修改完信用证后，直接将信用证修改通知书寄交我方。

资料来源：张炳达、王晓静编著：《国际贸易实务与案例》，302 页，上海，立信会计出版

社，2006。

思考：

我方的做法可能产生什么后果？

分析提示：

正确的信用证修改渠道是：卖方审证——函电要求买方修改——买方通知开证银行改证——开证行改证并转交通知行——通知行再将改证转交卖方。

我方的做法可能产生以下后果：

(1) 因有关方面不同意修改或拖延修改信用证，导致我方无法凭证结汇；

(2) 无法辨别信用证修改通知书的真伪就办理装运，最后无法凭证结汇。

18.3 安排装运

在备妥货物和落实信用证后，出口企业按买卖合同和信用证规定，对外履行装运货物的义务。按 CFR，CIF 条件成交的合同，出口方办理租船订舱；以 FOB 条件成交而进口方委托出口方代办的，出口方也应办理托运手续。安排装运货物出口涉及的工作环节很多，其中托运、订舱、投保、报关、装运和发装运通知是六个主要环节。

1. 托运

凡由我方安排运输的出口合同，对外装运货物、租订运输工具和办理各项有关运输事项，我国出口企业委托我国对外贸易运输公司（以下简称“外运公司”）或其他国际货物运输代理（以下简称“货运代理”或“货代”）办理。所以，在货、证齐全后，出口企业应立即向货运代理办理托运手续。

2. 订舱

货运代理收到出口企业的货运代理委托书后，首先应通过查阅由各班轮公司和航运中介机构（如上海航运交易所）公布的与出口企业货运有关的船期表和各种航运信息，了解各班轮公司的船舶、船期、挂靠港及船舶箱位数等具体情况。货运代理选定合适的船舶后，向船公司或其代理在其所营运的船舶截单期前订舱位，即订舱（space booking）。

3. 投保

在履行 CIF 出口合同时，在配舱就绪，确定船名、航次和装运日期后，出口企业应于货物运离仓库或其他储存处所前，按照出口合同和信用证的规定向保险公司办理投保手续，以取得约定的保险单据。在办理投保手续时，通常应填写对外运输投保单，列明投保人名称、货名、数量、包装和标志、船名、航次、预计起航日期、投保险别、保险金额等。有时也有出口企业利用现成单据副本如出口货物明细表、货物出口分析单等替代投保单。保险公司根据投保单考虑接受承保，并缮制签发保险单。

4. 报关

出口货物交付装运前，必须经过海关清关。清关也称通关，通常需经五个环节：出口申报、审核单证、查验货物、办理征税、清关放行。

目前，我国的出口企业在办理报关时，可以自行办理报关手续，也可以通过专业的报关经纪行或国际货运代理公司来办理。无论是自行报关，还是由报关行来办理，都必须填写出口货物报关单，必要时，还需要提供出口合同副本、发票、装箱单或重量单、商品检验证书及其他有关证件，向海关申报出口。

5. 装运

在 CIF 合同、采用集装箱班轮运输的情况下，承运船舶抵港前，出口企业或其货运代理应根据港区所做的进栈计划，将经出口清关由海关加上铅封的集装箱存放于港区指定堆场。港区外轮理货员凭场站收据副本大副联进行理货配载。船舶抵港后，由港区向托运人签收缴纳出口货物港务费申请书后，办理装船，并做好舱内的堆码、隔垫和加固工作。装船完毕，由船长或大副在场站收据（正本）上签字，表明货物已收妥。出口企业或货运代理可凭大副收据向船公司或其代理换取已装船提单。托运人应查看场站收据上的内容有无漏签和不良批注，如有漏签，应与理货组长一起找大副改签；如有不良批注，应设法消除造成的原因（如包装不良需要换装）。

6. 发装运通知

在 CIF 合同下，按国际惯例以及我国出口业务中的习惯做法，我国出口企业于货物装运（装船）后应向国外买方以电讯方式及时发出装运通知，或称装船通知，以便买方为收取货物事先采取必需的措施，例如，为付款、赎单和进口报关等做准备，以及有时买方还可能拟自负费用加保其他险别及/或增加投保金额。装运通知的内容一般有合同或确认书号、信用证号、货物名称、数量、总值、唛头、装运口岸、装运日期、船名、航次等。

18.4　制单结汇

货物装运后，出口企业应立即按照信用证的规定，正确缮制各种单据（有的单据和凭证在货物装运前就应准备好），并在信用证规定的交单期内和信用证的有效期内，将各种单据和必要的凭证送交指定的银行办理要求付款，承兑或议付手续，并向银行进行结汇。

18.4.1　制作单据

1. 对出口单据的基本要求

现代国际贸易绝大部分采用凭单交货、凭单付款方式。因此，在出口业务中做好单据工作，对及时安全收汇有特别重要的意义。在信用证业务中，由于银行只凭信用证，不管买卖合同，只凭单据，不管货物，对单据的要求就更为严格。

对于出口单据，必须符合正确、完整、及时、简明、整洁的要求。

（1）正确。制作的单据必须正确，才能保证安全和及时收汇。在信用证方式下，单据的正确性集中体现在“单证一致”和“单单一致”，即单据应与信用证条款的规定相一致，单据与单据之间应彼此一致。此外，还应该注意单据的描述与实际装运的货物相一致，这样，单据才能真正地代表货物。

（2）完整。单据的完整是指信用证规定的各项单据必须齐全，不能短缺，单据的种类、每种单据的份数和单据本身的必要项目内容都必须完整。

（3）及时。制作单据必须及时，并应在信用证规定的有效期内和/或《UCP 600》规定的交单期限内将各项单据送交指定的银行办理议付、付款或承兑手续。如有可能，最好在货物装运前，先将有关单据送交银行预先审核，以便有较充裕的时间来检查单据，提早发现其中的差错并进行改正。或者在必要时，也可及时与进口商联系修改信用证，避免装运出口后因单证不符而被拒付。

（4）简明。单据内容应按信用证和《UCP 600》的规定以及该惯例所反映的国际标准银行实务填写，力求简单明了，切勿加列不必要的内容，以免弄巧成拙。

（5）整洁。单据的布局要美观、大方，缮写或打印的字迹要清楚，单据表面要洁净，更改的地方要加盖校对章。

有些单据例如提单、汇票以及一些重要单据的主要项目，如金额、件数、数量、重量等，不宜更改。

2. 常用的出口单据

出口单据的种类很多，究竟需提交哪些单据，其内容、份数和制作方法如何，应按照不同交易的买卖合同与信用证的规定执行。

在以信用证方式结算货款的交易中，提交的单据必须与信用证条款的规定严格相符。常用的出口单据主要有以下几种：

（1）汇票。在出口交易中，货款结算通常使用随附单据的跟单汇票。

（2）商业发票。商业发票是出口人对进口人开立的发货价目清单，是装运货物的总说明。

（3）运输单据。随不同的运输方式而各异。海洋运输时大多使用海运提单。

（4）保险单据。在CIF合同中，出口人在向银行或进口人收款时，提交符合买卖合同及/或信用证规定的保险单据是一项义务。当出口人办妥投保手续后，保险公司即根据投保人提供的投保单缮制保险单。

（5）包装单据。包装单据是指一切记载或描述商品包装情况的单据，它是商业发票的补充单据。在向银行交单，要求付款、承兑或议付时，除散装货外，一般均要求提供包装单据。不同商品有不同的包装单据，常用的有装箱单、重量单、尺码单、磅码单等。

（6）原产地证明书。原产地证明书是一种证明货物原产地或制造地的文件，也是进口国海关核定进口货物应征税率的依据。产地证一般分为普通产地证和普惠制产地证，以及政府间协议规定的特殊原产地证等。上述产地证虽然都用于证明货物的产地，但使用范围和格式不同。

（7）检验证书。检验证书是出入境检验检疫机构对出口商品实施检验或检疫后，根据检验检疫结果，结合出口合同和信用证要求，对外签发的证书。

（8）海关发票。海关发票是非洲、美洲和大洋洲等某些国家海关特定的格式，由出口人填制，供进口商凭以向进口海关报关时使用的一种特别发票。

（9）其他单证。其他单证是根据信用证条款规定提供的。这些单证有的是出口商自己制作的，有的是其他单位应出口商要求而出具的，其内容及签发人均应符合信用证规定。常见的有寄单证明、寄船样证明、装运通知副本、邮局收据或快递收据、有关运输方面的证明。

18.4.2　交单结汇

交单指出口商（信用证受益人）在信用证有效期内和交单期限内，向指定银行提交符合信用证条款规定的单据。这些单据经银行审核确认无误后，根据信用证规定的付款条件，由银行办理出口结汇。由于银行的付款、承兑和议付均以受益人提交的单据符合信用证条款的规定为条件，所以交付单据应严格做到完整、明确、及时。

为了提高单证质量，保证单证安全和及时收汇，我国银贸双方本着密切配合、相互支持的原则，采用在运输单据签发之前，先将其他已备齐的单据送交银行预审，在全部单据备齐后再向银行交单。

如属议付信用证，议付行在收到单据后，应立即按照信用证规定进行审核。如审核无误，应立即向信用证的开证行或被指定的付款行寄单索偿，同时，按照与出口商约定的方法进行结汇。我国出口业务中的出口结汇是指银行将收到的外汇按当日人民币市场汇价的银行买入价购入，结算成人民币支付给出口商。

在我国出口业务中，使用议付信用证比较多。对于这种信用证的出口结汇办法，主要有三种：收妥结汇、定期结汇和买单结汇。

（1）收妥结汇，又称先收后结，是指出口地银行收到受益人提交的单据，经审核确认与信用证条款规定相符后，将单据寄给国外付款行索偿，待付款行将外汇划给出口银行后，该行再按当日外汇牌价结算成人民币交付给受益人。

（2）定期结汇，是指出口地银行在收到受益人提交的单据经审核无误后，将单据寄给国外银行索偿，并自交单日起在事先规定期限内将货款外汇结算成人民币，贷记受益人账户或交付给受益人。此项期限视不同国家地区，根据银行索汇邮程的时间长短分别确定。

（3）买单结汇，又称出口押汇或议付，是议付行在审核单据后确认受益人所交单据符合信用证条款规定的情况下，按信用证的条款买入受益人的汇票和/或单据，按照票面金额扣除从议付日到估计收到票款之日的利息，将净数按议付日人民币市场汇价折算成人民币，付给信用证的受益人。议付行买入汇票和/或单据后，就成为汇票的善意持有人，即可凭汇票向信用证的开证行或其指定的银行索取票款。

18.4.3　对结汇单据不符点的处理办法

在实际业务中，由于主客观原因，发生单证不符的情形是难以完全避免的。倘若有较充足的时间改单或改证，做到单证相符，可以确保安全收汇。倘若因时间关系，无法在信用证有效期内和交单期限内做到单证相符，则可根据实际情况灵活处理。

(1) 担保议付，又称表提，即在征得信用证的开证人同意的前提下，由受益人出具保证书，请求议付行凭保议付有不符点的单据。保证书声明如国外开证行拒付，由受益人自行负责，同时电请信用证的开证申请人迅即授权开证行付款。表提一般适用于单证不符点并不严重，或虽然是实质性不符，但事先已经进口商确认可接受的情况。

(2) 电提。如单证不符情况较为复杂，可请议付行电告开证行单据中的不符点，征得开证行同意后议付，然后对外寄单。电提可以在短时间内由开证行征求买方的意见，如对方同意不符点，可立即寄单收汇；如不同意，卖方可以及时处理运输中的货物。

(3) 跟证托收。倘若议付行对不符单据不办理议付或经电提开证行不同意付款，那么就只能改做跟证托收，委托银行寄单收款。

值得注意的是，担保议付与跟证托收已失去信用证的银行信用保证，对出口商十分不利。担保议付即使出口商事先取得进口商的同意，也有可能仍被拒付，所以不宜轻易使用。而信用证项下的托收业务已完全改为托收方式，除已无银行信用可言外，甚至比一般的托收风险还要大。这是因为跟证托收通常是在开证行拒绝接受存在不符点的单据后办理的，开证行不接受单据的实质是开证申请人拒绝接受。所以，等到开证行向开证人提示汇票与单据时，大多可能会遭到进口商的拒付。因此，除非确有把握或万不得已，绝不能轻易采用这种方式。

此外，在单据经开证行审核被发现有不符点，并确属我方责任时，除需抓紧时间与进口商联系商榷处理办法外，还需做必要的准备，采取补救措施（如将货物转卖、运回国内等），防止造成更大的经济损失。

如上所述，在信用证支付条件下，受益人（出口商）为了安全收汇必须做到“单证一致，单单一致”，但不能疏忽的是，出口商还需承担买卖合同规定的义务。所以，出口商在履行合同时，除了要做到“单证一致，单单一致”外，还必须做到所交付的货物与合同的规定一致，货物与单证一致。这样环环相扣，才能保证安全收汇，并避免买方收到货物后提出异议或索赔。

18.5 违约处理

违约是合同一方当事人未履行其合同上的义务或者没有全部履行其合同义务而应承担的责任。

在实际业务中，由于种种原因，当事人不履行合同义务，或不按合同规定全部履行合同义务的情形经常有可能发生。当事人不履行合同义务或不按合同履行义务，如果不是出于不可抗力或其他免责原因，均构成违约，违约的一方应对由此引起的后果负责。在一般情况下，违约的一方要向对方负责赔偿因违约而造成的损失。

国际货物买卖合同订立后，卖方最常见的违约行为有不交货、延迟交货、所交货物与合同规定不符、不按合同规定移交与货物有关的单据等；买方的违约行为最常见的有无理由拒收货物、拒绝接受符合合同规定的单据、不按合同规定派船接货或指定承运人、拒绝支付货款或不按合同规定开立信用证等。

在国际货物买卖中，当一方违反合同时，另一方可采取的救济方法主要有：(1) 要求损害赔偿，推迟履行，降低价格，要求违约方支付违约金或宣告合同无效；(2) 要求继续履行、换货、对不符合同货物进行修补；(3) 卖方对未付清货款尚未发运的货物行使留置权，已发运在途的货物通知运回等。究竟采取何种补救措施，很大程度上取决于违约的性质及其具体情况。

总之，一旦发生违约，不仅涉及当事人的法律责任和经济利益，而且如果处理不当，还会影响双方的关系和日后的业务发展。所以，必须认真对待。

18.6　出口收汇管理和出口退税

2012 年 7 月，国家外汇管理局、海关总署、国家税务总局公告决定，根据我国对外贸易发展情况，对出口企业在办理货物装运出口及制单结汇后办理出口收汇核销和出口退税手续进行改革。

18.6.1　2003 年开始实行的出口收汇核销管理制度

依据当时的情况，为进一步完善出口收汇核销管理，提高外汇监管和服务工作的效率，促进我国对外贸易发展，国家外汇管理局于 2003 年 8 月 19 日制定了新的《出口收汇核销管理办法》，并征得商务部、海关总署、国家税务总局会签同意，在 2003 年 10 月 1 日开始执行。

曾经实行的出口收汇核销管理，是指国家职能部门对出口企业的出口货物实施跟单核销、逐笔管理的全过程，即国家职能部门对每笔出口收汇进行跟踪，直到收回外汇。根据《出口收汇核销管理办法》的规定，我国的核销工作由国家外汇管理局在海关、银行等部门的配合下具体实施。

按照当时的规定，出口企业初次办理出口收汇核销手续，应凭单位介绍信，申请书，省、自治区、直辖市或计划单列市的商务主管部门批准经营进出口业务的批件，工商营业执照，企业法人代码证书，海关注册登记证明书，出口合同等到外汇管理局办理登记，经外汇管理局审核合格后颁发《出口收汇核销单领取证》。

出口收汇核销的基本程序如下：

1. 申领核销单

出口企业派人到当地外汇管理部门申领有顺序编号的出口收汇核销单。

2. 报关审核

在出口报关时，海关将核对报关单和出口收汇核销单的内容是否一致，以及报关单上的核销编号与所附的核销单是否一致，然后在核销单上盖验讫章。

3. 银行出具核销专用联

当货款汇至出口地外汇指定银行后，该银行向出口企业出具结汇水单时，将提供出口收汇核销专用联，上面载有核销单编号，供出口企业办理核销用。

4. 外汇管理部门核销

出口企业凭出口收汇核销专用联的结汇水单及其他规定的单据，到国家外汇管理部门办理核销手续。国家外汇管理部门按规定办理核销后，将在核销单上加盖已核销章，并将其中的出口退税专用联退还出口企业。

实行出口收汇核销制度后，在相当长的一段时间实际上提高了出口收汇率，加快了结汇速度，对配合有关主管部门管理出口贸易曾经起到了积极的作用。

18.6.2 出口收汇核销制度的改革

根据我国对外贸易的发展和外汇收支变化情况，国家外汇管理局、海关总署、国家税务总局 2012 年 6 月发布关于货物贸易外汇管理制度改革的公告，决定自 2012 年 8 月 1 日起在全国实施货物贸易外汇管理制度改革：

1. 改革货物贸易外汇管理方式

改革之日起，取消出口收汇核销单（以下简称核销单），企业不再办理出口收汇核销手续。国家外汇管理局分支局（以下简称外汇局）对企业的贸易外汇管理方式由现场逐笔核销改变为非现场总量核查。外汇局通过货物贸易外汇监测系统，全面采集企业货物进出口和贸易外汇收支逐笔数据，定期比对、评估企业货物流与资金流总体匹配情况，便利合规企业贸易外汇收支；对存在异常的企业进行重点监测，必要时实施现场核查。

2. 对企业实施动态分类管理

外汇局根据企业贸易外汇收支的合规性及其与货物进出口的一致性，将企业分为 A，B，C 三类。A 类企业进口付汇单证简化，可凭进口报关单、合同或发票等任何一种能够证明交易真实性的单证在银行直接办理付汇，出口收汇无需联网核查；银行办理收付汇审核手续相应简化。对 B 类、C 类企业在贸易外汇收支单证审核、业务类型、结算方式等方面实施严格监管，B 类企业贸易外汇收支由银行实施电子数据核查，C 类企业贸易外汇收支须经外汇局逐笔登记后办理。

外汇局根据企业在分类监管期内遵守外汇管理规定情况，进行动态调整。A 类企业违反外汇管理规定将被降级为 B 类或 C 类；B 类企业在分类监管期内合规性状况未见好转的，将延长分类监管期或被降级为 C 类；B，C 类企业在分类监管期内守法合规经营的，分类监管期满后可升级为 A 类。

18.6.3 出口退税

出口退税是指有出口经营权的企业和代理出口货物的企业，除另有规定外，可在货物报关出口并在企业财务账册做销售处理后，凭有关凭证按月报税务机关批准退还和免征增值税及消费税。

按现行做法，我国政府对流通型企业出口货物实行“先征后退”管理办法。退税率依出口产品适用的税种、税目、税率的不同，根据税收部门规定的退税税目税率表执行。

办理出口退税的基本程序如下。

1. 申请

从 2012 年 8 月 1 日起，在出口企业申报出口退税手续时，填写出口产品退税申请表，向国家税务机构提交增值税专用发票、出口货物报关单出口退税专用联等凭证，送当地外经贸行政管理部门稽查签章，然后报所在地主管出口退税业务的税务机关。

按照国家外汇管理局等三部门的上述改革决定，2012 年 8 月 1 日之后，出口企业办理出口退税不再提供外汇核销单。

2. 上报

由企业所在地主管出口退税业务的税务机关（国税局）进行审核，符合条件和要求的，按照税收退税审批权限，逐级上报上级税务机关。

3. 批复

税务机关参考外汇局提供的企业出口收汇信息和分类情况，依据相关规定，审核企业出口退税。企业所在地主管出口退税业务的税务机关接到上级税务机关批准的退税通知后，签发税收收入退回书给出口退税的企业，并把退税款划到企业银行账户。

本章小结

1. 备货是指出口商根据合同规定的种类、品质、规格、数量、包装等条件准备好货物，以便按质、按量、按时地完成交货任务。它是出口商履行出口合同的第一个环节。

2. 催证、审证、改证是卖方履行合同的重要步骤，直接涉及交易能否顺利完成。当买方未按合同规定的时间开来信用证，或我企业作为卖方根据货源和运输情况可提前装运时，可以某种方式催促对方及时办理开证手续，以便卖方履行交货义务。而当买方开来信用证时，我方就必须认真审查和核对，如发现与合同有重大不符，而我方又不愿接受，应及时向买方发出要求修改信用证的通知。

3. 租船订舱是卖方履行合同的根本，涉及几个部门的配合和衔接，协调不好，会影响货物按时装运。

4. 制单结汇是交易的最后一环，它要求业务员认真、仔细，具有高度的责任感。

5. 出口退税是保证出口企业取得预期经济效益的关键，要求企业与海关、外汇管理局、税务局、银行等部门衔接，共同完成好安全收汇工作。

核心概念

报检　催证　审证　改证　租船订舱　制单结汇　交单　出口押汇　收妥结汇　出口退税

复习思考题

1. 履行出口合同包括哪些基本程序?
2. 出口企业应如何对待和处理开证行开来的信用证修改通知?
3. 什么是电提? 电提对出口商有什么保障?
4. 作为出口方，在履行合同时要做到哪些一致?
5. 目前我国银行对出口结汇主要采用哪些办法? 试从受益人的角度比较其利弊。

案例分析

1. 我某进出口公司与日商在2008年11月按CIF条件签订一份出口10万元棉布的合同，支付方式为不可撤销即期信用证。日商于次年3月上旬通过银行开来信用证，经审核与合同相符，其中保险金额为发票金额加一成。我方正在备货期间，日商通过开证行送来一份信用证修改书，内容为将保险金额改为按发票金额加三成。我方按原证规定投保、发货并于货物装运后在信用证有效期内向议付行提交全套装运单据。议付行议付后将全套单据寄开证行，开证行以保险单与信用证修改书不符为由拒付。

思考题:

开证行拒付理由成立否? 为什么?

2. 某公司收到国外买方通过开证行开来的即期不可撤销信用证，证中规定卖方不得迟于2009年2月15日装运。我方因港口舱位紧缺，无法如期装运，于2月6日电请买方将装运期延展至3月15日，信用证有效期同时延展。2月10日接买方来电称:“同意你2月6日电，将装运期改为不得迟于3月15日，信用证有效期同样延展1个月。”接电后，我方立即组织出运，于3月12日装船完毕并于15日备齐全套结汇单据向银行交单议付，但银行拒绝收单。

思考题:

银行的拒收是否有理? 为什么?

第 19 章

进口合同的履行

章首阅读

我某公司与澳大利亚商人签订 200 万吨小麦进口合同，交货期为某年 5 月，但澳大利亚在交货期年度遇到干旱，不少小麦产区歉收 20%，而且当年由于俄罗斯严重缺粮，从美国购买大量小麦，导致世界小麦价格上涨，澳商提出推迟到下年度履行合同，中方是否可以同意?

资料来源：http：//wenku. baidu. com/view/cae5e48da0116c175f0e483a. html.

分析提示：

澳方实际是以不可抗力为由在要求推迟履行合同，故关键要看是否构成不可抗力。根据《联合国国际货物销售合同公约》，案例中的情况尚构不成不可抗力，况且小麦为种植类货物，澳方如不能供应可从他国购入交货，不能因世界市场价格上涨，而拒绝按期履约。

国际货物买卖合同订立后，买卖双方必须按照合同的规定履行自己的义务。国际货物买卖合同的履行，买方的基本义务是接货、付款。进口合同履行的内容、环节因买卖合同中达成的价格条件和支付方式的不同而有所不同。目前，我国进口合同主要以 FOB 价格条件成交，以信用证方式（L/C）支付。根据 FOB＋L/C 的业务流程，买方履行进口合同的主要环节包括：进口许可证申领、信用证的开立和修改、安排运输和保险、审单和付款、报关和接货。本章内容基于 FOB＋L/C 介绍进口合同履行过程中的基本环节和注意事项。

19. 1　进口许可证申领

19. 1. 1　进口许可证制度

进口许可证制度是指一国为加强对外贸易管制，规定某些商品的进口需由进口商向进口国有关当局提出申请，经过审查批准获得许可证后方可进口的一种制度。进口许可证制度是国际贸易中的数量限制措施，作为一种非关税措施，是各国管制贸易特别是进口贸易的常用做法。各国实施的进口许可证制度通常分为两种：一是自动进口许可证制度，即把进口许可证毫无数量限制地签发给进口商，也就是说，凡是列入许可证项下的商品，清单中的货物，进口商只要申请，就可进口。二是非自动进口许可证，也称为特种进口许可证，对列入特种进口许可证项下的商品，进口商必须向有关当局提出申请，经逐笔审核批准并发给许可证后，才得以进口。实行进口许可证制度有多种原因，其中主要原因如下：保护本国的工业；执行国际通用原则，以达到稳定市场，鼓励自由贸易的目的；用于信息监察目的，例如，通过进口许可证，可了解有关敏感货物进口的趋势；保障国民的健康与安全。

如果进口商品属于国家限定的商品范围，则要办理有关证件，如进口许可证、机电产品进口证明书和特定商品进口证明等。

目前，我国实行进口配额管理的商品均实行进口许可证管理，少数商品实行自动进口许可证管理，由对外经济贸易管理部门负责。

19.1.2 进口许可证的申领

1. 我国进口许可证的管理部门

进口许可证制度是国际上普遍采用的对进口贸易实施管理的措施。进口许可证是国家管理货物进口的法律凭证。凡属于进口许可证管理的货物，除国家另有规定外，各类进出口企业应在进口前按规定向指定的发证机构申领进口许可证，海关凭进口许可证接受申报和验放。

各发证机构按照商务部发布的年度《进口许可证管理货物目录》和《进口许可证管理货物分级发证目录》的规定，签发相关商品的进口许可证。全国各类进出口企业进口《进口许可证管理货物目录》中的商品，到《进口许可证管理货物分级发证目录》指定的发证机构申领进口许可证。

进口许可证原则上实行“一批一证”和“一关一证”，即同一运输工具同批进口货物在一个海关一次性报关使用；对不实行“一批一证”的商品，发证机关在许可证备注栏注明“非一批一证”，在有效期内最多使用 12 次，分次报关时，海关签注每次报关记录，并在最后一次报关时收回。

2. 进口许可证申请程序

(1) 申请。首先由进口单位或需要进口产品单位向发证机关提出申请报告，申请报告内容包括：商品名称、数量、单价、总值、进口国别或地区、贸易方式、对外成交单位、报关口岸等项目。同时应向发证机关提交相关的证件和材料，如主管部门的批准文件或进口合同等。

(2) 审核、填表。发证机关收到上述申请表和有关证件、材料后进行审核。如果审核通过，则由申请人按照规定的要求填写中华人民共和国进口申请表，并在表上加盖申请单位公章。

(3) 发证。发证机关收到申请表后，经审核无误，在确定订购市场和交易对象

3 个工作日内签发中华人民共和国进口许可证。进口许可证一般是一式四联，第一、二联交给申请人，凭此向海关办理进口报关手续和向银行办理付汇手续。如果进口单位在办理进口过程中情况发生变化，需要对进口许可证的内容做一些变更，必须在许可证有效期内到原发证机关办理换证手续。发证机关根据实际情况给予换证，并收回原许可证。

19.2 信用证的开立和修改

19.2.1 开立信用证

在采用信用证支付方式的进口业务中，履行合同的第一个环节就是进口商（买方）向银行申请开立信用证。进口商作为信用证的开证申请人受到两个合同的约束：一是与出口商（卖方）所签订的买卖合同；二是开证申请书。

在向银行申请开立信用证时，作为进口商应注意：必须根据合同内容，在合理时间内开证。信用证的开证时间，应按合同规定办理，如合同规定在卖方确定交货期后开证，买方应在接到卖方上述通知后开证；如合同规定在卖方领到出口许可证或支付履约保证金后开证，应在收到对方已领到出口许可证的通知，或银行转知保证金已照收后开证。

信用证的内容必须服从合同的内容。只有“证同一致”，出口商才有可能在履行合同义务的同时获得信用证项下的金额。若信用证内容与合同不符，受益人提出修改，开证申请人有义务对信用证进行必要修改。但如果提出修改不符合合同，则没有必须修改的义务。开证申请人的权利和义务如下：

（1）合理指示开证。申请人在申请书上的措辞必须明确、简洁、前后一致。按合同规定向银行交押金，要求开证与合同相符。

（2）提供开证担保。开证行为了避免风险通常要求申请人提供一定形式的担保，如现金、动产、不动产，也可以是第三者提供的保证。现金保证就是开证押金，开证押金的多少与申请人的资信状况直接相关。

（3）及时赎单付款。开证行指示付款代理人，而申请人是承担付款责任的委托人。在交单相符的情况下，开证行履行其付款义务后，进口商应及时偿付货款并向开证行赎单。在赎单前进口商有权检验单据，如果发现交单不符，有权拒付。履行付款后，有权在适当的地点对货物进行检验，如发现货物品质或数量与信用证规定不符，进口商无权要求开证行赔付。进口商有权根据过失的责任，在信用证外向卖方提出索赔或退货。如属于运输或保险公司的责任范围，有权向运输和保险部门索赔。

案例 19—1

合同与信用证有关货物描述不一致拒付案

A 出口公司与 B 出口公司就某种“金鸡牌”货物订立合同，并规定采用信用证结算。但是，B公司通过开证行开出的信用证却为“金牌”。A公司未仔细审核信用证就办理了交货，制作了全套单据向出口地银行办理交单议付，单据显示为“金鸡牌”。出口地银行审核单据后予以拒付，其理由是单据的货物描述与信用证条款不符合，而A公司坚持认为合同签订的为“金鸡牌”，实际装运的货物也为“金鸡牌”，因此银行拒付无理。

资料来源：蒋琴儿、秦定主编：《国际结算》，9页，北京，清华大学出版社，2007。

思考：

你认为A公司和出口地银行谁是谁非？

19.2.2 修改信用证

信用证开出后，如果发现内容与开证申请书不符或其他原因，需要对信用证进行修改，原开证申请人应受益人的要求，向开证银行提交修改申请书。开证银行审查后，若同意修改，则根据要求修改，并通知相关单位。

信用证的修改注意事项：

(1) 信用证修改书必须经原通知行传递方为有效。

(2) 凡需要修改的内容应一次向开证人提出，尽量避免多次改证。如果修改通知书涉及两处以上的条款，要么全部接受，要么全部拒绝，即不能只接受部分修改内容。

(3) 只有开证申请人、开证行和受益人都同意，修改才有效。如果当事人一方不同意修改，则修改不能成立，信用证仍以原条款为准。

(4) 受益人必须在收到通知银行的修改通知书后，才能办理装运事宜，绝不可仅凭买方通知“证已改妥”或其他类似的通知就发货装船。

(5) 修改手续费一般由提出修改的一方负担。国内银行按修改次数计算修改费用，不按信用证金额的大小计算。最常见的修改内容有：展延装运期和信用证有效期、变更装运港口等。

19.3 安排运输和保险

19.3.1 安排运输

履行FOB交货条件下的进口合同，应由买方负责派船到对方口岸接运货物。如合同规定，卖方在交货前一定时间内，应将预计装运日期通知买方。买方在接到上述通知后，应及时向运输公司办理租船订舱手续，在办妥租船订舱手续后，应按规定的期限将船名及船期及时通知对方，以便对方备货装船。同时，为了防止船货脱节和出现船等货的情况，注意催促对方按时装运。对数量大或重要物资的进口，如有必要，亦可请驻外机构就地了解、督促对方履约，或派人员前往出口地点检验监督。

进口商对租船还是订舱的选择，应视进口货物的性质和数量而定。凡需整船装运的，则需洽租合适的船舶承运；小批量的或零星杂货，则大多采用洽订班轮舱位。

国外装船后，卖方应及时向买方发出装船通知，以便买方及时办理保险和做好接货等工作。

1. 班轮订舱

(1) 洽商班轮舱位时，注意与信用证装船日期衔接，保证按时在装运港接运货物。

(2) 应在订舱前查明班轮费率表有无附加费，有无折让回扣，其计价标准是尺码吨还是重量吨。

(3) 班轮运输装卸费条件有多种，应注意与进口合同中的费用负担条件相衔接。

(4) 应确实了解所订班轮是否直达目的港、停靠多少港口、中途是否转船等。

2. 租用整船

(1) 应注意运输市场的行情状况。

(2) 必须了解装卸港口的情况。

(3) 应根据实际情况选择船型，以保证货物安全运输和尽可能节约费用。

(4) 应了解各航线港口的习惯、运输契约的格式。

19.3.2 投保

1. 进口商（或收货人）办理进口运输货物保险的做法

FOB或CFR交货条件下的进口合同，保险由买方办理。进口商（或收货人）在向保险公司办理进口运输货物保险时，有两种做法，一种是逐笔投保方式，另一种是预约保险方式。

(1) 逐笔投保方式是进口商（或收货人）在接到国外出口商发来的装船通知后，直接向保险公司提出投保申请，填写起运通知书，并送交保险公司。保险公司承保后，即在起运通知书上签章，进口商（或收货人）缴付保险费后，保险公司出具保险单，保险单随即生效。

(2) 预约保险方式是进口商或收货人同保险公司签订一个总的预约保险合同，按照预约保险合同的规定，所有预约保险合同项下的按FOB及CFR条件进口货物的保险，都由该保险公司承保。需要注意的是，保险公司只对本国的进出口商进行预约保险。预约保险合同对各种货物应保险的险别作出具体规定，故投保手续比较简单。每批进口货物，在收到国外装船通知后，即直接将装船通知寄到保险公司或填制国际运输预约保险起运通知书，将船名、提单号、开船日期、商品名称、数量、装运港、目的港等项内容通知保险公司，即作为已办妥保险手续，保险公司则对该批货物负自动承保责任，一旦发生承保范围内的损失，由保险公司负责赔偿。

2. 保险费的时间和方式

(1) 逐笔投保方式是以进口货物国际运输保险起运通知书上填明的保险金额为

准，由进口公司直接付给保险公司。

(2) 预约保险方式是以进口货物装船通知书或其他具有保险要求的单证为依据，由保险公司每月一次计算保险费后向进口公司收取。

19.4 审单和付款

卖方根据合同发货后即备齐所有单据开立汇票向开证银行索款。付款前开证银行和进口商共同对货物单据进行审核。通常由开证银行对单据进行初审，进口公司进行复审。因此审单包括两方面的审核：(1) 开证行对单据的审核。(2) 进口商在通知赎单时对相关单据的审核。其中，银行的审单是初审，也是起主要作用的审核；进口商的审核是复审，是起次要作用的审核。

1. 开证行审单、付款

开证行根据信用证条款全面审核保兑行或被指定银行寄来的索汇的单据后，根据本信用证适用的惯例判定是否交单相符。这是第一层单据的审核，即开证行对国外银行议付的汇票和相关单据的审核，也是主要审单。

审单必须合理谨慎。开证行经审单无误后应立即承付：如果信用证为即期付款信用证，则即期付款；如果信用证为延期付款信用证，则承诺延期付款并承诺在到期日付款；如果信用证为承兑信用证，则承兑受益人开立的汇票，并在汇票到期日付款。

如果开证行确定交单不符，可以拒绝付款，也可以自行决定联系申请人放弃不符点，但必须在收到单据的次日起最长不超过5个工作日内提出。当开证行决定拒绝付款时，必须给交单人一份单独的拒付通知。

2. 进口商审单、付款

开证行受单偿付后，应立即通知申请人（进口商）付款赎单。开证申请人在接到开证行付款赎单通知书后，应在付款前对单据予以审核。如果开证行认为单据与信用证规定相符，在向外付款前通常会把相关单据交进口企业复审。按照我国的习惯，如果进口企业在3个工作日内没有提出异议，开证行即按信用证的规定履行付款义务。开证行的付款是没有追索权的，因此，进口商对单据的审核也必须认真对待，绝不能有疏忽之处。

进口商收到开证银行通知后，需要审核卖方凭以议付的全套单据（包括发票、提单、装箱单、原产地证书等），仔细审核无误后就会向开证行付款。进口商买汇赎单后，凭银行出具的付款通知书通知进口商进行结算。

进口商同开证银行办理付汇赎单的清算手续如下：

(1) 即期信用证项下的清算。清算时，开证银行先行计算汇票金额及自往来银行议付之日起至进口公司赎单期间的垫款利息，扣除保证押金后，向进口公司收回所垫付的外汇款项，然后将单据交给进口公司凭以提货。

(2) 远期信用证项下的清算。远期信用证如规定应以进口公司作为付款人而签发汇票的，则开证银行将要求进口公司进行承兑，然后凭信托收据领取进口单据提货。在这一期间，等于银行贷款给进口公司，所以一般开证银行会要求进口公司提供抵押物，或缴纳相当数量的保证金，以保证银行的债权。

19.5 进口报关

进口货物到货后，由进口公司或委托货运代理公司或报关行根据进口单据填制进口货物报关单，向海关申报，并随附发票、提单、装箱单、保险单、进口许可证及审批文件、进口合同、产地证和所需的其他证件。如属法定检验的进口商品，还须随附商品检验证书。货、证经海关查验无误，才能放行。

1. 进口货物的申报

进口货物申报是指在进口货物入境时，由进口公司（收货人或其代理人），向海关申报、交验规定的单据文件，请求办理进口手续的过程。

我国《海关法》对进口货物的申报时限做了如下规定：进口货物的收货人应当自运输工具申报进境之日起 14 日内向海关申报。进口货物的收货人超过 14 日期限未向海关申报的，由海关征收滞报金。对于超过 3 个月还没有向海关申报进口的，其进口货物由海关依法提取变卖处理。如果属于不宜长期保存的货物，海关可以根据实际情况提前处理。变卖后所得价款作扣除运输、装卸、储存等费用和税款后，尚有余款的，自货物变卖之日起一年内，经收货人申请，予以发还；逾期无人申请的，上缴国库。

进口报关时除应提交进口货物报关单外，还应随附进口许可证和其他批准文件、提单、发票、装箱单、减税或免税证明文件。海关认为必要时，应交验买卖合同、产地证明和其他有关单证。如为《进出口商品检验种类表》内的商品、应受动植物检疫管制的进口货物或受其他管制的进口货物，在报关时应交验有关部门签发的证明。

2. 进口货物的查验

海关以进口货物报关单、进口许可证等为依据，对进口货物进行实际的核对和检查，一方面是为了确保货物合法进口，另一方面是通过确定货物的性质、规格、用途等，以进行海关统计，准确计征进口关税。海关查验货物时，进口货物的收货人或其代理人应当在场，并负责搬移货物、开拆和重封货物的包装。海关认为必要时，可以径行开验、复验或者提取货样。

3. 进口货物的征税

海关按照《中华人民共和国海关进出口税则》的规定，对进口货物计征进口关税。货物在进口环节由海关征收（包括代征）的税费有：进口货物关税、增值税、消费税、进口调节税、海关监管手续费等。

进口货物关税、进口调节税的计算方法如下：

（1）进口货物关税。进口关税是货物在进口环节由海关征收的一个基本税种。

进口关税以CIF价为基数计算。如果是FOB价格进口，还要加上国外运费和保险费，其公式为：

进口关税税额＝CIF价格×关税税率

（2）进口调节税。进口调节税是国家对限制进口的商品或因其他原因加征的税种，这是进口货物关税的附加税。具体计算公式为：

进口调节税＝CIF价格×进口调节税税率

4. 进口货物的放行

进口货物在办完向海关申报，接受查验、缴纳税款等手续以后，由海关在货运单据上签印放行。收货人或其代理人必须凭海关签印放行的货运单据，才能提取进口货物。

货物的放行是海关对一般进出口货物监管的最后一个环节，放行就是结关。但是对于担保放行货物、保税货物、暂时进口货物和海关给予减免税进口的货物来说，放行不等于办结海关手续，在办理结案或者补办进出口和纳税手续后，才能结关。

本章小结

本章试图从进口商履行合同入手，介绍国际贸易进口合同履行过程中的基本环节、常识、注意事项，以及在此环节业务中进口商、开证银行及相关当事人的主要业务内容。具体环节包括：进口商开立信用证、派船接运货物、投保货运险、审单付汇和报关、纳税。

核心概念

《联合国国际货物销售合同公约》 进口许可证 信用证申请书 《UCP 600》 单据化 议付 逐笔投保 预付投保

复习思考题

1. 简述履行进口合同的一般程序。
2. 怎样办理预约保险？
3. 在实际业务中，经银行审单发现单证不符时有多种处理办法，试说明其中四种方法。

案例分析

我方E公司与法国G公司订立一份出口300公吨冻品合同，规定2001年4—9月每月平均交货50公吨，即期信用证支付，来证规定货物装运前由出口口岸商品检验局出具船边测温证书作为议付不可缺少的单据之一。4—6月交货正常，并顺利结汇，7月因船期延误，拖延至8月5日才实际装运出口，海运提单倒签为7月31日，但送银行议付的商检证中填写船边测温日期为8月5日，8月7日出口人在同船又装运50公吨，开证行收到单据后来电表示对这两批货拒付货款。

思考题：

我方有何失误？开证行拒付有何依据？

第20章

国际贸易方式

章首阅读　2009年1—9月中国出口总值按贸易方式分类统计

2009年10月28日　　　　单位：千美元

项目	9月	1—9月	1—9月比上年同期增长
出口总值	115 912 523	846 414 080	−21.3%
其中：一般贸易	50 578 014	378 502 753	−24.5%
来料加工装配贸易	9 292 291	66 562 693	−21.0%
进料加工贸易	47 713 983	341 951 820	−19.5%
边境小额贸易	1 374 481	9 734 129	−36.2%
对外承包工程出口货物	988 331	10 136 092	40.0%
租赁贸易	4 936	81 468	−37.6%
出料加工贸易	3 091	32 569	−69.7%
易货贸易	326	1 599	−90.0%
保税仓库进出境货物	2 626 999	18 407 570	−11.8%
保税区仓储转口货物	2 240 587	14 868 615	−19.0%
其他	1 089 484	6 134 772	55.4%

资料来源：海关总署。

分析提示：

海关总署公布了2009年1—9月中国出口总值按贸易方式分类统计，比较具体地描绘出目前我国主要的贸易模式、各种贸易模式的规模，以及贸易模式的发展趋势。

贸易方式是指国际贸易中买卖双方所采用的各种交易的具体做法。在对外贸易活动中，每一笔交易都要通过一定的贸易方式来进行。随着国际贸易的发展，新的贸易方式不断涌现。国际贸易中常见的贸易方式按其组织形式，可分为协定贸易方

式、有固定组织形式的贸易方式、无固定组织形式的贸易方式。国际市场上的各种贸易方式，是在资本主义生产方式产生、发展、国际贸易不断扩大的过程中，适应不同的政治、经济需要而逐渐形成的，20 世纪 60 年代以后，特别是 80 年代以来，由于许多发展中国家对外支付能力明显下降，贸易保护主义重新抬头，一些灵活的贸易方式如补偿贸易、易货贸易、来料加工、来件装配等的应用日益普遍。

20.1　经销与代理

20.1.1　经销

经销是指进口商与国外出口商达成协议，承担在规定的期限内购销指定商品的义务。经销分为独家经销与一般经销，独家经销又称包销，一般经销又称定销。

1. 包销

包销是指出口人与国外经销商达成协议，在一定时间内，把指定商品在指定地区的独家经营权授予该经销商。经销商则承诺不经营其他来源的同类或可替代的商品。通过包销协议，双方建立起一种稳定的长期买卖关系，而具体的每一笔交易则以包销协议为基础，另行订立买卖合同。

包销协议本身不是买卖合同，它规定了双方的权利和义务，以及一般交易条件，其主要内容如下：

（1）双方的基本关系。明确出口方与包销商之间的关系是买卖关系，包销商应自筹资金买断商品，并自负盈亏进行销售。

（2）包销的商品、地区和期限。协议应规定包销商品的种类或型号，并对包销商享有经营权的地理范围作出规定，按出口商的营销意图和包销商的销售能力所承诺的销售数量由双方商定。

（3）包销期限即为包销协议的有效期限，通常规定为 1～2 年，也有不规定期限，只规定中止条款或续约条款。

（4）专营权。专营权包括专卖权和专买权，前者指出口方承诺在协议有效期内不向包销地区内的其他客户出售包销商品；后者指包销商承诺只向协议出口方购买该项商品，不得向第三者购买同类商品或有竞争性的替代商品。其中专卖权是包销协议必不可少的内容，是区别于一般经销协议的主要条件。

（5）包销商品的最低数量或金额。在协议规定期限内包销商必须向出口人承购的最低限额，也有的包销协议对此不做规定。

（6）包销商品的价格和一般贸易条件。包销商品的价格可以一次性规定，也可以在订立买卖合同时按市场行情商定。一般贸易条件是指适合协议期间每一笔交易的条件，如支付方式、检验索赔、保险，以及不可抗力等贸易条件，可在包销协议中予以规定，以简化日后买卖合同的内容 。

（7）包销方式的应用。对出口商来说，采用包销方式的主要目的是利用包销商的资金和销售能力，在特定的区域建立一个稳定发展的市场。对包销商来说，由于取得了专卖权，因而在指定商品的销售中处于有利的地位，避免了多头竞争而导致降价减盈的局面，故其有较高的经营积极性，能在广告促销和售后服务中做较多的投入。由于包销是包销商买断商品后再自行销售，所以包销商需要有一定的资金投入，并承担销售风险。若包销商资金不足或缺少销售能力，则有可能形成“包而不销”。因此，对出口商来说，选择一个合适的包销商是成功地采用包销方式的关键所在。

2. 定销

在定销的方式下，经销商不享有独家经营权，供货商在同一时间、同一地区委派几家商号来经营同类产品。定销有一定的最低数量限制，可以避免出现包而不销的问题，还可以防止垄断，但对调动人员积极性一般效果较差，难以发挥集中经营的作用。

20.1.2 代理

国际贸易中的代理主要是指销售代理，即出口商与国外的代理商达成协议，由出口商作为委托人，授权代理人代表出口商推销商品、签订合同，由此产生的权利和义务直接对委托人发挥效力。代理人在委托人授权的范围内行事，不承担销售风险和费用，不必垫付资金，通常按达成交易的数额提取约定比例的佣金而不管交易的盈亏。

1. 代理的种类

根据委托人授予代理人权限的不同，代理可分为下列几种：

(1) 总代理 (general agent) 是委托人的全权代表，在指定地区内，代表委托人从事销售活动和其他范围广泛的商务活动。

(2) 独家代理 (exclusive agent or sale agent) 是在代理协议规定的时间、地区内，对指定商品享有专营权的代理人，即委托人不得在以上范围内自行或通过其他代理人进行销售。

(3) 一般代理 (agent) 指不享有独家代理专营权的代理商，委托人可同时委托若干个代理人在同一地区推销相同商品。

2. 代理协议

代理协议是明确出口企业与代理商之间权利和义务的一种法律条文。代理协议主要包括以下内容：

(1) 协议名称及双方的基本关系。签订代理协议时应明确显示是独家代理还是总代理、一般代理。出口方与代理商之间的关系是委托代理关系，代理人应在委托人授权范围内行事，并对委托人诚信忠实。委托人对代理人在上述范围内的代理行为，承担民事责任。

(2) 代理的商品、地区和期限。委托人对代理人的授权中，应明确说明代理销售商品的类别和型号，独家代理则必须明确其业务的地理范围，并约定代理协议有效期限，或者规定中止条款 。

(3) 代理的权限。在上述范围内，委托人承诺所指定的独家代理为唯一同买主进行交易的中间商，若委托人与买主直接发生交易，仍应按交易金额向独家代理支付佣金。是否授予专营权是独家代理与一般代理的主要区别。

(4) 佣金条款。代理协议中必须规定佣金率、支付佣金的时间和方法。佣金率可与成交金额或数量相联系。

(5) 最低成交额。独家代理通常承诺最低成交数量或金额。若未能达到该数额，委托人有权中止协议或按协议规定调整佣金率。

(6) 商情报告。代理人有义务向委托人定期或不定期提供商情报告，以使委托人了解当地的市场情况和代理人的工作业绩。能否提供合理的商情报告是考核代理人的重要依据。

20.1.3 代理与经销的区别

经销一般是指经销商与生产厂家或供货商达成协议，在规定的期限和地域内购销指定的商品。供货商和经销商之间是一种买卖关系。从法律关系上讲，供货商和经销商之间是本人对本人的关系，经销商是以自己的名义购进货物，在规定的区域内转售时，也是以自己的名义进行，货价涨落等经营风险要由经销商自己承担。

代理是指被代理人或委托人授予代理商以销售商品的代理权，在销售代理权限内代理商代委托人收集订单、销售以及办理销售有关事务。代理与经销在合同关系的连续性和长期性、销售区域的固定性、交易量限制、对不正当竞争的限制等方面均有相同之处。

具体来说，代理与经销主要有以下几点区别：

(1) 代理的双方是一种代理关系，而经销双方则是一种买卖关系。

(2) 代理是以委托人即厂商的名义销售，签订销售合同，而经销商则以自己的名义从事销售。

(3) 代理商的收入是佣金收入，而经销商的收入则是商品买卖的差价收入。

(4) 从法律关系上讲，代理行为即委托人行为，代理商与第三人之间在授权范围内发生的民事行为的法律后果归于委托人（供货商），而经销商与用户之间发生的民事行为的法律后果须由其自己承担。

阅读资料 20—1

上海永弘机械有限公司（上海地区代理商）注册资本 500 万元，现有员工 40 多人，下设 3 个职能部门和 6 个营业部门，在上海内设有 4 个办事处和服务网点，为客户提供快速、便捷的售后服务和配件供应。公司占地面积1 000平方米，办公区域面积 600 平方米，配件仓库 300 平方米，维修中心厂房1 500平方米，拥有服务车辆 6 部，公司从事以整车销售、配件供应、售后维修、信息反馈、金融服务、二手车置换等为一体的服务经营，为客户提供工程机械设备的最佳采购解决方案。

20.2 招标与投标

20.2.1 招标和投标的概念

招标和投标是一种贸易方式的两个方面。这种贸易方式既适用于采购物资设备，也适用于发包工程项目。由于招标和投标方式具有公平竞争的特点，许多大中型工程项目和物资采购，特别是国际政府贷款项目和国际金融组织的贷款项目，都规定采用国际竞争性招标（ICB）的方式进行采购或发包，以保证贷款得到有效和合法的利用。招标是由招标人（采购方或工程业主）发出招标通告，说明需要采购的商品或发包工程项目的具体内容，邀请投标人（卖方或工程承包商）在规定的时间和地点投标，并与所提条件对招标人最为有利的投标人订约的一种行为。投标是投标人（卖方或工程承包商）应招标人的邀请，根据招标人规定的条件，在规定的时间和地点向招标人递盘以争取成交的行为。

20.2.2 招标和投标的一般程序

1. 刊发招标通告

国际公开招标通常在权威性的报刊或有关专业刊物上公布招标通告，比如我国对外发行的《人民日报》、世界银行出版的援助项目的招标月刊等。

2. 资格预审

投标人应填写招标人编制的资格预审表，内容包括投标人的经营规模、人员设施概况、工程记录等，并提供有关证明文件和资料，由招标人确认其是否具有投标能力。资格预审是保证招标工作顺利进行的关键步骤。

3. 编制招标文件

招标伊始，招标人即组织有关人员制定招标书，说明采购商品或发包工程的技术条件和贸易条件。投标人取得标书后，应严格按照招标条件对商品或工程所要求的质量、技术标准、交货期限、工程量和进度安排等进行核算，并结合自身的条件和市场竞争态势，估计能否完全满足招标要求和能否提出有竞争性的报价。

4. 编制投标书和落实担保

投标书是投标人对招标人的一项不可撤销的发盘，其主要内容包括对招标条件的确认、商品或各个项目的有关指标和工程进度、技术说明和图纸、投标人应承担的责任，以及总价和单价分析表。招标人为防止投标人中标后拒不签约，通常要求投标人提交投标保证金，一般为总价的3%～10%，也可以银行保函或备用信用证代替现金作保，故投标人应在投标前落实担保人。

5. 递送投标文件

投标文件包括投标书、投标保函或备用信用证、关于投标书中单项说明的附件，以及其他必要文件。投标文件应密封后在规定的时间内送达指定地点，可以专人递交，也可以挂号邮寄。

6. 开标

招标人在预先公布的时间和地点，当众开启密封的投标文件，宣读内容，允许在场的投标人做记录或录音。开标后，投标人不得更改投标内容。开标是对外公开标书内容，以保证招标工作公正进行的一种形式，并不当场确定中标人。

7. 评标和决标

除价格条件外，技术质量、工程进度或交货期，以及所提供的服务等各方面的条件都将影响投标的优劣。招标人必须对投标进行审核、比较，然后择优确定中标人选。其主要工作如下：

（1）审查投标文件的内容是否符合招标文件的要求，计算是否正确，技术是否可行等。

（2）比较投标人的交易条件，可逐项打分或集体评议或投票表决，以确定中标人选。初步确定的中标人选可以是一个或若干个替补人选。

（3）对中标人选进行资格复审，如果第一中标人经复审合格，即成为该次招标的中标人选，否则依次复审替补中标人选。凡出现下列情况之一者，招标人可宣布招标失败，重新组织第二轮招标：参加投标人太少，缺乏竞争性；所有投标书均和招标要求不符；投标价格均明显超过国际市场平均价格。

（4）中标签约。确定中标人后，招标人以书面通知中标人在规定的期限内到招标人所在地签订合同，并缴纳履约保证金或以银行保函做履约担保。

案例 20—1

某年 6 月，我某外贸公司通过代理人向 P 国一个政府机构投标，后中标，并于 7 月签订了买卖合同。合同中规定我方以 CIF 价格向 P 国供应电缆××桶，货款的 90%采用即期信用证支付，另外 10%的货款货到目的地收货人仓库经买方检验无误后汇付，并规定 P 国的招标书为合同不可分割一部分（招标书内规定按货价的 110%投保，保险期不少于货到买方仓库后 90 天）。

我方收到对方开来的信用证（证中注明保险由卖方办理）后，投保了一切险与战争险，并按规定时间发货和收进了信用证部分货款。货物于次年 4 月 2 日送进买方仓库。4 月 23 日发现若干件货物被盗，但保险公司不予赔偿，于是对方从最后的 10%的货款中扣除被盗货值 183 000 美元，将剩余部分汇给我方了事，使我方遭受损失。

思考：

我方在此案中应吸取哪些教训？

20.3 拍卖与寄售

20.3.1 拍卖

拍卖是专门经营拍卖业务的拍卖行接受货主的委托，在规定时间和地点，按照一定的章程和规则，将货物公开展示，由买主出价竞购，把货物卖给出价最高的买主。

1. 拍卖的竞价方式

增价拍卖也叫买方叫价拍卖，是最常见的一种拍卖方式。拍卖时，由拍卖人宣布预定的最低价，然后竞买者相继出价竞购。拍卖行可规定每次加价的金额限度，至某一价格，经拍卖人三次提示而无人加价时，则为最高价，由拍卖人击槌表示成交。按拍卖章程规定，在拍卖人落槌前，叫价人可以撤销出价；如果货主与拍卖人事先商定了最低限价，而竞买人的叫价低于该价，拍卖人可终止拍卖。

减价拍卖又称荷兰式拍卖，源于世界上最大的荷兰花卉拍卖市场，由拍卖人先开出最高价格，然后渐次降低价格，直到有人表示接受，即达成交易。这种拍卖方式下买主之间无反复竞价的过程，且买主一旦表示接受，不能再行撤销。由于减价拍卖成交迅速，特别适合于数量大、批次多的鲜活商品。

密封递价拍卖又称招标式拍卖，由买主在规定的时间内将密封的报价单（也称标书）递交拍卖人，由拍卖人选择买主。这种拍卖方式和上述两种方式相比，有以下两个特点：一是除价格条件外，还可能有其他交易条件需要考虑；二是可以采取公开开标方式，也可以采取不公开开标方式。拍卖大型设施或数量较大的库存物资或政府罚没物资时，可以采用这种方式。

2. 拍卖的一般程序

在准备阶段，货主与拍卖行达成拍卖协议，规定货物品种和数量、交货方式与时间、限定价格以及佣金等事项。货主把货物运至拍卖地点，存放于拍卖人指定的仓库由拍卖人进行分类、分批编号。拍卖人印发拍品目录，并刊登拍卖通告。买主在正式拍卖前可至存放拍卖商品的仓库查看货物，必要时可抽取样品供分析测试。正式拍卖在规定的时间和地点，按拍品目录规定的顺序逐批拍卖。以增价方式拍卖，买方出价相当于要约，拍卖人落槌相当于承诺。在落槌之前，买方有权撤销出价，卖方也有权撤回拍卖商品。以减价方式拍卖，拍卖人报价相当于要约，而买方一旦表示接受，即为承诺，交易成立，双方均受约束。

成交后，买方签署成交确认书，并支付部分货款做定金，待买方付清全部货款后，拍卖行开出提货单，买方凭单提货。拍卖行从货款中提取一定比例的佣金，作为提供拍卖服务的报酬，并扣除按合同应由货主承担的费用后，将货款交付货主。

3. 拍卖的注意事项

（1）关于商品的品质。由于参加拍卖的商品往往难以用具体规格加以描述，且买主在拍卖前有权查验货物，拍卖行通常在拍卖章程中规定“卖方对品质概不负责”，所以，拍卖后买方对商品没有复验权，也不存在索赔的问题。对于某些货物可能存在隐蔽的缺陷，凭一般的查验手段难以发现，有的拍卖章程中也规定了买方的索赔期限。

（2）关于公开和公平的原则。拍卖和招投标一样，是一种按公平竞争的原则，进行公开交易的贸易方式。为保证公开和公平的原则不被违反，拍卖行制定了拍卖章程。买卖双方都必须严格遵守，买方不得互相串通，以压低报价；卖方也不得由代理人出价竞买，以哄抬价格，这些均构成违规违法行为。

20.3.2　寄售

寄售是出口商委托国外代销商向用户进行现货买卖的一种交易方式。出口商作为寄售人，将准备销售的货物先行运往国外，委托当地的销售商按照寄售协议规定的条件在当地市场上销售。商品售出后，代销商扣除佣金和其他费用，将货款交付给寄售人。采用寄售方式，出口商应在寄售地区选定代销人，签订寄售协议，然后将货物运往寄售地点由代销人现货销售。

寄售是一种先发运后销售的现货买卖方式。一般逐笔成交的国际贸易，买主往往对出口方的产品有所了解，批量成交，远期交货。而以寄售方式销售，可以让商品在市场上与用户直接见面，按需要的数量随意购买，而且是现货现买，能抓住销售时机。所以对于开拓新市场，特别是消费品市场，是一种行之有效的方式。

采用寄售方式，出口商需要承担一定的风险和费用：其一，货未售出之前发运，售后才能收回货款，资金负担较重。其二，货物需在寄售地区安排存仓、提货，代销人不承担费用和风险。其三，万一代销人不守协议，比如，不能妥善代管货物，或是出售后不及时汇回货款，都将给出口商带来损失。其四，如果货物滞销，需要运回或转运其他口岸，出口商将遭受损失。

寄售协议规定了有关寄售的条件和具体做法，其主要内容如下：

（1）双方的基本关系。寄售人和代销人之间的关系是一种委托代理关系。货物在出售前所有权仍属寄售人。代销人应按协议规定，以代理人身份出售商品、收取货款、处理争议等，其中的风险和费用由寄售人承担。

（2）寄售商品的价格。寄售商品价格有三种规定方式：其一，规定最低售价；其二，由代销人按市场行情自行定价；其三，由代销人向寄售人报价，征得寄售人同意后确定价格，这种做法较为普遍。

（3）佣金条款。规定佣金的比率，有时还可增加佣金比率增减额的计算方法。通常佣金由代销人在货款中自行扣除。

（4）代销人的义务。包括保管货物，代办进口报关、存仓、保险等手续并及时向寄售人通报商情。代销人应按协议规定的方式和时间将货款交付寄售人。有的寄售协议中还规定代销人应向寄售人出具银行保函或备用银行证，保证承担寄售协议规定的义务。

（5）寄售人的义务。寄售人按协议规定时间出运货物，并偿付代销人所垫付的代办费用。

通常寄售方式的应用着眼于开拓新市场，既销售商品，又树立企业形象，建立客户关系，故而所选商品应优质适销。在寄售地点的选择上，应以交通便捷的贸易中心或自由港、自由贸易区为重点，以方便货物进出转运，降低费用。代销人应选择在当地有良好的商誉，有相关商品的营销经验和推销能力，并有能力代办报关、存仓等业务的销售商。另外，还要重视安全收汇，应在寄售协议中作出相应规定，比如要求代销人开立银行保函，或以承兑交单方式发货。

20.4 对等贸易

对等贸易(counter trade)也称对销贸易或反向贸易,一般认为这是一种以货物或劳务(包括工业产权和专有技术等无形财产)作为偿付货款手段的贸易方式。它把进口和出口结合起来,组成相互联系的整体交易,交易双方都有进有出,并求得各自的收支基本平衡。对等贸易有多种形式,但基本形式有三种,即易货贸易(barter trade)、互购(counter purchase)和补偿贸易(compensation on trade)。

1. 易货贸易

易货贸易一般是买卖双方各以等值的货物进行交换,不涉及货币的支付,也没有第三者介入,易货双方签订一份包括相互交换抵偿货物的合同,对有关事项加以确定。

此种方式比较适用于由于外汇不足、汇率波动剧烈或其他原因无法以自由结汇方式进行相互交易的国家,但难点是交易双方必须对对方的货物互有需求。

在国际贸易中,使用较多的是通过对开信用证的方式进行易货,即由交易双方先订立易货合同,规定各自的出口商品均按约定价格以信用证方式付款。先开立的信用证以收到、认可对方开出的等值或基本等值的信用证为生效条件。另外,国家间签订的换货清算协定实际上也是扩大了的易货方式。

根据协定规定,任何一方的进口或出口,由双方政府的指定银行将货值记账,在一定时期内互相抵冲结算,其差额有的规定结转下一年度,有的规定以现汇支付超过约定部分的差额。

2. 互购

互购又称平行贸易或回购,是指交易双方互相购买对方的产品。互购贸易涉及使用两个既独立又相互联系的合同。交易双方先签订一个合同,约定由先进口国(往往是发展中国家)用现汇购买对方的货物(如机器、设备等),并由先出口国(通常是发达国家)在此合同中承诺在一定时期内买回头货;之后,双方还需签订一个合同,具体约定由先出口国用所得货款的一部分或全部从先进口国购买商定的回头货。互购贸易的特点是交货期短(一般1~5年),两笔交易都以现汇支付,是现汇交易,而且不要求等值交换。

3. 补偿贸易

补偿贸易是指参与两国间贸易的双方,一方以对方提供的贷款购进机器、设备或技术进行生产和加工活动,待一定时期后,该方用该项目下的产品或其他产品或者产品销售后的收入去偿还对方的贷款或设备技术款项及利息的一种贸易方式。此种方式有利于解决买方的资金暂时不足的困难和扩大卖方商品销售。

按照用来偿付的标的不同,当前我国开展的补偿贸易大体上可分为以下三类:(1)直接产品补偿。即双方在协议中约定,由设备供应方向设备进口方承诺购买一定数量或金额的由该设备直接生产出来的产品。这是补偿贸易最基本的做法。(2) 其他产品补偿。当所交易的设备本身不生产产品或设备所生产的直接产品非对方所需或在国际市场上不好销时，可由双方协商，用回购其他产品来代替。(3) 劳务补偿。双方根据协议，通常由外商代我方购进所需的技术、设备，货款由外商垫付，我方按外商要求加工生产后，从应收的工缴费中分期扣还给外商。采用补偿贸易方式，可引进先进的技术设备，同时“以进带出”，利用设备供方的销售能力，进入国外市场，它是利用外资的一种有效途径。当前国际经济合作发展迅速，产业转移的范围已突破了劳动密集型产业，而延伸至技术密集型和资本密集型产业。我国企业应抓住这一契机，充分利用自身的优势，使得补偿贸易方式在利益分配、市场控制和自主经营上的独特优势为我所用。

阅读资料 20—2

早期的补偿贸易主要用于兴建大型工业企业。如苏联从日本引进价值 8.6 亿美元的采矿设备，以 1 亿吨煤偿还；波兰从美国进口价值 4 亿美元的化工设备和技术，以相关工业产品返销抵偿。后期的补偿贸易趋向多样化，不但有大型成套设备，也有中小型项目。20 世纪 80 年代，波兰向西方出口的电子和机械产品中，属于补偿贸易返销的占 40%～50%。这一时期我国也曾广泛采用补偿贸易方式引进国外先进技术设备，但规模不大，多为小型项目。近年来外商以设备技术作为直接投资进入我国，故补偿贸易更趋减少。但是，随着我国市场经济的发展，补偿贸易在利用外资、促进销售方面的积极作用不容忽视。

20.5　加工贸易

加工贸易是指利用本国的人力、物力或技术优势，从国外输入原材料、半成品、样品或图纸，在本国加工制造或装配成制成品后再向国外输出，从而获得以外汇体现的附加价值。

加工贸易是以加工为特征的再出口业务，其方式多种多样，常见的加工贸易有以下几种。

1. 进料加工

进料加工又叫以进养出，指用外汇购入国外的原材料、辅料，利用本国的技术、设备和劳力，加工成成品后，销往国外市场。这类业务中，经营的企业以买主的身份与国外签订购买原材料的合同，又以卖主的身份签订成品的出口合同。两个合同体现为两笔交易，它们都是以所有权转移为特征的货物买卖。进料加工贸易要注意所加工的成品在国际市场上要有销路，否则，进口原料外汇很难平衡。从这一点看，进料加工要承担价格风险和成品的销售风险。

2. 来料加工

它通常是指加工一方由国外另一方提供原料、辅料和包装材料，按照双方商定的质量、规格、款式加工为成品，交给对方，自己收取加工费。有的是全部由对方来料；有的是一部分由对方来料，一部分由加工方采用本国原料和辅料。此外，有时对方只提出式样、规格等要求，而由加工方使用当地的原辅料进行加工生产，这种做法常称为来样加工。

3. 装配业务

它是指由一方提供装配所需设备、技术和有关元器件、零部件，由另一方装配为成品后交货。来料加工和来料装配业务包括两个贸易进程，一是进口原料，二是产品出口。但这两个过程是同一笔贸易的两个方面，而不是两笔交易。原材料的提供者和产品的接受者是同一家企业，交易双方不存在买卖关系，而是委托加工关系，加工一方赚取的是劳务费，因而这类贸易属于劳务贸易范畴。它的好处是：加工一方可以发挥本国劳动力资源丰裕的优势，提供更多的就业机会；可以补充国内原料不足，充分发挥本国的生产潜力；可以通过引进国外的先进生产工艺，借鉴国外的先进管理经验，提高本国技术水平和产品质量，提高本国产品在国际市场的适销能力和竞争能力。当然，来料加工与装配业务只是一种初级阶段的劳务贸易，加工方只能赚取加工费，产品从原料转化为成品过程中的附加价值基本被对方占有。由于这种贸易方式比进料加工风险小，目前在我国开展得比较广泛，获得了较好的经济效益。

4. 协作生产

它是指一方提供部分配件或主要部件，而由另一方利用本国生产的其他配件组装成一件产品出口。商标可由双方协商确定，既可用加工方的，也可用对方的。所供配件的价款可在货款中扣除。协作生产的产品一般规定由对方销售全部或一部分，也可规定由第三方销售。

20.6 商品期货交易

1. 商品期货交易的概念

商品期货交易是指在商品交易所内，按照交易所预先制定的规章制度和标准期货合同进行的期货买卖，成交后买卖双方并不移交商品的所有权。

2. 商品期货交易的特点

（1）期货交易不规定双方提供或者接受实际货物。

（2）交易的结果不是转移实际货物，而是支付或者取得签订合同之日与履行合同之日的价格差额。

（3）期货合同是由交易所制定的标准期货合同，并且只能按照交易所规定的商品标准和种类进行交易。

（4）期货交易的交货期是按照交易所规定的交货期确定的。不同商品，交货期不同。

（5）期货合同必须在每个交易所设立的清算所进行登记及结算。

3. 商品期货交易的种类

根据交易者的目的，期货交易有两个不同性质的种类：一种是利用期货合同进行投机，买进卖出，从价格涨落的差额中追逐利润的纯投机活动；另一种是真正从事实物交易的人做套期保值，以规避现货交易的风险。前一种在商业习惯上称为“买空卖空”，它是投机者根据自己对市场前景的判断而进行的赌博性投机活动。所谓“买空”，又称“多头”，是指投机者估计价格要涨，买进期货；一旦期货涨价，再卖出期货，从中赚取差价。

本章小结

1. 贸易方式是指国际贸易中买卖双方所采用的各种交易的具体做法。贸易方式是在买卖双方交易过程中随着不同商品、不同地区和不同对象，根据双方的需要形成的。当前在国际贸易中流行着各种各样的贸易方式，各种贸易方式也可交叉进行。随着国际贸易的发展，新的贸易方式不断涌现。

2. 国际贸易中常见的贸易方式按其组织形式，可分为协定贸易方式、有固定组织形式的贸易方式、无固定组织形式的贸易方式。

核心概念

经销与代理　招标与投标　拍卖与寄售　对等贸易　加工贸易　商品期货交易　补偿贸易　易货贸易

复习思考题

1. 简述代理与经销的异同。
2. 试述对等贸易的含义。
3. 简述拍卖的竞价规则。
4. 简述补偿贸易的含义。
5. 试分析期货贸易对我国经济发展的促进作用。
6. 试分析加工贸易发展的新趋势。

案例分析

福州宏图皮塑制品公司（以下简称“宏图公司”）是 1994 年与台商签订合同进行进料加工的企业，宏图公司用 50 万美元进口台商所需设备，再用 50 万美元购进原材料，加工后返销给台商。宏图公司生产的 W 型皮塑产品，每件工资和制造费用 12 元，原材料 20

元，售价65元。企业享受税收减免优惠政策。

该企业还利用生产W型皮塑产品的边角料，生产一种G型皮塑副产品，销售给国内某些个体批发商，全部采用现金结算，由宏图公司服务部经营，所得收入纳入小金库，不在账务处理系统之内。

思考题：

1. 该公司开展加工贸易带来的利益有哪些？
2. 该公司在加工贸易过程中是在避税还是在逃税？

参考文献

1. 陈岩主编. 国际贸易理论与实务. 北京：清华大学出版社，2007
2. 陈宪主编. 国际贸易理论与实务. 北京：高等教育出版社，2004
3. 俞毅主编. 国际贸易实务教程. 北京：机械工业出版社，2006
4. 贾建华等主编. 新编国际贸易理论与实务. 北京：对外经济贸易大学出版社，2004
5. 冯宗宪等主编. 国际贸易理论、政策与实务. 西安：西安交通大学出版社，2004
6. 郑光贵主编. 国际贸易理论与实务. 2 版. 大连：东北财经大学出版社，2004
7. 王珏编著. 国际贸易理论与政策. 西安：陕西人民出版社，2001
8. 黎孝先主编. 国际贸易实务. 北京：对外经济贸易大学出版社，2000
9. 海闻等. 国际贸易. 上海：上海人民出版社，2003
10. 尹翔硕编著. 国际贸易教程. 3 版. 上海：复旦大学出版社，2005
11. 徐景霖编著. 国际贸易实务. 6 版. 大连：东北财经大学出版社，2002
12. 李勤昌编著. 国际货运实务. 北京：科学出版社，2008
13. 杨志刚主编. 国际货运物流实务、法规与案例. 北京：化学工业出版社，2003
14. 饶坤罗主编. 国际物流实务. 武汉：武汉理工大学出版社，2008
15. 杜扬主编. 国际贸易理论与实务. 北京：机械工业出版社，2008
16. 李红伟主编. 国际贸易理论与实务. 西安：西北大学出版社，2007
17. 郭颂平主编. 海上保险. 北京：高等教育出版社，2003
18. 魏润泉. 货物运输保险与实务. 北京：中国财政经济出版社，1991
19. 曾立新编著. 海上保险学. 北京：对外经济贸易大学出版社，2001
20. 矫立军主编. 国际贸易理论与实务. 成都：西南财经大学出版社，2009
21. 张炳达，王晓静主编. 国际贸易实务与案例. 上海：立信会计出版社，2006
22. 张炳达编著. 国际贸易实务. 上海：立信会计出版社，2005
23. 陈国武主编. 解读《跟单信用证统一惯例（2007 年修订本）第 600 号出版物》. 天津：天津大学出版社，2007
24. 佟家栋，周申编著. 国际贸易学——理论与政策. 2 版. 北京：高等教育出版社，2007
25. 邵谓洪，孙敏等编著. 进出口贸易实务操作. 上海：上海财经大学出版社，2007
26. Brown R H. Dictionary of Marine Insurance Terms. 4th ed. London：Witherby & Co. Ltd.，1973

图书在版编目（CIP）数据

国际贸易理论与实务/刘丁有等主编．—2版．—北京：中国人民大学出版社，2013.3
21世纪国际商务系列教材
ISBN 978-7-300-17077-0

Ⅰ.①国… Ⅱ.①刘… Ⅲ.①国际贸易理论-高等学校-教材 ②国际贸易-贸易实务-高等学校-教材 Ⅳ.①F740

中国版本图书馆CIP数据核字（2013）第023721号

21世纪国际商务系列教材
国际贸易理论与实务（第二版）
主　编　刘丁有　陈长民
副主编　张建昌　王冬英　刘菊芹
Guoji Maoyi Lilun yu Shiwu

出版发行	中国人民大学出版社		
社　　址	北京中关村大街31号	**邮政编码**	100080
电　　话	010－62511242（总编室）		010－62511770（质管部）
	010－82501766（邮购部）		010－62514148（门市部）
	010－62515195（发行公司）		010－62515275（盗版举报）
网　　址	http://www.crup.com.cn		
	http://www.ttrnet.com(人大教研网)		
经　　销	新华书店		
印　　刷	涿州市星河印刷有限公司	**版　　次**	2010年9月第1版
规　　格	185 mm×260 mm　16开本		2013年3月第2版
印　　张	23.25 插页1	**印　　次**	2019年4月第6次印刷
字　　数	494 000	**定　　价**	39.00元

教师教学服务说明

中国人民大学出版社工商管理分社以出版经典、高品质的工商管理、财务会计、统计、市场营销、人力资源管理、运营管理、物流管理、旅游管理等领域的各层次教材为宗旨。

为了更好地为一线教师服务，近年来工商管理分社着力建设了一批数字化、立体化的网络教学资源。教师可以通过以下方式获得免费下载教学资源的权限：

在中国人民大学出版社网站 www.crup.com.cn 进行注册，注册后进入“会员中心”，在左侧点击“我的教师认证”，填写相关信息，提交后等待审核。我们将在一个工作日内为您开通相关资源的下载权限。

如您急需教学资源或需要其他帮助，请在工作时间与我们联络：

中国人民大学出版社　工商管理分社

联系电话：010-62515735，82501048，62515782，62515987

电子邮箱：rdcbsjg@crup.com.cn

通讯地址：北京市海淀区中关村大街甲 59 号文化大厦 1501 室（100872）